Sommaire

Préface

BIEN JARDINER… n'est-ce pas le rêve de tous ceux qui possèdent un jardin, une terrasse ou même un petit balcon, l'objectif de tous les amoureux des plantes, des fleurs et des arbres ? Ce livre est plus qu'un simple guide de jardinage ; c'est un véritable traité pratique, une mine de conseils et d'informations botaniques. Conçu pour répondre aussi bien aux attentes du débutant qu'à celles du jardinier chevronné, il servira autant à créer un jardin tout entier qu'à planter des annuelles dans une jardinière. Chacun y trouvera une foule d'informations précises pour créer, transformer, organiser son jardin ; il permettra aussi bien de comprendre la logique de production que la mise en place des plantes en fonction des contraintes de l'environnement, de l'orientation et du climat.

La terre étant à la base même du jardinage, il est normal de s'intéresser d'abord à elle ; car les déséquilibres du sol sont souvent à l'origine de déconvenues, voire de certains échecs, d'autant plus énigmatiques pour l'amateur que les qualités d'une terre sont difficiles à apprécier du premier coup d'œil. Bien connaître un sol, c'est pouvoir le corriger, le faire évoluer, l'améliorer pour y faire pousser les plantes que l'on aime. Cela permet également d'effectuer les plantations en fonction de la qualité de la terre, qu'il n'est pas toujours possible de modifier autant qu'on le souhaiterait. Plus largement, la part faite à l'analyse de l'environnement est importante, car le jardinage est par essence une acclimatation de plantes qui n'auraient peut-être pas poussé naturellement là où l'on veut les implanter, certaines pouvant être issues de régions lointaines, voire, parfois, de l'autre hémisphère.

Tenir compte de l'environnement, c'est aussi le respecter, d'où un chapitre spécifique consacré aux méthodes naturelles de culture, à l'association des plantes entre elles, à l'étude de l'interaction des végétaux et des insectes, permettant, en particulier, de limiter les traitements et les amendements chimiques trop agressifs.

Bien jardiner, c'est encore savoir choisir le bon outil et l'utiliser correctement. D'où une place importante faite à l'équipement, aujourd'hui disponible dans une large gamme de matériels, des instruments les plus élémentaires à l'adaptation des outils et des machines professionnels aux besoins de l'amateur, c'est-à-dire notamment à la taille des surfaces cultivées. Activité physique, le jardinage devient vite une corvée si l'on utilise des outils inadaptés ou des machines sous-dimensionnées.

Dans ce livre, tous les domaines du jardinage font l'objet d'un traitement approfondi, fondé sur la présentation des différentes espèces et variétés de fleurs, de fruits et de légumes que l'on peut être conduit à cultiver. Annuelles, bisannuelles, vivaces et bulbeuses sont présentées en détail sous la forme de tableaux accompagnés d'informations précises sur les méthodes de production et de culture.

Il en est de même pour les arbres et arbustes décoratifs ou fruitiers, avec un accent particulier porté sur les techniques de taille de formation, de floraison et de fructification, trop souvent négligées dans nos jardins.

Enfin, la pelouse occupe dans ce livre une place importante, parfaitement justifiée dans la mesure où elle est le cadre et le support du jardin d'agrément, dont elle ne saurait être dissociée.

Pour une consultation pratique et rapide, un index en fin de volume permet de retrouver facilement la plante ou le sujet recherchés en un minimum de temps.

Fort de toutes ces informations et en vous aidant des nombreux dessins et photos illustrant les thèmes traités, vous pourrez concrétiser votre rêve : cultiver votre jardin en toute tranquillité, à votre rythme, en étant sûr de toujours trouver l'information qui garantira le succès de votre entreprise et de vos passions.

Christian PESSEY

1

Le jardin

Prolongement naturel de la maison, le jardin est à la fois lieu de promenade, de détente et de production des légumes et des fruits dont la famille a besoin. Il doit donc être agréable à parcourir et productif, bénéficiant d'une organisation directement conditionnée par ces facteurs naturels que sont l'exposition, le relief et, bien sûr, la qualité de la terre.

Concevoir un jardin à vocation multiple n'est pas une mince affaire. Il faut pour cela de la réflexion, une bonne connaissance des données naturelles du lieu et une petite dose de génie, fruit de cette passion qu'est le jardinage et que possèdent tous ceux qui ont l'amour des plantes.

L'ÉTAT DES LIEUX

L'association des annuelles, bisannuelles, vivaces et arbustes est un art bien difficile.

Les éléments existants

Pour créer de toutes pièces un jardin ou le réaménager, le jardinier doit d'abord faire un état des lieux précis, en accordant une attention particulière aux arbres et aux végétaux existants. Résultat d'une croissance souvent lente, ces derniers ne doivent en aucun cas être sacrifiés sans réflexion. On peut souvent les intégrer facilement au décor souhaité, où ils constituent même des points d'intérêt comme la nature sait si bien en créer.

Le terrain

- **Commencez par faire un relevé du relief** aussi précis que possible, pour que le jardin épouse au mieux les formes du terrain.

- **Accompagnez le relevé** de prélèvements systématiques qui permettront de déterminer le degré d'homogénéité de cette terre que vous souhaitez « domestiquer » pour qu'elle accueille vos plantations.

- **Tenez compte de la qualité de la terre** et choisissez les végétaux en fonction. Des analyses vous permettront de ne pas vous tromper.

Les conditions naturelles

Si l'on peut agir, par amendement et bonification, sur la qualité d'une terre, il est impossible de le faire sur le climat, l'exposition et l'orientation du terrain. Ces facteurs essentiels dans la vie des plantes bornent les limites de l'imagination du jardinier ; si vous les transgressez, vous vous exposerez à bien des déceptions : vos arbres et vos arbustes, même plantés avec soin, s'étioleront et ne grandiront pas, vous ne récolterez pas les fruits ou les légumes cultivés avec effort, et votre pelouse, pourtant bien soignée, jaunira au premier rayon de soleil.

- **Un minimum d'observation, d'analyse et de rigueur** permettra d'accorder le rêve et la réalité, l'imagination du jardinier et les contraintes de la nature.

S'il s'agit du réaménagement d'un jardin existant, vous devrez tenir étroitement compte de son organisation, qui résulte à la fois du travail et des choix des générations de jardiniers qui vous ont précédé, et des nombreux caprices de la nature. Un peu d'humilité ne nuit pas.

Des accessoires, comme cette vasque en béton, viennent souvent au secours du jardinier confronté aux exigences d'un terrain difficile.

LA TERRE

La terre est un milieu complexe. Elle présente des caractéristiques physiques et chimiques qu'il faut éventuellement corriger (par amendement et fumure) pour répondre aux exigences des plantes, qui sont souvent très différentes suivant les espèces.

Des trousses d'analyse permettent d'évaluer le pH d'un sol par comparaison de la couleur obtenue sur le prélèvement avec celles d'un nuancier.

Les principaux éléments qui constituent la structure physique du sol sont l'argile, le calcaire, le sable et l'humus.

L'azote (N), l'acide phosphorique (P), le potassium (K) et le calcium (Ca), ainsi que d'autres éléments en faible quantité (magnésium, soufre, manganèse, fer, etc.), sont les agents chimiques présents dans le sol et dans lesquels les végétaux puisent leur nourriture.

Les sols acides et alcalins

Certaines plantes sont dites « calcifuges » : elles ne peuvent pas croître en terrain calcaire (c'est le cas du rosier, de l'hortensia, du fraisier ou de la glycine).

D'autres, au contraire, exigent un sol calcaire ; ce sont les plantes « calcicoles », comme le cytise, le chou ou l'oignon.

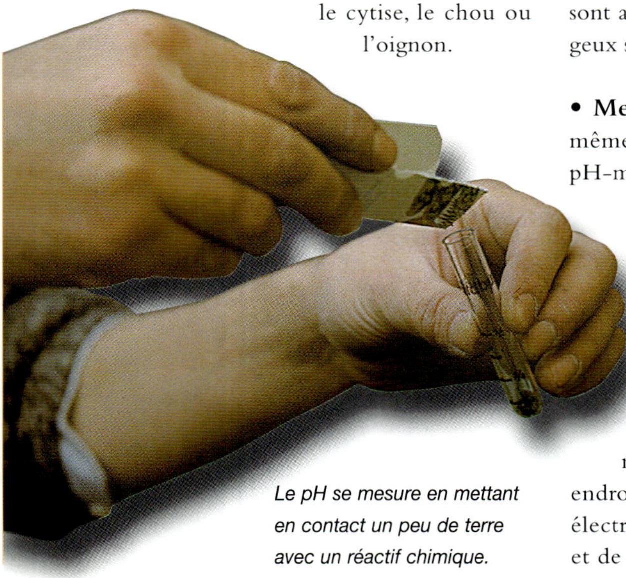

Le pH se mesure en mettant en contact un peu de terre avec un réactif chimique.

Les végétaux sont en effet sensibles à l'alcalinité (présence de bases) ou à l'acidité du sol. L'acidité ou l'alcalinité d'un sol détermine donc en grande partie le choix des végétaux et, bien sûr, l'amendement à effectuer.

✓ Le pH

Chaque sol se caractérise par son « potentiel d'hydrogène », ou « pH ». Un pH égal à 7 correspond à une terre neutre ; un pH de 6,5 dénote une tendance acide (qui convient bien pour un potager) ; un pH de 7,5 indique une tendance alcaline. Les terres de bruyère sont acides (pH = 6), et les sols tourbeux et marécageux sont très alcalins.

• **Mesure du pH.** Vous pouvez déterminer vous-même, assez facilement, le pH du sol à l'aide d'un pH-mètre. Un petit échantillon de terre est mis en contact avec un réactif, dans une éprouvette, ou sur une plaquette possédant une rigole graduée. Une réaction chimique provoque la coloration de la terre. Il suffit de comparer la couleur obtenue avec un nuancier ou la barre de référence de la plaquette, graduée aux différentes valeurs de pH.

Pour un même jardin, effectuez plusieurs mesures, l'acidité pouvant être différente d'un endroit à l'autre. Il existe aussi un appareil de mesure électronique : il suffit d'enfoncer la sonde dans le sol et de lire le résultat.

Les différents types de sol

Pour que les végétaux disposent d'une nutrition équilibrée, il faut qu'ils puissent trouver dans le sol les différents éléments dont ils ont besoin. Certaines terres, cependant, présentent des dominantes qu'il faut corriger si l'on veut obtenir des résultats satisfaisants.

Engrais et amendements permettent de modifier la nature chimique et physique des sols pour les rendre propres à la culture.

Terre humifère

- Franchement noire, elle provient de la décomposition végétale.
- Elle est friable et élastique sous la pression.
- Elle laisse facilement passer l'eau, qu'elle noircit fortement.
- On la trouve dans les régions humides (tourbières) et dans les forêts (terre de bruyère).
- C'est une terre fertile, mais souvent trop humide.

Terre argileuse

- Marron ou ocre brun, cette terre se laisse modeler facilement et attache aux doigts.
- Elle est peu perméable.
- Elle constitue principalement les terrains d'origine sédimentaire.
- On la rencontre également dans certaines vallées.
- C'est une terre fertile, mais compacte et difficile à travailler lorsqu'elle est humide.

Terre franche

De nombreux terrains combinent différents types de sol (silico-argileux, par exemple). On appelle « terre franche » la terre idéale, composée de manière équilibrée des différents éléments.

Terre calcaire

- Elle est de couleur claire.
- Elle est assez friable.
- On peut l'identifier facilement en versant dessus un peu d'acide (ou de vinaigre) : il se produit une vive effervescence.
- Les terrains calcaires, très caillouteux (on les trouve, par exemple, dans le Massif central), sont secs et peu fertiles.

Terre sableuse (ou siliceuse)

- Elle est grisâtre, jaune ou blanchâtre.
- Dans la main, elle s'effrite et coule en grains entre les doigts : placez une poignée de terre dans un cornet ou un entonnoir et versez un peu d'eau dessus ; vous recueillerez rapidement une eau claire.
- On trouve la terre sableuse dans les vallées et sur des roches sédimentaires.
- Elle est assez pauvre, mais bien aérée et propice au développement des racines.

L'analyse de la terre

Vous pouvez faire effectuer l'analyse de la terre de votre jardin par des laboratoires spécialisés liés à des fabricants d'engrais, des grainetiers, des jardineries ou des pépiniéristes. Après avoir sélectionné un échantillon de la terre à analyser, apportez-le directement ou envoyez-le par la poste (dans un conditionnement spécial).

✓ Prélèvement d'un échantillon

• **Effectuez plusieurs prélèvements** de terre en différents endroits du jardin, pour que le diagnostic ne soit pas faussé par une caractéristique locale.

• **Débarrassez la terre de toute végétation** s'y trouvant. Elle doit être prélevée à la bêche, sur une profondeur de 30 cm environ, ainsi qu'en une dizaine d'endroits. Mélangez toute la terre prélevée. Placez environ 500 g de ce mélange dans le sachet destiné au laboratoire.

✓ Résultats

• **Le compte rendu complet de l'analyse** qui vous est transmis mentionne en principe :

- *les qualités physiques* de votre sol (argileux, calcaire ou humifère) ;
- *le pH* ;
- *les qualités chimiques* (teneur en éléments fertilisants comme le phosphore, le potassium, le magnésium ou le calcium) ;
- *les conclusions sur le type de culture à entreprendre*, mais aussi la nature des corrections à apporter pour l'amélioration (plan de fertilisation).

Sélection de plantes en fonction du pH

Caractéristique du sol	Acide			Neutre			Alcalin		
pH	**5/6**	**6/6,4**	**6,4/6,6**	**6,6/7**	**7**	**7/7,5**	**7,5/7,8**	**7,8/8**	**8/8,5**
Espèces florales									
Bégonia	✗	✗	✗	✗	✗	✗			
Canna		✗	✗	✗	✗	✗	✗	✗	✗
Capucine		✗	✗	✗	✗	✗	✗	✗	✗
Chrysanthème			✗	✗	✗	✗	✗		
Dahlia		✗	✗	✗	✗	✗	✗	✗	✗
Digitale	✗	✗	✗	✗	✗				
Géranium			✗	✗	✗	✗	✗	✗	✗
Lis		✗	✗	✗	✗	✗	✗		
Lupin		✗	✗	✗	✗	✗			
Pensée		✗	✗	✗	✗	✗	✗	✗	✗
Primevère		✗	✗	✗	✗	✗			
Tulipe		✗	✗	✗	✗	✗	✗		
Espèces potagères									
Carotte	✗	✗	✗	✗	✗	✗	✗	✗	✗
Chicorée		✗	✗	✗	✗	✗	✗	✗	✗
Chou			✗	✗	✗	✗	✗	✗	✗
Oignon					✗	✗	✗	✗	
Pois			✗	✗	✗	✗	✗		
Pomme de terre	✗	✗	✗	✗	✗	✗	✗	✗	✗

La correction des sols

Selon la nature du sol et les cultures envisagées, vous procéderez à des amendements et à des apports d'engrais.

• **Les amendements modifient la structure physique** du sol pour favoriser la croissance des racines nourricières et garantir en même temps l'implantation durable des végétaux dans le sol.

• **L'apport d'engrais** a pour objectif d'apporter à une terre trop pauvre ou mal adaptée chimiquement à certaines cultures des éléments chimiques complémentaires, indispensables à la croissance des végétaux. L'utilisation de fumier naturel, longtemps pratiqué à la campagne, disparaît en même temps que l'élevage au profit de fumier artificiel ou d'engrais chimiques ou biologiques.

Les engrais doivent apporter aux végétaux les éléments nutritifs complémentaires qu'ils ne trouvent pas dans le sol. D'où la spécialisation de certains d'entre eux.

Terre sableuse

• Faites des apports de tourbe, de fumier ou de compost pour améliorer la fertilité de la terre et en augmenter la compacité (de façon que les sels minéraux contenus dans l'eau de pluie ou dans l'arrosage soient retenus).

• Chaulez en cas d'acidité importante et fumez selon les cultures prévues.

Terre calcaire

• Tous les ans, lors du bêchage (avant l'hiver), apportez de la tourbe, du compost ou du fumier : vous pourrez ainsi corriger légèrement ce type de terre.

• Pour une modification complète il faut procéder à des apports de tourbe ou de terre de bruyère en quantités importantes.

La tourbe (ci-contre) et le sable (ci-dessus) permettent d'alléger les terres argileuses, trop lourdes.

Terre argileuse

• Apportez du sable ou de la tourbe pour alléger le sol tout en assurant un meilleur drainage.

• Enrichissez avec du compost et du fumier.

• Chaulez si la terre est acide.

• Procédez aux amendements lors du bêchage, avant l'hiver.

Le climat et l'exposition

La connaissance des conditions climatiques, principalement déterminées par l'écart des températures minimales et maximales, le degré des précipitations (pluie, neige, grêle) et le régime des vents, vous permettra de choisir les espèces les mieux adaptées.

Une plante est dite « rustique » sous nos climats quand elle supporte un hiver « normal ». Par extension, le mot désigne une plante facile à cultiver sans abri particulier. Mais cette définition est bien trop générale. Les catalogues classent dans cette catégorie la plupart des végétaux capables de supporter sans dégâts des températures hivernales de l'ordre de -5 à -10 °C.

Production hâtée de laitue contre un mur exposé au sud.

Avance (A) et retard (R) de la végétation en jours par rapport au climat de la région parisienne

Il ne faut pas négliger les phénomènes de microclimat. Au creux des vallons, par exemple, les gelées risquent d'être plus prononcées.

Le climat

✓ Les microclimats

En dehors des conditions climatiques générales propres à une région, l'emplacement et la situation d'un jardin peuvent entraîner la formation de microclimats et parfois même des différences notables au sein d'un même jardin (qu'il faut aussi parfois créer artificiellement, pour les besoins de certaines cultures).

L'orientation par rapport aux vents dominants, la proximité d'une étendue d'eau, d'une forêt ou de la mer créent en effet des conditions particulières qui devront être prises en compte au moment du choix des végétaux et de leur plantation.

En conséquence, cela ne constitue qu'une référence. Il est évidemment impossible de traiter en rustique, sous le climat de la région parisienne, la bougainvillée ou le laurier-rose, par exemple, qui sont effectivement rustiques dans le Midi.

En outre, le seuil de la résistance au gel diffère d'une plante à l'autre et selon la rigueur des températures ; il vous faudra prévoir de sérieuses protections, y compris pour des végétaux qualifiés de rustiques.

Enfin, vous veillerez à mettre les plantes en place sous l'exposition qui leur convient (soleil, mi-ombre, ombre), précaution sans laquelle vous n'obtiendrez pas le développement escompté.

Rustique en zone méditerranéenne, le laurier-rose ne l'est pas au nord de la Loire.

✓ Les régions climatiques

Un pays comme la France connaît quatre climats principaux et une variante de l'un d'entre eux (climat océanique).

Climat océanique

- Toutes les régions situées près des côtes de la mer du Nord, de la Manche et de l'océan bénéficient d'un climat caractérisé par de faibles différences de température.
- Les hivers sont doux, et les étés ne sont jamais très chauds.
- Les précipitations sont abondantes, surtout sur les côtes de la Manche, de la mer du Nord jusqu'à Anvers.
- Ce type de climat doux permet d'adapter de très nombreuses espèces, dont certaines sont originaires des pays tropicaux (palmier).

Climat continental

- L'éloignement des mers a pour conséquence des écarts importants entre les températures minimales et maximales.
- Les hivers sont rudes, les étés chauds. Le printemps et l'automne sont courts.
- Ce type de climat caractérise l'est de la France (Alsace, Lorraine), le Luxembourg et une partie de la Belgique (Ardenne, Campines).

Climat de montagne

Il concerne les régions situées au-dessus de 1 000 m. Il se caractérise par des précipitations importantes, des écarts de température notables qui déterminent des conditions particulières auxquelles la végétation doit s'adapter (système radiculaire très développé, surface foliaire réduite, etc.).

Climat océanique atténué

- C'est le type de climat qui affecte la plus grande partie de la France et de la Belgique.
- Les écarts de température sont modérés, et les précipitations, assez importantes.
- On constate de grandes différences entre des régions pourtant soumises à ce même type de climat (entre Toulouse et Bruxelles, par exemple).

Climat méditerranéen

- Ce type de climat affecte la bande côtière méditerranéenne (jusqu'aux montagnes), le sud de la vallée du Rhône et la Corse.
- Les hivers sont très doux, et les étés, chauds.
- On peut y cultiver de nombreuses espèces indigènes ou originaires des pays tropicaux (orangers, bougainvillées, cycas, gardénias), à condition qu'elles puissent supporter les périodes sèches estivales (qui peuvent être assez longues) et les vents souvent violents (mistral, tramontane).

✓ L'incidence des phénomènes climatiques

• Les précipitations

■ *La mesure de la quantité d'eau tombée* sous forme de précipitations (pluie, neige, grêle) sur une surface donnée permet d'évaluer les compléments à apporter aux cultures (arrosage).

■ *Le nombre de jours* pendant lesquels ont lieu ces précipitations est une donnée essentielle. Il pleut, par exemple, davantage à Nice qu'à Paris, mais sur un nombre de jours beaucoup plus restreint.

■ *La forme des précipitations* n'est pas négligeable : chacun connaît les dégâts que la grêle peut causer (les régions du Centre et du Sud-Ouest sont les plus touchées).

• La rosée, qui résulte de la condensation matinale de l'humidité ambiante, représente une quantité d'eau non négligeable dont il faut tenir compte.

• Les vents. À chaque région ses vents dominants, contre lesquels il faut parfois protéger les cultures. En effet, sans certaines précautions (tuteurage, haies brise-vent, etc.), les vents risquent de briser la tige des végétaux fragiles et de provoquer une évaporation excessive, tant au niveau du feuillage que du sol, vous obligeant à augmenter le rythme des arrosages.

Attention !

L'intérêt que présente l'eau de pluie pour arroser est nul dans les grandes régions industrielles, dont l'air hautement pollué provoque ce que l'on a appelé les « pluies acides », souvent fatales pour la végétation.

■ *Lors de la plantation des arbres, arbustes ou haies*, veillez aussi à ne pas créer des « couloirs » favorisant la formation de courants d'air.

■ *N'oubliez pas de tuteurer* un arbre au moment de sa plantation (enfoncez le tuteur avant de le mettre en place, pour ne pas risquer d'abîmer les racines). Selon la force des vents, il est parfois nécessaire d'envisager un sérieux haubanage.

• Le froid. Les plantes les plus sensibles aux baisses de température (gelées) sont celles dont les tissus sont gorgés d'eau (c'est le cas de très nombreuses espèces tropicales).

Un pluviomètre est bien utile pour mesurer le niveau des précipitations et décider de la quantité d'eau qu'il est nécessaire d'apporter pour pallier les déficits de pluie.

Si vous n'êtes pas dans une région où l'air est très pollué, recueillez l'eau de pluie et conservez-la pour les arrosages, par exemple pour les semis, les plantes vertes ou les plantes cultivées en pot. L'eau de pluie présente en effet l'avantage d'être exempte de calcaire. Stockée, elle reste en outre à température ambiante (attention toutefois aux citernes en plein soleil, dont l'eau pourrait brûler les feuilles et les racines).

Choisissez les végétaux les mieux adaptés au climat de votre région : inspirez-vous, pour cela, du décor environnant.

■ *Les plantes rustiques* dans les régions tempérées peuvent cependant elles aussi subir des dommages si le froid est très vif ou s'il survient à « contre-saison », au moment de l'entrée en végétation.

■ *Les plantes dites semi-rustiques* (laurier-rose, mimosa, camélia) doivent être protégées, tout comme les plantes considérées comme rustiques (pélargonium, hortensia), quand le froid est exceptionnel. Dans les régions sensibles, mieux vaut cultiver ces plantes en bac et les rentrer en serre ou en orangerie comme les plantes fragiles (palmiers, agrumes).

■ *Les gelées tardives de printemps* sont redoutables en période de montée de sève (la floraison et la fructification de l'année peuvent être gravement compromises si les précautions nécessaires ne sont pas prises jusqu'à ce que les gelées ne soient plus à craindre).

Attention !

Le paillage, maintenant une atmosphère humide, peut être à l'origine de l'apparition de maladies cryptogamiques (champignons) qu'il faudra éventuellement traiter.

■ *Le paillage* est un moyen efficace de protéger les plantes contre le froid ; il consiste à recouvrir le sol de feuilles mortes, de paille ou d'écorces. Cette méthode peut être utilisée pour les végétaux de petite taille. Un paillage ne doit jamais être établi sur un sol gelé : il aurait alors pour conséquence de maintenir le froid dans le sol au lieu de l'en préserver.

■ *Une feuille de matière plastique* (éventuellement à bulles) permet de protéger les plantes vivaces hautes et les arbustes à port buissonnant. Il faut cependant que cet emballage ne soit pas complètement hermétique, afin de ne pas favoriser l'apparition de maladies résultant du confinement dans une atmosphère humide.

■ *Différentes méthodes pour protéger les semis ou les jeunes plants contre les gelées tardives* peuvent être utilisées : tunnels de matière plastique, cloches, châssis.

• **La chaleur.** Les très fortes chaleurs sont aussi la cause de dégâts importants, en raison de la trop forte évaporation et des brûlures occasionnées aux feuilles. Vous en protégerez les végétaux les plus jeunes, encore en pépinière, en serre ou sous châssis, à l'aide de claies à ombrer ou de blanc d'Espagne étendu sur les vitres.

▪ *Pour limiter l'évaporation*, vous pouvez répandre au pied des plantes un paillage (paille, fumier décomposé, déchets de tonte de gazon, aiguilles de conifères, écorces de pin, etc.). Mettez le paillage en place lorsque la température devient très élevée (dès le début de l'été dans certaines régions et pour les végétaux supportant mal un excès de chaleur), et la sécheresse, inquiétante. Auparavant, binez et sarclez au pied de la plante.

▪ *Les films de plastique noir* présentent l'avantage complémentaire d'empêcher la pousse des mauvaises herbes (on les emploie notamment pour la culture des fraisiers), mais ils ne brillent pas par leurs qualités esthétiques (on leur interdira donc le jardin d'agrément).

▪ *Des paillassons* disposés au-dessus des cultures, reposant sur des fils tendus de part et d'autre des planches de culture ou des plates-bandes, permettent un ombrage efficace contre les rayons du soleil trop ardents.

• **La pollution.** L'air vicié (des grandes agglomérations, des zones fortement industrialisées ou de celles qui sont proches de grands axes de circulation) est particulièrement néfaste au développement des végétaux.

▪ *La fumée des usines et les gaz d'échappement* finissent par former une concentration de nuages qui atténue l'ensoleillement et la luminosité, l'un et l'autre indispensables à la croissance des plantes. Contre cela, il n'existe aucun moyen de lutte. Tout au plus peut-on sélectionner, pour les jardins situés dans les zones urbaines, les végétaux parmi les plus résistants à la pollution et les moins exigeants en luminosité. Une promenade dans une ville vous renseignera sur les arbres et les arbustes à utiliser.

La butte créée autour des maisons individuelles récentes donne des conditions d'exposition favorables pour les plantes.

L'exposition

La lumière solaire entraîne une évaporation au niveau des feuilles, ce qui favorise la montée de la sève brute dans les tiges.

• **L'évaporation.** Une évaporation importante résultant d'une lumière trop intense a pour conséquence la réduction de la surface foliaire ; au contraire, l'ombre et l'humidité favorisent le développement du feuillage. Ainsi, chaque espèce tente de s'adapter aux conditions qui lui sont offertes, mais dans une certaine limite – celle-ci déterminant non seulement le choix des végétaux, mais également leur placement à une exposition donnée.

• **L'assimilation chlorophyllienne.** Grâce à la chlorophylle qu'elles contiennent et à l'utilisation de l'énergie solaire (sur un mode qu'il serait trop complexe de développer ici), les feuilles sont les organes de transformation du gaz carbonique.

• **Qualité de l'exposition.** Une bonne exposition est celle qui répond le mieux aux besoins d'une plante donnée.

▪ *Une exposition ensoleillée* convient parfaitement à la plupart des légumes (et tout particulièrement à ceux du Midi), à de nombreuses fleurs et à toutes les plantes originaires de l'hémisphère Sud.

▪ *Une exposition ombragée ou mi-ombragée* convient à certaines plantes adaptées pour croître à l'abri de la lumière directe du soleil, au pied des arbres Ce sont les plantes de couvert ou de sous-bois ; plantées en plein soleil, elles risquent de voir leur feuillage abîmé par les rayons solaires trop vifs. Les grainetiers font figurer, sur les emballages et les étiquettes, l'exposition souhaitable pour chaque plante.

▪ *Une exposition abritée du vent* est requise pour les plantes pâtissant du vent ou d'une évaporation excessive.

Le potager a besoin d'une bonne exposition. En outre, il faut espacer suffisamment les cultures pour que les plantes qui deviendront les plus hautes ne portent pas ombrage aux autres en grandissant.

L'utilisation de l'espace

Un jardin peut être conçu de mille manières. Il n'est qu'à regarder autour de soi, au hasard d'une promenade dans une zone pavillonnaire, pour s'en rendre compte : pas un jardin ne ressemble à un autre, même sur une surface identique.

✓ Le temps dont on dispose

L'aspect que prend un jardin au fil des ans est le résultat de longs et patients travaux que le jardinier amateur a pu mener durant le temps dont il disposait. Ainsi, l'organisation des activités, et donc la distribution de la surface disponible, ne peut raisonnablement être la même selon que l'on est retraité ou que l'on ne dispose que de son week-end ou de ses fins de journée pour jardiner.

Selon le temps et l'espace dont vous disposez, vous utiliserez des vivaces, qui demandent relativement peu d'entretien, ou des annuelles (ci-dessus, bégonias et œillets d'Inde).

• **Premier cas.** Si l'on a tout son temps, on peut envisager d'entretenir un potager qui, si l'on souhaite une récolte satisfaisante, demande un soin régulier et méticuleux. On peut également confectionner de belles plates-bandes, des corbeilles et des massifs de plantes annuelles et bulbeuses, et, pour peu que l'on possède une serre, produire soi-même les plants de bisannuelles ou de vivaces en quantité suffisante pour en offrir à ses amis. Rien n'est plus déprimant que de se lancer dans des travaux qui, par manque de temps, resteront inachevés, offrant le spectacle d'un jardin abandonné aux mauvaises herbes et aux ronces.

• **Deuxième cas.** Si l'on ne jardine que le soir en rentrant du travail ou le week-end, on doit se contenter d'un petit potager (où, par exemple, les fraises, les tomates et les radis, faciles à cultiver, amuseront les enfants), que viendra compléter un petit carré de plantes condimentaires. Le reste de l'espace peut être couvert d'une pelouse avec, ici et là, des groupes de plantes bulbeuses suffisamment rustiques pour pouvoir passer l'hiver en pleine terre, des plantes vivaces en bordure et quelques arbustes pour protéger des regards indiscrets, souligner quelque perspective, ou camoufler tel recoin ou telle partie d'une construction peu esthétique.

Il ne s'agit là que de quelques indications destinées à guider votre raisonnement au moment où vous déciderez de l'organisation de l'espace de votre jardin.

Les plantes à bulbe (ici des tulipes) et certaines vivaces (ici des alysses, ou corbeilles d'or) sont idéales si l'on a peu de temps à consacrer au jardinage.

✓ L'espace

Pensez à toujours créer un arrière-plan permanent foncé (ici avec des conifères) qui met en valeur une bordure claire ou vivement colorée (ici des pensées et des tulipes).

• **Le plan.** Qu'il s'agisse d'un jardin à créer sur un terrain vierge ou d'un jardin ancien que vous souhaitez adapter à vos besoins et modifier selon vos goûts, établissez un plan au préalable, de préférence sur du papier millimétré, de façon à ne pas vous tromper sur les proportions. Un tel schéma vous permettra de mieux projeter les modifications à apporter et les plantations à entreprendre, en tenant compte des dimensions et de l'envergure que les végétaux (notamment les arbres et les arbustes) auront atteintes une fois adultes. Vous éviterez ainsi un certain nombre d'erreurs, telles que planter trop près de la maison un arbre au développement rapide et important, ou encore placer à l'arrière-plan d'un massif des végétaux qui seront ensuite masqués par des plantes à la croissance plus forte.

▪ *Dessinez sur votre plan les différentes zones de culture* (jardin d'agrément, pelouse, potager, fruitier), mais aussi les diverses planches à l'intérieur d'une même zone (en particulier pour le potager).

▪ *Reportez aussi l'emplacement des autres constructions* : de la serre, de la cabane à outils, du bac à compost, des châssis, du barbecue, etc., autant de constructions fixes dont vous pouvez d'ores et déjà prévoir l'implantation.

• **Le jardin et la maison.** L'idéal est souvent que le jardin soit tout autour de la maison ou, en tout cas, que celle-ci soit suffisamment en retrait de la rue, surtout si cette dernière est assez passante pour constituer une gêne (comme c'est souvent le cas dans les quartiers pavillonnaires des banlieues proches des grandes villes).

▪ *Un jardin entourant la maison* permet une meilleure organisation de l'espace et une répartition rationnelle des différentes zones d'activité et de détente. La partie du jardin située sur le devant sera plantée d'arbustes, de parterres, de massifs, qui mettront la façade en valeur.

▪ *Des balconnières, des plantes grimpantes* (rosiers, glycine, chèvrefeuille, clématite, etc.) ajouteront encore au décor de la partie de la maison donnant sur la rue.

▪ *Un arbre, une belle haie* pourront être implantés si vous disposez de suffisamment d'espace. Si vous optez pour cette solution, tenez compte du

Le jardin « entre » dans la maison par ces larges baies de plain-pied ; il « grimpe » aux murs, pour mêler pierre et verdure.

développement de l'arbre, afin qu'il ne finisse pas par créer, une fois adulte, de l'ombre dans les pièces du rez-de-chaussée.

■ *Le mariage de l'architecture et du jardin*, de la pierre et du végétal, est une tendance plus actuelle, moins rigide et plus originale. Il repose sur l'utilisation de larges baies ouvrant sur l'arrière ou sur les flancs de la maison, donnant de plain-pied sur une terrasse ou sur une pelouse, transition vers le jardin proprement dit. La véranda est ici un élément incontournable, qui pourra aussi servir de serre, pour la production et la protection des plantes (jardin d'hiver).

■ *Le jardin entre aussi par les fenêtres* : offrez à la vue des massifs fleuris, des groupes d'arbustes, de persistants dont le feuillage pourra apporter la note de verdure qui atténuera un peu la rigueur de l'hiver. Créez la perspective d'un « *mixed border* » (plate-bande fleurie composée de vivaces ou d'annuelles), d'une allée, d'un dallage ou d'une pelouse. Camouflez les constructions utilitaires ou les clôtures avec des grimpants ou des arbustes persistants, qui protégeront votre intimité.

■ *Pensez aux parfums*. Plantez à proximité de la maison chèvrefeuille, jasmin, réséda, lilas, alysse odorant, violettes – toutes plantes, basses, arbustives ou grimpantes, qui vous apporteront leur odeur suave (mais parfois également entêtante ou attirant les insectes).

✓ La répartition des zones

La place attribuée à la zone de détente, au potager et aux arbres fruitiers ne dépend pas seulement de critères esthétiques. Au moment de la conception du jardin, il faut tenir compte de l'orientation, de l'ensoleillement et aussi de l'exposition au vent.

La maison et les constructions voisines peuvent constituer un écran contre le vent, mais elles risquent, du même coup, de créer une zone de remous, pouvant donner naissance à un microclimat nuisible au développement de certaines cultures. Il faut, dans ce cas, prévoir une barrière végétale constituée d'arbres et d'arbustes, de façon à freiner la vitesse du vent sans pour autant créer de turbulences.

Quelques exemples de jardins

Voici quelques exemples de jardins qui vous permettront peut-être de choisir ou d'organiser le vôtre. Ce ne sont pas des modèles, mais de simples indications pour guider votre imagination.

Le jardinet

Si vous ne disposez que de quelques mètres carrés de terrain, réservez-les de préférence aux fleurs et aux plantes condimentaires, dont la culture ou l'effet pourront trouver leur prolongement dans les pots et les jardinières posés sur le rebord des fenêtres. Le plus simple est parfois de jouer la carte du « naturel », de la rocaille, surtout si vous ne disposez pas de beaucoup de temps. Les vivaces sont une bonne solution, car elles repoussent toutes seules.

Le jardin « naturel » est souvent une bonne solution quand on n'a ni beaucoup de temps ni beaucoup d'espace. ▲

Une jardinière à l'ancienne, quelques chrysanthèmes et des lierres décorent cette fenêtre. ▼

Le jardin d'agrément

- Il comprend la pelouse, les plates-bandes, les massifs et les corbeilles, ainsi que les bordures et les rocailles. Le jardin d'agrément est d'ordinaire situé aux abords immédiats de la maison, ce qui permet d'en profiter en permanence en toutes saisons.
- L'importance respective des différents éléments composant le jardin d'agrément est fonction de vos propres goûts et du relief du terrain. Les pelouses robustes, qui supportent le piétinement, dégagent la vue sur des parcelles fleuries situées au-delà, avec des arbres et des arbustes en arrière-plan.
- Sur un grand terrain, le jardin d'agrément peut être conçu en plusieurs parties : en façade, des massifs décoratifs de fleurs vivaces et annuelles ; près de la maison, des surfaces plus « habitables » : terrasse, pelouse robuste, massifs de vivaces et d'arbustes destinés à constituer un environnement agréable et à donner sur un paysage plaisant ; plus loin, différentes parties selon les goûts : roseraie, jardin de parfums, tonnelle, plan d'eau avec plantes aquatiques, rocailles, parcelles réservées aux plantes à fleurs destinées aux bouquets.
- Pour les enfants, il faut prévoir une aire de jeu : un gazon robuste avec un peu d'ombrage pour l'été, près d'un tas de sable, d'un portique, d'un petit bassin et, pourquoi pas, d'un labyrinthe végétal fait d'arbustes.

Le jardin de banlieue

- De surface limitée, ce type de jardin permet néanmoins de conduire un certain nombre de cultures d'agrément associées à un petit potager et même à quelques arbres fruitiers formés en espaliers (contre une clôture le plus souvent) ou traités librement (cerisier, pommier, prunier, etc.).
- Les cultures potagères y sont forcément limitées, en rapport avec l'espace disponible. Vous planterez plutôt quelques pieds de tomates, des petits pois, haricots verts, carottes, salades, radis, etc.
- La superficie restreinte d'un tel jardin (300 à 600 m^2 environ) implique une certaine interpénétration des cultures : potager au pied d'arbres fruitiers, bordures de vivaces le long du potager, fraisiers, légumes ou plantes condimentaires en bordure de plates-bandes, etc. Vous pouvez y intégrer un salon de jardin, un coin barbecue, une cabane à outils, des jeux pour enfants (portique, bac à sable).

Le verger

- Si la surface le permet, le verger doit être placé à un endroit éloigné de la maison.
- Le verger de plein vent n'exige pas une exposition très abritée (sauf dans les régions froides, où il faut craindre les gelées tardives), mais, de préférence, des endroits élevés. Il nécessite une surface assez importante.
- Un fruitier d'arbres en contre-espalier est préférable lorsque le terrain est limité. Certains arbres fruitiers (pommiers, poiriers) peuvent être placés le long du potager (arbres en espalier contre un mur ou une clôture) ou dans le jardin d'agrément, à condition que l'ombre de leur feuillage ne gêne pas les autres cultures.

Le potager

- Il doit bénéficier d'une bonne exposition (sud), d'un bon ensoleillement et d'une situation abritée. Il doit, en outre, être à l'abri des regards et, en tout cas, proche de la cabane à outils, de façon à limiter les déplacements.
- Adoptez de préférence une forme régulière, carrée ou rectangulaire. Le potager peut être isolé du reste du jardin par une haie basse, qui l'abritera mieux qu'une clôture.
- Pour la commodité du jardinier, il doit se trouver à proximité d'un point de distribution d'eau.
- Le bac à compost doit être aux abords immédiats du potager. S'il peut être installé contre un mur exposé au sud, celui-ci sera peint en blanc (pour mieux réfléchir lumière et chaleur), afin de favoriser la réalisation des côtières et l'implantation des châssis.

Les allées

Les allées et les passages doivent être conçus pour permettre la circulation des personnes sans nuire à l'esthétique. Il est donc préférable de ne pas les multiplier, ce qui diminuerait par ailleurs la surface cultivée. Les allées seront régulièrement désherbées et bien drainées pour rester praticables même par temps de pluie.

Au potager

- Leur rôle est purement pratique.
- Elles doivent être assez larges pour permettre le passage de la brouette (1 m environ).
- Elles séparent la surface en différents carrés et planches de culture, de façon que l'on puisse travailler sans marcher sur les emplacements cultivés.

Allée carrossable

- Elle demeure l'exception et permet, en général, de joindre le garage au portail.
- Une allée carrossable peut être dallée ou bétonnée, ou encore recouverte de sable ou de gravillons.
- Elle doit comporter un soubassement de pierres et de sable, qui améliorera sa stabilité. L'écoulement de l'eau de pluie se fera dans des rigoles disposées de chaque côté, en particulier en cas de terrain en pente.
- Sur une petite surface, pour que l'allée carrossable n'occupe pas trop de place, on peut constituer deux lignes parallèles de dalles destinées aux roues des véhicules et entre lesquelles on sème du gazon.

Allées en dur

- Elles sont surtout destinées à la circulation des personnes aux abords de la maison.
- Elles peuvent être bétonnées, dallées ou pavées.
- Dans tous les cas, il faut créer un soubassement solide et plan, afin que le revêtement soit stable.
- Les dalles de pierre naturelle ou de pierre reconstituée sont décoratives (mais leur prix reste assez élevé).
- Les pavés autobloquants sont faciles à mettre en place et donnent une surface solide.
- On peut aussi utiliser des briques posées à bâtons rompus.

Allées classiques

- Elles sont le plus souvent en terre ; il s'agit de passages désherbés et rendus stables par un soubassement de pierres et de sable si le terrain est meuble.
- Elles ne doivent pas être trop larges (passage pour une ou deux personnes de front).
- On y répand parfois du mâchefer, qui évite la pousse de l'herbe et prévient la formation de boue. Mais il est préférable de recouvrir l'allée de sable ou de gravier, qui présentent les mêmes avantages.
- Le désherbage doit être effectué de manière régulière (sarclages ou emploi de désherbant total).

Passages sur gazon

Plus décoratifs qu'utiles, ils peuvent être faits, par exemple, de « pas japonais » : il s'agit de ronds de bois découpés dans un tronc d'arbre puis disposés sur le sol, bien ancrés et à distance régulière (de la longueur d'un pas). N'oubliez pas de traiter le bois à l'aide d'un produit insecticide et fongicide.

Le tracé des allées doit répondre à un impératif : ne pas favoriser le ruissellement, surtout sur un terrain en pente, pour que l'allée ne se transforme pas en ruisseau à chaque orage. Dans la mesure du possible, l'allée ne doit donc pas monter droit le long d'une pente, mais la couper.
Lorsqu'elle est bordée d'arbres ou d'arbustes, une allée peut devenir un couloir dans lequel s'engouffrent les vents. Il faut donc en tenir compte lors du tracé.
Celui-ci doit être simple, mais la courbe est souvent préférable à la ligne droite, sauf dans les jardins à la française. Évitez les tracés trop sinueux, ainsi que les angles aigus et les allées encerclant le terrain.
Pour être agréable, l'allée doit avoir un but : conduire à la maison, à une porte de la clôture, à l'abri de jardin. Même les chemins qui ne mènent nulle part et qui ne sont là que pour favoriser la promenade doivent avoir un centre d'intérêt : conduire à un banc, à une jolie vue, ou tout simplement à un bel arbre ou à un endroit fleuri.

2

Le matériel de culture

*Préparer le sol, semer,
planter, entretenir et protéger
les cultures, tant au potager qu'au
jardin d'agrément ou fruitier, sont autant
d'opérations qui demandent, pour être menées
à bien, l'emploi d'un matériel et d'un outillage spécifiques.
Sans eux, le savoir-faire, si complet fût-il, ne servirait pas à grand-chose.*

L'OUTILLAGE

La panoplie de base

Sans prétendre constituer une panoplie complète dès vos premières expériences de jardinier, vous aurez besoin d'un certain nombre d'outils de base tels que la bêche, la fourche-bêche, la serfouette, le râteau, le sécateur, etc. Ils vous permettront d'effectuer les travaux sommaires de préparation du sol, d'entretien des cultures, de taille.

Quelles que soient vos activités ou vos prétentions en matière de jardinage, cette panoplie, certes limitée, sera un précieux auxiliaire. Aussi, au moment de l'achat, choisissez des outils de bonne qualité, quitte à les payer un peu plus cher : plus solides, ils dureront plus longtemps.

Les outils spécialisés

Très vite cependant, vous vous apercevrez que certains outils à main, parfaitement étudiés et adaptés pour répondre à des fonctions bien particulières, doivent devenir les compléments indispensables de votre panoplie. Ils permettent de travailler rapidement et correctement et, en outre, avec moins d'efforts. Dans cette catégorie, nous pouvons, par exemple, citer : le cultivateur, l'émietteur, le rayonneur, la cisaille, l'ébrancheur, etc.

Il serait bien entendu présomptueux de prétendre à la panoplie la plus complète qui soit, d'autant que, dans ce domaine, les fabricants font preuve (vous vous en rendrez rapidement compte en feuilletant les catalogues) d'une imagination aussi riche et diversifiée que peut l'être la gamme des travaux culturaux. Pourtant, sans tomber dans un excès d'équipement (tout, tout de suite), efforcez-vous d'acquérir progressivement une panoplie aussi complète que possible pour répondre à vos besoins ; sans elle, le plaisir de jardiner risquerait vite de devenir une véritable corvée.

La mécanisation

Certaines machines sont conçues pour alléger vos efforts et vous libérer de travaux parfois fastidieux, d'autres sont en revanche indispensables : peut-on, par exemple, imaginer de tondre l'herbe d'une pelouse à la cisaille ?

Le prix de ces machines (que l'on peut éventuellement louer) est une donnée non négligeable. Sauf si vous possédez une surface importante à cultiver et à entretenir, un motoculteur ou une tronçonneuse, par exemple, seront rarement « amortis » avant de nombreuses années...

Les outils à main

Ils sont à la base du jardinage traditionnel et permettent de remplir la quasi-totalité des tâches au jardin. Ils doivent être de qualité, nettoyés et entretenus régulièrement. Leur nombre dépend de l'étendue des travaux à entreprendre et de la diversité des cultures pratiquées.

Pour préparer le sol

✓ Défoncer, labourer

Défoncer consiste à labourer le sol en profondeur, sur la hauteur de deux fers de bêche. Un seul fer de bêche suffit pour le labour.

La bêche

- C'est l'outil le plus utilisé.
- Elle est dotée d'un manche souvent terminé par une boule (manche à pomme) ou par une petite pièce de bois (manche à béquille).
- La bêche convient surtout pour les terres assez légères.

La bêche automatique

- Cet outil facilite les labours, car il s'enfonce dans le sol lorsqu'on appuie sur une pédale, qui arme un système à ressort et permet ainsi de sortir le fer de terre, avec la motte, sans effort et, surtout, sans devoir se baisser.
- Cet outil est apprécié des personnes âgées et de tous les jardiniers qui ont une surface importante à labourer.
- L'emploi de la bêche automatique est toutefois limité, l'outil ne permettant de labourer ni profondément ni dans les terres trop argileuses, rendues très lourdes lorsqu'elles sont gorgées d'eau.

La pioche

- Cet outil de terrassement est employé au jardin pour défoncer le sol en profondeur, préparer les trous de plantation des arbres, extraire les vieilles racines ou arracher les souches.

La pelle carrée

- Elle est utilisée pour charrier la terre, charger la brouette, épandre les amendements (tourbe, sable, etc.) au moment des labours.

La fourche-bêche

- Elle comporte quatre dents et s'utilise dans les mêmes occasions que la bêche (labours), mais pour les terres lourdes, car elle pénètre plus facilement le sol.
- Elle ne convient pas aux terres légères et trop sèches, qui ne forment pas de mottes.
- Elle est utile pour labourer le sol au pied des arbres et des arbustes, sans blesser les racines (comme pourrait le faire un fer de bêche).

Le louchet

- C'est une bêche sans repose-pied, à fer tranchant, utilisée pour retourner les terres les plus compactes. Le fer d'un vrai louchet est deux fois plus long que celui d'une bêche.

✓ Ameublir

Après la préparation du sol en profondeur, il faudra ameublir la terre, le plus souvent au début du printemps, lors de la préparation des planches de culture ou des massifs.

L'émietteur

- Muni de nombreuses griffes, cet outil permet un griffage superficiel rapide et sert à briser les dernières mottes avant les semis.
- Certains modèles sont dotés de disques dentelés rotatifs.

La fourche à fleurs

Il s'agit d'une petite fourche à trois dents (parfois crochues) situées dans le prolongement du manche.
On la manie d'une seule main. Elle sert surtout à préparer le sol des rocailles ou la terre des jardinières.

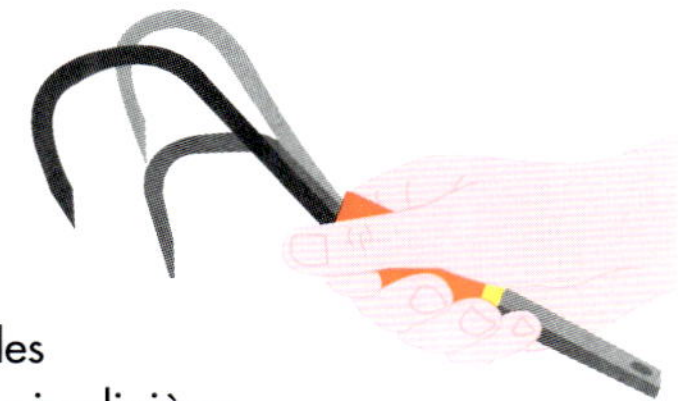

Le cultivateur

- Il est composé de plusieurs doigts amovibles, terminés par une pointe en forme de petit soc.
- Il sert à rompre les mottes après labourage, puis à affiner la surface du sol.
- Il permet également de griffer la terre entre les cultures, de façon à briser la croûte superficielle pour aérer le sol et favoriser une meilleure pénétration de l'eau.
- Il est possible d'utiliser un, trois ou cinq doigts selon les besoins.

La houe

- Ce très vieil outil possède un fer emmanché unique recourbé servant à rompre les mottes ou à en briser la couche superficielle.
- Dans certains terrains où la couche arable est faible, on utilise la houe pour réaliser une sorte de labour superficiel.
- La houe sert aussi à dresser les bordures assez hautes.

Pour semer et planter

✓ Tracer

Une fois la terre bien ameublie, vous devez tracer les sillons dans lesquels vous sèmerez. Lors du tracé des sillons, respectez l'écartement nécessaire, différent selon le développement de l'espèce (on est souvent surpris de l'espace nécessaire à certaines plantes et de leur vitesse de croissance).

Le sillonneur

- C'est une sorte de râteau dont les dents sont remplacées par de petits socs à écartement réglable.
- Il permet de tracer des sillons parallèles pour les semis en ligne.

La serfouette

- Outil léger doté, au bout d'un manche, d'une panne et d'une langue, ou d'une panne et d'une fourche.
- Seule la serfouette à langue et panne permet le traçage des sillons.
- Le traçage d'un sillon bien droit se fait avec l'aide du cordeau.

Le rayonneur-butteur (ou buttoir à socs)

- Constitué de deux socs réunis en V à une extrémité, il permet de creuser des sillons plus ou moins larges et profonds.
- On utilise cet outil pour creuser un sillon dans lequel on peut « semer » les pommes de terre.
- On s'en sert également pour le buttage (des pommes de terre, des haricots, des pois ou des asperges), ses deux socs lui permettant de rejeter la terre de part et d'autre de la ligne suivie.
- Il existe des modèles à ouverture réglable.

Le cordeau

- Il est constitué de deux petits piquets entre lesquels une corde est tendue.
- Certains cordeaux, plus perfectionnés, à tourniquet, sont munis d'une bobine-dévidoir sur laquelle la corde s'enroule automatiquement par un système à ressort.
- Vous l'utiliserez pour les semis ou pour les repiquages en ligne.
- Le cordeau vous servira aussi lors du tracé des allées, la taille des bordures, etc.

✓ Semer

La terre qui accueille les graines doit être parfaitement meuble, débarrassée des cailloux qui pourraient entraver, par la suite, le développement des racines.

Le rouleau

- Il est généralement en fonte ou en tôle et peut être rempli d'eau ou de sable.
- Il sert à plomber (tasser) les grandes surfaces (après le semis de graines de gazon, par exemple).
- On l'utilise aussi pour rouler une pelouse lorsque le sol est très humide, de façon à éviter le déchaussement de l'herbe consécutif au gel ou aux tontes répétées.

Le semoir

- C'est une petite boîte à bec verseur muni d'un orifice réglable selon la taille des graines.
- Il permet de répandre les graines régulièrement (en terrine) et d'obtenir ainsi une levée ordonnée, ce qui n'est jamais le cas lorsqu'on sème directement à la main.
- Il existe des semoirs rotatifs : la boîte circulaire, dotée de plusieurs trous sur la tranche, est fixée sur un axe au bout d'un manche.
- À défaut de semoir, pliez un morceau de papier cartonné en deux, placez les graines à l'intérieur et tapotez légèrement pour les faire tomber le plus régulièrement possible.

Le tamis

- Avec son grillage fin monté sur armature de bois circulaire, cet instrument permet de passer la terre, afin d'obtenir un mélange fin pour les semis.
- Il permet aussi un affinage du calibrage du terreau.

La batte

- En bois, à manche droit ou incliné, elle permet de taper sur le sol pour tasser.
- On l'utilise pour plomber les semis effectués en pleine terre.

✓ Planter, repiquer

De nombreuses plantes (notamment les fleurs) doivent être semées, élevées, puis installées à leur place définitive, parfois après un repiquage intermédiaire en godet. On repique ainsi les jeunes plants issus des semis effectués en terrine, en godet ou en pépinière. Le matériel diffère selon que le plant se présente à racines nues ou avec sa motte. Dans ce dernier cas (ainsi que pour la mise en terre des bulbes), il faut creuser un trou plus important.

Le plantoir

- Le plus souvent tout en acier, il sert à creuser les trous pour le repiquage des jeunes plants à racines nues.
- On l'utilise aussi, au moment des semis, pour ouvrir les trous des graines placées en poquets.
- Le plantoir sert aussi à resserrer la terre contre les racines d'un plant venant d'être repiqué (bornage) en creusant un trou juste à côté de celui du repiquage.

Le transplantoir

- Petite pelle métallique qui sert principalement à prélever les plants d'une pépinière, par exemple pour les repiquer en place.
- Le transplantoir peut également servir pour creuser les trous nécessaires aux repiquages ou à la mise en place des bulbes.
- Cet outil sert aussi pour remplir de terreau les jardinières ou pour terreauter les trous de plantation avant les repiquages en motte.

Le plantoir à bulbes

- Comme son nom l'indique, on l'utilise principalement pour effectuer les trous qui accueilleront les bulbes, tant au jardin d'agrément qu'au potager.
- Il fonctionne selon le même principe qu'un emporte-pièce : en appuyant sur le manche, on enfonce une partie métallique dans le sol, ce qui permet d'extraire une « carotte » de terre et de réaliser ainsi le trou voulu.
- Le plantoir à bulbes sert également à préparer les trous de mise en place des mottes.
- Enfin, notez qu'il existe des emporte-pièces à manche long, que l'on enfonce du pied.

Pour désherber, tailler, entretenir

La conduite des cultures, l'entretien des haies, de la pelouse et des arbres imposent un certain nombre d'outils spécifiques que devra obligatoirement comporter votre panoplie.

✓ Sarcler, biner

• **Sarcler** consiste à sectionner les mauvaises herbes à la surface du sol, sans les arracher.

• **Biner** a pour objet d'ameublir la surface du sol (casser la croûte superficielle), de façon que l'eau et la chaleur parviennent jusqu'aux racines. Le binage a aussi pour but de limiter l'évaporation de l'humidité contenue dans le sol et, en conséquence, de réduire les arrosages (d'où le dicton : « Un binage vaut deux arrosages. »).

Le sarcloir

- Outil à lame étroite, parfois dentelée, montée sur une fourche à deux branches.
- Il sert à trancher les mauvaises herbes sous le collet.

La binette

- Outil à large tranchant, qui permet de sectionner les mauvaises herbes et d'ameublir la surface du sol.
- Sarclage et binage sont effectués entre les lignes de culture.
- Si elles sont très proches et ne permettent pas le passage de la binette, vous pouvez utiliser la serfouette.

La serfouette

- Pour biner et sarcler, on utilise le côté panne, tandis que le côté fourche sert à extraire les mauvaises herbes avec leurs racines (le côté langue permet de sillonner, avant les semis).
- Le binage peut également être effectué avec une griffe ou avec un cultivateur.

Le croc à trois dents

Outil de désherbage et de sarclage, muni de trois dents robustes très recourbées. Compte tenu de sa robustesse, on l'utilise aussi pour le défrichage.

✓ Tailler, élaguer

L'entretien des rosiers, des haies, des arbres fruitiers ou des arbres d'ornement exige un matériel de taille approprié. En effet, sans taille régulière et adaptée, vous ne pourrez obtenir ni les fruits ni les fleurs escomptés.

La cisaille (ou taille-haie)

- Outil à deux branches prolongées par deux longues lames qui doivent rester parfaitement tranchantes, afin de couper net, sans les blesser, les rameaux (de faible diamètre) et les feuilles des haies.
- Il existe certains modèles pour la finition des pelouses le long des bordures, des murs, dans tous les endroits inaccessibles à la tondeuse (cisaille à gazon).

Le sécateur

- C'est l'outil de taille de base. Il en existe une large gamme, dont les différents modèles répondent à une utilisation parfois bien spécifique. Vous trouverez des sécateurs « cueille-fleurs », des sécateurs pour gauchers, etc.
- Un sécateur comporte deux branches dont l'une se termine par une lame et l'autre par une contre-lame. Lorsqu'on actionne la poignée, la lame tranche, tandis que la contre-lame sert d'appui à la branche.
- Certains sécateurs, dits « à enclume », comportent une enclume à la place de la contre-lame, ce qui donne encore plus de force à la coupe.
- Enfin, signalons le sécateur à deux mains, dont les branches sont plus longues que celles des précédents. Cette particularité permet de tenir le sécateur avec les deux mains, donc de tailler en hauteur et, surtout, d'accroître la puissance de coupe.

L'ébrancheur (ou échenilloir)

Outil de coupe permettant d'intervenir sur les branches de petite section, les plus hautes.

- Le système de coupe est en effet monté sur un long manche, la commande de la lame se faisant par l'intermédiaire d'un câble.
- Une scie arboricole y est souvent associée.

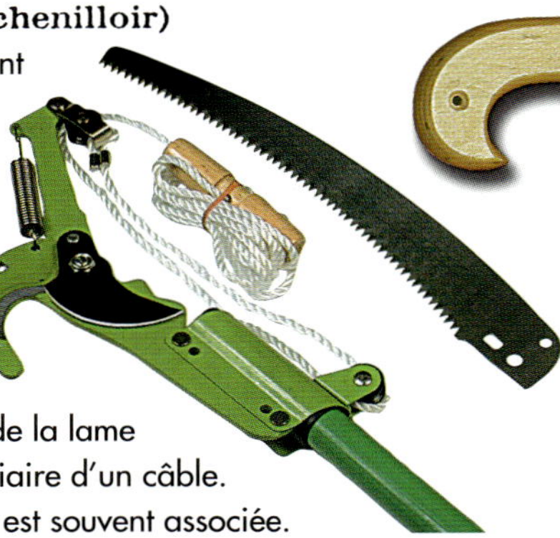

La scie arboricole

- Lame à grosse denture de forme courbe, montée sur une poignée en bois.
- Elle sert à couper les branches de section moyenne.

✓ Entretenir

On trouvera, dans cette rubrique, des outils divers employés pour l'entretien du sol, le ramassage des feuilles mortes, l'aération de la pelouse, le nettoyage des écorces, etc.

Le balai à gazon

- À dents souples, il sert à ramasser l'herbe coupée sans arracher le gazon.
- Les dents doivent collecter l'herbe sans marquer la pelouse.

L'aérateur de pelouse

- Outil comprenant plusieurs picots que l'on enfonce dans la pelouse pour aérer la terre sans endommager les touffes d'herbe.
- Il existe des aérateurs rotatifs et des semelles articulées dotées de picots.

Le râteau à émousser

- C'est un outil à manche, à mi-chemin entre le râteau et le balai à gazon.
- On s'en sert pour éliminer les mousses et lichens qui s'arrachent facilement après application de produits spécifiques (désherbant anti-mousse ou sulfate de fer).

Le râteau

- Droit ou courbe, il permet d'égaliser la surface du sol, de briser les mottes, de ramasser les mauvaises herbes coupées, les feuilles mortes, etc.
- On trouve des râteaux à dix, douze ou quatorze dents.
- Il existe aussi des râteaux miniatures, utilisés pour travailler la terre des bacs et autres jardinières, ou dans les rocailles.

Les machines

L'équipement en matière de machines doit vous inciter à une certaine réflexion, tant en raison du coût d'un tel matériel que des avantages que l'on peut en tirer. Les machines sont en effet d'une aide inappréciable dès que l'on possède un coin de pelouse à tondre, quelques haies à tailler, un potager à entretenir. Il faudrait cependant étudier chaque cas particulier avant de répondre à la question : une machine est-elle indispensable ?

✓ Critères de décision

Différents facteurs peuvent plaider en faveur de l'acquisition de machines :

- *la surface* du jardin concerné ;
- *le temps* que son propriétaire peut consacrer au jardin ;
- *la résistance physique* du jardinier.

Avant d'acheter une machine, prenez en compte tous ces éléments. Notez qu'il n'est peut-être pas nécessaire d'acheter tout, tout de suite. Enfin, une fois votre décision prise, ne vous précipitez pas chez le premier vendeur venu : outre que les prix peuvent être sensiblement différents d'un magasin à l'autre, l'outillage peut présenter, selon les constructeurs, certaines qualités propres qui répondront de façon plus ou moins adaptée à ce que vous recherchez.

✓ L'éventail des matériels

Notre époque est à la mécanisation, même si certains retrouvent le charme des outils à main (source, de surcroît, de sérieuses économies d'utilisation).

- *La tondeuse* vient au premier rang des machines utilisées au jardin. Elle est quasiment indispensable dès que l'on possède un coin de pelouse dépassant quelques dizaines de mètres carrés.
- *La motobêche* (ou motohoue) facilite les travaux d'entretien périodiques au potager ou le renouvellement des parterres.
- *Le motoculteur* est nécessaire pour les travaux de défoncement ou de labour profonds (vous pouvez éventuellement le louer).
- *Différentes machines* sont utiles pour les opérations de taille, d'élagage, d'abattage et de débroussaillage (certaines fonctionnent avec un moteur à essence, beaucoup sont électriques).

La tondeuse

La gamme des machines est très vaste, depuis les mini-électriques jusqu'aux plus grosses, autotractées et autoportées. Les principales différences résident dans le mode de fonctionnement du moteur (thermique ou électrique), le système de coupe, la transmission, les réglages possibles et le mode de ramassage.

✓ Moteur thermique

C'est la solution le plus souvent choisie. Pour des machines de même nature, les tondeuses à moteur thermique (à explosion) sont moins chères que les tondeuses électriques. En outre, les machines à moteur thermique ont une plus grande autonomie.

Elles ne présentent pas la gêne que constitue, pour les machines électriques, le câble d'alimentation, ni l'autonomie forcément limitée des tondeuses à batterie, celles-ci ayant presque complètement disparu, compte tenu de leur poids, de leur prix et de la nécessité d'un entretien périodique (recharge de la batterie, même en dehors des périodes d'utilisation). Les moteurs qui équipent les tondeuses sont à deux ou à quatre temps.

• **Le moteur deux-temps** est sans doute le plus bruyant, mais il est le seul qui soit adapté pour les terrains en pente : le mode de lubrification des organes en mouvement permet de travailler sous n'importe quel angle, ce qui n'est pas le cas avec le quatre-temps, où les organes du bas moteur (vilebrequin et bielle) risquent de ne plus baigner dans l'huile du carter dès que la machine est fortement inclinée. Le moteur à deux temps suppose une alimentation avec un mélange d'essence et d'huile, le pourcentage d'huile étant fixé par le fabricant.

• **Le moteur quatre-temps** est adopté sur une majorité de modèles, notamment sur les plus gros.
L'huile contenue dans un carter permet de lubrifier une partie des organes tournants du moteur (bielle, vilebrequin) ; usée après un certain nombre d'heures d'utilisation (spécifié dans le manuel technique de la machine), elle doit être remplacée régulièrement (vidange).

• **Le bon fonctionnement des moteurs thermiques** dépend de la qualité de la carburation et de l'allumage.
▪ *Le filtre à air* doit être régulièrement nettoyé pour empêcher la poussière d'obstruer les gicleurs et de pénétrer dans la chambre de combustion, où elle provoquerait une usure du cylindre et des segments du piston (sur un quatre temps).
▪ *L'allumage* est assuré par un volant magnétique et une bougie. Celle-ci doit être remplacée périodiquement ou, pour le moins, nettoyée lorsqu'elle donne des signes de faiblesse. Le volant magnétique doit être préservé de l'humidité.
▪ *La corde* du lanceur doit être remplacée dès qu'elle s'effiloche.
▪ *La batterie* doit souvent être rechargée si la tondeuse possède un démarreur électrique.

La tondeuse est la machine la plus utilisée au jardin.

✓ Moteur électrique

Il est plus silencieux que le moteur thermique et, de ce fait, plus agréable pour l'utilisateur. Il est très fiable et ne pose, bien entendu, aucun problème de démarrage.

L'obligation de se raccorder sur une prise n'est pas forcément gênante, surtout pour les petites pelouses. Vérifiez que le branchement est conforme aux normes : le prolongateur doit être étanche, et la machine doit bénéficier d'une double isolation (pas de raccordement à la terre).

Peut-on tondre une pelouse mouillée avec une tondeuse électrique ? Telle est la question que se posent souvent les possesseurs de ce genre de matériel. D'une façon générale, rappelons d'abord qu'il n'est jamais souhaitable de tondre une herbe mouillée, quel que soit le type de tondeuse. S'agissant d'un matériel électrique alimenté par le secteur, il est prudent de ne pas travailler en milieu humide, même si le matériel bénéficie des protections voulues. Dans tous les cas, si l'herbe est humide, abstenez-vous de manipuler la fiche, côté tondeuse, quand le prolongateur est sous tension.

Tondeuse électrique de bonne puissance.

✓ Système de coupe

- **La lame horizontale rotative** tournant horizontalement dans le carter, sous le moteur, est le système le plus répandu.

▪ *Avantages :* c'est un système simple, fiable, facile à entretenir (la lame pouvant être réaffûtée avec un simple touret à meuler), qui facilite le ramassage de l'herbe en même temps que l'on tond.

▪ *Inconvénients :* la lame déchiquette le brin d'herbe plus qu'elle ne le tranche ; si l'on veut tondre très court, la lame a tendance à arracher les plants d'herbes.

- **Le cylindre de coupe** est un système connu depuis longtemps sur les tondeuses à main. Il s'agit de lames hélicoïdales, assemblées pour former un cylindre, tournant dans un carter et coupant l'herbe grâce à une contre-lame fixe (effet de ciseau).

▪ *Avantages :* ce système permet une coupe parfaite et favorise l'obtention d'un gazon ras et dru (pelouse à l'anglaise) qui ne jaunit pas avant la repousse : c'est la tondeuse idéale pour entretenir les greens.

▪ *Inconvénients :* les tontes doivent être fréquentes, le terrain doit être parfaitement plat, et l'herbe doit être un vrai gazon ; il est impossible d'affûter soi-même les lames, et le prix de la machine est très supérieur à celui d'une tondeuse à lame rotative classique. Enfin, on trouve très peu de modèles de tondeuses de ce type à moteur thermique dans nos régions.

✓ Hauteur de coupe

Il est important que la machine possède plusieurs hauteurs de coupe, afin de répondre à toutes les situations. Il est préférable que la commande soit unique pour les quatre roues et facile à manœuvrer (même avec le bac en place).

Réglage de la hauteur de coupe, ici centralisée. Sur beaucoup de modèles, il faut régler la hauteur sur chaque roue.

✓ Évacuation et ramassage de l'herbe

Le sac ou le bac de récupération de l'herbe est situé soit latéralement (cas de plus en plus rare), soit à l'arrière (plus grande capacité). Pour tondre une herbe haute, le bac peut parfois être remplacé par un déflecteur qui souffle l'air latéralement (andaineur).

Après chaque tonte, il est nécessaire de ramasser l'herbe coupée, qui risquerait sinon de se décomposer sur place.

✓ Machines sur coussin d'air

Les machines sans roue sont très répandues en Grande-Bretagne. Elles sont légères, efficaces et permettent d'obtenir une coupe parfaite. Elles sont idéales pour tondre les plans inclinés (moteur électrique ou deux-temps).

La tondeuse à coussin d'air se soulève sous l'effet de la rotation de la lame et évolue sans effort, y compris sur les pentes.

✓ Tondeuses autoportées

Il s'agit d'un vrai petit tracteur. Ce genre de machine est très plaisant à utiliser. Puissant, il convient aux très grandes pelouses (au-delà de 1 000 m²).

Le bac de ramassage d'une tondeuse autoportée doit être de forte contenance.

La motobêche

Cette machine peut être très utile, même dans les petits potagers. Elle est constituée d'un moteur entraînant des fraises par l'intermédiaire desquelles se fait le travail du sol. Elle doit être assez puissante (de 3 à 5 ch le plus souvent) pour pénétrer à une profondeur suffisante.

L'emploi d'une motobêche est surtout recommandé pour les terres humifères ou franches, où les fraises peuvent assurer un ameublissement suffisant du sol. Dans les terres lourdes et argileuses, il est préférable de travailler avec un soc et donc d'utiliser un motoculteur. Cependant, la plupart des motobêches peuvent recevoir un butteur (placé derrière les fraises) permettant d'ouvrir un sillon profond.

✓ Caractéristiques

- *Le moteur* (thermique) se caractérise par sa puissance, de 3 à 8 ch. Il s'agit, le plus souvent, d'un quatre-temps, mais le deux-temps est préféré par certaines marques.
- *Le démarrage* se fait par lanceur ou électriquement.
- *Le nombre de vitesses* (trois avant et trois arrière pour une bonne machine), ainsi que les vitesses possibles de l'arbre de rotation des fraises doivent être pris en compte.

La motobêche progresse grâce à la rotation de ses outils, en l'occurrence des fraises pour ameublir le sol en profondeur.

✓ Les couteaux de fraise

- *Les fraises ordinaires* pénètrent jusqu'à 20 cm. Elles sont constituées de tiges de métal recourbées à angle droit.
- *Des couteaux spéciaux* sont prévus pour les terrains caillouteux (couteaux piocheurs).
- *Des couteaux enfouisseurs* sont utilisés pour retourner le terrain ou apporter du fumier.
- *Des couteaux bineurs*, plus courts, sont employés pour l'ameublissement superficiel.

Le motoculteur

✓ Caractéristiques

- *Le moteur* de cet engin, plus puissant que la motobêche, est adapté aux potagers assez grands (plus de 500 m^2). Il s'agit toujours d'un moteur quatre-temps (de 5 à 18 ch). À la différence de la motobêche, dont la motricité est assurée par la rotation des outils eux-mêmes, le motoculteur progresse grâce à des roues et est capable de tracter une charrue à un ou deux socs, ce qui le destine avant tout au labourage. Une prise de force en sortie d'arbre de transmission permet d'utiliser une large gamme d'outils : faucheuse, bineuse, pompe, ou tondeuse, et bien sûr des fraises avec un arbre de transmission. En configuration « routière », le motoculteur permet même de tracter une remorque.
- *Le démarrage* se fait par lanceur ou électriquement.
- *Le nombre de vitesses* (jusqu'à six avant et deux arrière pour les machines les plus élaborées) détermine la maniabilité et l'efficacité de la machine.

Motoculteur à guidon réglable. Ce système est très pratique, car il permet de diriger la machine tout en marchant à côté du sillon (c'est particulièrement appréciable pour les terrains en pente).

Autres machines

✓ La débroussailleuse portable

Un disque (ou un fil) tournant à grande vitesse est fixé au bout d'un manche et permet de couper tous les végétaux (jusqu'aux petits arbustes). Cet engin, très efficace, est pourvu d'un bloc-moteur qui se porte sur le dos ou sur l'épaule.

Débroussailleuse avec moteur thermique à deux temps. Elle sert aussi bien au fauchage de l'herbe qu'à celui des broussailles.

✓ Le taille-haie

Très pratique dès que l'on doit tailler de longues haies, il permet de travailler rapidement. Il est généralement doté d'un moteur électrique (sur secteur ou à batterie) de 200 à 600 W (lame de 30 à 60 cm).

✓ La motofaucheuse

Pour les herbes hautes et le débroussaillage. Le moteur est thermique ou électrique, monté généralement sur le manche. Cette machine peut être très utile dans les résidences secondaires où il n'est pas possible de couper l'herbe aussi souvent que nécessaire.

Pour éviter l'inconvénient du câble, certains fabricants ont mis au point des taille-haies avec accumulateur incorporé. ▲

✓ La tronçonneuse

Thermique ou électrique, elle permet toutes les coupes de bois. Sur certaines machines, on peut monter un taille-haie.

✓ Le coupe-bordure

Cette petite machine à fil rotatif permet de tondre le gazon dans les endroits inaccessibles à la tondeuse (en particulier près des murs et le long des bordures).

Le coupe-bordure à fil joue parfois le rôle d'une mini-tondeuse. Veillez surtout à choisir un modèle à libération automatique du fil. ►

La vive concurrence existant sur le marché de la motoculture de plaisance incite les fabricants à produire des engins à bas prix. Cependant, ces machines ont une durée de vie assez médiocre (parfois moins de trois ans) ; d'ailleurs, les conditions de garantie sont souvent très mauvaises. De plus, soyez attentif à la qualité du service après-vente.

Le matériel de production et de protection

Depuis les semis jusqu'aux récoltes, vous aurez besoin d'un matériel spécifique, tant pour la culture que pour protéger les végétaux contre le froid, la chaleur, mais aussi contre les prédateurs. En effet, sans ces précautions, vous ne pourrez pas obtenir, dans bien des cas, les résultats escomptés.

Les récipients de culture

Un certain nombre d'espèces doivent être semées puis cultivées en terrines, pots ou godets, avant d'être repiquées en place.

Les godets

- Ils permettent soit des semis individuels, soit des repiquages intermédiaires, en attendant la mise en place.
- L'emploi de godets en matière plastique est très répandu, mais il doit rester réservé aux végétaux supportant bien la transplantation. En effet, le maniement de la motte peut être néfaste à la reprise de certaines espèces fragiles.
- Pour cette raison, on utilise des godets de tourbe compressée, certes plus chers, mais qui présentent l'avantage de se décomposer dans le sol une fois transplantés et qui évitent ainsi toute manipulation de la motte. De plus, la tourbe ne constitue aucun obstacle au développement des racines, qui peuvent librement la traverser.

Les pots et poteries de terre cuite

- La terre cuite est une matière idéale pour la culture, car elle est poreuse et laisse passer l'air et l'eau, favorisant ainsi le développement des racines.
- Les pots sont pourvus d'un rebord, ainsi que d'un trou pour l'écoulement de l'eau d'arrosage.
- Un pot se caractérise par sa hauteur, en général égale à son plus grand diamètre. Un pot de 12 a donc une hauteur de 12 cm et un diamètre à l'ouverture de 12 cm.
- Avant d'utiliser un pot en terre cuite neuf, faites-le tremper dans de l'eau.
- Un pot qui a déjà servi doit être désinfecté à l'eau bouillante, pour éviter la transmission des maladies cryptogamiques.

Terrines de semis en serre chauffée à l'aide d'un poêle à bois (à droite). Remarquez, au fond, les bacs à germination (ou mini-serres).

Les terrines

En terre cuite ou en matière plastique, elles sont utilisées pour les semis et les premières semaines de vie de la plante. Les caissettes en bois ou en polystyrène présentent l'avantage de maintenir le terreau à température élevée.

Les conteneurs

Aujourd'hui, de nombreuses plantes sont cultivées en conteneurs de matière plastique par les horticulteurs et les pépiniéristes. Cette technique permet de planter le jeune sujet sans briser la motte, ce qui renforce les chances de reprise. Les conteneurs sont de diverses tailles ; ils ont généralement la forme d'un pot de fleur. On peut les remplacer par une simple feuille de matière plastique résistante qui emprisonne la motte.

Autres récipients

- Pour les semis et la conduite des jeunes plants pendant les premières semaines, on peut utiliser toutes sortes de récipients de récupération, notamment en matière plastique (pots de yaourts, culs de bouteilles d'eau minérale, etc.). Nettoyez-les auparavant à l'eau chaude et percez quelques trous pour l'écoulement de l'eau d'arrosage.
- Les récipients de culture des plantes d'ornement sont très nombreux : pots de fleurs décoratifs en matière plastique, jardinières en terre cuite, en bois, en amiante-ciment ou en matière plastique.

- Pour les balcons et les terrasses, utilisez des porte-pots et des porte-jardinières d'accrochage.
- Les bacs et les caisses sont destinés aux grandes plantes et aux arbustes. Ils sont le plus souvent en bois, mais aussi en terre cuite et en amiante-ciment.
- Les pots et bacs à réserve d'eau sont très pratiques, surtout en cas d'absence, mais ils ne conviennent pas aux plantes qui n'aiment pas l'humidité résiduelle. Informez-vous sur les exigences de la plante avant de lui choisir son récipient de culture.

La protection contre le froid

Le verre et la matière plastique sont couramment utilisés pour protéger les végétaux contre les intempéries, mais aussi pour hâter ou retarder certaines cultures.

✓ Les cloches

• **Les modèles traditionnels** sont en verre, d'une seule pièce. Ils conviennent pour la protection d'une seule plante à la fois (on les place au jardin d'agrément sur une plante fragile, en hiver, ou au potager sur un plant de melon, par exemple). Pour permettre l'aération (indispensable), soulevez légèrement la cloche à l'aide d'une petite cale en bois ou d'une pierre.

La cloche-tunnel en verre est une protection très efficace.

• **Les cloches en matière plastique** remplacent aujourd'hui les belles cloches en verre d'autrefois, malheureusement fragiles. Ces accessoires, plus légers que les cloches en verre, doivent souvent être maintenus au sol par un petit piquet pour ne pas être emportés par le vent.

Les cloches anglaises (ou cloches continues) sont surtout destinées à la protection des lignes de culture. Ouvertes de chaque côté et mises bout à bout, elles forment une sorte de tunnel. En verre ou en matière plastique transparente, elles sont maintenues par une armature métallique et sont pourvues d'une poignée, ce qui facilite leur transport. Des plaques de verre sont prévues pour la fermeture à chaque extrémité.

Les cloches sont pratiques, car facilement mobiles : on peut aisément les transporter d'une planche à l'autre, en fonction des exigences de la culture. Elles permettent de gagner deux à trois semaines pour la croissance de la plupart des légumes du potager.

Ce type de cloche traditionnelle peut abriter un seul sujet à la fois. ▼

Les cloches en verre anglaises sont idéales pour les semis. ▶

✓ Les châssis

Un châssis permet l'hivernage de potées en attente de germination printanière.

Constitué d'un coffre recouvert de plaques de verre, un châssis peut accélérer de trois semaines votre production de légumes. On l'utilise en vue d'obtenir des plants précoces pour le jardin d'agrément. Les châssis sont généralement installés au potager, mais ils sont également employés au jardin d'agrément et même au verger, pour les fruitiers (bouturage).

• **Les châssis classiques** sont faits d'un cadre en bois ou en métal, portant des vitres, qui repose sur des côtés en bois. Ces côtés doivent être conçus de telle manière que les plaques de verre soient inclinées, afin de bénéficier au maximum des rayons de soleil. Les coffres en bois sont pratiques, car mobiles : on peut les déplacer ou même les enlever. Un coffre à châssis en bois doit être traité avec un produit spécial (hydrofuge) contre l'humidité et fongicide contre les moisissures. Un châssis classique mesure 1 m x 1,30 m (mais il peut être plus large).

• **Les châssis maçonnés** (surtout employés par les professionnels) reçoivent des panneaux vitrés, coulissant sur glissières et amovibles.

• **Certains châssis actuels** utilisent largement la matière plastique. On trouve de petits modèles constitués d'une feuille de plastique à armature dont les côtés peuvent être relevés facilement en fonction de la température (ces châssis forment des tunnels par juxtaposition). Ils sont pratiques et discrets (90 x 115 cm pour 8 kg) et conviennent bien comme châssis de couche.

Une bonne solution dans tous les jardins : les kits. De nombreux fabricants en proposent en bois et verre ou métal et verre. Ils sont faciles à monter et à démonter (et moins chers).

Une fois les panneaux vitrés des châssis enlevés, les fleurs (ici des annuelles) peuvent se développer jusqu'au moment du repiquage.

Châssis mobile constitué de plaques de plastique à armature.

✓ Les tunnels

Ils connaissent une grande vogue depuis quelques années, car ils permettent d'obtenir de véritables cultures hâtées (de deux ou trois semaines) et coûtent moins cher que les châssis et les cloches ; ils sont cependant moins durables (quatre ou cinq ans).

• **Une feuille de polyéthylène** transparente est fixée sur des arceaux en matière plastique. Divers dispositifs permettent d'assujettir la feuille sur les arceaux (il y a parfois des cordelettes). À chaque extrémité, un arrêtoir assure une herméticité totale.

Un tunnel permet de protéger toute une ligne de culture (ici des haricots).

Attention !

N'oubliez pas d'aérer les cloches, châssis et autres tunnels dès que la température le permet. La condensation intérieure, sous l'effet de l'élévation de la température extérieure, entraîne une rétention d'humidité et un confinement de l'atmosphère favorables aux maladies cryptogamiques.

• **Les cotes des tunnels** correspondent en moyenne à celles des planches de culture : 1 m à 1,50 m de large et 5 m ou 10 m de long. Les arceaux doivent être solidement fichés en terre, et la feuille, bien amarrée : un fort vent risquerait, en effet, d'arracher l'abri. Un tunnel peut être placé au jardin d'agrément pour protéger, en hiver, un massif de plantes vivaces fragiles.

Il existe différentes qualités de polyéthylène, les plus solides étant les feuilles armées d'une grille textile synthétique.

On peut réaliser soi-même un tunnel, à condition d'utiliser des attaches solides.

Pépinière protégée par un tunnel. Une telle protection permet d'avancer notablement la période des semis.

La chaleur artificielle

La chaleur de fond est indispensable pour réussir des cultures très hâtées. Cela permet d'avoir des légumes très tôt, mais aussi de fleurir le jardin dès le début de saison (et de fournir ainsi des potées pour la maison). Les semis et les boutures, même s'il s'agit de plantes difficiles, y viennent mieux.

✓ Les couches électriques

Les couches de fumier frais ou « éteint » n'étant plus à la portée de l'amateur, on les remplace aujourd'hui par des câbles chauffants que l'on place dans les châssis ou dans des bacs de matière plastique. Ces câbles sont constitués d'une résistance électrique protégée par une gaine très résistante qui les met à l'abri des éventuels coups d'outils. Ils sont le plus souvent placés entre deux couches de sable, afin d'obtenir une bonne diffusion de la chaleur.

L'ensemble comprend un câble de raccordement et un thermostat permettant de contrôler précisément la chaleur. La consommation d'électricité est assez minime.

✓ La serre

Inutile d'insister sur l'intérêt de posséder une serre, dès lors que l'on veut produire soi-même les plants qui trouveront ensuite leur place au potager, au jardin d'agrément ou encore dans la maison (pour les plantes vertes ou d'orangerie). De plus, une serre adossée contre la maison constitue un salon de verdure tout à fait agréable.

• **La construction d'une serre** peut sembler difficilement réalisable par l'amateur, et pour le moins onéreuse. Pourtant, depuis quelques années, on trouve des serres en kit, décoratives, aussi solides que les serres traditionnelles et faciles à monter soi-même. Elles peuvent bénéficier d'équipements additionnels, tels que le chauffage ou l'arrosage automatique, qui en font un lieu de production et de loisirs privilégié. Notez à ce propos qu'une serre adossée peut être chauffée par le système de chauffage central de la maison si elle y est raccordée. Le plus souvent, cependant, le chauffage est assuré indépendamment.

• L'entretien d'une serre doit être régulier. Pour éviter le développement de moisissures, il faut en laver le sol régulièrement. Il est important de l'aérer autant que nécessaire. Un système d'arrosage automatique par brumisation est indispensable.

Serre moderne à deux versants, de grande capacité.

La protection contre la chaleur

Les rayons solaires peuvent occasionner de graves brûlures aux jeunes végétaux. Par ailleurs, une chaleur excessive entraîne une évaporation rapide de l'eau d'arrosage. Pour ces deux raisons, vous protégerez les plantes les plus fragiles, à l'aide d'ombrières ou de films en plastique noir.

Afin de prévenir les cultures des rayons solaires trop violents, il faut disposer des claies à ombrer sur le toit de la serre.

Les ombrières

- Comme leur nom l'indique, il s'agit d'accessoires qui permettent de créer de l'ombre au-dessus des végétaux cultivés sous châssis, en serre ou directement en pleine terre.
- Vous trouverez des « chapeaux de soleil » pour la protection individuelle des plantes. Il s'agit d'une sorte de cloche conique, en PVC translucide mais rayé de bandes vertes qui atténuent la force des rayons solaires.
- Sur le toit de la serre, sur les vitres des châssis, vous déroulerez des ombrières. Signalons également qu'un résultat comparable pourra être obtenu à l'aide de blanc d'Espagne étalé sur les vitres. En ce qui concerne la serre, son emploi se fera de façon complémentaire avec celui des ombrières.
- Les serres modernes sont équipées de stores et d'ouvertures, agissant automatiquement en fonction de la température intérieure.

Les paillassons remplacent les vitrages dès que le soleil est trop ardent pour les jeunes plants.

Les paillassons

- Il s'agit d'éléments en paille ou en lattis de bois, qu'on déroule sur les châssis une fois les vitrages retirés, pour protéger les jeunes plants des rayons trop ardents du soleil.
- On peut aussi tendre un câble ou un gros fil de fer entre des piquets plantés à chaque coin des planches de culture ou des parterres et dérouler dessus ces paillassons.
- Il faut veiller à retirer les paillassons dès que le soleil ne donne plus sur les plantes, pour éviter leur étiolement par manque d'éclairage. On évitera d'arroser juste avant de mettre les paillassons en place.

La protection contre les oiseaux

L'hirondelle, le rouge-gorge et la fauvette sont, comme chacun sait, des espèces qui se nourrissent uniquement d'insectes. D'autres oiseaux sont moins souhaitables au jardin, car ils s'en prennent aux bourgeons et aux fruits (moineau, merle, pie, mésange, etc.). Voici quelques accessoires qui vous permettront de protéger vos cultures, sans trop éloigner ces charmants petits chanteurs.

Les sacs

- Il s'agit de petits sacs destinés à envelopper chacun des fruits, en matière plastique ou en papier perforés de façon à permettre une bonne aération.
- C'est une protection efficace qui, en outre, accélère sensiblement la maturation.

Les épouvantails et les affolants

- Les épouvantails fixes sont d'une efficacité contestable : il suffit d'observer les perchoirs idéaux qu'ils constituent parfois dans nos campagnes pour s'en convaincre. Préférez les épouvantails mobiles, qui tournent avec le vent.
- Pour éloigner les oiseaux, vous pouvez également employer des moyens tout aussi inoffensifs, tels que les affolants : ce sont de petites feuilles de papier métallisé qui, suspendues au bout d'une branche, crissent sous le vent qui les fait remuer, affolant les oiseaux craintifs. Vous en trouverez dans le commerce (par exemple, des têtes de chat en zinc ou en tôle), mais vous pourrez facilement en fabriquer à l'aide de papier aluminium.

▲ *Les affolants sont un excellent moyen d'éloigner les oiseaux.*

Les filets

- En mailles très fines, ils permettent de protéger les semis, les cultures et les fruits contre l'appétit des oiseaux. Il suffit de les tendre au-dessus des semis ou des planches de culture menacés.
- Ne les posez pas directement sur le sol, la protection serait vaine. Tendez-les plutôt entre des piquets enfoncés dans le sol et régulièrement espacés. Si l'espace de culture est limité, quatre piquets (un à chaque coin) suffisent.
- Vous pourrez également utiliser les filets pour protéger les fruits, en les étendant sur la ramure de l'arbre.

Le traditionnel épouvantail chasse les oiseaux et participe au charme d'un jardin à l'ancienne. ►

La culture verticale

Un certain nombre de végétaux, à tige fragile, doivent être tuteurés. C'est le cas des tomates, des haricots à rames, des dahlias, des glaïeuls, etc. C'est aussi le cas des arbustes qui viennent d'être plantés et qui, encore peu enracinés, doivent être tuteurés pour résister au vent. Enfin, si vous manquez de place, vous pourrez choisir certaines variétés grimpantes, qui occuperont moins de place au sol.

✓ Les tuteurs

On en trouve différents modèles, fabriqués dans des matériaux divers, des branchages de fortune aux barres en fibre de verre armée en passant par le traditionnel bambou. Solidement fichés dans le sol, ils soutiennent la plante qui, si elle ne grimpe pas naturellement, pourra y être fixée par des liens ou des colliers spéciaux, ou encore avec du raphia.

Le tuteur simple

- Il s'agit d'un simple bâton droit, d'une hauteur correspondant au développement maximal de la plante. Le végétal est attaché au tuteur par des liens de raphia ou de matière plastique (qui doivent demeurer assez lâches pour ne pas pincer la tige).
- Le bambou, très recherché, est remplacé par la fibre de verre armée.
- En général, les tuteurs se remplacent tous les trois ou quatre ans.

Le tuteur double

Pour les tomates notamment. On forme un petit portique de 1 m de haut environ, avec deux tuteurs droits et une barre verticale.

Le tuteur en V

- Deux bâtons droits sont réunis à leur sommet par un lien. Une longue tige assemble les V inversés ainsi obtenus pour les maintenir (formation de rangs).
- Ce type de tuteur peut être utilisé pour les haricots à rames et les pois.

Un filet à larges mailles est idéal pour cultiver les pois à rames.

Les structures métalliques conviennent tout particulièrement pour supporter les rosiers grimpants.

Les filets

- Il s'agit de filets à grosses mailles, à l'origine en ficelle, désormais en matière plastique, que l'on tend entre deux piquets au-dessus des planches ou des rangs de culture, ou de fleurs telles que les capucines ou les pois de senteur.
- Ils permettent à la plante de se développer verticalement au lieu de ramper sur le sol comme elle le ferait naturellement.
- Au potager, les filets sont utilisés principalement pour la culture des haricots et des pois à rames, mais aussi pour celle d'un certain nombre de cucurbitacées : melons et concombres, par exemple, mais aussi cornichons. Ce mode de culture évite d'avoir à se baisser continuellement pendant la récolte.
- Les filets sont également très appréciés en serre, où ils permettent d'économiser un maximum de surface.

Les supports métalliques

- Ces tuteurs sont réservés aux plantes grimpantes ligneuses du jardin d'agrément, en particulier aux rosiers grimpants.
- Généralement peints en vert, ils sont en forme de petit pylône (le rosier croît au milieu), ou même de parapluie pour les formes pleureuses.
- On trouve également des supports en matière plastique, destinés aux plantes plus petites.

LE MATÉRIEL D'ARROSAGE ET DE TRAITEMENT

Dans bien des régions, arroser est l'une des préoccupations majeures du jardinier. De la façon dont cette tâche est accomplie dépendent la croissance des plantes et, donc, la beauté du jardin et la qualité des récoltes. C'est pour satisfaire à de telles exigences que les fabricants ont progressivement amélioré un matériel qui, s'il gagne à chaque fois en sophistication, répond mieux au besoin en eau des plantes et permet de ne plus considérer l'arrosage comme une corvée.

L'alimentation et le stockage de l'eau

✓ Qualité de l'eau

• **L'eau de pluie** est riche en oxygène, exempte de calcaire et théoriquement pure, quand la pollution ne vient pas altérer ses qualités.

• **L'eau d'une rivière ou d'un puits** est exempte des produits de désinfection véhiculés par celle du robinet, mais elle est généralement trop froide pour être utilisée directement : elle nécessite un matériel spécifique d'alimentation et de stockage.

Le débit de l'eau. Chaque appareil d'arrosage se caractérise par la surface couverte, ainsi que par une pression minimale qui lui permet de fonctionner. À titre indicatif un arroseur fonctionnant avec une pression de 3 bars et arrosant 200 m^2 fournit 1 000 l à l'heure, ce qui représente 5 l au mètre carré, soit une hauteur d'eau de 5 mm.

Les pompes

- Pour récupérer l'eau dans un puits, un plan d'eau ou une rivière, aux fins d'arrosage, on utilise une pompe électrique ou à moteur thermique.
- Les motopompes (à essence) sont dotées d'un moteur à deux ou quatre temps, d'une puissance de 2 à 4 ch. Les pompes électriques sont moins puissantes et se raccordent généralement sur le 220 V monophasé.
- Les pompes se caractérisent par la hauteur d'élévation de l'eau (25 m environ pour une motopompe de 2,5 ch) et par son débit horaire (10 000 l pour ce modèle). Elles sont complétées par un clapet de pied (muni d'une crépine destinée à filtrer les impuretés) qui plonge dans la nappe d'eau à pomper.
- Il existe également des pompes immergées électriques que l'on descend dans le puits et qui se raccordent sur le 220 V.
- La pompe est également utilisée pour arroser par tuyaux à partir d'un bac ou d'une citerne de stockage. Elle peut aussi servir pour vidanger les bassins et les piscines (ou pour vider une cave inondée).

Le stockage

- L'eau de pluie canalisée par les tuyaux de descente de gouttière est souvent récupérée dans des bacs. Ceux-ci peuvent être en métal ou, plus communément, maçonnés en béton armé. Au jardin d'agrément, ces bacs ont le désavantage de n'être pas très décoratifs. On peut toutefois les camoufler derrière des arbustes ou des plantes grimpantes.
- On trouve également des citernes de stockage de l'eau en polyéthylène. Ces citernes sont pourvues d'un trou d'homme et d'un robinet de vidange à la base (elles peuvent aussi servir à stocker les engrais liquides).

Le poste d'eau

- Il doit être équipé d'un raccord fileté pour fixer l'embout du tuyau d'arrosage.
- La canalisation doit être munie d'une vanne d'arrêt située à l'intérieur de la maison, afin que l'on puisse vidanger l'installation avant les périodes de gel (qui pourrait entraîner de graves dommages).

Le matériel d'arrosage

Depuis les arroseurs traditionnels jusqu'aux systèmes enterrés avec programmation, vous trouverez toute une gamme d'appareils répondant aux diverses nécessités imposées par les végétaux cultivés et par la superficie du terrain.

✓ Les arrosoirs traditionnels

• **L'arrosoir classique** est désormais presque toujours en matière plastique avec fond renforcé (parfois en zinc).

▪ *La contenance* d'un arrosoir est de 10 ou 12 l, mais on en trouve de plus petits, pour la serre et pour l'intérieur (plantes d'appartement).

▪ *La pomme*, amovible, peut être éventuellement remplacée par une rampe pour l'application des engrais liquides.

▪ *Les arrosoirs de serre* sont munis d'un bec fin qui libère un jet étroit, afin de ne pas endommager la tige fragile des plantes.

✓ Les tuyaux et les dévidoirs

• **Les tuyaux en PVC opaque** sont à préférer aux tuyaux translucides qui, à la longue, peuvent être obstrués par les algues se formant à la lumière. Ils existent en diverses qualités et en différents diamètres. Ils se caractérisent par leur résistance à la pression et aux intempéries, ainsi que par leur diamètre intérieur.

• **Le tuyau utilisé pour les usages courants** résiste à 3 bars de pression ; son diamètre intérieur est de 15, 19 ou 25 mm. On trouve aussi des tuyaux en PVC pour arrosage sous forte pression (jusqu'à 10 bars).

• **Les tuyaux de caoutchouc** sont encore en faveur pour les fortes pressions (et dans les régions aux conditions climatiques rudes) : on utilise un caoutchouc renforcé, entoilé, qui peut durer très longtemps.

• **Un dévidoir** évitera que le tuyau ne traîne par terre et s'abîme. Utilisez un modèle monté sur roues ou encore un système mural.

Les arrosoirs traditionnels restent indispensables, au moins pour des opérations particulières comme celle-ci.

✓ Les lances et arroseurs

Des systèmes simples ou sophistiqués permettent la distribution de l'eau à la sortie du tuyau.

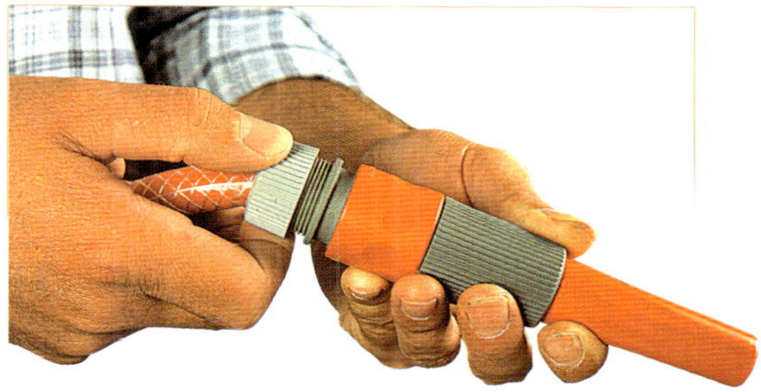

Lances et pistolets

- Fixer une lance ou un pistolet d'arrosage au bout d'un tuyau constitue le moyen le plus simple pour effectuer la dispersion de l'eau. La lance classique est en laiton ; le réglage par vissage ou dévissage du corps de la lance permet d'obtenir une pression allant du jet droit au brouillard fin.
- Les pistolets comportent une gâchette de déclenchement que l'on peut parfois bloquer en position « marche ». Ces lances sont d'ordinaire tenues en main, mais on trouve également des supports métalliques à planter en terre qui servent à les maintenir en place pour un arrosage prolongé.

Arroseurs rotatifs

- Connus depuis longtemps sous le nom de « tourniquets », ils assurent un arrosage homogène sur une surface circulaire.
- Les tourniquets sont placés en hauteur, montés sur un trépied réglable pour arrosage en poste haut des plantes et arbustes, ou placés au ras du sol, sur trépied bas ou sur traîneau, pour diffusion en poste bas (arrosage sous les arbres, par exemple).
- Ils ont deux bras rotatifs : c'est la force de la pression de l'eau qui entraîne le mouvement ; en position haute, les rotatifs assurent l'arrosage sur un diamètre d'une dizaine de mètres. Les modèles de type « tourbillon » sont pourvus de trois bras.

Arroseurs fixes

- Ils permettent une dispersion constante de l'eau et fournissent une pluie fine et régulière. On en trouve plusieurs modèles dont les systèmes diffèrent sensiblement.
- ▪ *Rampe d'arrosage :* elle est constituée par un triple tuyau perforé (de forme aplatie). Ses orifices sont disposés de telle manière qu'elle assure une pluie fine et homogène sur un rectangle de 4 à 5 m de large. Cette rampe convient pour les semis et les plantes fragiles. On peut la placer entre deux rangées de plants et l'y laisser pendant la saison sèche.
- ▪ *Arroseur soucoupe :* le diffuseur est fixé sur une assiette en matière plastique que l'on pose sur le sol. Il fournit un jet vertical qui retombe en pluie et arrose en cercle, de diamètre variable selon la pression (de l'ordre de 8 m en général pour les appareils courants).
- ▪ *Diffuseur sur tige :* cet arroseur fixe comprend un diffuseur placé en haut d'une tige métallique creuse dans sa partie supérieure et se terminant en pointe à l'autre extrémité, pour être fichée dans le sol, et un raccord double d'arrivée d'eau à blocage automatique. Ce dispositif permet de fixer plusieurs tiges en série.

Arroseurs souterrains

Ils sont composés d'une tige percée de trous que l'on enfonce en terre, comme un piquet, avec une prise d'eau en surface. Ces appareils conviennent pour les végétaux à racines profondes (arbres et arbustes) et permettent d'éviter les pertes dues au ruissellement. Ces piquets arroseurs sont surtout adaptés aux terres assez légères.

Arroseurs à rampe oscillante

- Ils sont constitués d'une rampe percée de trous et munie de gicleurs, qui oscille en un mouvement assez lent sous l'effet de la pression de l'eau. Ils permettent d'arroser selon un rectangle, en laissant au sol un temps suffisant pour l'absorption.
- La rampe peut être réglée sur différentes positions, en fonction de la largeur de la bande à arroser.
- Ce type de matériel peut être monté sur traîneau, et donc déplacé facilement (il suffit de tirer sur le tuyau). Il est très intéressant pour arroser des surfaces bien déterminées. Son mécanisme est cependant assez fragile.

Arroseurs goutte-à-goutte

- Le système goutte-à-goutte assure une alimentation en eau sur une longue période, ce qui élimine les pertes par ruissellement, mais aussi l'envasement. Le goutte-à-goutte ne mouille pas les feuilles (par effet de loupe, les gouttes risqueraient d'entraîner des brûlures).
- C'est le meilleur système pour l'apport d'engrais en cours de végétation (par le mélange d'engrais liquides à l'eau).
- Un arroseur goutte-à-goutte se compose d'une centrale d'irrigation, d'un tuyau principal, de tuyaux de répartition et de goutteurs.
- Attention : quand elle est trop calcaire, l'eau peut boucher rapidement les goutteurs.

Arroseurs cracheurs

- Ils permettent une diffusion circulaire sur un diamètre plus important que les systèmes rotatifs. Ils tournent lentement, par saccades, en produisant un jet interrompu (c'est l'interruption du jet qui provoque le surcroît de pression).
- Les cracheurs sont réglables et ne peuvent arroser qu'une portion d'un cercle (à partir du sixième). Ils produisent un jet qui atteint une douzaine de mètres, ce qui correspond à un cercle de 24 m de diamètre.
- Ils peuvent être posés au sol, sur traîneau (parfois doté d'un piquet stabilisateur escamotable), ou en hauteur, sur trépied. Ils conviennent à toutes les cultures maraîchères et d'agrément. Le jet qu'ils fournissent se dirige légèrement vers le haut et retombe en pluie.
- Ils conviennent plus particulièrement pour les grands potagers et les pelouses, et sont recommandés dans les régions où il est nécessaire d'arroser souvent. Ce système donne au sol un certain temps d'absorption (et évite les pertes d'eau par ruissellement).

Automatisation et programmation

- Depuis quelques années, différents systèmes sont venus perfectionner l'arrosage.

- *Arroseur à avance automatique :* le tuyau d'arrosage s'enroule automatiquement sur le dévidoir et déplace l'arroseur fixé sur traîneau. Ce système est pratique sur les pelouses (il demande une pression assez forte).
- *Arroseur à réglage différencié :* poste fixe d'arrosage muni de guides de réglage mobiles qui permettent d'arroser des surfaces très diverses.
- *Les systèmes de programmation* sont très pratiques pour les jardiniers qui ne disposent pas de beaucoup de temps et surtout pour les jardins de week-end. Le système le plus simple est le minuteur, qui se remonte avec une clé et qui se place à la sortie du robinet. Il doit être déclenché manuellement, mais s'interrompt automatiquement. Une minuterie fonctionnant sur piles se règle comme un interrupteur horaire et assure donc le déclenchement et l'arrêt. Il existe aussi des coffrets de programmation qui commandent l'arrosage, à divers moments, de plusieurs circuits du jardin ; ce système convient aux résidences secondaires. On trouve également des déclencheurs automatiques crépusculaires (l'arrosage se déclenche à la tombée du jour).

Programmateur.

Sélecteur à quatre circuits permettant de faire fonctionner plusieurs accessoires d'arrosage en même temps.

Systèmes enterrés

Ils conviennent à tous les potagers. Sur le plan pratique de l'arrosage, ils ne diffèrent pas des systèmes classiques puisque les diffuseurs sont fixes.

La qualité des tuyaux et des raccords est importante (toutes les grandes marques proposent des matériels robustes et simples à monter). Ces systèmes conviennent aux jardins en régions assez sèches, où l'arrosage doit être très régulier.

Le matériel de traitement

L'entretien du jardin ne peut être raisonnablement envisagé sans l'emploi d'un matériel de traitement approprié, dont l'importance doit, bien entendu, être évaluée selon le type des cultures et leur taille.

✓ Les pulvérisateurs et les poudreuses

Destinés au traitement des plantes, ces appareils projettent un liquide en fines particules (pulvérisateurs) ou de la poudre (poudreuses pour insecticides).

Les poudreuses

Elles sont destinées à projeter de l'insecticide en poudre. Les modèles anciens sont manuels. La poudre est pulvérisée par un soufflet du type de ceux qui servent pour les cheminées. Les poudreuses modernes sont munies de manivelle. Le débit est réglable.

Les pulvérisateurs manuels

- Ils fonctionnent avec une manette de pompage.

- *À pression préalable :* le pulvérisateur est généralement en matière plastique ou en cuivre. Il comporte une pompe sur la partie supérieure, qui assure la mise en pression avant la pulvérisation (un manomètre permet de contrôler l'opération). La distribution se fait par une lance à interrupteur, à jet réglable. Pendant le traitement, l'appareil est porté sur l'épaule.
- *À pression entretenue :* le réservoir se porte sur le dos, et une manette-levier permet à l'utilisateur de pomper pendant l'opération. Les pulvérisateurs de ce type ont un réservoir qui peut contenir jusqu'à une vingtaine de litres.

Les pulvérisateurs automatiques

- Ils sont maintenant bien au point et très pratiques.

- *Seringues d'arrosage :* elles se branchent sur un tuyau d'arrosage. En passant dans le corps de la seringue, l'eau se charge de produit en diluant une cartouche solide. Une crépine à l'entrée permet de filtrer l'eau.
- *Pulvérisateurs à siphon :* ils fonctionnent comme un siphon à eau de Seltz ; une cartouche de CO_2 assure la pression. Ils sont à corps métallique et d'une contenance limitée.
- *Pulvérisateurs à moteur :* de nombreux modèles sont proposés. Il s'agit de compresseurs à moteur qui peuvent alimenter un pulvérisateur à engrais aussi bien qu'un pistolet à peinture. Les compresseurs portables sont légers et très maniables.

Les accessoires

✓ La protection du jardinier

Le travail au jardin peut être dangereux, surtout pour le débutant (il est préférable d'être vacciné contre le tétanos). Il existe divers équipements conçus pour vous protéger.

Les genouillères

- En caoutchouc ou en matière plastique, elles s'attachent avec des courroies. On peut s'agenouiller pour jardiner à son aise sans se mouiller les genoux et sans abîmer ses vêtements ni risquer de se blesser.
- Il existe des plaques en mousse haute densité que l'on place sous les genoux pour éviter de se blesser.

Les gants

- En tissu plastifié ou en peau (ou peau et cretonne), ils protègent la main et le poignet.
- Ils sont conçus de manière à garantir la protection en cas de coup avec un outil tranchant (cisaille, par exemple).
- Ils servent, en outre, pour la taille des arbustes épineux (pour les rosiers, notamment).

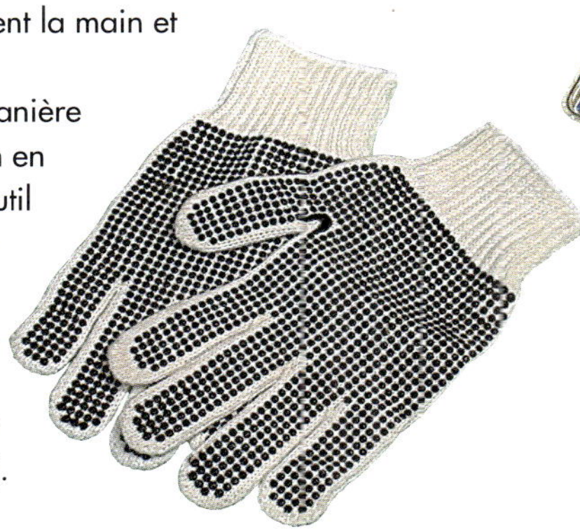

Les sabots

- Traditionnels (en bois), en cuir ou encore en caoutchouc, ils protègent les pieds contre les coups de bêche ou de fourche et les éventuelles chutes d'objets.
- Ils sont de surcroît beaucoup plus faciles à mettre ou à enlever que des bottes.

Le masque

- Indispensable lors de la pulvérisation de produits de traitement insecticides et fongicides. Le filtre est constitué par une cartouche interchangeable.

✓ Le matériel de transport

Dans un jardin et sur un terrain, on est amené à charrier de la terre, mais aussi des pierres, des déchets, des feuilles mortes... La brouette reste l'accessoire idéal pour les transports dans le jardin. Une remorque peut se révéler utile pour aller chercher des produits à la jardinerie la plus proche.

La brouette

- En bois ou métallique, elle est indispensable pour tous les travaux au jardin.
- Les brouettes traditionnelles en bois sont sans doute plus séduisantes que les brouettes métalliques. Elles sont en peuplier ou en hêtre. La roue est en bois cerclé ou en caoutchouc increvable. On peut les charger jusqu'à 100 kg.
- Les brouettes métalliques coûtent un peu moins cher pour une charge équivalente. Pour faciliter le déchargement, certains modèles sont équipés d'un pare-chocs verseur. Plus maniables, elles sont aussi moins stables pour les lourdes charges.
- Pour les lourdes charges, il existe des brouettes à deux roues.
- Il existe des brouettes en tubes métalliques destinées au transport du fourrage.

Les remorques

Si vous disposez d'un motoculteur, vous y adapterez une remorque métallique à deux roues (adaptable à certaines motobêches).

✓ Les étiquettes

Pour vous souvenir de ce que vous avez semé ou planté, en terrine, en pépinière ou directement en place, utilisez des étiquettes. Elles sont en matière plastique, en bois, en zinc, en verre ou encore en terre cuite (très à la mode). Notez le nom de la plante, l'espèce, la variété, ainsi que l'époque de semis ou de plantation. C'est indispensable, les végétaux n'ayant pas, les premières semaines de leur existence, de signes distinctifs qui permettent aisément de les reconnaître. Vous saurez ainsi les soins à apporter à chacune des espèces. Les étiquettes peuvent être considérées comme le complément au carnet du jardinier, véritable livre de bord, où sont notées réflexions et observations.

✓ L'élimination des déchets

Les déchets sont toujours un problème au jardin : leur volume est important, et les brûler sans précaution risque d'être dangereux. L'incinération ou le recyclage pour l'obtention du compost sont les bonnes solutions.

Broyez du vert, pour vous débarrasser facilement de tous les déchets végétaux !
Le moteur des broyeurs est électrique (220 V) ou thermique (moteur essence quatre-temps). Il s'agit généralement de machines puissantes, certaines à deux entrées : l'une pour les feuilles, l'herbe et les plantes diverses, l'autre (latérale) pour les branches ligneuses dures. Les déchets tombent en dessous ou sont récupérés dans un sac plastique. Finement broyés, ces déchets peuvent être enterrés facilement, portés en déchetterie ou placés dans un bac à compost.

► Les incinérateurs de jardin

- Ils sont généralement en forte tôle galvanisée.
- Leur contenance est de l'ordre de 100 l, et ils permettent de brûler rapidement et sans risque d'incendie les herbes, ronces, branches et autres déchets.
- La cuve d'incinération comporte une aération à la base, qui permet un excellent tirage.
- Certains modèles d'incinérateurs sont plus élaborés et permettent de brûler les déchets du jardin comme les déchets ménagers, pratiquement sans odeur ni fumée. Ils sont pourvus d'un chapeau de cheminée filtrant les suies. Un système permet le double brûlage des gaz de combustion (ce qui diminue le dégagement de fumées).
- On trouve également des brouettes incinératrices, faciles à déplacer.

Produit permettant d'accélérer la formation du compost.

► Les bacs à compost

- De nombreux déchets végétaux (mauvaises herbes, coupes de gazon, de haie, plantes mortes saines) et ménagers (épluchures de légumes, marc de café, cendre de la cheminée) peuvent être utilisés pour fabriquer du compost.
- On peut maçonner un bac à compost (parpaings ou briques), en ménageant des orifices dans les parois.
- On trouve aussi des bacs à compost en matière plastique PVC ayant une contenance de 300 l et plus. Leurs parois sont conçues pour maintenir la chaleur nécessaire à la fermentation. Un panneau coulissant permet d'accéder à la partie du mélange la mieux décomposée, c'est-à-dire au bas du bac. Un couvercle sert à empêcher la diffusion des odeurs.
- Les bacs à compost grillagés sont peu onéreux et faciles à monter.

3

La pelouse

Que l'on soit en banlieue ou à la campagne, le traditionnel jardinet gravillonné a fait place à la pelouse descendant en pente douce jusqu'à la maison, animée d'arbustes ornementaux et de parterres fleuris. Une telle conception, plus simple en apparence, fait appel à l'aménagement « paysagé » de l'espace, puis à la mise en place harmonieuse d'un certain nombre d'éléments : allées et dégagements, bordures et clôtures, rocailles et bassins, etc.

Un cadre de vie

La pelouse occupe une place prépondérante dans le jardin d'agrément, où elle constitue aujourd'hui un véritable cadre de vie. Elle doit, à ce titre, faire l'objet de soins tout particuliers, depuis la création jusqu'à l'entretien qui, on le verra, ne se limite pas à la tonte.

Un espace de loisir

L'aire gazonnée forme le support du décor qui sera mis en place et, de ce fait, permettra sa mise en valeur. Sauf cas exceptionnels – magnifique pelouse destinée à mettre en valeur une demeure remarquable, par exemple –, la pelouse se trouvera parsemée de massifs floraux aux couleurs changeantes suivant les saisons. Leur importance sera dans bien des cas liée aux possibilités de production ou d'achat de plants de chacun, mais il faut être conscient qu'un beau massif est avant tout un massif densément fleuri, le plus généralement d'annuelles, parfois de bisannuelles, plus rarement de vivaces.

Le jardin d'agrément associe pelouse, fleurs, arbres, arbustes et même rochers.

Une vraie pelouse engazonnée dans les règles suppose un entretien approprié. Plus la surface sera importante, plus vous y placerez d'obstacles – arbres, arbustes, massifs, rochers, etc. –, et plus le matériel de tonte devra être élaboré, comme dans le cas de cette machine autoportée à deux unités de tonte frontales, spécialement conçue pour contourner les obstacles.

Création d'une pelouse

Une pelouse dense et douce ouvre un espace vert, lumineux, dégagé autour de la maison. De l'intérieur, elle donne de la profondeur à la vue et constitue un environnement charmant ; de l'extérieur, elle met en valeur un pavillon, une villa, comme un écrin.
Pour obtenir une belle pelouse, il faut apporter des soins précis à la préparation du sol. Si elle donne moins de soucis et demande moins de temps au jardinier que les plates-bandes ou le potager, son entretien doit cependant être régulier pour qu'elle reste verte et décorative.

L'implantation

On peut implanter une pelouse sur toute bonne terre de jardin, fertile et riche en humus, sans apporter d'amendement particulier. Ainsi, sur un terrain longtemps cultivé en potager, la création d'une pelouse se fait assez facilement. En revanche, une terre pauvre, trop acide ou trop calcaire, doit être corrigée par des amendements appropriés.

▲ *Parterres et massifs constituent un élément décoratif majeur de la pelouse. Il faut prendre en compte le temps que vous devrez leur consacrer, s'ajoutant à celui de l'entretien de la pelouse elle-même.*

◀ *Une belle pelouse est le résultat de soins attentifs et réguliers, qui vont de la tonte et de la scarification à la lutte contre les mauvaises herbes.*

La préparation du sol

Les graminées qui composent la pelouse doivent disposer d'un sol suffisamment profond et équilibré. La couche de terre cultivable doit être assez importante : il faut y prendre garde dans les propriétés nouvellement construites, où la terre a parfois été pas mal remuée. Si la couche arable est trop faible, faites des apports de terre fertile en quantité suffisante, ou incorporez beaucoup d'humus sous forme de terreau. La pelouse est destinée à rester en place plusieurs années ; elle doit donc disposer d'une terre assez riche pour lui permettre de croître et de se reproduire.

Labour

- Il doit intervenir plusieurs mois avant le semis, afin que la terre ait suffisamment de temps pour se tasser. Le labour d'automne pour les semis de printemps se fait à un seul fer de bêche pour la plupart des terrains.
- On ne défonce profondément que les sols qui n'ont pas été cultivés depuis longtemps.
- Pour semer en automne, vous pouvez effectuer un labourage au printemps ou au début de l'été. Si vous souhaitez semer une pelouse en automne sur un terrain qui a été cultivé pendant l'été, contentez-vous d'un simple ameublissement avant le semis (la terre a déjà été labourée).
- Les gazons étant souvent implantés sur des surfaces assez grandes, il est utile d'employer un motoculteur ou microtracteur (qui peuvent être loués).
- Quand les circonstances vous obligent à labourer assez peu de temps avant les semis, ne travaillez pas trop profondément (10 à 15 cm).

Nettoyage et drainage

- Profitez des labours pour nettoyer la terre de toutes les racines adventices et d'un maximum de pierres : une terre très caillouteuse peut supporter une pelouse si elle est suffisamment riche en humus ; les travaux de tonte et d'entretien en seront cependant grandement compliqués.
- Si le terrain est herbeux, binez pour retirer tous les végétaux avant le bêchage (il est préférable de ne jamais enterrer le « vert »).
- Si le terrain est très humide (marécageux), la pelouse ne pourra pas s'implanter. Il est indispensable de réaliser un drainage avant la mise en culture (par apport de sable ou même par enfouissement de tuyaux de drainage).

L'affinage de la terre sur une grande surface implique l'utilisation d'un matériel important de type « rotovator ».

Ameublissement et affinage avant semis

- Juste avant de semer, toutes les mottes doivent être brisées, la terre doit être émiettée et affinée très soigneusement.
- Sur une petite surface, rompez les mottes à l'aide de la houe ou du croc à deux dents, puis émiettez avec un cultivateur, une griffe ou un émietteur rotatif (simplement en surface, sans retourner la terre).
- Sur une surface importante, il est impératif de recourir à une machine : motobêche, motoculteur équipé de fraises ou rotovator (cultivateur rotatif) sur prise de force (nécessitant l'utilisation d'un tracteur).
- Profitez de l'opération pour enfouir un insecticide de sol.

Roulage et nivelage

- Il est indispensable de stabiliser le terrain. Cette opération s'effectue à l'aide d'un rouleau ou d'une dame. Le rouleau à gazon est plus pratique, en particulier pour les grandes surfaces. En matière plastique ou en métal, il doit être rempli de sable ou d'eau (la dernière solution est plus commode). La batte de jardinier convient bien pour les petites surfaces ; vous pouvez également procéder par piétinement, en repassant plusieurs fois au même endroit (cette technique n'est praticable que pour les petits gazons).
- Après le roulage, vous constaterez que le terrain n'est pas parfaitement plat, mais qu'il subsiste des creux et des bosses ; vous y remédierez avec la pelle, en nivelant (passez encore une fois le rouleau après ce nivelage).
- Il vous reste ensuite à préparer la terre au semis, en effectuant un nouvel ameublissement de surface avec le râteau (sur quelques centimètres).
- Sur les grandes surfaces, l'émiettage peut être effectué à la herse. L'ameublissement du terrain à la motobêche est en même temps un émiettage, puisque cette machine laisse la terre très fine.

Le choix des graines

*Les pelouses sont essentiellement constituées de graminées soigneusement sélectionnées. Les variétés utilisées se caractérisent généralement par une vitesse de croissance assez lente, mais régulière, ainsi que par une excellente résistance au froid, à la sécheresse, à l'humidité et parfois à l'ombre. Les graminées qui composent la plupart des gazons sont le Ray-grass anglais (*Lolium*), l'agrostide, la fétuque, le pâturin, la fléole. Selon le dosage, on obtient une pelouse d'ornement, supportant le piétinement ou destinée aux terrains de jeux. Selon l'exposition et la situation, on choisit un gazon spécial.*

Choisissez les graines de gazon en fonction de la nature du sol, mais aussi de l'emploi que vous ferez de la pelouse (terrain de jeux ou de détente).

Semoir professionnel pour grande pelouse. ▲

◄ Un coup de râteau prépare au semis.

Choisir un gazon

Graines	Particularités
Agrostide commune	Fin, accepte l'ombre, tolère un pH élevé.
Agrostide traçante	Fin, résiste au piétinement, accepte l'ombre.
Fétuque ovine	Indifférent au pH, résiste au piétinement, accepte l'ombre.
Fétuque rouge	Fin, tolère un pH acide, accepte l'ombre.
Fléole des prés	Tolère un pH élevé (alcalin), résiste bien au piétinement et aux maladies, remarquablement rustique.
Ray-grass	Très fin, indifférent au pH, résiste au piétinement.
Pâturin des prés	Assez exigeant, sensible aux maladies cryptogamiques, résiste au piétinement, indifférent au pH.

Les gazons d'agrément et de jeu

• Ils sont destinés aux aires ensoleillées sur lesquelles on peut marcher ou jouer. Les producteurs appellent « gazon d'agrément » un gazon qui peut supporter le piétinement, mais sans excès ; les pelouses « sport et jeux » présentent une très bonne résistance au piétinement.

• Les grainetiers conseillent souvent de cultiver les gazons de sport ; ces derniers poussent facilement et rapidement, ils posent peu de problèmes (désherbage aisé), mais ils obligent à des tontes fréquentes. Les gazons d'agrément et de sport contiennent généralement une bonne proportion de Ray-grass qui germe rapidement et couvre le sol avant que les autres composants ne s'implantent.

• Dans ces mélanges, on trouve également diverses variétés de fétuques et du pâturin des prés. Les fétuques sont moyennement fines, mais rustiques et robustes. Elles donnent au gazon une couleur assez foncée, très décorative. Le pâturin des prés confère au gazon une bonne résistance à la sécheresse ; il supporte bien le piétinement – on en trouve toujours une bonne proportion dans les gazons « sport ».

• Lors de la pousse de ces pelouses, on voit d'abord apparaître le Ray-grass, qui a une croissance plus rapide que les autres graminées ; la fétuque et le pâturin se développent ensuite et couvrent le terrain (plantes traçantes).

Les gazons d'ornement

• Ils contiennent une forte proportion d'agrostide (menue et traçante) et de fétuque rouge ou ovine. La fétuque est une plante très rustique, et l'agrostide se caractérise par une croissance lente.

• Ces gazons ne contiennent pas de Ray-grass, qui a une croissance beaucoup plus rapide. Ce sont des pelouses fines, qui demandent peu de tontes et qui présentent une excellente résistance à la sécheresse et au froid ; elles donnent donc des tapis verts toute l'année, mais supportent mal le piétinement.

• On les emploie, par exemple, dans les jardins à la française, entre les bordures et corbeilles, pour décorer les jardins de façade et mettre en valeur bâtiments et plates-bandes.
Si elles sont assez lentes à s'implanter, les pelouses d'ornement ont une très bonne longévité.

Les gazons spéciaux

- Les grainetiers proposent divers mélanges de semences, spécialement conçus pour certains terrains. On trouve ainsi des gazons pour bord de mer (sans pâturin, avec de la fétuque rouge et de la fétuque ovine), du gazon pour endroits ombragés ou pour régions très ensoleillées (gazons méditerranéens).
- *Sur les grands terrains* qui comportent des parties ensoleillées et des zones ombragées, on est parfois amené à utiliser deux types de gazon ; dans ce cas, mélangez les graines sur une largeur de 2 ou 3 m pour que la transition entre les deux soit insensible.
- *Si vous souhaitez implanter une pelouse* assez grossière sur une grande surface, utilisez un mélange contenant des espèces fourragères comme la fléole des prés, graminée assez grosse, mais très résistante au piétinement et d'une très bonne longévité.
- *Sur les terrains secs et calcaires*, les graminées prennent une teinte jaune dès que l'arrosage et l'apport d'engrais sont insuffisants. Sur un tel sol, vous pouvez laisser le trèfle et l'achillée se développer pour que la pelouse (rustique) reste verte (vous devez alors prohiber l'utilisation de désherbants).

Une pelouse se répare un peu comme une moquette : dégagez la partie endommagée et remplacez-la par une autre, de même dimension. Semez ensuite dans les joints.

Rénovation d'une vieille pelouse. Si votre pelouse est ancienne et en assez mauvais état, vous pouvez entreprendre une rénovation en commençant tôt au début du printemps. Appliquez d'abord un traitement antimousse sur toute la surface, puis faites une scarification (une semaine plus tard) ; enlevez les déchets.

Pour effectuer la première tonte, réglez la machine en position haute (7 cm pour un gazon de détente) ; faites suivre cette tonte d'un roulage. Si vous constatez des trous dans le gazon, il est préférable de semer quelques poignées de graines sur les surfaces endommagées, ou sur toute la surface si la pelouse est très abîmée.

Pour obtenir de bons résultats, mélangez les graines à du terreau légèrement humide, afin qu'elles soient bien enrobées. Jetez ce mélange sur le sol et roulez légèrement. Ne piétinez pas le terrain pendant quelques semaines et faites une tonte au bout de six semaines à deux mois. Pour favoriser le semis, passez un bon coup de râteau, de manière à griffer le sol (et arrosez en pluie fine, juste après avoir jeté le mélange de graines et de terreau).

Le semis

C'est au printemps et en automne que l'on sème la pelouse. La difficulté consiste à semer très régulièrement pour que la pelouse pousse de façon homogène.

La période des semis

● La germination des graminées demande une certaine chaleur (15 °C au moins) et suffisamment d'humidité. On sème généralement en avril-mai (parfois en juin) et en septembre (parfois en octobre). Les semis de printemps sont très pratiqués et donnent de bons résultats. Si vous semez le 15 avril, vous pourrez effectuer la première tonte vers le début juin (avec un gazon contenant du Ray-grass) ; vous bénéficiez ainsi de la pelouse en été (le piétinement doit cependant être très mesuré la première année).

■ *Les semis de septembre* permettent d'utiliser la pelouse beaucoup plus tôt, dès le printemps ; les différentes graminées ont davantage de temps pour s'implanter.

■ *Les semis d'automne* doivent cependant être réservés aux régions à hivers plutôt doux ; sous le climat de référence de la région parisienne, on considère que l'on peut semer en automne, le plus souvent jusqu'aux premiers jours d'octobre.

■ *Les semis d'été* ne sont généralement pas pratiqués dans nos régions, les jeunes graminées supportant mal les fortes chaleurs. Vous pouvez cependant semer en été dans les situations ombragées.

Pour semer, choisissez un jour sans vent, ensoleillé et sans risque d'averse. Le vent emporterait les graines, et une grosse averse perturberait leur répartition sur le sol (à cause du ruissellement).

Les « raccords » de gazon. Deux mois après le semis, vous constaterez que, en certains endroits, le gazon n'a rien donné. Vous devrez d'abord identifier la cause : terrain infertile (pierres, sable, déchets), attaque d'animaux (chien, par exemple), piétinement trop hâtif. Le remède est simple : il faut semer à nouveau. Passez un bon coup de râteau et apportez du terreau. Tassez légèrement. Mélangez de la semence à du terreau légèrement humide (les graines sont ainsi enrobées dune substance tout à fait favorable à la germination). Ensemencez avec ce mélange, roulez et délimitez l'endroit pour éviter le piétinement. Effectuez la première tonte (haute) au bout de deux mois (ou au printemps si cette opération est faite à l'automne).

Préparation des graines au semis. Mélangez-les à du sable : elles seront plus faciles à répartir, surtout si vous semez à la volée.

La technique

- Vous devez disposer d'une quantité suffisante de graines et les répartir au sol de manière homogène.
- Le poids de graines à semer au mètre carré varie un peu selon les mélanges. Les producteurs indiquent sur les sacs la surface maximale ensemençable pour un poids donné. En règle générale, on utilise 3 à 4 kg pour 100 m^2 (5 kg pour 100 à 150 m^2). Cela vous oblige à calculer assez exactement la surface de votre terrain.
- *Le semis à la volée* n'est praticable que sur une petite surface. Semez à la volée en répartissant correctement les graines. Pour ce faire, divisez le terrain en carrés d'égale surface, et le sac de graines en un nombre de tas correspondant. Semez dans un sens, puis croisez, en réalisant ainsi une couverture homogène, carré après carré.
- *Le semis à la machine* convient pour les grandes surfaces. On utilise un semoir mécanique (à moteur). Le distributeur de graines, à mouvement oscillant, est synchronisé avec la rotation des roues, ce qui permet une parfaite distribution de la semence (un sélecteur permet de régler le débit). Un rouleau alvéolé dame et assure ainsi l'adhérence des graines sur le sol.

Semis à la volée. Jetez les graines le plus régulièrement possible, en couvrant toute la surface, zone après zone.

Ratissage et plombage

- Passez un léger coup de râteau, immédiatement après le semis, pour que les graines soient mélangées à la terre. Ne ratissez pas trop profondément, cela retarde la germination.
- Lors des semis d'automne, le coup de râteau doit être particulièrement léger pour que les graines puissent toutes lever avant les froids. Vous pouvez également terreauter, c'est-à-dire recouvrir les graines d'une mince couche de terre mélangée à du terreau et finement tamisée. Cette dernière solution donne de bons résultats et peut être préférée sur les petites surfaces.
- Dans tous les cas, il faut plomber pour assurer un parfait contact des graines avec le sol. Ce plombage est effectué au rouleau ou à la batte. Il doit être suffisamment léger pour ne pas former une croûte qui s'opposerait à la germination.

Attention !

Faites en sorte que personne ne marche sur la pelouse fraîchement ensemencée avant que les brins d'herbe ne soient suffisamment développés. Ce qui est facile à interdire aux personnes l'est moins aux animaux. Attention aux chiens qui adorent creuser !

Le gazon en plaque

C'est une méthode – très britannique – pour obtenir très rapidement un green magnifique. Elle ne dispense pas d'une préparation soignée du terrain (labour, affinage, dressage) pour assurer la reprise des brins d'herbe composant le gazon.

◀ *Le gazon, produit par des entreprises spécialisées, est déplaqué puis soigneusement enroulé.*

Les bandes sont ensuite débitées en plaques de 1 ou 2 m pour être plus aisément transportées. ▶

◀ *Le sol ayant été soigneusement préparé et arrosé, les plaques peuvent être déroulées.*

Les plaques sont déposées les unes à côté des autres, bien jointives, en s'alignant sur un cordeau. ▶

Le jointoiement des plaques entre elles doit être parfait. Attention aussi à ce que des pierres ne forment pas des bosses.

Une large batte en bois permet de bien faire adhérer la plaque de gazon sur son support pour aider à la reprise.

Arrosage et levée

- On effectue un léger arrosage en pluie fine juste après le semis, afin d'humidifier très modérément le terrain. Par la suite, il faut maintenir un arrosage quotidien si le temps est sec ; l'idéal est que le sol soit presque sec en surface et humide en profondeur.
- La levée du Ray-grass intervient rapidement, au bout d'une huitaine de jours dans de bonnes conditions climatiques. Les autres espèces de graminées ont besoin de plus de temps.
- *Les soins* s'arrêtent là pour un gazon semé en automne, car il ne faut plus y toucher avant le printemps suivant.
- *Les pelouses* semées au printemps peuvent être roulées avec un rouleau assez léger, huit à dix semaines après le semis (par temps plutôt humide). Cette opération (tallage) soude les pousses au sol et favorise l'enracinement.

Une semaine plus tard, lorsque le gazon atteint une dizaine de centimètres, pratiquez la première tonte, qui ne doit pas être trop rase (6 cm). Ces opérations (tallage, puis tonte) sont les premiers soins qu'il faudra apporter au printemps (avril) à la pelouse semée en septembre.

Protection des semis

- Les graines dûment sélectionnées par le producteur germent généralement sans incident, mais elles ont des ennemis qui peuvent causer de gros dégâts : les oiseaux.
- La meilleure protection consiste à placer un filet spécial en polyéthylène imputrescible, mais cette solution ne peut être utilisée que sur une petite surface. Dans les autres cas, il faut utiliser les moyens classiques de lutte : moulins tournants, affolants, etc. Les résultats sont généralement limités : il faut se résigner à voir une petite partie de la semence dérobée par les oiseaux (mais il est rare que ces attaques compromettent la réussite du semis).
- Chiens et chats peuvent également causer quelques dégâts en grattant le sol pendant la levée (il est préférable de les tenir éloignés lorsque c'est possible). Les taupes peuvent bouleverser les semis en creusant leurs galeries : il faut absolument les éloigner (voir page 95).

Pour protéger vos semis des oiseaux, vous pourrez vous servir de ces bandes métalliques, faciles à mettre en place au-dessus de la surface engazonnée.

Les bandes métalliques sont suspendues sur un (ou plusieurs) fil de fer, lui-même tendu entre des piquets.

L'entretien

Pour rester dense, vert et dru, un gazon doit être entretenu très régulièrement. Ce sont les opérations de tonte qui constituent bien sûr l'essentiel des soins à apporter, mais il ne faut pas négliger le roulage ou les traitements à entreprendre contre les mousses et les mauvaises herbes, ainsi que la lutte contre les taupes ou les campagnols.

La tonte

Il ne faut jamais laisser monter une pelouse, car elle prend un aspect irrégulier, en touffes. La tonte a pour résultat de favoriser l'étalement des pieds, ce qui donne de l'épaisseur et de la densité au tapis de gazon.

Fréquence

- Elle dépend du type de gazon, puisque nous avons vu que les pelouses d'ornement poussent généralement moins vite que celles de détente et de sport. La période de végétation active va de mars à début novembre (elle varie selon la région et l'altitude).
- En pratique, pour la plupart des gazons, d'avril à juin et en septembre-octobre, l'idéal est de tondre toutes les semaines. Pendant les grosses chaleurs, en juillet et août, la pousse est moins vigoureuse par manque d'humidité ; vous pouvez espacer les tontes à dix ou quinze jours.
- La périodicité de tonte d'une semaine permet d'obtenir un tapis dense et fin. Ainsi un green de golf, qui a souvent moins de 1 cm, doit-il être tondu très fréquemment.
- Une périodicité de tonte de quinze jours pour un gazon de sport et de détente donne une pelouse moins nette, mais satisfaisante dans bien des cas. Il faut cependant insister sur le fait qu'une pelouse très régulièrement tondue supporte mieux le piétinement.
- En mai-juin, lorsque la croissance est la plus rapide, on peut atteindre une périodicité de trois ou quatre jours pour obtenir un tapis ras et très dense.

Un apport d'engrais après la tonte est toujours le bienvenu.

Hauteur de coupe

- Elle est liée à la périodicité des tontes. Vous pouvez tondre à la moitié environ de la hauteur de l'herbe si vous adoptez une tonte régulière d'une semaine à quinze jours. Pour un gazon sport et détente, cela signifie 4 ou 5 cm. Tondez un peu plus ras si vous pouvez maintenir une périodicité élevée (toutes les semaines, voire moins). Vous pouvez adopter 2 cm de hauteur pour les gazons très soigneusement entretenus (et même moins pour les greens de golf).
- Les gazons d'ornement à pousse lente peuvent être tondus très court, avec une périodicité moindre. Les pelouses-prairies, au contraire, sont tondues moins souvent, et la hauteur de coupe est assez élevée (au moins 6 cm). Il est possible, même, de laisser de temps en temps la prairie aller à graines, pour favoriser l'implantation des espèces annuelles qui entrent dans sa composition.

La hauteur de coupe doit d'abord être fonction de la taille de l'herbe. Mieux vaut parfois s'y reprendre à deux fois.

Soins \ Mois	Janvier	Février	Mars	Avril	Mai	Juin	Juillet	Août	Septembre	Octobre	Novembre	Décembre
Tonte, ramassage et travaux de finition			✗	✗	✗	✗	✗	✗	✗	✗		
Scarification			✗	✗	✗				✗	✗		
Fertilisation		✗	✗						✗	✗	✗	
Tallage		✗	✗		✗	✗				✗	✗	
Arrosage			✗	✗	✗	✗	✗	✗	✗	✗		

Ramassage de l'herbe

- Dans la majorité des cas, il est souhaitable de ramasser l'herbe qui, laissée sur la pelouse, provoque un jaunissement, favorise l'apparition des mousses et des maladies cryptogamiques, empêche la pousse normale de l'herbe.
- Les tondeuses sont presque toutes pourvues d'un panier ramasse-herbe qui facilite le travail. Vous pouvez toutefois laisser l'herbe sur le sol lorsque la périodicité de coupe est de trois ou quatre jours et que la pelouse est très rase ; les déchets de tonte sont alors très peu importants et invisibles sur le gazon (ils apportent même de l'humus en se décomposant).
- On conseille parfois de laisser les déchets au sol en été, par temps sec et chaud, pour créer un paillis naturel. Il est vrai que cette couverture protège contre l'évaporation, mais cela n'empêche pas qu'elle provoque l'étiolement de l'herbe.

- L'herbe provenant des déchets de tonte peut être jetée, mais il vaut mieux l'utiliser pour la fabrication du compost :
  - *empilez l'herbe dans le bac*, en couches successives ;
  - *ajoutez un peu de terre et de l'activateur de compost.* Vous obtenez ainsi, au bout de quelques mois, un excellent compost pour plates-bandes et potager.

Le *mulching*

- Il consiste à hacher très finement l'herbe de tonte pour dispenser de son ramassage.
- La lame rotative de la tondeuse fonctionne alors dans un carter fermé.
- En raison d'une turbulence créée au sommet du carter, l'herbe est aspirée et coupée très finement plusieurs fois.
- L'aspiration redresse le brin d'herbe qui vient juste d'être coupé.
- Les particules d'herbe sont dispersées entre les brins.

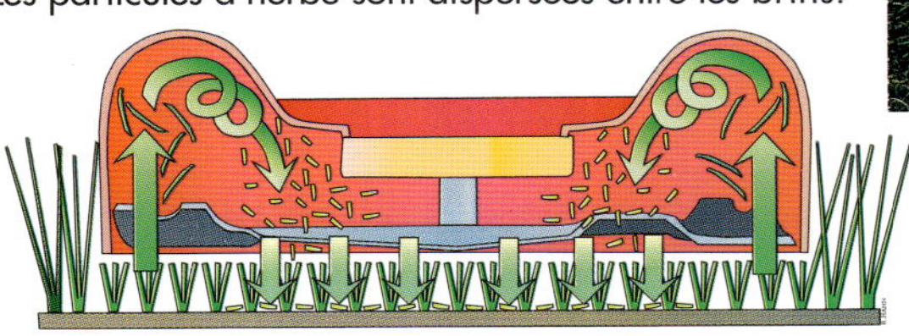

Le carter d'une tondeuse-broyeuse est fermé. Sa forme particulière (ci-contre) crée une dépression permettant de hacher finement l'herbe qui vient d'être coupée, dispensant du ramassage.

Qualité de la coupe et finition

- Les tondeuses à lame rotative (c'est-à-dire la plupart des machines à tondre) assurent une coupe de qualité moyenne ; les brins d'herbe ne sont pas tranchés net, mais plutôt broyés sur 2 ou 3 mm. Cela provoque un certain jaunissement de l'extrémité du brin, qui peut nuire à l'aspect général des gazons d'ornement, mais qui est peu important pour la plupart des gazons.
- Un bon affûtage de la lame permet de diminuer cet inconvénient.
- Les cylindres de coupe à lames hélicoïdales (qui équipent les tondeuses à main et certaines machines à moteur) tranchent plus nettement les brins, qui sont pris entre la lame et la contre-lame comme entre deux branches de ciseaux.

Tondeuse équipée de lames hélicoïdales.

- La cisaille manuelle assure la meilleure coupe des brins d'herbe en bordure, qui sont tranchés très nettement ; on ne constate aucun jaunissement. À Londres, certaines pelouses d'ornement sont d'ailleurs considérées comme trop précieuses pour être traitées à la machine, et les jardiniers les tondent hebdomadairement à la main ! Sans aller jusque-là, efforcez-vous de garder une bonne qualité de coupe en maintenant affûtée la lame de votre tondeuse, et utilisez une tondeuse à main si votre pelouse est très petite.
- Pour tondre près des murs, des bordures et au pied des arbres, utilisez la cisaille manuelle ou électrique.
- Pour que les bordures soient uniformes, dressez-les périodiquement à la bêche, ou utilisez le dresse-bordure à moteur.
- Les appareils de finition existent tous en version mécanisée (cisaille, coupe-bordure à fil), ce qui facilite le travail.

Coupe-bordure manuel.

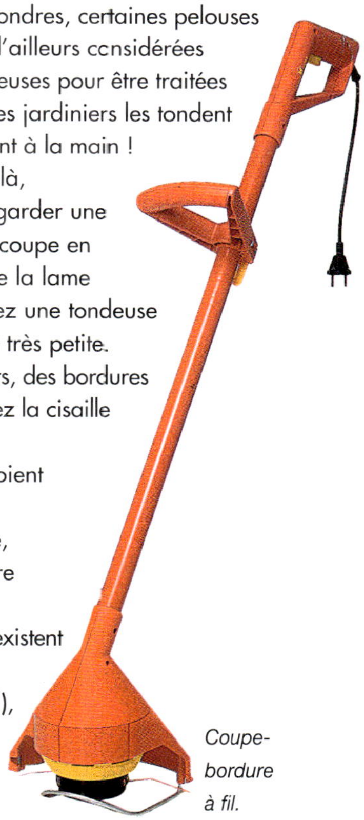

Coupe-bordure à fil.

L'arrosage

Pour demeurer bien vertes, les graminées exigent un apport d'eau très régulier. Il faut donc arroser pendant les fortes chaleurs (en général, à partir de la deuxième moitié de juin sous le climat de référence de l'Île-de-France). Dans les régions sèches (Midi méditerranéen), les arrosages doivent commencer très tôt, et il serait illusoire d'espérer profiter d'un beau gazon sans prévoir un système d'arrosage fiable.

✓ Comment arroser ?

• **La périodicité et la durée** des arrosages sont fonction de la nature du sol. En sol léger et siliceux, les arrosages doivent être plus fréquents (et moins abondants) qu'en sol argileux. En règle générale, il est préférable d'arroser une ou deux fois par semaine, en apportant des quantités d'eau importantes, plutôt que tous les soirs, en petites quantités. En effet, un arrosage quotidien a tendance à faire remonter les racines ; les plantes deviennent très sensibles à la sécheresse.

• **Des arrosages abondants mais espacés** permettent aux graminées de développer des racines en profondeur et d'être ainsi plus robustes. Vous devez donc permettre à la terre de ressuyer suffisamment entre deux arrosages. Dans la plupart des cas, vous pouvez arroser une fois par semaine, deux fois en période de grande sécheresse ou de forte chaleur.

Pour les grandes surfaces, l'arrosage enterré constitue la meilleure solution. ▲

• **Les systèmes d'arrosage** utilisés doivent permettre au sol d'absorber l'eau sans qu'il se produise de ruissellement.

▪ *Tous les systèmes à arroseur oscillant ou rotatif* conviennent, à condition qu'ils soient bien réglés. L'arrosage doit durer suffisamment longtemps (2 heures au moins) pour que le sol soit bien imbibé. Selon le type de sol, vous devrez apporter entre 7 et 12 l d'eau au mètre carré par arrosage. L'utilisation d'un pluviomètre permet d'évaluer la quantité d'eau distribuée (il faut de 1,5 à 3 cm d'eau par arrosage).

▪ *Les systèmes d'arrosage enterrés* sont à utiliser sur les grandes surfaces, dans les régions chaudes et pour les pelouses d'ornement. Ils donnent d'excellents résultats.

• **Dans les régions à précipitations suffisantes**, un gazon de détente peut rester vert tout l'été sans recevoir d'arrosages (à condition que la saison ne soit pas trop sèche).

La pelouse doit être arrosée en pluie fine. Utilisez un arroseur oscillant ou rotatif. ▼

Les soins

Tondre la pelouse ne suffit pas ; le sol du gazon, qui n'est jamais biné comme celui du reste du jardin, prend avec le temps une compacité qui nuit au développement des plantes. Il est indispensable de l'aérer périodiquement. Il faut également passer le rouleau plusieurs fois par an. En outre, il est nécessaire d'apporter des soins particuliers à la mauvaise saison, pour que la pelouse passe l'hiver sans dommage.

L'aération

- Au sortir de l'hiver, le sol de la pelouse est compact et dur ; il a subi un tassement par l'effet des pluies et des grands froids. Pour permettre à la vie de reprendre normalement dans la terre, et donc aux racines de se développer normalement, on pratique une aération en profondeur en perçant des trous dans la pelouse. Cette opération a en même temps pour but de faciliter la pénétration de l'eau, en évitant le ruissellement au moment des pluies de printemps, mais aussi la pénétration des produits de traitement (engrais, par exemple).
- L'aération se fait à l'aide d'un aérateur rotatif muni de pointes en acier de 8 cm (montées sur ressort de rappel) ; ses roues sont généralement crantées pour lui permettre de s'accrocher au terrain. Cet outil permet de travailler rapidement, même sur de grandes surfaces.
- Il existe également d'autres techniques, comme les patins aérateurs munis de pointes que l'on attache aux semelles ; ces patins sont assez pratiques (on peut les porter en poussant la tondeuse), mais ils effectuent un travail moins régulier que l'aérateur rotatif.
- Sur de très grandes surfaces, il est possible d'utiliser des aérateurs rotatifs tractés, que l'on place derrière le motoculteur ou que l'on attache aux tondeuses autoportées. Les opérations d'aération doivent être effectuées à nouveau en fin d'été (septembre). Pour les petites pelouses, aérez tout simplement à la fourche-bêche.

On peut agrémenter la pelouse de quelques fleurs décoratives comme les primevères ou les pâquerettes. Toutefois, une pelouse n'est pas une prairie, et elle est faite notamment pour mettre en valeur, par son vert uni, les fleurs vivaces ou annuelles des plates-bandes périphériques. Elle peut néanmoins tolérer quelques fleurs, à condition que celles-ci ne deviennent pas envahissantes.

La scarification

C'est un griffage de surface effectué à l'aide d'un outil spécial ou d'une machine (scarificateur). Cette opération est destinée à enlever la mousse et les chaumes.
La scarification permet, en outre, de briser la croûte de terre et donc d'aérer. En coupant des racines superficielles, elle favorise l'enracinement en profondeur et le développement de jeunes plants par division.

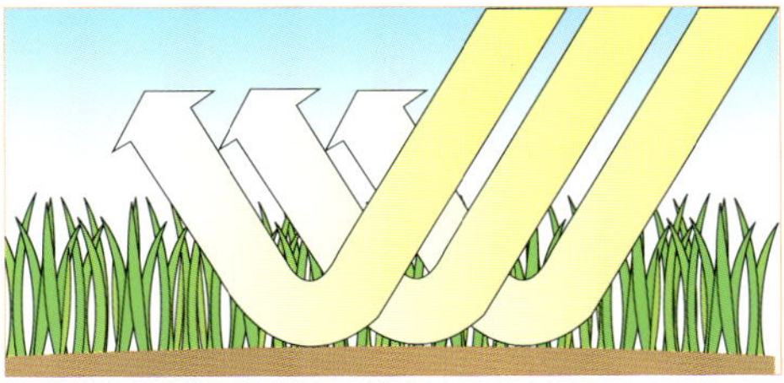

Sans scarification, l'eau ne pénètre plus et s'évapore.

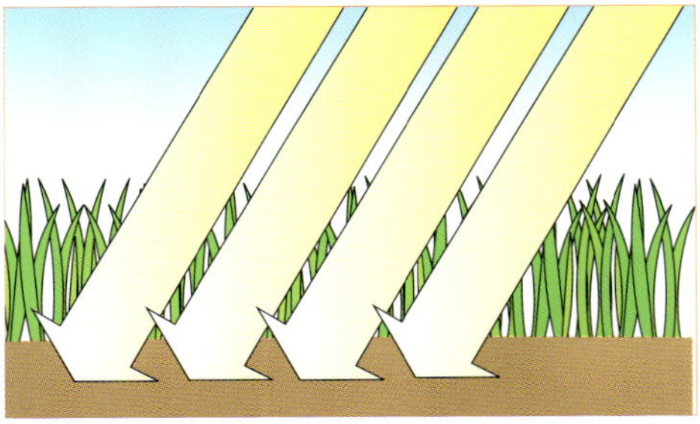

Après scarification, l'eau pénètre dans le sol.

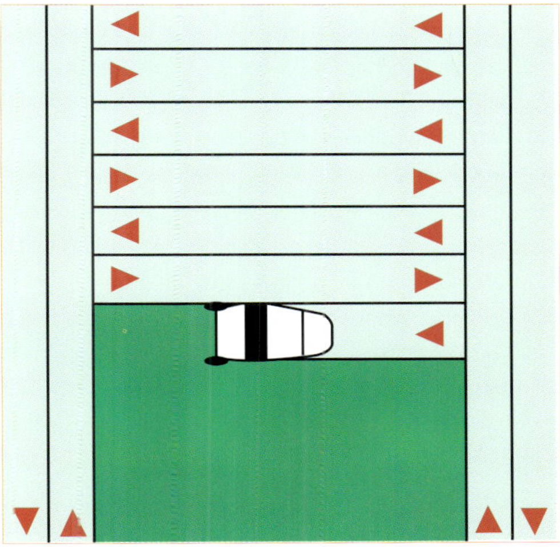

Croisez les passages. La scarification ne doit pas être trop profonde (2 à 3 cm). Après la scarification, ramassez les déchets, épandez de l'engrais et arrosez.

Le roulage

- En général insuffisamment pratiqué sur les gazons, le roulage est pourtant indispensable ; il doit être effectué essentiellement au printemps. Il permet tout d'abord de tasser le sol (qui a souvent tendance à se soulever par endroits en hiver). En outre, il tasse la terre sur les jeunes racines et permet la formation de pousses supplémentaires (tallage). Un gazon jamais roulé présente souvent des touffes qui sont portées à se déchausser, et une surface irrégulière. Il faut rouler au bon moment, lorsque le terrain est légèrement humide (après la tonte).
- Ne roulez pas sur un terrain détrempé (vous risqueriez d'endommager la pelouse) ni sur un sol très sec.
- L'utilisation des tondeuses à lame rotative renforce la tendance de l'herbe à se déchausser ; le roulage est donc indispensable sur les pelouses d'ornement tondues souvent et très rases.

Le roulage est indispensable, notamment après le semis.

La pelouse en hiver

- Les dernières tontes sont effectuées en octobre et sont moins rases qu'en été ; mais cela ne signifie pas qu'il faille abandonner tous travaux pendant la mauvaise saison.
- Il faut d'abord tenir le gazon propre, en le débarrassant des feuilles mortes. Cela est indispensable, l'accumulation de feuilles mortes sur le gazon provoquant l'étiolement de l'herbe. Ce travail peut être effectué à l'aide d'un balai à gazon (à lamelles souples) ou d'un râteau à gazon (à dents longues et fines). Vous pouvez également vous servir d'une balayeuse-ramasseuse, à brosse réglable en hauteur et bac en toile. Cette balayeuse, très pratique pour les moyennes et grandes surfaces, permet aussi de ramasser l'herbe coupée, les fanes et les différents déchets. Le brossage a une action stimulante sur le gazon.

- Les feuilles mortes doivent être ramassées par temps sec ; elles peuvent être brûlées, placées sur le tas de compost ou utilisées sur les plates-bandes pour protéger les espèces peu rustiques.
- Pendant l'hiver, vous devez interdire le piétinement de la pelouse lorsqu'elle est détrempée ou gelée. Le piétinement d'une pelouse détrempée bouleverse le sol et endommage souvent gravement les touffes ; le terrain prend l'aspect d'un champ labouré. Lorsqu'il gèle, évitez le piétinement, car l'herbe devient cassante et fragile.
- L'hiver est aussi la saison où vous devez vous préoccuper de la révision de la tondeuse : celle-ci doit être en état de marche aux premiers jours du printemps. Ne laissez pas votre machine passer l'hiver dans un abri de jardin ouvert à tous les vents et à l'humidité : elle risquerait d'en souffrir gravement. Rentrez-la dans un local sec et protégez-la avec une bâche. Mettez le moteur en marche de temps en temps.

Aspirateur à feuilles. Pour les grandes pelouses entourées d'espaces boisés, l'aspirateur à pelouse est idéal, car il permet d'aspirer rapidement les feuilles mortes et de nettoyer la pelouse. C'est une machine plutôt utilisée par les collectivités locales, pour les parcs et jardins, mais vous pouvez la trouver en location. L'aspirateur doit être utilisé par temps sec ; il peut servir au ramassage des déchets d'herbe après la tonte ou après une scarification.

Les traitements

La pelouse est constamment menacée par les mauvaises herbes qu'il faut éliminer, tout comme les mousses. Vous devez aussi apporter les engrais et les traitements nécessaires.

Le désherbage

- On utilise des désherbants, sauf pour les très petites surfaces, qu'il est possible de désherber à la main. Il convient de ne pas commettre d'erreur et de choisir un produit spécial pour pelouse qui n'attaque pas les graminées. Il s'agit en général de désherbants du commerce, à la fois systémiques et de contact.
- Certains fabricants proposent des désherbants conçus pour les jeunes gazons (les produits ordinairement employés risquent d'affaiblir les jeunes plantes).

▪ *Les désherbants « doux »* peuvent être utilisés très tôt, après la levée (au bout de quatre semaines, par exemple, pour un mélange avec Ray-grass). Ils permettent d'obtenir un meilleur démarrage du gazon, qui occupe mieux le terrain. Pour les semis effectués en automne, il est préférable de ne pas appliquer de désherbant avant la reprise de la végétation, au printemps.

▪ *Les désherbants systémiques et de contact* destinés au traitement des gazons détruisent la plupart des mauvaises herbes qui envahissent les pelouses (pissenlit, primevère, coquelicot, mouton des oiseaux, renoncule, liseron, véronique, bourse-à-pasteur). Ils doivent être appliqués au printemps, en été ou en automne, par pulvérisation. En général, il est nécessaire de faire une ou deux applications par an.

▪ *Le chiendent* est une exception parmi les mauvaises herbes, car il s'agit d'une graminée qui n'est pas détruite par les désherbants destinés aux gazons. La seule solution est d'arracher les touffes lorsqu'elles sont suffisamment développées pour être identifiées (laissez ensuite la pelouse se reformer ou semez une poignée de graines à cet emplacement).

- Le désherbant doit être appliqué de préférence par temps calme et chaud, et deux ou trois jours avant la tonte. Ne traitez pas si la pluie menace ou si le temps est trop sec (ou arrosez modérément la veille).
- Les déchets de la tonte qui suit le désherbage chimique ne doivent pas être utilisés pour la préparation du compost.

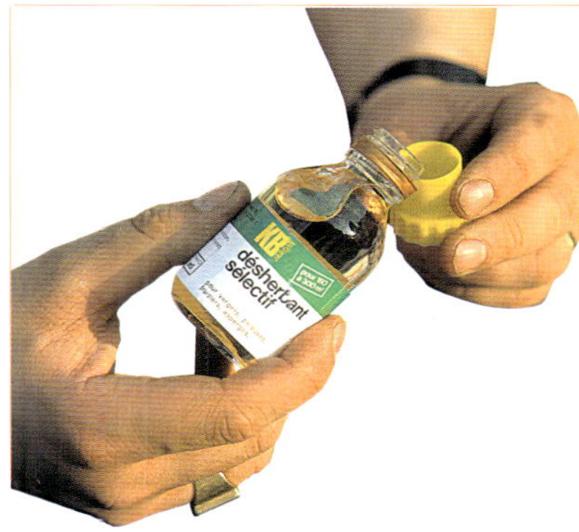

Contre les mauvaises herbes, vous pouvez utiliser un désherbant sélectif, qu'il est également possible d'appliquer par pulvérisation.

La rampe d'arrosage est un bon moyen pour dispenser harmonieusement le désherbant gazon.

La fertilisation

- *La fumure de fond* enfouie au moment de la préparation du sol ne suffit pas à assurer la nourriture du gazon pendant les années suivantes. Pour éviter le jaunissement et le dépérissement des pieds de graminées, apportez-leur des éléments nutritifs.
- *On utilise des engrais en granulés* à action lente mais prolongée (produits à libération progressive de l'azote). Ces engrais ont l'avantage d'améliorer la pousse pendant une longue période, en redonnant toute leur vigueur aux touffes qui gardent une couleur bien verte. Généralement, deux apports par an sont effectués : le premier au début de mai, et le second au mois d'octobre. Il est possible de faire un autre épandage, si besoin est, en juillet-août. Une pelouse bien nourrie présente une meilleure résistance à la sécheresse, au froid et aux maladies. Certains producteurs proposent des produits mixtes, engrais et désherbants. Dans tous les cas, arrosez après l'épandage des granulés au sol.

Cet apport d'engrais doit être complété par un terreautage immédiat après l'aération du sol. Le terreau mis en surface apporte de l'humus, favorise la formation des racines et freine l'évaporation. Dans les terrains trop humides, le terreau peut être additionné de sable.

- *D'autres produits* sont utilisés sur les gazons, notamment des hormones en poudre qui accélèrent la formation des racines et permettent aux touffes de graminées d'occuper le sol. Ces hormones peuvent être appliquées immédiatement après la levée pour favoriser l'implantation, ou au printemps pour activer le démarrage en végétation.

✓ *Trois types d'herbe*

Le gazon rustique
C'est l'herbe élégante que l'on peut tondre avec une tondeuse à lame rotative. On peut marcher dessus et même y faire du sport. Elle doit être entretenue régulièrement.

Le green
C'est l'aristocratie de l'herbe, le gazon de type anglais qui demande des soins réguliers et une coupe impeccable avec une tondeuse à cylindre(s) de coupe.

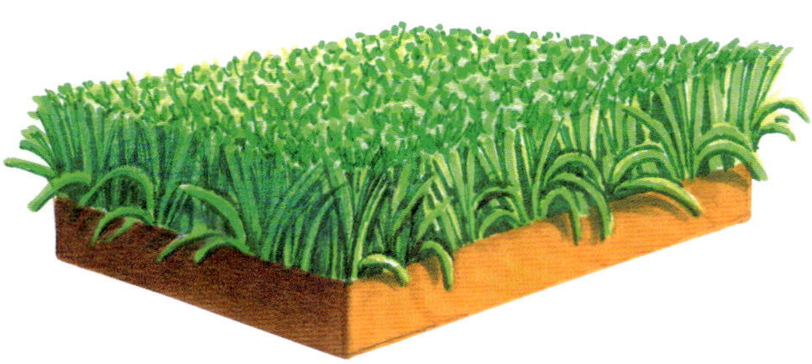

La pelouse
C'est l'herbe entretenue d'une pelouse de loisir. Elle est recommandée pour les grandes surfaces et demande une tonte régulière avec une machine autoportée de qualité.

La destruction des mousses

● Un sol mal nettoyé avant ensemencement, une situation trop ombragée ou un vieillissement de la pelouse peuvent être à l'origine de l'envahissement par les mousses, qui finissent par étouffer les pousses de graminées : la pelouse jaunit alors.

● Il existe de nombreux produits de destruction des mousses (à base de sulfate de fer), qui doivent être dissous dans l'eau d'arrosage.

■ Effectuez le traitement au tout début du printemps. Quelque temps après, passez le scarificateur ou le râteau sur toute la surface pour extirper les parcelles de mousses mortes. Après cette opération, il est souhaitable de jeter quelques poignées de graines pour que le gazon retrouve sa densité.

● Par la suite, effectuez de manière régulière des scarifications et des aérations, pour empêcher la reformation de mousses.

Élimination de la mousse avec un râteau droit.

Les bulbeuses et la pelouse. Quelques belles bulbeuses, qui s'épanouissent çà et là sur la pelouse, sont d'un effet tout à fait charmant. Cependant, la croissance de ces plantes ne s'accommode guère du régime de tontes régulières qu'il faut imposer au gazon. En effet, lorsque la fleur est fanée, le bulbe doit avoir le temps de se reconstituer en puisant des ressources dans son feuillage. Si le feuillage est coupé juste après la floraison, la plante meurt.

Il est donc impossible d'utiliser des bulbeuses qui fleurissent en période de végétation intense du gazon. Vous pouvez cependant placer certaines plantes très précoces (les crocus en particulier) qui s'épanouissent avant les premières tontes. Vous devrez de toute façon retarder la première tonte si vous voulez que les bulbes continuent à vivre. Vous pouvez aussi placer des bulbeuses en groupes (au pied des arbres, par exemple) et retarder la tonte à ces emplacements (ce qui donne un caractère original à la pelouse). Évitez les plantes fragiles dont les bulbes doivent être arrachés en hiver pour être abrités.

Insectes et cryptogames

- Les seuls insectes qui causent des dommages aux graminées sont les espèces du sol qui s'attaquent aux racines. On trouve parfois sur les pelouses des colonies d'aoûtats, qui ne sont pas à proprement parler des insectes, mais des acariens. Ils ne causent pas de dégâts à la pelouse, mais sont très désagréables pour les utilisateurs... On s'en débarrasse à l'aide de produits antiacariens.
- *Les fourmis* sont gênantes sur la pelouse, à cause des fourmilières qu'elles bâtissent, inesthétiques et empêchant le passage de la tondeuse. On les détruit avec un formicide et on ratisse les fourmilières pour que l'herbe repousse normalement.
- *Différentes maladies cryptogamiques* peuvent se développer sur la pelouse, soit en cas de sécheresse excessive, soit lors de saisons très humides. Ces maladies (fusariose, oïdium, rouille, virose) provoquent des taches brunes ou jaunes, d'abord petites, mais qui vont en s'agrandissant. Il est assez facile de s'en débarrasser en pulvérisant un fongicide après la tonte ; par la suite, il faut apporter des engrais pour augmenter la résistance des graminées.

La virose est une maladie facile à déceler en plaçant près de la pelouse des fraisiers, atteints en priorité par le mal.

- *Les vers de terre* sont parfois considérés comme les ennemis des pelouses, en particulier de celles qui sont tondues très court, à cause de leurs déjections en surface ; il est assez difficile de s'en débarrasser, compte tenu de leur nombre dans le sol (même avec des produits spécifiques). Mais ils sont en même temps utiles, car ils contribuent à aérer le sol et à l'ameublir. Pour éviter l'apparition des déjections en surface, le mieux est sans doute de rouler souvent.

Débarrasser la pelouse des mauvaises herbes

Herbes	Matériels, techniques et produits
Mousses	▷ Commencez par éviter un excès d'humidité en aérant et en scarifiant la pelouse régulièrement à l'aide d'un scarificateur. ▷ En période de végétation, apportez un engrais spécial gazon : utilisez pour cela un épandeur, qui permet une répartition homogène du produit. ▷ Enfin, si malgré vos précautions des mousses apparaissent, épandez ou pulvérisez un produit à base de sulfate de fer.
Chiendent	▷ Une fois la pelouse implantée, il est assez difficile de se débarrasser du chiendent : on peut pulvériser un désherbant sélectif, mais il se révèle assez peu efficace. ▷ Il est nettement préférable d'agir préventivement lors de la création de la pelouse.
Trèfle	▷ Si vous constatez des touffes de trèfle, intervenez localement à l'aide de sulfate de fer pulvérisé ou encore à l'aide de sulfate d'ammoniaque distribué par épandage.
Toute autre plante (en dehors des graminées) : pissenlit, plantain, véronique, etc.	▷ La méthode traditionnelle consiste à arracher les mauvaises herbes à la main, en s'aidant de petits outils. ▷ Si vous utilisez un désherbant total, prenez soin de ne déposer que quelques gouttes du produit au pied de la plante à éliminer : en effet, l'action du produit pourrait altérer la végétation de l'herbe de la pelouse elle-même (pour plus de précautions, employez un compte-gouttes). ▷ La meilleure solution, en particulier si le gazon est envahi par les mauvaises herbes, consiste à utiliser un désherbant sélectif, appliqué par pulvérisation.

La lutte contre les taupes

La taupe est un animal plutôt sympathique, qui est dans l'ensemble utile au jardin, puisqu'il détruit les insectes du sol. Malheureusement pour lui (et pour nous), ce petit mammifère cause des dégâts qui peuvent atteindre des proportions catastrophiques sur les pelouses. Il est en effet capable de creuser des galeries qui bouleversent une pelouse de moyenne grandeur en un seul jour. Il est donc indispensable de s'en débarrasser, sous peine de voir ses efforts anéantis.

- *Des pièges à taupes* (qui se tendent à la main ou avec une clé) peuvent être introduits dans les galeries.
- *Des cartouches asphyxiantes* peuvent être placées dans les galeries après allumage (la galerie doit être aussitôt rebouchée).
- *Des émetteurs de vibrations basses fréquences* qui fonctionnent de façon aléatoire et chassent les taupes.
- *Des appâts empoisonnés ou répulsifs* peuvent aussi être utilisés, les premiers avec la plus grande prudence pour ne pas empoisonner d'autres animaux.

Les émetteurs de vibrations ont aujourd'hui la préférence de bien des jardiniers.

4

Les fleurs

Qu'on marque une préférence pour le potager, qu'on soit un passionné de culture fruitière, un maniaque de la pelouse, on ne peut toutefois se passer de fleurs dans le jardin. Annuelles, bisannuelles, vivaces, roses, floraisons arbustives sont l'âme de tout jardin d'agrément.

Narcisses, tulipes, primevères, giroflées, pâquerettes créent, dans cette superbe bordure, le mariage harmonieux des bulbeuses, des bisannuelles et des vivaces, sur fond de pelouse parfaitement entretenue.

Fleurs à massif, fleurs à couper, roses et rosiers

Le terme de « fleurs » est ambigu, dans la mesure où il désigne une étape végétative inscrite dans le processus reproductif – la fleur précédant la graine ou le fruit – et par laquelle passent toutes les plantes, de façon plus où moins significative. Si la floraison reste inaperçue sur de nombreux arbres, sur beaucoup d'herbes, si elle est entravée sur la plupart des légumes, elle est en revanche éclatante et à ce titre encouragée sur un certain nombre d'autres végétaux, dans une palette infinie de couleurs dont n'est exclu – et encore – que le noir absolu. Un certain nombre d'arbustes fleurissent eux aussi, mais de façon transitoire et éphémère, le cas des rosiers étant l'exception qui confirme la règle. Ce qu'on a coutume d'appeler « les fleurs » regroupe en fait un grand nombre de plantes, aux cycles végétatifs variés, cultivées spécifiquement pour la qualité et la longévité de leur floraison, pour l'évidence (forme, taille, couleur, intensité) de celle-ci.

Toutes ces fleurs sont issues de la sélection, de l'hybridation, parfois de la mutation génétique de plantes sauvages connues souvent depuis des siècles, originaires de nos campagnes comme venues d'horizons exotiques, au fil des explorations lointaines et d'échanges cosmopolites. Chaque jour voit « fleurir » de nouvelles espèces venues de l'autre bout du monde, ou encore de nouvelles variétés, de nouveaux cultivars, issus du laboratoire des botanistes travaillant désormais selon les techniques et avec les matériels les plus avancés. L'éprouvette et le microscope le disputent dorénavant au sécateur et au greffoir, ouvrant des espaces infinis à la floriculture, comme le démontre l'étal des fleuristes à la mode.

Pourtant, les valeurs sûres de nos jardins demeurent : pensées, soucis, œillets d'Inde, reines-marguerites, narcisses, tulipes, dahlias, bégonias, asters, campanules, œillets, pour ne citer que ceux-là, restent les vedettes de nos parterres et de nos plates-bandes, faciles à cultiver et n'exigeant souvent qu'un peu d'eau et de soleil pour enchanter notre jardin.

Les fleurs à massif

Une utilisation judicieuse du cycle végétatif des plantes et le recours à certains accessoires de culture permettent d'avoir des fleurs au jardin pratiquement neuf mois sur douze.

Annuelles, bisannuelles, vivaces

Les plantes cultivées pour la floraison se définissent par leur mode de végétation :

- *les annuelles*, semées au printemps, fleurissent et meurent avant l'hiver suivant ;
- *les vivaces* possèdent une souche persistante et refleurissent chaque année ; elles peuvent rester en place pendant longtemps si les hivers ne sont pas trop rudes ;
- *les bisannuelles* sont souvent, à l'origine, des vivaces pour lesquelles on adopte un cycle de végétation sur deux ans ; semées en été, elles passent l'hiver au jardin, après repiquage, et fleurissent au printemps (généralement assez tôt). Lorsque le climat est doux, certaines bisannuelles (pensée, giroflée des murailles) se comportent en vivaces.

La multiplication des annuelles et des bisannuelles se fait le plus souvent par semis, en place, en pépinière, en terrine ou sous abri. Pour le vivaces, on pratique le semis mais aussi la division des touffes, le bouturage et le marcottage.

Annuelles		
Exposition ensoleillée		Ombre ou mi-ombre
Acroclinium	Muflier	Bacopa
Bégonia	Némésie	Balsamine
Belle-de-jour	Némophile	Bégonia
Capucine	Œillet	Corydalis
Célosie	Œillet d'Inde	Godétia
Centaurée	Pavot	Impatience
Clarkia	Penstémon	Œillet de poète
Corbeille d'argent	Pourpier	Mimulus
Coréopsis	Rudbeckia	Scaévola
Cosmos	Sauge	
Dimorphotéca	Scabieuse	
Eschscholzia	Soleil	
Ficoïde	Souci	
Gazania	Tagète	
Gypsophile	Verveine	
Héliothrope	Zinnia	

Les modes de végétation

Dans un jardin d'agrément, il faut souvent combiner plantes annuelles, bisannuelles et vivaces, afin d'avoir des fleurs toute l'année.

✓ Les annuelles

Multipliées par semis, ces plantes sont cultivées pour la décoration des massifs, des corbeilles et des bordures. Les espèces annuelles ont un cycle végétatif d'une année au plus. En général, on les sème au printemps et elles meurent en automne. Quelques espèces (pois de senteur) sont semées en automne pour obtenir une floraison précoce.

Bulbeuses, vivaces et bisannuelles se marient au printemps.

Les bégonias assurent une floraison prolongée du printemps à la fin de l'été.

BISANNUELLES	
EXPOSITION ENSOLEILLÉE	**OMBRE OU MI-OMBRE**
Campanule	Lunaire ou monnaie-du-pape
Œillet	Myosotis du Caucase 'Langtrees'
Pâquerette	Viola
Pensée	
Rose trémière	

Les annuelles sélectionnées par les grainetiers sont très florifères. Même dans un jardin consacré aux vivaces, les plantes annuelles ont toutes leur place pour combler les vides ou pour assurer la production de quelques fleurs coupées.

Certaines espèces sont assez lentes à se développer (bégonias caulescents, pétunias, lobélies). Il faut les semer sur couche, dès janvier-février, ce qui suppose un minimum d'équipement (serre ou mini-serre) et un repiquage. Cependant, la plupart des annuelles se sèment directement en place.

✓ Les bisannuelles

Semées de juin à août, ces plantes fleurissent au printemps ou à l'automne suivants. Les semis, effectués le plus souvent en terrine (ou en pépinière), produisent des plants qui sont repiqués une première fois en godet ou en pépinière, puis une seconde fois en place, en automne ou au début du printemps suivant (pour les moins rustiques). Veillez à protéger les jeunes plants, tant du soleil et de la sécheresse de l'été que des froids de l'hiver (pour ceux que vous aurez mis en place en automne). Attention également aux gelées tardives, qui risquent de détruire les plants mis en place au début du printemps.

Les bisannuelles, cultivées avec les précautions précédemment indiquées, donnent une floraison tôt en saison. C'est la raison pour laquelle nombre d'annuelles sont conduites comme les bisannuelles.

Le printemps illustre la possibilité d'associer toutes les catégories de fleurs.

✓ Les vivaces

Il s'agit là d'une catégorie de plantes qui présentent la particularité d'émettre une nouvelle végétation porteuse de fleurs tous les ans, à partir d'une souche persistante. La caractéristique essentielle des vivaces est donc une bonne résistance aux gelées, même si certaines ne peuvent supporter les froids les plus rudes et demandent, en conséquence, à être protégées.

Faciles à entretenir, faciles à multiplier pour la plupart (par semis ou division des touffes), les vivaces sont extrêmement précieuses au jardin, particulièrement pour ceux qui ne peuvent y consacrer beaucoup de temps.

Parmi les vivaces, certaines fleurissent dès le mois de mars (thlaspi, alysse, aubriète, etc.) ; d'autres fleurissent de juillet à septembre (leucanthème, delphinium, gypsophile, etc.) ; d'autres encore jusqu'aux premiers froids (hélianthus, aster, etc.).

Cela permet de composer ce que l'on a maintenant coutume

Le semis de vivaces doit être effectué d'avril à juillet, en terrine ou en pépinière, et être suivi d'un repiquage en godet ou en pépinière, la mise en place se faisant en automne ou au printemps suivant. Si vous achetez des plants, faites-le plutôt en automne et mettez-les en place avant l'hiver : ils fleuriront dès le début du printemps.

VIVACES DE PETITE TAILLE (15 À 30 CM)

Exposition ensoleillée		Ombre ou mi-ombre
Alysse corbeille d'or	Hélianthème	Bégonia
Arméria	Iris nain	Corydalis
Aster	Népéta	Géranium
Aubriète	Pélargonium	Hellébore
Campanule	Phlox nain	Millepertuis
Céraiste	Santoline	Pervenche
Corbeille d'argent	Sédum	Primevère
Gypsophile	Thlaspi	Saxifrage

La digitale est une vivace appréciant les situations d'ombre ou de mi-ombre.

Campanules agglomérées.

Vivaces de taille moyenne (45 à 75 cm)		
Exposition ensoleillée		**Ombre ou mi-ombre**
Achillée	Lavande	Alstromère
Agérate	Leucanthème	Ancolie
Aster	Lupin	Anémone du Japon
Benoîte	Œillet	Astilbe
Campanule	Pavot	Benoîte
Chrysanthème	Pélargonium	Dicentra ou cœur-de-Marie
Coréopsis	Pivoine	Doronic
Gaillarde	Phlox	Hémérocalle
Gypsophile	Pyrèthre	Heuchéra
Hélénium	Rudbeckia	Mimulus
Iris	Sauge	Primevère

L'association des annuelles et des vivaces permet de combler les trous laissées par la baisse de floraison de ces dernières en fin de printemps.

Vivaces de grande taille (0,80 à 2 m)			
Exposition ensoleillée		**Ombre ou mi-ombre**	
Delphinium	Pyrèthre	Astilbe	Fuchsia de Magellan
Gaura de Lindheimer	Rose trémière	Cierge d'argent	Rodgersia à feuilles de marronnier
Ligulaire	Scabieuse		
Phytolacca	Verge d'or	Digitale	

d'appeler des « *mixed borders* », qui peuvent être plantés bien entendu d'annuelles : il s'agit de plates-bandes assez larges (1,50 m) sur 10 m de longueur au moins. Les trous qui ne manquent pas d'apparaître dans la floraison des vivaces sont comblés par des groupes de fleurs annuelles.

Les vivaces se prêtent aussi à la confection de rocailles (plantes basses) ou à l'animation des bordures ou des murets. L'entretien se limite à un désherbage régulier et à un apport d'engrais. Enfin, après la floraison, éliminez les tiges défleuries, ce qui peut d'ailleurs parfois provoquer l'émission de nouveaux boutons floraux, prolongeant ainsi encore un peu la floraison.

Les semis

La date et le mode de semis diffèrent selon les variétés. Les annuelles sont semées directement en place (pour la plupart) au printemps, après les gelées, ou plus tôt, en terrine ou en pépinière ; elles doivent alors être repiquées. Les bisannuelles et les vivaces se sèment habituellement en été, en pépinière.

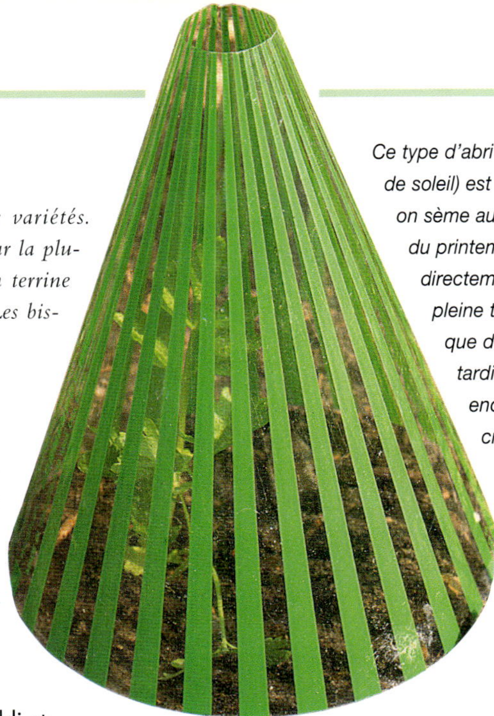

Ce type d'abri (chapeau de soleil) est utile quand on sème au tout début du printemps, directement en pleine terre, et que des gelées tardives sont encore à craindre.

✓ Semis en place

Il concerne de nombreuses fleurs faciles à cultiver : des plantes basses, comme l'alysse odorant ou le pourpier, mi-hautes, comme le clarkia ou la gypsophile annuelle, hautes, comme le soleil ou le pavot, ou grimpantes, comme l'ipomée ou le pois de senteur.

Préparation du sol

- Le terrain doit être soigneusement ameubli et nettoyé.
- Les annuelles viennent en toute bonne terre de jardin : il n'est donc pas indispensable d'apporter une fumure d'automne.
- Répandez un désherbant universel si votre jardin est envahi par les mauvaises herbes (au moins quatre semaines avant le semis). Il sera assez difficile de désherber entre les plantes lorsqu'elles commenceront à se développer.
- Ne semez pas lorsqu'il y a excès d'humidité et que la terre est détrempée.
- Par temps très sec, effectuez un arrosage avec l'arrosoir muni de sa pomme avant d'ensemencer.

Comment semer

- Les graines sont généralement semées à la volée. Ne semez pas trop serré.
- Si les graines sont fines, mélangez-les à du sable fin ou à une poudre insecticide et fongicide.
- En terre lourde, n'hésitez pas à mélanger du sable aux graines ; celles-ci germeront mieux.
- N'enterrez pas trop les graines ; sinon, elles risquent de manquer d'air et de ne pas germer.

Capucine.

Annuelles à semer en place
Bleuet
Capucine
Clarkia
Cosmos
Eschscholzia de Californie
Ipomée
Lavatère
Lin
Malope
Nigelle de Damas
Pois de senteur
Phlox

Après le semis

- Terreautez (répandez un peu de terreau finement tamisé par-dessus les graines).
- Recouvrez les grosses graines de 1 cm de terre.
- La plupart des semis à la volée doivent être suivis d'un léger coup de râteau.
- Damez avec une planche en bois ou une batte, pour favoriser l'adhérence des graines à la terre (plombage).
- Les graines très fines ne sont ni terreautées ni ratissées, mais simplement plombées.

✓ Semis en pépinière

Établie dans un endroit particulièrement abrité et bien exposé, la pépinière accueille les plantes semées à l'extérieur et qui doivent être repiquées. On sème en pépinière, au début du printemps, des annuelles comme la balsamine, le muflier, l'œillet d'Inde ou la rose d'Inde.

Si vous avez le temps, le mieux est sans doute de produire vous-même les plants dont vous avez besoin. Dans ce cas, la serre constitue l'abri indispensable.

Préparation du sol et semis

- La terre de la pépinière doit être enrichie de terreau et bien drainée.
- Effectuez le semis à la volée : il peut être plus serré que le semis en place, un éclaircissage pouvant ensuite intervenir de façon à donner aux plants conservés suffisamment d'espace.
- L'établissement d'une pépinière en côtière ou en ados favorisera encore davantage la germination puis le développement des plants.

Après le semis

- Plombez et ratissez après avoir semé.
- Afin de favoriser la germination des graines semées tôt en saison (mars-avril), il est parfois nécessaire de les recouvrir de châssis, d'abris vitrés ou de cloches.
- Si le temps est particulièrement pluvieux (avril), protégez les semis à l'aide d'un film en plastique que vous retirerez dès l'apparition des premières pousses.
- S'il risque de geler, recouvrez les jeunes plants d'un tunnel ou d'une cloche, en aérant à chaque fois que le temps le permet pour éviter la fonte des semis.
- Durant les mois d'été, vous aurez à soustraire des trop forts rayons du soleil les semis et les jeunes plants (bisannuelles et vivaces qui seront repiquées en place à l'automne suivant). Utilisez pour cela des paillassons placés sur des structures de bois sommaires.

Les jeunes plantes craignent les rayons solaires trop violents : cela peut être le cas, par exemple, des bisannuelles, que l'on sème en pépinière à la fin de l'été.

L'œillet mignardise (*Dianthus plumarius*) est une excellente plante vivace de corbeille et de bordure qui donne des fleurs de couleurs variées (rouge, rose, blanc), portées par des hampes florales de 30 cm. Il est remarquable pour son parfum et la beauté de ses fleurs simples ou doubles. Le semis était autrefois peu employé, car les caractères étaient insuffisamment fixés. Aujourd'hui, le semis donne de très bons résultats.
Semez en pépinière, en mai-juin. La terre doit être légère et très saine. Terreautez et damez légèrement. Arrosez par pulvérisations, immédiatement après le semis.

✓ Semis sous abri

Les conditions artificiellement créées sous un abri (chaleur et humidité, notamment) permettent de semer et de cultiver des plants qui ne pourraient germer à l'extérieur, à la même époque. Un abri même limité tel qu'une mini-serre pourra protéger des semis précoces d'annuelles (dès février-mars) qui fleuriront ainsi tôt en saison, après un premier repiquage en godet.

Il est vraisemblable que les avantages que vous trouverez dans l'utilisation d'une mini-serre (bac à germination) vous inciteront à étendre votre production. Une serre permet une organisation rationnelle dans les semis et les repiquages successifs, et, ainsi, une production constante et échelonnée des annuelles, bisannuelles et vivaces. Mais elle se prête aussi à la culture de plantes délicates, culture qui ne saurait être envisagée dans les conditions climatiques qui sont celles de la plupart de nos régions. Vous trouverez toute une gamme de modèles de serres en kit, dont certains à des prix très abordables.

Placez les graines dans un petit bout de carton replié et faites-les tomber régulièrement.

Annuelles à semer en terrine
Agérate
Bégonia
Célosie
Godétia
Impatience
Lobélie
Muflier
Œillet d'Inde
Pétunia
Reine-marguerite
Rose d'Inde
Sauge
Scabieuse
Zinnia

Tassez ensuite pour que les graines adhèrent à la terre.

Comment semer

- Les semis sont effectués en terrine, dans un mélange de sable, de terre de jardin et de terreau, dans des proportions qui peuvent varier suivant les exigences des différentes espèces, certaines ne devant être semées que dans de la terre de bruyère (bégonia, par exemple).
- Disposez au fond de la terrine une couche drainante faite de graviers ou de tessons.
- Déposez les graines le plus régulièrement possible, puis recouvrez-les légèrement (les plus fines n'ont pas besoin d'être recouvertes).

Recouvrez la terrine (ici, un bac à germination) de son couvercle après avoir arrosé avec un pulvérisateur.

Après le semis

- Plombez à l'aide d'une planchette ou de tout autre objet comportant une face plane suffisante (une grosse boîte d'allumettes, par exemple).
- Bassinez abondamment (à l'aide d'un pulvérisateur pour ne pas bouleverser les graines).
- Recouvrez la terrine d'une plaque de verre.
- Retournez la plaque chaque jour et essuyez-la. Quand les plants apparaissent, soulevez la plaque et calez-la et assurer une ventilation et prévenir les risques de fonte des semis liés à une humidité excessive.
- Les jeunes plants étant attirés par le soleil, tournez la terrine régulièrement.

Si vous n'avez pas de couvercle, placez une vitre.

Le repiquage

Les espèces semées en pépinière ou en terrine sont repiquées une seule fois (mise en place directe) ou deux fois (une première fois en terrine ou en pépinière). À chaque repiquage, la croissance des plants est relancée.

La serre est l'endroit idéal pour un premier repiquage.

Double repiquage

Il concerne des plantes à graines fines comme le bégonia et la lobélie, qu'il est difficile de semer clair. Le repiquage en terrine ou en pépinière intervient dès que les plantules sont assez grandes pour être manipulées. Il a pour but de sélectionner les sujets les plus robustes et de les placer dans de bonnes conditions de croissance. Le repiquage a lieu dans une terre très humifère. Il est souvent délicat, les jeunes plants étant très fragiles (utilisez une lamelle de bois fendue en V). Pour faciliter le repiquage définitif, repiquez en godets de tourbe, afin de mettre en place avec la motte.

Une planchette entaillée en V sert à prélever une plantule.

Mise en place

- Elle a lieu le plus souvent en automne ou après les gelées (courant mai). Lors du repiquage en place, sélectionnez les plants bien développés et sains. Pour les massifs, choisissez des plants de taille semblable, afin que la floraison se fasse en même temps.
- Mettez de préférence les vivaces en place à l'automne. Les sujets auront ainsi tout l'hiver pour s'adapter à leurs nouvelles conditions de culture et fleuriront de bonne heure au printemps.
- Si vous avez laissé passer le moment du repiquage, en automne, vous pouvez le faire au printemps, mais la floraison sera un peu retardée.
- Avant de repiquer, préparez soigneusement la terre, nettoyez-la et ameublissez-la. Il peut être nécessaire d'apporter une quantité importante de terre de bruyère pour certaines espèces, ou du terreau.
- Drainez les terres lourdes qui doivent accueillir des espèces aimant une certaine sécheresse, comme la bruyère, le thym ou la lavande. Ouvrez une petite tranchée et placez un lit de graviers.
- Quand vous repiquez en massif ou en bordure, tenez quelques plants en réserve en pépinière, pour remplacer les sujets qui n'auront pas supporté le repiquage.
- Immédiatement après la mise en place, arrosez abondamment, afin que la terre adhère parfaitement aux racines. Surveillez les plantes pendant les premières semaines, pour qu'elles ne manquent pas d'eau.

Techniques de repiquage

L'objet du repiquage est de stimuler la production des racines et donc de fortifier la plante. Loin d'éprouver cette dernière, le repiquage encourage son développement et accélère son rythme de croissance.

Le repiquage en godet

- Faites tremper les godets de tourbe dans de l'eau pour les humidifier.
- Placez-les dans une terrine (ici, le bac d'une mini-serre).
- Remplissez-les de terreau aux deux tiers.
- Repiquez la plantule en tassant bien autour avec les doigts.
- Maintenez les godets humides par bassinage.

Le repiquage en pépinière

- Affinez la terre et réalisez une série de trous avec un bâtonnet, en lignes et en quinconce.
- Introduisez les racines de la plantule fraîchement prélevée dans le trou de repiquage.
- Tassez la terre autour du plant en plantant le bâtonnet juste à côté (bornage).
- Arrosez en pluie très fine (éventuellement au pulvérisateur) pour ne pas abîmer les plants.
- Repiquez en place un mois plus tard environ.

Le repiquage en pot ou en jardinière

- Les plants repiqués une première fois en godet peuvent être conduits jusqu'à la floraison avant d'être repiqués une dernière fois en place.
- Les plantes repiquées une première fois en godet de plastique doivent être dépotées délicatement.
- Les plantes conduites en godet de tourbe peuvent être repiquées sans dépotage, la tourbe se désagrégeant dans le sol.

PRODUIRE LES BÉGONIAS

C'est surtout le bégonia semperflorens qui est multiplié par semis pour l'obtention de plantes de massif à floraison estivale. Ce bégonia caulescent regroupe de nombreux cultivars (hybrides FI), remarquables pour leur floraison, et qui résistent bien au soleil et même à la sécheresse : ils peuvent également être cultivés en potée.

- Les bégonias semperflorens sont roses, rouges, écarlates ou blanc pur. On trouve aussi des cultivars carmin ou roses. Les graines sont très fines et légères (un sachet contient 0,2 g).

- Semez en janvier ou février, en terrine. Le récipient doit être désinfecté à l'eau bouillante.
- Placez une couche de gravier dans le fond et recouvrez de terre de bruyère bien tamisée.
- Bassinez pour que la terre soit suffisamment humidifiée.
- Mélangez les graines à du sable très fin, de façon à semer clair et à bien répartir les semences.
- Ne recouvrez pas, mais tassez doucement à l'aide d'une planchette.
- Recouvrez d'une plaque de verre et placez la terrine sur couche ou sur un appareil de chauffage central réglé à température moyenne. Retournez la plaque de verre tous les jours, pour éviter l'excès d'humidité et la fonte des semis.
- Lorsque les plantules se développent, placez sur couche tiède ou près d'une fenêtre ensoleillée en appartement.
- Repiquez une première fois au mois d'avril, en terrine, puis en place, fin mai.

La Vermiculite (ci-dessus), c'est-à-dire du mica expansé utilisé ordinairement comme isolant, peut constituer un excellent support de culture pour la production de plantes délicates.

Techniques de multiplication

De nombreuses espèces peuvent être multipliées par division des touffes, par bouturage ou par marcottage. Si vous avez laissé passer la date des semis et que vous n'ayez pas la possibilité d'obtenir des boutures, il ne vous reste plus qu'à acheter des plants en godet. Il s'agit de sujets soigneusement sélectionnés, qui donnent toutes les garanties de reprise.

Division des touffes

- C'est la méthode la plus simple et la plus efficace pour multiplier de nombreuses vivaces (ancolie, campanule, delphinium vivace, aubriète, lupin, etc.).
- Divisez la touffe à la fourche-bêche ou avec un couteau bien aiguisé.
- Enterrez la partie prélevée et arrosez abondamment. La meilleure période pour la division est le mois de mars, au début du redémarrage de la végétation. Toutefois, les plantes qui fleurissent au tout début du printemps doivent être divisées en automne.
- Les plantes à racines tubéreuses sont divisées par éclatage de la souche.

Deux fourches-bêches dos à dos servent à diviser une touffe de vivaces.

Bouturage de tiges ou de racines

- Le prélèvement et l'enracinement de tiges sont le moyen le plus simple et le plus économique de multiplier plusieurs espèces (millepertuis, lavande, lantana, gentiane, érinus, orpin, thlaspi, etc.). La tige à bouturer doit être tranchée net, juste sous un nœud. Placez-la dans un mélange de terre et de sable que vous maintiendrez humide. Pour faciliter l'enracinement, trempez la tige dans une poudre d'hormones. Certaines plantes peuvent être bouturées directement en pleine terre.

Bouturage de géranium (en mars ou en août). Prélevez les boutures sur l'extrémité des rameaux et trempez leur base dans une poudre d'hormones.

Les jeunes boutures ne tardent pas à prendre des feuilles.

- Le bouturage de racines convient aux plantes présentant une racine charnue (physalis, pavot d'Orient). Les tronçons de racines sont placés dans une terrine (mélange de sable et de terre maintenu humide) ou directement en place (il faut compenser la reprise parfois aléatoire par un nombre important de racines).

En enduisant la partie de rameau (légèrement pelé) à enterrer de poudre d'hormones de bouturage, on favorise l'émission de racines.

Marcottage

- Cette méthode de multiplication permet de faire enraciner des rameaux sans les séparer de la plante-mère.
- Le marcottage par couchage est la technique qui s'inspire le plus de ce qu'on observe dans la nature.
- Un rameau sain, suffisamment long, est sélectionné pour constituer la marcotte.
- On le défeuille sur sa longueur en préservant un bouquet de feuille d'extrémité.
- Pour faciliter l'émission de racines, il est possible de peler légèrement la partie qui sera enterrée et de l'enduire de poudre d'hormones de bouturage.
- Le rameau est ensuite couché et enterré sur sa longueur, de telle sorte que le bouquet de feuille émerge.
- La bouture est coupée du pied-mère au bout de quelques mois, quand elle est enracinée.

La marcotte peut être réalisée dans un pot, ce qui favorisera le développement de la plante (ici un rodhodendron) avant sa transplantation. Il faut veiller à arroser régulièrement le pot. ►

Un marcottage classique se fait en couchant un rameau et en l'enterrant à côté de la plante-mère. ▼

Les ennemis des fleurs

Maladies ou parasites	Symptômes	Végétaux atteints
Altise	Les feuilles sont dévorées par de petits insectes verts.	Myosotis, giroflée, œillet
Anguillule des tiges	Les feuilles sont rongées au point d'être transformées en mince dentelle.	Bégonia, chrysanthème, gloxinia, pois de senteur
Anthracnose	Champignon qui laisse des taches noirâtres sur les feuilles ou sur les pédoncules, faisant avorter les boutons floraux.	Cyclamen, hellébore, rose trémière
Botrytis	Les feuilles se couvrent d'une sorte de moisissure, les boutons floraux avortent, les feuilles tombent.	Chrysanthème, cyclamen, giroflée, jacinthe, lis, narcisse, œillet, pivoine, tulipe
Chenilles	Les pétales sont dévorés.	Chrysanthème
Criocère	Les feuilles, bourgeons, tiges et inflorescences sont dévorés par un insecte rouge et sa larve noirâtre.	Lis
Enthyloma	Taches blanchâtres sur les feuilles.	Dahlia, glaïeul, souci
Exobasidium	Les feuilles et les rameaux sont recouverts de galles blanchâtres.	Azalée
Fusariose	Flétrissement rapide de toute la plante.	Glaïeul, reine-marguerite
Hépiale	Les rhizomes sont rongés par de petites chenilles brunâtres.	Muguet
Mildiou	Les feuilles sont recouvertes d'une moisissure blanche.	Anémone, giroflée, pensée
Oïdium	Efflorescences blanchâtres sur les parties supérieures.	Bégonia, chrysanthème, primevère, souci, aster, delphinium
Piérides	Les feuilles sont rongées.	Capucine
Pourriture grise	Moisissure.	Bégonia, muflier, œillet, glaïeul, lis, narcisse, tulipe, pivoine
Pucerons	Insectes en colonies sur les jeunes pousses et sur les boutons floraux.	La plupart
Rouille	Les feuilles sont couvertes de pustules jaunes.	La plupart
Septoriose	Les feuilles se dessèchent.	Pivoine
Tarsonème	Les feuilles se recroquevillent et se dessèchent.	Bégonia
Thrips	Les feuilles se décolorent, la plante dépérit.	Chrysanthème, œillet, glaïeul, azalée
Tordeuse	Les jeunes feuilles se recroquevillent.	Azalée

FLEURS POUR MASSIFS

ESPÈCE	COLORIS	HAUTEUR (EN CM)	EXPOSITION
***Althæa rosea* (rose trémière)**	Jaune, rose, cramoisi	250	Soleil
***Anemone japonica* (anémone du Japon)**	Rose clair	60	Mi-ombre
***Aquilegia* (ancolie)**	Variés	50	Soleil ou mi-ombre
***Aster* (aster d'automne)**	Violet, rose, bleu, rouge	70-90	Soleil
***Astilbe* (astilbe)**	Rose, rouge	50	Mi-ombre
***Campanula* (campanule à grandes fleurs)**	Bleu	70	Soleil
***Chrysanthemum* (chrysanthème d'automne)**	Jaune, rouge, rose	70	Soleil
***Coreopsis* (coréopsis)**	Jaune	70	Soleil
***Delphinium* (pied-d'alouette)**	Rose, bleu et blanc, bleu et noir, blanc, violet	150	Soleil ou mi-ombre
***Digitalis* (digitale)**	Variés	120	Soleil ou mi-ombre
***Erigeron* (érigéron)**	Violet	40	Soleil
***Gaillarda* (gaillarde)**	Rouge et jaune	50	Soleil
***Geum* (benoîte)**	Jaune, rouge	40	Soleil
***Gypsophila* (gypsophile)**	Blanc	70	Soleil et mi-ombre
***Hemerocallis* (hémérocalle)**	Jaune, rose, orange	70	Soleil et mi-ombre
***Kniphofia* (tritoma)**	Corail	100	Soleil
***Leucanthemum* (leucanthème)**	Blanc	60-70	Soleil
***Lupinus* (lupin)**	Jaune, rose, bleu, rouge, blanc	90	Soleil et mi-ombre
***Papaver orientale* (pavot d'Orient)**	Rouge	70	Soleil et mi-ombre
***Penstemon* (penstémon)**	Rouge	50	Soleil
***Phlox* (phlox)**	Rouge, rose, blanc, orange	70	Soleil
***Physalis* (physalis, amour-en-cage)**	Rouge-orange (fruits)	50	Soleil et mi-ombre
***Pyrethrum* (pyrèthre)**	Variés	60	Soleil et mi-ombre
***Rudbeckia* (rudbeckia)**	Rouge, jaune	70-80	Soleil

Pavot d'Orient.

Ancolie.

Lupin.

Rose trémière.

Fleurs pour rocailles, bordures et murets

Espèce	Coloris	Hauteur (en cm)	Exposition
Alysum saxatile (alysse corbeille d'or)	Jaune d'or	20	Soleil
Arabis alpina (arabis)	Blanc, rose	20	Soleil et mi-ombre
Aster x _demosus_ (aster nain)	Bleu, rouge, rose	30	Soleil
Aubrieta deltoidea (aubriète)	Violet, rouge, rose	15	Soleil
Campanula (campanule des Carpates)	Bleu	25	Soleil
Campanula (campanule des murailles)	Bleu	15	Soleil
Dianthus deltoides (œillet deltoïde)	Rouge	20	Soleil
Dianthus plumarius (œillet mignardise)	Varié	30	Soleil
Helianthemum (hélianthème)	Jaune, orange, rose	30	Soleil
Helleborus (hellébore)	Blanc	30	Ombre
Heuchera (heuchéra)	Écarlate	50	Soleil et mi-ombre
Hypericum (millepertuis)	Jaune	30	Toutes expositions
Iberis (ibéris)	Blanc	20	Soleil et mi-ombre
Leucanthemum (leucanthème nain)	Blanc	40	Soleil
Limonium (statice)	Rose	15	Soleil
Lunaria (lunaire)	Pourpre	60	Mi-ombre
Lychnis (lychnis)	Rose	40	Soleil et mi-ombre
Nepeta (népéta)	Bleu	40	Soleil
Phlox subulata (phlox)	Rose	10	Soleil
Plumbago (plumbago)	Bleu	25	Soleil
Saponaria (saponaire)	Rose	15	Soleil et mi-ombre
Saxifraga (saxifrage)	Rouge	15	Soleil et mi-ombre
Sedum (sédum âcre)	Jaune	10	Soleil
Veronica (véronique)	Bleu	30	Soleil
Vinca (pervenche)	Bleu	15-30	Soleil
Viola (violette)	Violet	10	Ombre et mi-ombre

Alysse corbeille d'or.

Phlox subulata.

Pervenche.

Hypericum olympicum.

Les soins de culture

Les soins à dispenser aux plantes à fleurs en place sont peu importants ; il faut simplement biner et sarcler régulièrement, et arroser en période de chaleur. L'utilisation de désherbant est difficile, dès lors que plusieurs espèces sont cultivées dans un même massif (certaines espèces risquent d'être détruites par les produits). Renseignez-vous sur la destination exacte du produit avant de l'utiliser.

Taille des hampes défleuries d'alysses corbeille d'or. Cette opération provoque parfois une seconde floraison (moins abondante).

Nettoyage

Pour que les corbeilles ou les bordures conservent un bel aspect, supprimez régulièrement toutes les fleurs fanées, afin de favoriser l'émergence de nouveaux boutons. Certaines espèces fleurissent deux fois lorsque l'on coupe les premières fleurs (centaurée, delphinium, phlox vivace). Ne laissez pas les feuilles et les fleurs fanées joncher le sol, cela favorise le développement des cryptogames.

Maintenez le sol des parterres meuble, éliminez les mauvaises herbes. De petits outils à main (ici, serfouette à panne et langue) sont bien pratiques.

Apport d'engrais

Il n'est pas essentiel si la terre a été normalement fumée en automne. Vous pouvez toutefois observer que certaines plantes sont sujettes à des maladies de carence en raison d'une inadaptation du sol de culture. Aussi, par précaution, apportez des engrais solubles avec les arrosages pendant les premiers temps de la croissance de la plante (engrais complets contenant de la magnésie et des oligo-éléments). Ces engrais peuvent également être épandus sur le sol. On trouve aussi des engrais spécifiques à certaines espèces florales, comme les chrysanthèmes ou les géraniums.

Attention !

Une quantité d'engrais excessive peut nuire à la plante au lieu de l'aider à pousser, ses racines pouvant être brûlées par un apport trop brutal de matières fertilisantes. Mesurez donc cet apport, en tenant compte des indications portées sur les sacs, les boîtes ou les flacons des engrais proposés dans le commerce. Faites surtout attention au dosage des engrais liquides, souvent très concentrés.

Traitements

Traitement des rosiers avec un pulvérisateur à piston.

- Les végétaux à fleurs étant sujets aux attaques de parasites divers, traitez avant semis à l'aide d'un fongicide pour prévenir la fonte des semis et diverses attaques cryptogamiques (pourriture des tiges, botrytis). Ce traitement est nécessaire dans les sols humides, peu ensoleillés, qui sont fréquemment envahis par les champignons. Il peut être doublé d'un épandage de granulés insecticides contre les parasites du sol (vers blancs, larves, taupins) qui attaquent surtout les plantes à racines charnues.
- En cours de végétation, surveillez les jeunes plantes, afin d'intervenir dès les premières attaques. Lorsque des taches de rouille ou d'oïdium apparaissent sur le feuillage, traitez en pulvérisant un fongicide (en particulier les chrysanthèmes, les géraniums et les œillets). La rouille se manifeste par des taches brunes et l'oïdium blanc par une poussière blanchâtre.
- Si vous constatez l'apparition d'insectes, traitez avec un insecticide sélectif appliqué en pulvérisations (contre les pucerons et les chenilles).
- Les limaces et les escargots causent de gros dégâts sur de nombreuses espèces, et notamment sur toutes les plantes à feuillage développé. Les souches de vivaces peuvent servir d'abri aux escargots, mais aussi aux rongeurs (mulots et campagnols). Dès le printemps, procédez au ramassage des escargots. Utilisez les granulés contre les limaces et escargots (avec répulsif pour chiens et chats), ainsi que des pièges (à la bière).

Matériel de protection

- Les plantes d'agrément peuvent bénéficier des mêmes techniques de protection que les légumes après les semis en place ou le repiquage.
- Les vivaces peu rustiques doivent être protégées contre le froid pendant la mauvaise saison par buttage, paillage, etc.
- Les cloches traditionnelles servent à abriter les espèces fragiles contre le froid matinal, mais aussi contre l'excès d'humidité.
- Certains cultivars doivent être protégés contre un soleil trop ardent par des claies à ombrer.

Récolte des graines

Lorsque les hampes ont fructifié, il est possible de les prélever.

- Il est possible de récupérer les graines sur de nombreuses espèces florales, afin de les ressemer. Cependant, les hybrides F1 ont une descendance peu stable (dissociation chromosomique). Les graines récoltées sur ces cultivars donnent souvent des sujets peu florifères, aux teintes moins riches. On ne récolte donc que sur les variétés fixées (conservez les sachets de graines pour vous souvenir des caractéristiques des plantes).
- Les graines doivent être récoltées sur des fruits à maturité (mais pas trop vieux), sains et de belle apparence. Les fruits sont sous forme d'akène, de capsule, de baie, de gousse ou de silique. Cueillez les fruits par temps sec et ensoleillé pour qu'ils ne risquent pas de pourrir. Placez-les dans un endroit sain, afin de les faire sécher. Récoltez ensuite les graines et placez-les dans des petits sacs en papier, en ayant soin de les étiqueter soigneusement (espèce, variété, couleur des fleurs ; précisez aussi la date de semis et celle de floraison, ce qui vous évitera de faire plusieurs fois la même recherche).

Après séchage (ici des gousses de lupin), les graines sont recueillies.

- Pour conserver des graines pendant l'hiver, placez-les dans des boîtes étanches en fer ou dans des bocaux de verre, ou encore dans du papier d'aluminium.
- Les graines récoltées à l'automne doivent être semées au printemps suivant. Ne les gardez pas longtemps, elles perdraient leur pouvoir germinatif.
- Les plus faciles à récolter sont les graines en gousses (pois de senteur, haricot d'Espagne, lupin) ou en capsules (ipomée, impatience). Les petites graines (bégonia, calcéolaire) sont très difficiles à récupérer.

Fixation des plantes grimpantes

- Annuelles (cobée, ipomée, capucine) ou vivaces (clématite, chèvrefeuille, pois), les grimpantes ont besoin de support pour accrocher leurs vrilles. Certaines disposent de crampons et se fixent d'elles-mêmes, comme quelques ligneuses (lierre, vigne vierge). Les autres doivent être aidées par des tuteurs ou des treillages. Palissez-les à l'aide de liens en plastique ou, mieux, avec du raphia.
- Les pois de senteur, à développement moyen (1,50 m), peuvent être ramés. Pour que ce dispositif soit invisible, semez des pois de senteur en petit cercle et placez les rames au milieu. À maturité, les plantes dissimuleront totalement les rames et constitueront une jolie touffe fleurie.
- Certains supports naturels servent à la culture des grimpantes (vieux arbres, tas de pierres, etc.) ; il est cependant nécessaire de placer quelques fils de fer pour permettre aux tiges de s'accrocher.
- Si vous cultivez des plantes fragiles en bacs (passiflore, bougainvillée, etc.), rentrez-les en serre ou en appartement une fois la belle saison terminée.

La clématite gagne à bénéficier d'un treillage sur lequel elle grimpe ensuite naturellement.

Il est possible de faire soi-même un treillage. Un gabarit permet un écartement régulier des lattes.

Le traillage doit être fixé au mur, par des pitons chevillés et vissés dans la maçonnerie.

Les plantes qui ne s'accrochent pas naturellement doivent être attachées au moyen de liens plastiques.

GRIMPANTES

ESPÈCE	CULTURE	PARTICULARITÉS
Bougainvillea glabra **(bougainvillée)**	À planter dans un sol bien drainé et à exposition ensoleillée ; bouturage ou marcottage.	Feuillage persistant mais peu rustique (surtout cultivé dans le Midi) ; floraison violette.
Campsis radicans **(bignone)**	Exige une terre humifère et une exposition ensoleillée ; multiplication par bouturage des racines.	Arbuste (6 m de haut) à floraison estivale ; doit être taillé en février ; peu rustique.
Clematis **(clématite)**	Feuillage caduc ou persistant selon les variétés ; éviter les terres calcaires et tailler selon l'époque de floraison.	Plantation à exposition ensoleillée, mais le pied doit impérativement rester à l'ombre.
Cobaea **(cobée)**	Vivace, le plus souvent cultivée en annuelle dans une terre riche et à bonne exposition ; multiplication par semis.	Grosses fleurs en forme de clochette.
Hedera **(lierre)**	Peut être installé à toute exposition (mais mi-ombragée de préférence) ; multiplication par marcottage ou par bouturage.	Utilisé pour son feuillage persistant ; très rustique (les variétés à feuillage panaché le sont beaucoup moins).
Jasminum **(jasmin)**	Plantation à exposition ensoleillée ; multiplication par bouturage.	Bonne rusticité mais craint les gelées trop fortes ; floraison odorante.
Lonicera **(chèvrefeuille)**	Feuillage caduc ou persistant selon les variétés ; à planter en terre non calcaire, à l'ombre ou au soleil ; multiplication par bouturage très facile.	Floraison odorante.
Passiflora **(passiflore)**	Vivace à floraison estivale ; exige un sol riche et une exposition ensoleillée.	Pour les climats doux exclusivement (ou en serre) ; fleurs très caractéristiques.
Parthenocissus **(vigne vierge)**	Tous types de sols, de préférence à exposition ensoleillée ; feuillage caduc ; multiplication par marcottage ou par bouturage.	Utilisée pour son feuillage, en particulier pour la couleur que celui-ci prend en automne.
Polygonum **(polygonum)**	Arbuste à feuillage caduc à planter au soleil ; multiplication par bouturage.	Devient vite envahissant ; se développe très vite, jusqu'à 10 m.
Wisteria **(glycine)**	Feuillage caduc ; l'arbuste doit être planté en terre riche, à exposition ensoleillée ; multiplication par marcottage.	Grappes de fleurs violettes. Rustique ; peut atteindre 10 m.

Clématite 'montana'.

Bougainvillée.

Passiflore.

Jasmin.

Calendrier des semis et des floraisons

Espèce	Mode de végétation	Semis	Floraison
Acroclinium (acroclinium)	Annuelle	Mars à mai	Juillet à septembre
Ageratum (agérate)	Annuelle	Février à avril	Juin à octobre
Ajuga reptans (bugle rampante)	Vivace	Juin à août	Mai-juin de l'année suivante
Althæa rosea (rose trémière)	Vivace	Mai à juillet	Juillet à septembre
Alyssum saxatile (alysse corbeille d'or)	Vivace	Avril à juin	Avril-mai de l'année suivante
Anthirrinum majus (muflier)	Annuelle	Mars-avril Juillet à septembre	Mai à septembre Mai à octobre de l'année suivante
Aquilegia (ancolie)	Vivace	Avril à juin	Mai-juin de l'année suivante
Arabis (arabis)	Vivace	Avril à juin	Avril-mai de l'année suivante
Aubrietia deltoidea (aubriète)	Vivace	Avril à juin	Avril à juin de l'année suivante
Begonia (bégonia)	Annuelle	Janvier-février	Juin à octobre
Bellis perennis (pâquerette)	Bisannuelle	Juillet-août	Mars à juin de l'année suivante
Calendula officinalis (souci)	Annuelle	Mars à mai	Juin à septembre
Callistephus chinensis (reine-marguerite)	Annuelle	Mars à mai	Août à octobre
Campanula medium (campanule)	Bisannuelle Vivace	Mai à juillet Avril à juin	Mai à juillet de l'année suivante Juillet à octobre de l'année suivante
Celosia argentea (célosie)	Annuelle	Mars à mai	Juillet à octobre
Centaurea (centaurée)	Annuelle	Septembre Avril-mai	Mai à septembre de l'année suivante Juin à septembre
Chrysantemum indicum (chrysanthème)	Vivace	Avril à juin, Mai-juin	Mai à juillet de l'année suivante Septembre à novembre
Clarkia (clarkia)	Annuelle	Avril à juin	Juillet à septembre
Cobea (cobée)	Annuelle	Mars-avril	Juin à octobre
Convolvulus tricolor (belle-de-jour)	Annuelle	Avril-mai	Juin à septembre
Cosmos (cosmos)	Annuelle	Mars à juin	Juillet à octobre

Agérate.

Belle-de-jour.

Chrysanthème.

Ancolie 'Golden Woodside'.

Muflier.

Calendrier des semis et des floraisons

Espèce	Mode de végétation	Semis	Floraison
Delphinium **(delphinium)**	Vivace	Avril à juin	Juin-juillet de l'année suivante
Delphinium **(pied-d'alouette)**	Annuelle	Mars à mai	Juin à août
Dianthus barbatus **(œillet de poète)**	Bisannuelle	Avril à juin	Mai à juillet de l'année suivante
Dianthus caryophyllus **(œillet des fleuristes)**	Vivace	Avril-mai	Juin-juillet de l'année suivante
Dianthus caryophyllus semperflorens **(œillet de Chabaud)**	Annuelle	Février-mars	Août à octobre
Dianthus caryophyllus semperflorens **(œillet de Nice)**	Annuelle	Mars-avril	Septembre-octobre
Dianthus chinensis **ou** ***sinensis*** **(œillet de Chine)**	Annuelle	Mars à mai	Juin à octobre
Dianthus plumarius **(œillet mignardise)**	Vivace	Avril à juin	Mai à juillet de l'année suivante
Dimorphoteca **(dimorphotéca)**	Annuelle	Avril à juin	Juillet à octobre
Eschscholzia **(eschscholzia)**	Annuelle	Mars-avril	Mai à septembre
Gaillarda **x** ***grandiflora*** **(gaillarde)**	Vivace	Avril à juin	Mai à septembre de l'année suivante
Gazania **(gazania)**	Annuelle Vivace	Février-mars Juin à août	Juin à octobre Mai à septembre de l'année suivante
Geranium **(géranium)**	Annuelle	Décembre à février	Juin à octobre
Gerbera **(gerbéra)**	Vivace	Juillet à septembre	Juin à septembre de l'année suivante
Godetia grandiflora **(godétia)**	Annuelle	Avril-mai Septembre-octobre	Juin à septembre Mai à août de l'année suivante
Gypsophila **(gypsophile)**	Annuelle	Mars à mai	Avril-mai de l'année suivante
Helianthus **(tournesol)**	Annuelle	Avril-mai	Juillet à octobre
Helicrysum **(immortelle)**	Annuelle	Mars à mai	Juillet à octobre
Helleborus **(hellébore)**	Vivace	Juin à août	Novembre à avril
Iberis **(thlaspi)**	Vivace	Avril à juin	Avril-mai
Impatiens **(impatience)**	Annuelle	Février à avril	Juin à octobre

Delphinium.

Œillet de Chine.

Géranium.

Calendrier des semis et des floraisons

Espèce	Mode de végétation	Semis	Floraison
Ipomaea (ipomée)	Annuelle	Juin	Juillet à octobre
Lathyrus latifolius (pois vivace)	Vivace	Avril à juin Septembre-octobre	Juin à septembre de l'année suivante Juin à septembre de l'année suivante
Lathyrus odoratus (pois de senteur)	Annuelle	Février à mai Septembre-octobre	Juin à septembre Mai à août de l'année suivante
Lavatera trimestris (lavatère)	Annuelle	Avril-mai	Juillet à septembre
Limonium (statice)	Annuelle	Mars à mai Août à octobre	Juillet à octobre Août à octobre de l'année suivante
Linum (lin)	Annuelle Vivace	Avril-mai Avril à juin	Juin à septembre Mai à juillet de l'année suivante
Lobelia (lobélie)	Annuelle	Décembre à mars	Mai à octobre
Lunaria (lunaire, monnaie-du-pape)	Bisannuelle	Mai-juin	Mai-juin de l'année suivante
Lupinus (lupin)	Vivace	Avril à juin	Septembre-octobre de l'année suivante, puis mai-juin
Malcomia maritima (julienne de Mahon)	Annuelle	Avril à juin	Juin à août
Matthiola annua (giroflée quarantaine ou d'été)	Annuelle	Février à mai	Juin à septembre
Mesembryanthemum criniflorum (ficoïde)	Annuelle	Avril à juin	Juillet à septembre
Mirabilis jalapa (belle-de-nuit)	Vivace	Avril-mai	Juillet à octobre
Myosotis (myosotis)	Bisannuelle	Juin à août	Avril-mai
Nemesia (némésie)	Annuelle	Mars-avril	Juillet à septembre
Papaver (pavot)	Annuelle Vivace	Mars à mai Mai-juin	Juillet-août Mai-juin de l'année suivante
Petunia x *hybrida* (pétunia)	Annuelle	Février à avril	Juin à octobre
Phaseolus coccineus (haricot d'Espagne)	Annuelle	Mars à juin	Juin à octobre
Phlox (phlox)	Annuelle	Mars à mai	Juillet à septembre
Physalis (alkékenge, amour-en-cage)	Vivace	Mars-avril	Septembre-novembre
Portulaca oreacea (pourpier)	Annuelle	Mars à juin	Juin à septembre

CALENDRIER DES SEMIS ET DES FLORAISONS

ESPÈCE	MODE DE VÉGÉTATION	SEMIS	FLORAISON
Primula **(primevère)**	Bisannuelle	Mars à juin	Février à mai
Pyrethrum roseum **(pyrèthre rose)**	Vivace	Avril à juillet	Mai à juillet de l'année suivante
Rudbeckia **(rudbeckia)**	Annuelle	Mars à mai	Septembre-octobre
Salvia **(sauge)**	Annuelle	Mars-avril	Juin à octobre
Scabiosa caucasica **(scabieuse du Caucase)**	Annuelle	Mars à mai	Juillet à octobre
Tagetes erecta **(œillet d'Inde)**	Annuelle	Février à avril	Juin à octobre
Tropaeolum majus **(capucine)**	Annuelle	Avril-mai	Juillet à octobre
Verbena **(verveine)**	Annuelle	Février à avril	Juillet à octobre
Viola cornuta **(violette cornue)**	Bisannuelle	Juin à septembre	Octobre-novembre, puis mars à juillet de l'année suivante
Viola x wittrockiana **(pensée)**	Bisannuelle	Juin à août	Octobre-novembre, puis mars à juin de l'année suivante
Zea mays **(maïs multicolore)**	Annuelle	Avril-mai	Octobre-novembre
Zinnia **(zinnia)**	Annuelle	Mars à mai	Juillet à octobre

Giroflée quarantaine ou d'été.

Lavatère.

Myosotis rose.

Les bulbeuses

Il s'agit de plantes vivaces, capables d'émettre une végétation puis une floraison à partir d'un organe qui constitue une réserve nutritive. Selon les cas, cet organe est appelé bulbe, rhizome, cormus, tubercule ou griffe. Les bulbes les moins rustiques doivent être déterrés après la végétation pour être hivernés dans un local sec et à l'abri du gel.

On distingue deux grands groupes de bulbeuses : celles à floraison printanière, qui doivent être mises en place en automne (tulipe, narcisse, crocus, muscari, etc.), et celles à floraison estivale, qui doivent être plantées au printemps (dahlia, glaïeul, bégonia, etc.). Certains crocus ont une floraison automnale.

Floraison printanière

Les premières fleurs qui apparaissent au jardin au printemps sont toujours issues de bulbes. C'est le cas des perce-neige, dont le nom indique d'ailleurs la précocité.

Tulipe 'Peer Gynt'.

Les bulbeuses forment les premières taches de couleurs au sortir de l'hiver. Les plus précoces fleurissent au printemps naissant, en mars. Les crocus arrivent en tête, avec différents cultivars : *Crocus vernus* et ses hybrides de couleurs variées, *Crocus tommasinianus*, de couleur lavande, et *Crocus chrysanthus*, à nombreuses petites fleurs, sont originaux et très décoratifs. Ces fleurs aux teintes vives ou pastel connaissent un grand succès : leur apparition constitue une véritable fête du printemps.

Tulipe botanique.

En même temps que les crocus, ou un peu après, éclosent cyclamen, chionodoxa (aux charmantes petites fleurs bleues ou roses), anémone des bois (*Anemone nemorosa*), fritillaire. Les jacinthes sont en fleur fin mars ou début avril, en région parisienne (hampes chargées de clochettes au parfum lourd). Les narcisses classiques (jonquilles et narcisses des poètes) s'épanouissent dans la deuxième quinzaine de mars. On cultive des variétés horticoles à fleurs bicolores.

Avril est le grand mois des bulbeuses, avec l'apparition des tulipes : les cultivars du genre sont innombrables, et leur réputation n'est plus à faire. Les plus hâtives fleurissent dans les tout premiers jours d'avril. Au cours du mois fleurissent aussi l'ornithogale (fleurs blanches), le muscari, diverses fritillaires, l'érythronium (fleurs légères rappelant celles des lis).

Tulipes 'Texas Gold'.

Bulbes ou rhizomes à floraison printanière (dimensions en cm)

Espèce	Plantation – Distance	Plantation – Profondeur	Hauteur	Particularités
Allium **(ail d'ornement)**	15-40	5	25-150	Hauteur variable selon les variétés ; rustique ; à placer en situation ensoleillée, en terre bien drainée.
Amaryllis **(amaryllis)**		1/3 du bulbe dans la terre	60	À cultiver en pot ; peu rustique.
Anemone **(anémone)**				Pour les sous-bois ; rustiques, il faut néanmoins les protéger des grands froids.
– *blanda* (blanda)	12	3-5	15	
– *coronaria* (de Caen)	15	3-5	20	
Chionodoxa luciliae **(chionodoxa)**	10	5	12	Pour la mi-ombre.
Crocus **(crocus)**	3-8	5	12	Rustique, il peut passer l'hiver en pleine terre plusieurs années de suite.
Convallaria majalis **(muguet)**	10	3	15	Rhizome traçant ; préfère les sous-bois.
Eranthys hyemalis **(éranthe)**	10	2-3	10	Floraison précoce (dès février).
Fritillaria **(fritillaire impériale)**	30	20	80	À placer en terre humifère et profonde, en situation ensoleillée.
Galanthus nivalis **(perce-neige)**	5	4	12	Pour les sous-bois ; très précoce.
Iris **(iris)**				Deux espèces à floraison très précoce (février-mars).
– reticulata	10	5	10-15	
– danfordiae	10	5	10-15	
Muscari armeniacum **(muscari)**	5-10	6	15	Pour situation ombragée ou mi-ombragée ; très rustique.
Narcissus				Nombreuses variétés à fleurs uniques ou groupées.
– *bulbocodium* (narcisse)	5-10	10	35-50	
– *jonquilla* (jonquille)	10-15	8-10	25	Floraison très odorante.
Scilla sibirica **(scille de Sibérie)**	5-8	5	12	Pour le soleil ou la mi-ombre.
Tulipa **(tulipe)**	10	10	10-65	Très nombreuses variétés, dont la floraison s'étend du début mars à la fin mai.

Iris hoogiana.

Iris sagittaire.

Iris

Iris de Hollande.

Des bulbeuses rares. Sans chercher à constituer une collection de plantes bulbeuses rares (ce qui demande de gros efforts et des connaissances précises en botanique), la possession de quelques bulbes originaux est un véritable plaisir. Certains fournisseurs proposent des plantes peu communes, décoratives, parfois spectaculaires, et même un peu étranges.
Le corydallis ne dépasse pas 20 cm, il donne des racèmes (grappes) de fleurs bleues en mars et porte un feuillage vert-gris ; c'est une plante de mi-ombre. L'arisaema est originaire d'Extrême-Orient. Il présente un feuillage remarquable (grandes feuilles) et des fleurs en spathes blanches (variété *candidissimum*) ou pourpres à intérieur blanc (variété *sikokianum*). Cette espèce est particulièrement spectaculaire. Vous trouverez aussi des variétés rares d'espèces répandues comme *Fritillaria camschatcensis*, à fleurs presque noires et à anthères jaunes, ou *Cyclamen mirabile*, de très petite taille, aux feuilles bordées de rose et aux fleurs roses à gorge rouge.

Jacinthe

Amaryllis Apple Blossom

Floraison estivale

L'été voit fleurir de nombreuses plantes, notamment annuelles et bulbeuses, qui profitent des journées les plus chaudes pour s'épanouir. L'arrosage et le binage sont alors à répéter pour éviter un flétrissement souvent irrémédiable.

Un certain nombre de plantes bulbeuses ou tubéreuses fleurissent en été, certaines à partir du mois de juin. Il s'agit essentiellement des bégonias tubéreux, cannas, dahlias, glaïeuls, lis, montbrétias.

Les très nombreuses variétés de ces différentes plantes, diverses dans leurs coloris, leurs formes, leur port et leur hauteur, en font de beaux sujets pour la culture en groupe (dahlias), en isolé (lis), en balconnière (bégonias), ou pour la fleur à couper (glaïeul). Elles préfèrent pour la plupart une situation ensoleillée (excepté le bégonia, qui se développera mieux à l'ombre ou à mi-ombre) et demandent de copieux arrosages.

Bien que toutes puissent démarrer leur croissance directement en pleine terre, en place, il reste préférable de les mettre en végétation quelques semaines auparavant, dans un mélange de sable et de tourbe, sur une couche chaude et sous abri.

Dahlia cactus

Lis

Arum

Lis

Eremurus himalaicus.

Pour les amateurs patients : le lis géant de l'Himalaya

Plante splendide et spectaculaire, ce lis géant (*Cardiocrinurn giganteum*) atteint 3 m et porte des feuilles de 50 cm en forme de cœur ; les grandes fleurs blanches ont 30 cm de long (elles sont teintées de rouge à l'intérieur et de vert à l'extérieur). Cette plante vivace se sème sous abri, en terrine ou en pot. La méthode de semis est assez particulière. La terre de culture est constituée d'un mélange par tiers de terreau, de tourbe et de sable de rivière. Recouvrez d'une fine couche de sable sur laquelle vous déposez les graines. Étendez ensuite un peu de tourbe, puis du gravier fin. La germination peut durer un an (la terre doit être maintenue humide). Les fleurs apparaissent en été, après un minimum de quatre ou cinq ans.

Dahlia.

Crocosmia.

Bulbes ou rhizomes à floraison estivale (dimensions en cm)

Espèce	Plantation		Hauteur	Particularités
	Distance	Profondeur		
Arum (arum)		10	100	À planter en touffes.
Begonia x *tuberhybrida* (bégonia tubéreux)	20-25	10-12	30	À l'ombre ou à la mi-ombre ; variétés retombantes pour les jardinières.
Canna x (canna)	40-100	10-15	50-120	À distancer selon les variétés (naines ou élevées) ; à placer à exposition ensoleillée.
Crocosmia x *crocosmiiflora* (montbrétia)	8	5	50	Forme des touffes aux nombreux rameaux fleuris ; aussi appelé « crocosmia ».
Cyclamen hederifolium (cyclamen de Naples)	20	10	15	Floraison automnale ; feuillage également décoratif.
Dahlia x (dahlia)	30-80	12-15	30-140	Plusieurs variétés de hauteurs différentes, à fleurs simples ou doubles, de formes diverses (dahlia cactus, décoratifs, pompon, etc.).
Eremurus (eremurus)	20	8	150	Grosse racine charnue.
Galtonia (galtonia)	20	15	100	Peu rustique ; préfère la mi-ombre.
Gladiolus callianthus (acidanthera)	10	8	50	À planter à exposition ensoleillée ; fleurs très odorantes.
Gladiolus x (glaïeul)	15-20	10	120	Tuteurage indispensable ; en échelonnant les plantations, on obtient une floraison jusqu'à la fin octobre.
Iris (iris)	15	5	55	Variétés à bulbes ou à rhizomes.
Liliaceae (lis)	25	15	120	Le lis blanc est très rustique et accepte tout type de sol.
Ranunculus (renoncule)	10	3-5	25	Doit être abrité des grands froids.
Tigridia x (tigridia)	8	6	60	À placer en situation ensoleillée ; fleurs de courte durée mais abondantes.

▲ Dahlia cactus.

◀ Dahlia pompon.

Canna.

Dahlia.

Glaïeul.

Renoncule hybride.

Dahlia à fleur simple.

Floraison automnale

L'automne voit la prolongation de la floraison de certaines bulbeuses estivales, tels les dahlias, mais aussi celle de plantes printanières comme certains crocus.

Les vives couleurs des plantes bulbeuses égaient les derniers beaux jours jusqu'à l'hiver. On connaît la chanson des colchiques qui fleurissent pour sonner la fin de l'été. En fait, ces plantes charmantes s'épanouissent en septembre et octobre, et jusqu'au début novembre. Les variétés sont nombreuses, dans les tons de rose, crème, mauve et rouge. Les plus tardifs sont *Colchicum speciosum* (à grosses fleurs roses) et *C. variegatum* (fleurs tachées de rose et de pourpre).

Quelques crocus fleurissent en octobre, comme *Crocus byzantinus*, C. *sativus* ou C. *speciosus*. Faciles à cultiver, ils forment de belles touffes colorées.

Parmi les derniers bulbes à fleurir, les pleiones donnent de charmantes fleurs roses ou blanches. Ils font partie du groupe des orchidacées et produisent des fleurs maculées. Les plus tardifs sont *Pleione humilis*, à fleurs blanches maculées d'orange, *P. praecox*, à fleurs rose-crème, et *P. maculata*, à fleurs blanches tachées de pourpre.

Dahlia cactus à très grosses fleurs. ▶

Colchiques et crocus d'automne ont toutes leurs places dans la rocaille.

Les diverses utilisations des bulbeuses

De culture facile, ces plantes vous permettront d'obtenir des fleurs très décoratives, parfois même spectaculaires.

Les bulbeuses peuvent être utilisées en groupe (narcisses) pour former des taches de couleurs sur une pelouse ou dans une bordure ; les plus basses permettent de constituer des bordures. Elles donnent de très bonnes fleurs coupées (glaïeuls, dahlias, tulipes, par exemple).

Certaines sont très répandues dans les jardins, comme la tulipe (une des fleurs les plus cultivées, qui compte de très nombreux cultivars), le crocus, le glaïeul ou le lis. D'autres, plus rares, méritent d'être mieux connues pour leurs qualités décoratives : le tigridia (grande fleur blanche, rose ou jaune), le sanguinaria (fleur blanche solitaire) ou l'ismène (fleurs blanches ou jaunes, très parfumées).

Narcisses.

Pelouse

- Rien n'est plus élégant qu'un groupe de bulbeuses en fleur sur une pelouse à l'herbe verte et bien tondue. Mais, après la floraison, il faut laisser les feuilles des bulbeuses jaunir sans les couper, car le bulbe reconstitue ses réserves par là : c'est la seule condition pour ne pas compromettre la floraison de l'année suivante. Tenez compte de cela au moment où vous passerez la tondeuse, pour ne pas être obligé de replanter des bulbes tous les ans.

Rocailles

- Lors de la conception d'une rocaille, mettez largement les bulbeuses à contribution.
- Utilisez les bulbeuses en touffes ou isolées ; elles animeront la rocaille sans poser aucun problème de culture. Il faudra simplement veiller à placer les bulbes dans une poche de terre (entre les pierres) assez importante pour qu'ils puissent s'y développer.
- Les bulbes s'accommodent des conditions de culture existant en rocaille, où ils ne craignent pas l'humidité résiduelle.

Association de bulbeuses et de bisannuelles au printemps.

Massifs et plates-bandes

- Les bulbeuses sont traditionnellement utilisées en massifs. Elles permettent de créer des plantations rectilignes et des motifs géométriques (jardin à la française).
- Méfiez-vous des alignements de tulipes ou de jacinthes, qui prennent vite un aspect un peu triste et étriqué. Utilisez plutôt les bulbeuses en touffes colorées et groupez-les un peu au hasard. On conseille parfois de laisser tomber au sol une poignée de bulbes et de les planter là où ils atterrissent…
- Mariez les bulbeuses avec les vivaces, en prenant garde aux périodes de floraison et aux harmonies de couleurs. Ne multipliez pas les contrastes, mais cherchez une teinte dominante avec des variantes (camaïeu) et apportez quelques notes contrastées.

Venue de Grande-Bretagne, la mode des bordures mixtes gagne le continent.

Bégonia tubéreux en pot. Après la période de végétation, coupez le feuillage fané et rentrez le pot à l'abri pendant la mauvaise saison.

Potées et jardinières

- Les bulbes permettent d'obtenir facilement de belles potées pour l'intérieur, la décoration des balcons, terrasses et fenêtres. Il peut s'agir de bulbes forcés en appartement (pour les potées d'intérieur) ou cultivés en extérieur (pour les terrasses et les balcons).
- En potée, choisissez des bulbes aux fleurs décoratives comme la tulipe, l'arum des fleuristes, l'amaryllis. On utilise aussi le clivia aux fleurs roses, le crinum au beau feuillage (fleurs roses ou blanches), le narcisse (variété tazetta), le polianthe à fleurs blanches et parfumées ou la scille à belles fleurs bleues. Si vous souhaitez étaler la floraison, mettez des bulbes à forcer tous les quinze jours.
- En jardinière, les bulbeuses doivent être mariées à des plantes annuelles ou vivaces, afin de compenser leur port dressé et un peu raide. Les tulipes, par exemple, peuvent être associées à une plante retombante (herbe-aux-écus ou lierre).

La plantation des bulbes

Les bulbes sont disponibles dans le commerce, sains et en état de dormance (théoriquement). Il faut les planter rapidement ou les stocker dans de bonnes conditions, afin qu'ils ne s'abîment pas. Toutes les bulbeuses se plantent à peu près de la même façon.

✓ Achat des bulbes

• **Les bulbes sont commercialisés au détail** ou en sachet. Dans la mesure du possible, achetez-les sur place, chez un grainetier proche de chez vous : ainsi, vous pourrez les choisir et les examiner avant de les acheter. Vous pouvez aussi établir votre commande sur catalogue et acheter les bulbes par correspondance : les conditionnements sont suffisamment fiables pour permettre aux plantes de résister au transport.

Attention !

Les bulbes sont commercialisés à l'unité ou en filet, comme ici. Si vous le pouvez, examinez bien les bulbes au moment de les acheter.

• **L'achat de graines et de bulbes sur les catalogues** des grandes maisons est souvent intéressant financièrement, à condition de commander un volume assez important. Un gros effort est généralement fait par la maison productrice pour le conditionnement du colis, ce qui permet théoriquement aux bulbes de supporter les aléas du transport. Il est cependant sage de contrôler l'état du colis au moment de la livraison.

La vente sur catalogue permet d'acheter des bulbes rares non disponibles chez le grainetier local.

✓ Préparation du sol

• **La terre idéale** pour les bulbes est fraîche, légère et bien drainée. Une terre lourde n'est pas favorable : elle peut causer la pourriture des bulbes les plus fragiles.

• **Une bonne fertilité** est nécessaire pour que la plante trouve suffisamment de ressources, afin de reformer le bulbe après la floraison. Enrichissez de terreau lors de la mise en place des bulbes destinés à rester plusieurs années au même endroit. Aucun apport d'engrais n'est généralement nécessaire après la floraison.

Le trou de plantation des bulbes se fait à l'aide d'un outil spécial, dit « plantoir à bulbes », qui permet d'extraire le volume de terre voulu.

Avant de planter des rhizomes d'iris, rafraîchissez les feuilles en les coupant à quelques centimètres du rhizome. « Habillez » également les racines.

Si vous souhaitez installer dans cette plate-bande des plantes rhizomateuses (iris, par exemple), commencez par creuser une petite tranchée, profonde de 5 cm environ.

✓ Profondeur de plantation

Elle varie pour chacune des plantes bulbeuses. Le plus souvent, elle est indiquée par le producteur sur le catalogue ou sur le conditionnement des bulbes. Elle dépend aussi de la nature du terrain (on peut planter plus profondément en terre légère). En règle générale, le bulbe doit être recouvert d'une hauteur de terre égale à deux ou trois fois sa propre épaisseur.

✓ Mise en place

• **Respectez la période** préconisée pour la plantation. Des bulbes de dahlias plantés trop tôt (mars) ne résistent pas aux gelées. Il vaut donc mieux attendre le moment propice.

• **Ouvrez le trou** à l'aide d'un transplantoir, placez le bulbe droit et recouvrez-le de terre. L'utilisation du plantoir à bulbes donne de bons résultats (surtout sur la pelouse). Les trous pour petits bulbes (crocus ou perce-neige) sont exécutés à l'aide d'un petit bâton d'une grosseur adaptée ou du plantoir.

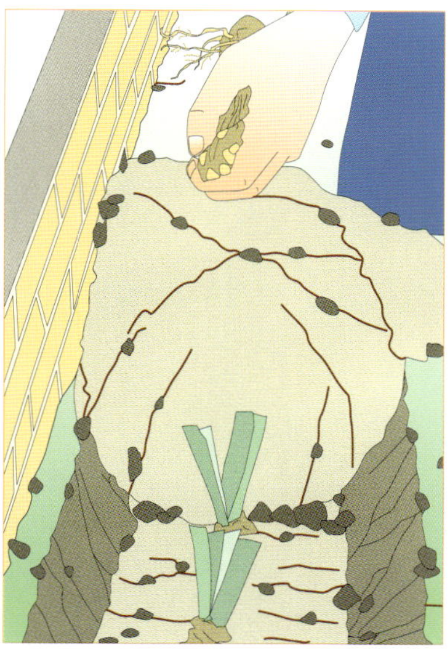

Tous les rhizomes étant disposés au fond de la tranchée (ils doivent se suivre immédiatement), rebouchez la tranchée. Les feuilles doivent dépasser du sol.

Selon les espèces, la profondeur de plantation varie. Les iris, par exemple, doivent être très peu enterrés.

Les soins de culture

Les bulbes posent peu de problèmes de culture : c'est là une des raisons de leur grand succès. Il existe cependant des accidents de végétation, provoqués par des parasites et des maladies contre lesquels il faudra défendre les plantations.

Supprimez les fleurs fanées (ici, sur un narcisse) : la végétation du reste de la plante se trouvera prolongée, permettant au bulbe d'accumuler des réserves pour l'avenir.

✓ Sécheresse et humidité

Une sécheresse excessive pendant la période de végétation qui suit la floraison peut avoir un effet néfaste sur certains bulbes (notamment sur ceux qui sont issus de régions tropicales). Ceux-ci doivent en effet reconstituer leurs réserves, raison pour laquelle il faut couper les hampes florales avant la formation des graines.

Par ailleurs, les tulipes, les crocus et la plupart des bulbes souffrent d'une humidité excessive (qui peut leur causer plus de tort que la sécheresse). Le bulbe risque de pourrir dans les terres lourdes trop mouillées. La seule solution consiste à drainer suffisamment le sol avant la plantation, particulièrement pour les bulbes qui passent l'hiver en place.

Supprimez les boutons latéraux du dahlia : la fleur terminale sera plus grosse.

✓ Insectes et rongeurs

Les bulbeuses sont sujettes aux attaques de nombreux insectes et acariens. Les bulbes eux-mêmes sont dévorés par les insectes du sol : vers blancs et taupins. Ce sont les plus dangereux ; il faut les combattre préventivement à l'aide d'insecticides de sol incorporés à l'automne ou au printemps.

Le feuillage ou les fleurs sont l'objet d'attaques de pucerons, d'araignées rouges, de thrips ou de nématodes. Si vous observez une attaque contre l'une des bulbeuses, pulvérisez-les toutes à l'insecticide (de contact ou systémique).

Les rongeurs font de gros dégâts sur les bulbes : ils en sont friands. Pour lutter contre campagnols et mulots, utilisez les appâts empoisonnés (incorporant un répulsif pour chats et chiens).

Certaines bulbeuses, considérées comme des plantes de potées pour appartement, peuvent résister au climat des régions méditerranéennes et de l'ouest de la France, à condition de recevoir une protection (en particulier le zantedeschia, l'hippeastrum hybride, *Cyclamen persicum*, le sauromatum, le sparaxis).

Repérez les glaïeuls dès la plantation des bulbes pour ensuite les tuteurer.

✓ Maladies

Les maladies cryptogamiques touchent les bulbeuses. Le mildiou et la rouille atteignent le feuillage. Dans les deux cas, le traitement est préventif : désinfectez le sol, pour ne pas laisser un milieu favorable, et appliquez un fongicide.

Les maladies à virus sont plus rares. On les rencontre chez la tulipe, le lis ou le dahlia. Cette mosaïque virale se traduit par des taches jaunâtres sur les feuilles et une déformation des fleurs. Dans ce cas, détruisez les plantes atteintes et achetez de nouveaux bulbes sains. Pulvérisez préventivement à l'antipuceron pour éliminer le principal vecteur de cette virose.

✓ Tuteurage

Les bulbeuses à hautes hampes florales doivent être tuteurées pour pouvoir résister sans casser au vent et à leur propre poids. Les glaïeuls sont tuteurés lorsqu'ils sont en situation ventée. On tuteure également la tubéreuse, l'amaryllis, certains lis, les dahlias hauts. Le tuteur doit être mis en place dès la plantation du bulbe (le placer après risquerait d'endommager le bulbe ou les racines).

✓ Protection hivernale

Elle est nécessaire pour de nombreuses espèces moyennement rustiques, qui ne résisteraient pas aux fortes gelées.

L'une des meilleures solutions consiste à placer sur le sol, au-dessus du bulbe, un lit de feuilles mortes sèches (humides, elles pourraient entraîner la formation de champignons). Mettez cette protection en place avant les premiers froids (si le sol était déjà gelé, les feuilles conserveraient le froid dans le sol).

Espèces à protéger : alstrœmère, amaryllis, chlidanthus, cosmos *(C. atrosanguineus)*, érythrine, habranthus, lycoris, nérine, ornithogale, tropaeolum.

Supprimez les feuilles fanées (ici, sur un cyclamen) : la végétation du reste de la plante se trouvera prolongée.

La conservation

De nombreux bulbes, qui ne résisteraient pas à l'hiver en pleine terre, doivent être déterrés après le jaunissement des feuilles, pour être conservés à l'intérieur pendant la période de dormance.

Il est préférable d'arracher les bulbes après leur période de végétation (en particulier les plus fragiles, comme les dahlias), pour les hiverner à l'abri du froid.

• **Il faut bien souvent arracher les bulbes** utilisés en massifs, plates-bandes ou bordures avant de mettre en place de nouvelles plantes, cela pour ne pas risquer de les blesser lors du travail de la terre. C'est le cas au printemps, à la mise en place des groupes de vivaces ou d'annuelles, mais aussi en automne, lors des travaux de labour.

■ *Attendez le jaunissement du feuillage* pour arracher les bulbes : c'est en effet par là que le bulbe reconstitue ses réserves nutritives, qui rendront possible la reprise de la végétation à la saison prochaine. Pour déterrer les bulbes, utilisez une fourche-bêche, afin de ne pas les abîmer. Faites-les sécher sous abri.

■ *Secouez les bulbes après quelques jours de séchage*, de façon à faire tomber la terre qui y adhère encore, puis entreposez-les dans des cageots ou sur des clayettes, dans un local sec, aéré et sombre. La température idéale de conservation se situe autour de 5 °C. Un grenier ou une cave conviennent parfaitement, mais attention aux sous-sols où est installée la chaudière (il y fait trop chaud).

■ *N'entassez pas les bulbes* ; placez-les plutôt côte à côte : cela leur évitera les risques de pourriture. Par ailleurs, sans protection, les bulbes deviendraient vite la proie des rongeurs, insectes et champignons. Aussi, au moment où vous les entreposez, saupoudrez-les d'un produit à double action (insecticide et fongicide).

■ *Pendant tout le temps* où vous les conservez ainsi, surveillez régulièrement les bulbes : éliminez ceux qui pourraient être atteints par la pourriture, afin qu'ils ne contaminent pas les autres.

Le forçage

Le forçage des bulbes permet d'obtenir des fleurs pour l'intérieur en plein hiver. Différentes espèces supportent le forçage, mais on l'applique, le plus souvent, sur les narcisses, les crocus, les jacinthes et les tulipes. D'autres bulbes permettent de réussir de très belles potées : l'amaryllis donne des fleurs splendides, comme l'ornithogale et l'hippeastrum.

• **Utilisez des bulbes spécialement vendus pour le forçage.** Ils ont subi un traitement spécifique qui permet leur démarrage au cœur de l'hiver. L'opération est possible avec des bulbes ordinaires, mais le taux de réussite est plus faible.

■ *Placez les bulbes dans une terre très légère*, sur une couche de graviers. Mettez les pots à l'obscurité, dans une cave fraîche. Lorsque la plante sort de quelques centimètres du bulbe, placez les pots en appartement, près d'une fenêtre. Les plantes arrivent rapidement à fleurs. Pendant le forçage, surveillez les pots pour prévenir toute attaque d'insectes ; maintenez la terre humide.

■ *Les jacinthes* se forcent « en carafe ». Placez le bulbe sur une carafe, au-dessus de l'eau. Il s'enracinera ensuite rapidement et entrera en végétation.

Forçage d'un bulbe de jacinthe. Remplissez la carafe jusqu'à 2-3 mm de la base du bulbe. Placez un bout de charbon de bois dans l'eau (pour lui éviter de croupir). Encapuchonnez le bourgeon.

Préparation de potées de bulbes à forcer. Placez les bulbes sur un lit de sable (par-dessus une couche de graviers) et couvrez-les d'un mélange de sable et de terreau.

Entreposez ensuite les potées dans une jauge creusée en pleine terre. Placez un carton par-dessus avant de les recouvrir de terre.

■ *Les narcisses* sont souvent forcés dans un mélange de graviers et de sable. Les crocus doivent être placés dans un mélange terreux. Les bulbes forcés peuvent être ensuite placés en terre, au jardin (s'il ne fait pas trop froid).

La multiplication

La multiplication des bulbeuses se fait soit par prélèvement des bulbilles qui se sont développées sur le bulbe principal, soit par division des rhizomes.

Le semis est théoriquement possible pour tous les bulbes, mais impossible pour l'amateur.

• **La séparation des bulbilles :** les petits bulbes latéraux doivent être détachés pour être plantés au printemps. Généralement, ils donnent une fleur dès la première année. Certaines espèces émettent des bulbilles à l'extrémité de stolons. Ces bulbeuses se comportent donc comme des plantes traçantes et peuvent rapidement envahir une plate-bande (c'est le cas des lis et des capucines tubéreuses).

• **La division** est pratiquée sur les plantes à rhizome charnu, comme les dahlias. Séparez une partie de la racine en prenant soin de lui conserver un œil au moins.

• **Le bouturage des feuilles** peut donner de bons résultats avec les amaryllis, les lis et les capucines tubéreuses.

Au moment de rentrer les bulbes, nettoyez-les. Séparez les bulbilles suffisamment formées du bulbe principal (ici, une tulipe) : elles formeront de nouveaux sujets.

Que serait un jardin d'agrément sans rose ? De mai à septembre et parfois jusqu'aux premières gelées, les rosiers participent à la symphonie florale qui charme l'œil et ravit l'odorat.

Les rosiers

Salués par les poètes de toutes contrées, les rosiers sont nés en Perse (Rosa persica)*, à Damas, en Asie Mineure* (R. damascena)*, dans les montagnes d'Europe* (R. pendulino)*, en Gaule* (R. gallica)*, sur les rivages de la Méditerranée* (R. sempervirens)*, au cœur de l'Himalaya* (R. moschata)*, dans la lointaine Chine* (R. odorata) *et dans l'empire du Soleil levant* (R. rugosa)*. Les horticulteurs amoureux des roses ont marié tous ces arbustes décoratifs aux fleurs charmantes et odorantes pour créer, au cours des siècles, d'innombrables variétés de rosiers.*

L'évolution des rosiers

• **Le rosier botanique**, à l'origine de presque toutes les roses actuellement cultivées, se caractérise par des tiges érigées garnies d'aiguillons et des feuilles caduques, semi-persistantes ou, plus rarement, persistantes. L'arbuste porte des fleurs en corymbes terminaux ou isolées, à cinq sépales et cinq pétales. Le fruit est un réceptacle charnu et arrondi (cynorrhodon). Les différentes espèces botaniques connues sont originaires de régions tempérées (parfois subtropicales) d'Europe, d'Asie et d'Afrique du Nord. Certains rosiers botaniques se rencontrent communément dans les campagnes d'Europe occidentale, comme l'églantier commun à fleurs blanches, l'églantier à fleurs roses et feuillage odorant, la rose de France à petites fleurs rouges ou le rosier des Alpes (nain).

• **L'histoire de la rose** remonte à l'antiquité grecque et romaine, où l'on cultivait l'églantier. Elle a été marquée par l'introduction des rosiers d'Asie, du Moyen-Orient et même d'Amérique du Nord (rosier de Noisette).

▪ *Le XIXe siècle* a connu l'obtention de la plupart des formes de rosiers actuellement cultivées, avec, en particulier, l'introduction des rosiers à odeur de thé, au début du siècle, qui marquent un tournant dans l'histoire de la rose. C'est le croisement de ce rosier avec ceux cultivés en Europe depuis le Moyen Âge qui donnera les rosiers hybrides remontants, désormais parfaitement rustiques, mais, surtout, ayant la faculté de refleurir en été et en automne.

▪ *La fin du XIXe siècle* est marquée à son tour, à l'occasion d'expositions internationales, par l'introduction, en Europe de rosiers exotiques, chinois, japonais et même américains, ayant permis l'obtention des rosiers multiflores, lesquels, par nouvelle hybridation, vont être à l'origine des hybrides de polyantha, dont dérivent presque tous nos rosiers buissons actuels. Sans oublier l'apparition, à la même époque, des rosiers rugueux et, surtout, des rosiers floribunda, enfin des rosiers miniatures.

• **Les méthodes d'hybridation** développées au XXe siècle ont permis la création de nouveaux cultivars particulièrement florifères, résistant bien aux maladies et aux insectes. Plus récemment, la culture *in vitro* a profondément modifié la production. Ce mode de culture repose sur la multiplication des cellules d'un fragment de tissu végétal qui, lorsqu'il se trouve sur un milieu nutritif permet d'obtenir de nouvelles plantes identiques au végétal de départ : une avancée significative pour la reproduction à l'identique des rosiers obtenus antérieurement, mais sans doute aussi un obstacle aux hasards de la nature, sources fortuites de tant de chef-d'œuvre par le passé.

Les grandes roseraies (ici, celle de la colline aux Oiseaux, à Caen) présentent toutes les familles de rosiers et de vastes collections de variétés.

Les principaux rosiers cultivés

Les différentes espèces de rosiers ont été soumises à tellement d'hybridations qu'il n'est plus possible de tenir compte des origines botaniques pour présenter les cultivars proposés par les horticulteurs. Le classement retenu par les obtenteurs de roses est fondé sur la forme des arbustes ainsi que sur la grosseur et la disposition des fleurs (groupées ou isolées).

Rose 'Pink Cloud'.

Les rosiers sont qualifiés de « remontants » lorsqu'ils portent des fleurs pratiquement sans interruption, depuis juin jusqu'en octobre (ou même novembre). C'est le cas de la plupart des rosiers nains ou de massifs.

Les rosiers non remontants ne portent des fleurs qu'en mai-juin (ils sont, en revanche généralement très florifères).

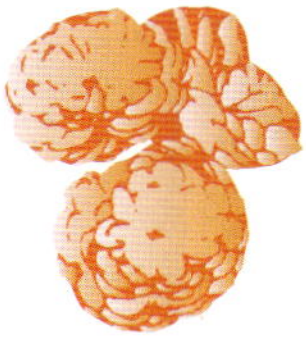

Pompon.

Coupe profonde.

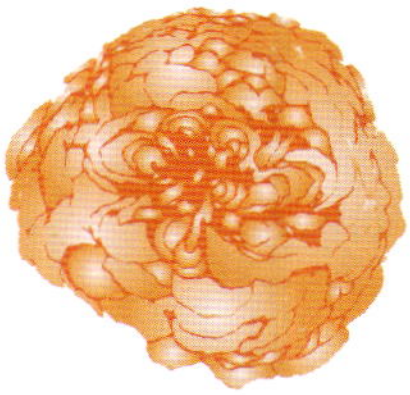

Rosette.

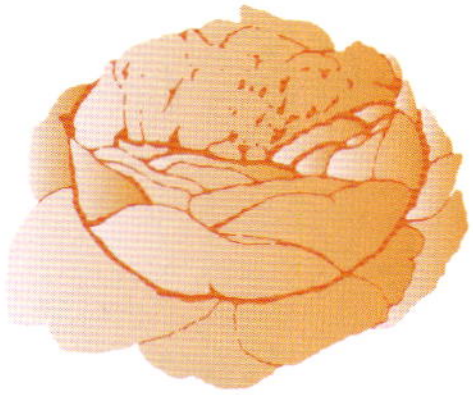

Coupe peu profonde.

Simple.

Semi-double.

Type d'hybride de thé.

Obtenteurs et éditeurs. Les créateurs – obtenteurs – de roses sont des artistes autant que des scientifiques ou des pépiniéristes. Leur nom reste attaché à la fleur qu'ils ont longuement façonnée. Chaque rose baptisée est inscrite au registre de la Communauté internationale des obtenteurs de plantes ornementales de reproduction asexuée ; la propriété du créateur sur son œuvre est ainsi garantie. Les « éditeurs » de roses sont chargés de commercialiser les nouvelles créations. Des jurys internationaux jugent les nouvelles roses et décernent des médailles (La Haye, Vichy, Genève, Orléans).

Rosette en quartiers.

Coupe ouverte.

✓ Les rosiers botaniques

On regroupe sous ce nom d'anciennes variétés dérivées des rosiers sauvages. Il s'agit de rosiers originaires d'Extrême-Orient, comme *Rosa moyesii*, aux nombreuses roses simples, *R. rubrifolia*, presque sans épine. Ces sujets sont moyennement rustiques. Au contraire, *R. gallica* est rustique. C'est le cas de *R. rubiginosa* (églantier odorant), à très nombreuses fleurs roses (haies), ou de *R. spinississima* (ou rosier pimprenelle), assez bas, très épineux, à jolies fleurs blanches ou roses.

Rosier de Bourbon.

Rosier de Chine.

Rosier pimprenelle.

Rosier de Hugon.

Rosier centfeuilles.

Rosier mousseux (Rosa 'William Lobb').

Synstylae (R. gallica x R. moschata).

Rosier hybride de thé 'Général Schablikine', Nabonnand, 1878.

✓ Les rosiers buissons à grandes fleurs (hybrides de thé)

Le port assez compact des rosiers buissons permet de les utiliser pour les massifs. Leur hauteur peut varier de 0,60 m à 1,20 m. Ils proviennent des rosiers à odeur de thé obtenus à partir d'arbustes importés de Chine (*Rosa odorata*).

Très remontants, ils sont tout à fait rustiques. Ils produisent de grosses fleurs, remarquables par leur tenue et leurs coloris. Les boutons sont en général allongés et gracieux. Chaque rose est portée par une grande tige dressée. Ces rosiers conviennent pour les massifs, pour la plantation en isolés ou pour la culture de fleurs à couper. Les variétés les plus récentes, très résistantes aux maladies, portent des fleurs odorantes.

Rose 'Mme Grégoire Staechelin', Dot, 1927.

✓ Les rosiers polyantha

Issus de *Rosa multiflora*, les rosiers *polyantha* et les hybrides se caractérisent par leurs nombreuses fleurs, assez petites et groupées en bouquets. Les *polyantha* sont très florifères et très remontants. Ils présentent un port en buisson. Les cultivars récents portent des fleurs odorantes.

Rosier 'Ribambelle' polyantha, Meilland, 1972.

✓ Les rosiers floribunda

Très proches des *polyantha*, ils sont de forme un peu plus élevée (port buissonnant). Les fleurs, généralement plus grosses, sont groupées en bouquets.

Rosier 'Norwich Castel', Beales, 1979.

✓ Les rosiers arbustes

Cette section regroupe des variétés anciennes ou modernes, parfois à roses simples (cinq pétales). Ces rosiers, au développement important, peuvent atteindre 2 m de haut. Ils présentent l'avantage d'une grande

Cinnamomae. Rosier 'Marguerite Hilling', Hilling, 1959.

Rosier buisson 'City of York', Tantan, 1945.

pylônes, pergolas et vieux troncs d'arbres. D'autres conviennent aux murs (ensoleillés ou ombragés, selon les variétés).

✓ Les rosiers tiges

Le port caractéristique (en petit arbre) de ces sujets est obtenu par greffage d'une variété horticole sur une tige porte-greffe (d'églantier, en général). La tige mesure 1,20 m ou plus.

Selon le cultivar greffé, on obtient un rosier tige à grandes fleurs ou à fleurs en bouquets. La forme de ces rosiers permet de les planter en isolés, en bordure d'allée ou au milieu d'un massif.

Rosier tige 'Les amoureux de Peynet'.

Le greffage d'un cultivar grimpant sur une tige d'églantier donne un rosier pleureur au port retombant (ou rosier parasol).

Les rosiers tiges peuvent être remontants ou non remontants. Il est nécessaire de tuteurer solidement la tige d'églantier pour la garantir contre les effets du vent.

rusticité et s'adaptent aux sols pauvres. Ils ne demandent pas de taille ou presque pas, et conviennent pour les haies ou les plantations en isolés. Les roses sont fréquemment très odorantes.

✓ Les rosiers grimpants

Les cultivars présentent de grandes fleurs ou des fleurs en bouquets. On distingue les grimpants remontants et les non-remontants. Ils sont généralement désignés par les lettres « Clg » (abréviation de l'anglais *Climbing*).

Rosier grimpant.

Certains cultivars sont destinés à la décoration des portiques,

✓ Les rosiers miniatures

Nains, ces rosiers conviennent parfaitement à la culture en bac ou en jardinière. Ces plantes sont apparues assez récemment et sont généralement très florifères. Elles ne dépassent pas 20 à 40 cm de haut. On les utilisera avec bonheur sur les terrasses et les balcons. Les rosiers miniatures présentent un feuillage fin et élégant ; les fleurs, généralement assez petites, sont très nombreuses. Certains cultivars (tel 'Swany') ont des tiges rampantes et peuvent être utilisés comme très bons couvre-sol ou pour les rocailles ; d'autres ont un port dressé ou buissonnant.

Rosier miniature.

Le sol et l'exposition

Les cultivars actuels se distinguent par leur grande rusticité et leur résistance aux maladies. La plante ne présente pas d'exigences spéciales : elle se développe dans la plupart des terrains et sous toutes les latitudes des régions tempérées. Il faut néanmoins prendre quelques précautions.

✓ Le sol

Le rosier n'aime pas les terrains excessivement calcaires. Les sols siliceux calcaires sont les plus défavorables. Le terrain idéal est une terre franche à tendance argileuse.

• **En sols peu lourds**, les rosiers se développent bien dans tous les sols un peu lourds, à condition que l'humidité ne soit pas excessive (il est préférable qu'ils se ressuient rapidement après la pluie).

• **En terrain très lourd**, on peut donc apporter un amendement siliceux (c'est bénéfique pour toutes les cultures de massif entre les rosiers).

• **En terrain très calcaire**, il est indispensable d'apporter des quantités importantes de terre de bruyère.

La plante n'est pas très exigeante et peut fort bien se plaire en sol acide assez pauvre. Elle connaîtra cependant un développement plus important avec un apport d'humus. Les producteurs de rosiers vous indiqueront les cultivars les plus adaptés au sol de votre jardin.

Des graviers pour le drainage, du terreau pour enrichir le sol.

Les roses ont besoin de beaucoup de lumière pour fleurir.

✓ L'exposition

• **Soleil :** les fleurs s'épanouissent bien lorsqu'elles bénéficient d'un maximum d'ensoleillement et d'une situation abritée. Certains cultivars aux coloris délicats peuvent cependant souffrir des très chaudes journées d'été : la teinte des roses ne tient pas (le rouge peut virer à l'orange).

• **Mi-ombre :** les variétés destinées à la mi-ombre ne sont pas très nombreuses ; parmi les rosiers buissons ou arbustes, choisissez les rosiers botaniques, très résistants. Certains cultivars grimpants peuvent orner les murs ombragés ('Paul Scarlet', 'Albéric Barbier'). Les situations trop ventées ne sont pas bénéfiques non plus.

✓ Le climat

Les rosiers peuvent supporter des climats assez différents. Ils ne souffrent presque jamais de la chaleur en région tempérée. Sous ce climat de référence, ils peuvent être sensibles aux gelées lors des années à hiver exceptionnellement rigoureux. Dans les régions à climat froid (zones à influences continentales et montagnes), il faut protéger de nombreux cultivars, mais les plus rustiques ne connaissent pas de problèmes. En région chaude, c'est surtout la sécheresse qui risque de causer des dégâts ; il faut donc veiller à l'arrosage et éventuellement au paillage des pieds.

La plantation

Les jeunes arbustes sont presque toujours livrés à racines nues. Ces racines sont souvent protégées d'un sac en matière plastique et d'un peu de tourbe humide pour maintenir la fraîcheur. Examinez attentivement les jeunes sujets pour vous assurer qu'ils n'ont pas été trop longtemps conservés dans ces conditions (dessèchement des tiges et des racines). Certains cultivars sont vendus en conteneur, ce qui facilite la reprise et permet de les mettre en place à toute époque.

✓ La préparation du terrain

Labourez profondément le sol pour que l'arbuste puisse développer normalement ses racines. N'apportez pas d'engrais minéral au moment de la plantation. Si le sol n'est pas suffisamment fertile, enfouissez profondément du fumier très décomposé longtemps avant la mise en place. L'apport d'humus est recommandé dans la plupart des cas.

La terre doit être soigneusement nettoyée des mauvaises herbes et des racines. Effectuez un dépierrage en terre très caillouteuse.

✓ L'époque de mise en place

Les rosiers sont plantés pendant toute la période de dormance ; l'automne (novembre) est la meilleure période, l'arbuste ayant alors le temps de s'adapter aux nouvelles conditions de culture pour redémarrer tôt au printemps.

Les jeunes sujets (peu enracinés) sont cependant sensibles aux gelées : dans les zones aux hivers rudes, il est préférable de les protéger le premier hiver ou de les mettre en place après les fortes gelées (mars). C'est également cette dernière période qui doit être préférée dans les terrains très lourds. Il est alors nécessaire d'apporter des arrosages pour assurer la reprise.

On peut planter pendant tout l'hiver, à condition qu'il ne gèle pas trop fort. Sous le climat de la région parisienne, par exemple, la date limite de plantation se situe autour de la mi-avril.

▲ *Pour réaliser un parterre de rosier, commencez par ameublir le sol en profondeur, afin que les racines s'y établissent sans difficulté.*

◀ *Si vous recevez vos rosiers pendant une période de gel, ne les plantez pas, mais mettez-les en jauge.*

L'habillage

- Il est souvent nécessaire de raccourcir les racines au sécateur, afin de permettre une meilleure reprise. Coupez sur quelques centimètres, en éliminant toutes les parties séchées. Le sécateur doit être bien aiguisé pour faire des coupes franches, qui se cicatrisent rapidement et permettent le développement d'un chevelu fourni.
- Le pralinage des racines donne un atout supplémentaire pour la reprise : il consiste à tremper les racines dans une boue liquide additionnée d'hormones de reprise. Le pralinage est bénéfique aux sujets plantés assez tardivement (mars-avril). Aucun habillage des rameaux n'est à effectuer, sauf en cas de plantation printanière (il s'agit alors d'une première taille).

Si vous mettez le rosier en place au printemps, habillez son système aérien…

…ainsi que ses racines.

Ne plantez pas le rosier sans avoir, au préalable, trempé ses racines dans une bouillie de pralinage.

La mise en place

- Le trou doit être assez grand pour que les racines y soient à l'aise, et assez profond pour que le bourrelet de greffe se trouve juste au-dessus du niveau du sol. Rebouchez avec de la bonne terre tamisée. Immédiatement après la plantation, arrosez abondamment, afin que la terre adhère aux racines : il ne doit pas subsister de vide.
- Ne plantez pas lorsqu'il gèle (il est impossible de travailler la terre) ni par forte humidité (les mottes ne peuvent être cassées). N'enfouissez pas d'engrais au moment de la plantation : cela brûlerait les racines.
- Si vous mettez en place en automne, buttez légèrement le pied, afin de le préserver des grands froids. Les cultivars les plus fragiles seront protégés par de la paille ou du foin, recouvert d'un film en matière plastique. Ôtez cette protection dès que le froid diminue, de façon à permettre à la plante de repartir.
- La plantation des rosiers tiges est légèrement différente puisqu'elle impose la pose d'un tuteur. Avant la mise en place du rosier, enfoncez profondément le tuteur et liez-y solidement la tige, sans trop serrer pour autant.

◄ Ouverture du trou de plantation.

Immédiatement après la plantation, tassez fermement la terre avec les mains. Formez une sorte de cuvette dans laquelle vous déverserez l'eau d'arrosage. ▼

Pour un rosier tige, plantez un tuteur au moment de la plantation.

Rebouchez le trou, puis formez la cuvette d'arrosage.

Les soins de culture

En massifs, isolés sur pelouses ou palissés contre un mur, les rosiers n'imposent pas de soins de culture très importants. Désherber, favoriser la floraison par la taille des sujets et l'apport d'engrais, lutter contre les parasites (pucerons, araignées rouges, etc.) sont les principaux travaux que vous devrez mener.

✓ Le désherbage et l'arrosage

• **Ne laissez pas les mauvaises herbes envahir** le sol au pied des rosiers : elles puisent l'eau destinée au rosier et entrent en concurrence avec lui en pompant les éléments nutritifs du sol.

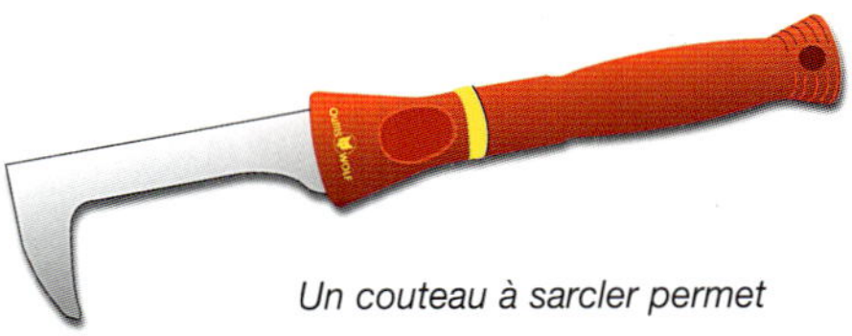

Un couteau à sarcler permet de désherber manuellement.

• **L'arrosage régulier** est nécessaire pour les sujets récemment plantés, qui ne possèdent pas un système radiculaire profond. Les sujets en place depuis longtemps n'exigent d'arrosage que pendant les périodes de sécheresse sous les climats tempérés, et pendant toute la saison estivale dans les régions pauvres en précipitations. Un paillage peut être mis en place en saison chaude, pour diminuer l'évaporation. La culture de plantes couvre-sol (vivaces ou annuelles) au pied des arbustes contribue à conserver la fraîcheur.

Attention !

N'apportez pas d'engrais immédiatement après la plantation, car cela aurait surtout pour résultat de favoriser la végétation au détriment de la floraison. Évitez le fumier (surtout frais) qui est porteur de maladies pour le rosier.

✓ L'apport d'engrais

La plupart des jardineries proposent aujourd'hui des engrais spéciaux pour rosiers. Il s'agit de produits contenant les trois éléments de base (azote, phosphate et potasse), ainsi que de la magnésie et d'autres oligoéléments. Ces engrais ne donnent pas de résultats spectaculaires puisque le rosier est un arbuste à croissance assez lente. Ils ont toutefois un effet très sensible dans les sols mal équilibrés ; ils corrigent rapidement les maladies de carence qui se traduisent par un dépérissement et une faible floraison.

• **Les engrais pour rosiers** se présentent généralement en granulés ; répandez-les au pied des arbustes, au départ de la végétation (courant avril). Enfouissez superficiellement par griffage et arrosez si le temps est très sec. Une seconde application peut intervenir en juin pour les rosiers remontants. À cette période, les rosiers connaissent un léger arrêt de végétation, qui peut se traduire par le flétrissement des feuilles. L'apport d'engrais donne de la vigueur à la plante, qui produit alors de plus belles fleurs.

Répandez l'engrais en granulés au début du printemps et une seconde fois après la première floraison pour les remontants.

✓ Le nettoyage

Pour que les arbustes se développent harmonieusement et que la floraison soit belle, il importe de les tenir propres. Le nettoyage doit être effectué en toute saison. Il concerne tout d'abord la suppression des gourmands et des drageons.

Supprimez les fleurs fanées au fur et à mesure.

• **Les gourmands** sont des tiges qui apparaissent sous le point de greffe. La plupart des cultivars, en effet, résultent de greffes sur des souches d'églantier *(R. canina)*. Les arbustes cultivés sont constitués de deux parties (porte-greffe et greffon) qui restent indépendantes. Les tiges et rameaux se développant à partir de la greffe donnent des fleurs de la variété sélectionnée. Les rameaux se développant à partir de la souche produisent des fleurs d'églantier (simples, à cinq pétales).

La base des gourmands est visible sur la souche, au collet de la plante. Ils dévient la sève, qui n'alimente alors plus les rameaux florifères. Il faut donc les couper le plus près possible de la souche, à l'aide d'un sécateur ou d'un greffoir.

• **Les drageons** partent aussi de la souche, mais naissent sur les racines. Ils se développent indépendamment du rosier et apparaissent à une certaine distance du pied. Ils nuisent à la vigueur de la plante. Pour les éliminer, creusez pour les sectionner à leur base (si vous coupez trop haut, ils se reforment rapidement)

• **La suppression des fleurs fanées** fait également partie du nettoyage indispensable. Elle a pour but, d'une part, de donner un meilleur aspect à l'arbuste, et, d'autre part, de permettre l'apparition de nouvelles fleurs sur les sujets remontants. La formation des fruits (qui n'ont aucune valeur décorative) absorbe en effet la sève au détriment des fleurs. À l'aide du sécateur, coupez les fleurs fanées une par une sur les rosiers à grandes fleurs. Sur les sujets à fleurs groupées, coupez l'ensemble du bouquet fané (sauf s'il comporte encore des boutons). Ce nettoyage doit être effectué également sur les arbustes non remontants.

Les gourmands doivent être éliminés. On les reconnaît à leur couleur vert tendre. Ils prennent naissance sous le bourrelet de greffe.

✓ Les précautions contre le froid

La plupart des cultivars sont très rustiques ; les églantiers, les rosiers galliques, les *polyantha* et les *floribunda* supportent en général des froids très vifs.

Cependant, certaines variétés à grandes fleurs sont plus fragiles. Il existe des cultivars peu rustiques, mais ils ne sont commercialisés que dans les régions chaudes ou sont réservés aux collectionneurs avertis.

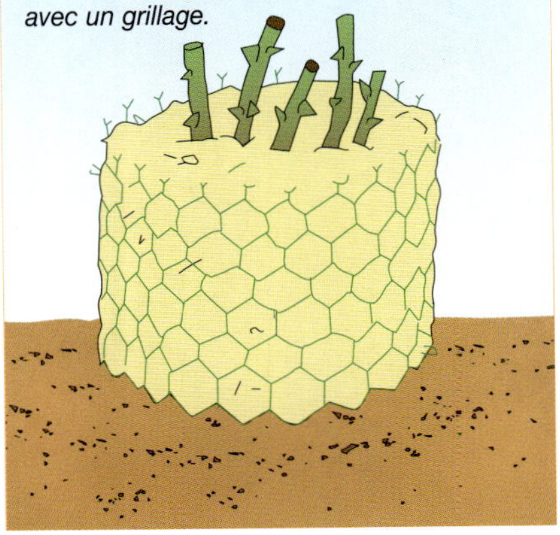

Un manchon de protection peut être fait avec un grillage.

Jusqu'à -15 °C, les cultivars ne risquent rien. Au-dessous, il est nécessaire de prendre certaines précautions.

Pour protéger les rosiers, buttez les tiges des variétés naines et buissonnantes. Entourez le feuillage d'un manchon de paille ou de foin, après avoir lié les rameaux contre la tige principale. Recouvrez le tout d'un sac en matière plastique solidement lié. Pendant les grands froids, la plante, qui est en période de dormance, ne pâtira pas de ce traitement. Il faut toutefois retirer la protection dès que le temps le permet, afin d'éviter l'invasion de cryptogames.

Les rosiers tiges à grandes fleurs sont souvent touchés par les gelées car, plantés isolément, ils sont plus exposés. Protégez-les en les encapuchonnant (la tige ne risque rien). Les grimpants sont difficiles à protéger : utilisez des couvertures de paille ou des sacs de toile.

La protection doit être mise en place par temps très sec. Respectez cette règle, sous peine de voir la plante envahie par les maladies cryptogamiques.

Si la température atteint souvent –10 °C, il est souhaitable de réunir les branches et de butter le pied du rosier pendant l'hiver.

Un buttage partiel du rosier avec du sable permet de limiter les risques de gelée de l'arbuste en zone tempérée.

Cette protection hivernale très complète (paillage et buttage du pied, rassemblement et encapuchonnage des branches) concerne les régions très froides.

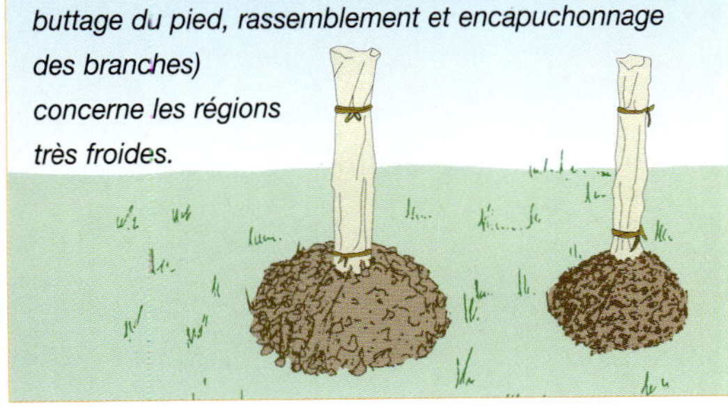

✓ Le palissage des rosiers grimpants

Les rosiers ne sont pas des plantes qui grimpent naturellement : certaines variétés développent seulement de longs sarments qu'il faut palisser pour qu'ils s'accrochent sur leur support. Tendez des fils ou établissez un palissage sur lesquels vous attacherez les branches avec des liens relativement souples pour ne pas blesser leur bois quand elles grossiront.

Attention !

Avant de faire grimper un rosier sur un mur, assurez-vous qu'il vous appartient (consultez votre acte de vente), car si ce n'est pas le cas (mur mitoyen appartenant à votre voisin), d'éventuelles dégradations de la maçonnerie pourraient vous être imputées.

Quand vous plantez un rosier grimpant, dégagez la souche du pied du mur pour qu'elle ne reçoive pas directement l'eau de ruissellement. ►

◄ *Fixez les fils de fer sur des coins en bois, plus commodes et plus esthétiques que les pattes en acier.*

▲ *Fixez les rameaux au fil tendu à l'aide de liens en plastique. Palissez-les au fur et à mesure de leur développement.*

La taille

Il est nécessaire de tailler la plupart des variétés de rosiers. Cette opération est destinée à supprimer le bois en mauvais état, à raccourcir les tiges principales et secondaires pour permettre le développement de rameaux vigoureux et florifères. En outre, elle permet de donner une forme harmonieuse à l'arbuste.

✓ La technique de la taille

Utilisez un sécateur de bonne qualité et bien affûté. Une lame mal aiguisée pourrait écraser les tiges, ouvrant ainsi la voie aux parasites qui s'infiltreraient par les plaies.

Pour couper un rameau, placez-le contre la contre-lame du sécateur et tranchez franchement. Taillez à 5 mm au-dessus d'un œil, celui-ci devant se trouver au bas de l'angle de coupe et non en haut. Si l'on consulte un manuel de taille traditionnelle, on constate que les choses ne paraissent pas simples. La taille classique distingue soigneusement les différents types de rosiers et même les variétés. On avait autrefois tendance à tailler assez court pour donner une forme très contrôlée aux arbustes. Aujourd'hui, de nombreux rosiéristes conseillent une taille simplifiée, plus facile à réaliser et qui donne d'excellents résultats : les rosiers sont très florifères, et ils vieillissent bien. Dans tous les cas, on distingue principalement les rosiers remontants des rosiers non remontants, qui ne se taillent pas à la même époque.

✓ La taille de formation

Quand les rosiers viennent d'être plantés, il faut leur réserver un traitement particulier, afin de leur donner une forme harmonieuse dès le printemps suivant leur plantation.

- **Les rosiers arbustes et les rosiers miniatures** n'exigent pas d'être taillés la première année. Contentez-vous d'éliminer les parties mortes.

- **Les rosiers buissons à grosses fleurs, *floribunda* et *polyantha*,** doivent être rabattus assez sévèrement, à 10 ou 12 cm au-dessus du sol (la première année). Ce type de taille permet un meilleur développement des racines. Ne comptez pas obtenir une belle floraison dès la première année. Il est préférable de préparer l'avenir du rosier, en le rabattant assez sévèrement, pour éviter une trop grande ramification et pour favoriser le système souterrain. En région sèche, si vous ne pouvez pas arroser régulièrement, taillez court, afin d'empêcher un excès d'évaporation.

- **Les rosiers grimpants** sont taillés le printemps suivant leur plantation : ils peuvent ainsi développer de belles tiges vigoureuses.

- **Les rosiers tiges** font toujours l'objet d'une taille de formation assez sévère, surtout la première année de leur plantation, de façon à favoriser la ramification et à former une belle tête, régulière et fournie.

Taille d'un rosier remontant. Effectuez cette opération de préférence à la fin de l'hiver.

Au cours de la taille, éliminez tous les rameaux morts. Employez toujours des outils bien affûtés pour ne pas arracher le bois.

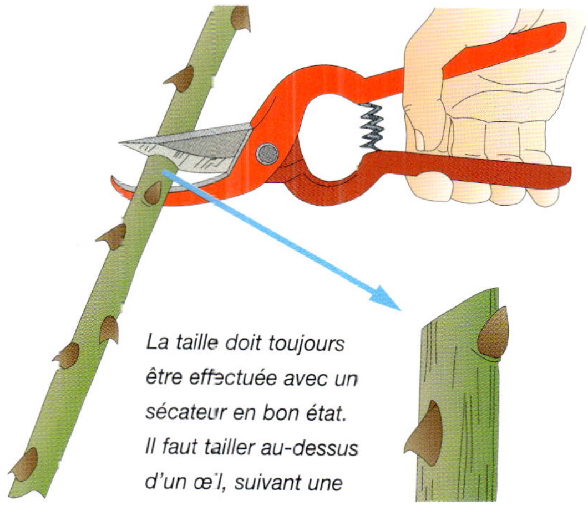

La taille doit toujours être effectuée avec un sécateur en bon état. Il faut tailler au-dessus d'un œil, suivant une pente opposée à celui-ci.

Rosier arbuste

La taille d'un rosier arbuste est très limitée. Elle se résume souvent à l'élimination du bois mort ou des rameaux se révélant peu florifères.

Rosier buisson

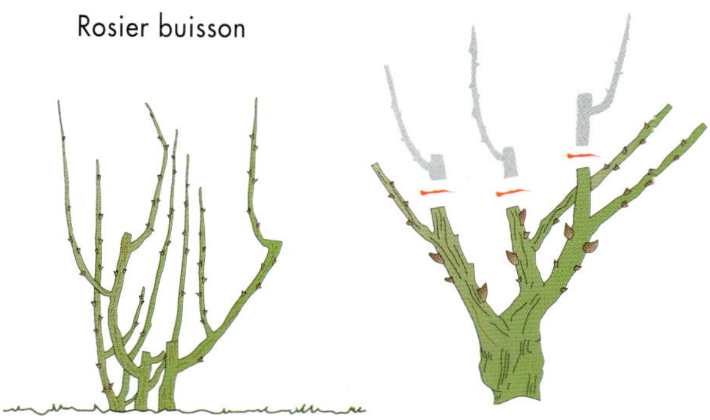

Le rosier buisson est souvent taillé très court (à trois yeux, en moyenne). Il faut privilégier les branches qui se dressent vers l'extérieur.

Rosier tige

La taille d'un rosier tige à fleurs uniques ou en bouquets est proche de celle d'un rosier buisson. Il faut obtenir une sorte de gobelet bien fourni.

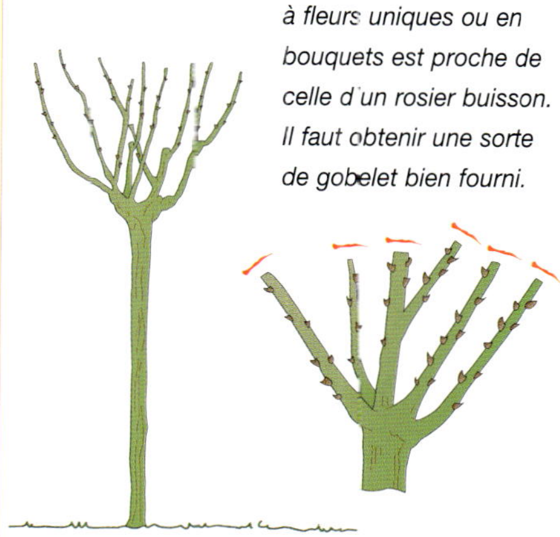

✓ Les rosiers remontants

Le terme « remontant » désigne des rosiers fleurissant pendant toute la saison. Comme ils fleurissent sur les rameaux de l'année, il faut les tailler de telle sorte qu'ils repartent avec vigueur au début du printemps.

Ne taillez pas trop tôt : une fois taillés, les rosiers sont prêts à entrer en végétation. Si le temps se radoucit, ils risquent de démarrer trop tôt et d'être ensuite victimes du froid. En région tempérée, il est préférable d'attendre la deuxième quinzaine de février, ou même le début de mars.

Rosiers buissons

- La taille doit leur donner une forme harmonieuse (en boule). Il faut donc éliminer les rameaux mal orientés, mais sans trop évider le centre.
- Supprimez les vieilles branches (un an sur deux seulement).
- Taillez assez long, au-dessus de cinq ou six yeux, pour une floraison précoce.
- Taillez court (deux ou trois yeux) pour une floraison plus tardive. Les fleurs obtenues sont plus grosses dans le second cas.
- Les rosiers buissons à grosses fleurs hybrides de thé sont assez sensibles aux gelées de fin d'hiver. Vous pouvez donc tailler assez tardivement (fin mars ou début avril dans les zones à climat tempéré).

Rosiers arbustes

La taille est très simplifiée ; elle se résume à supprimer le bois mort ou les rameaux mal situés, afin de conserver une forme cohérente. Toutefois, il est possible de couper une ou deux tiges principales à 30 ou 40 cm au-dessus du sol, afin que le feuillage se développe à la base (sur les sujets qui ont tendance à se dégarnir dans la partie inférieure).

- Les rosiers arbustes donnent de longues tiges qui s'arquent d'elles-mêmes sous le poids des fleurs ; cette arcure naturelle confère une silhouette élégante à l'arbuste et permet le développement de nombreuses pousses très florifères.

La taille doit combiner le nettoyage de l'arbuste et l'élagage des rameaux. Supprimez les tiges jaunâtres ou brunes, grêlées ou dégarnies. Éliminez le vieux bois près du pied, au profit de jeunes rameaux qui se développeront.

- *Les rosiers buissons à grosses fleurs* (hybrides de thé) et les rosiers arbustes sont taillés longs.
- *Les polyantha et les floribunda* sont moins robustes et doivent être taillés plus court.
- *Les rosiers nains* sont le plus souvent taillés assez court, même s'ils sont vigoureux, pour leur conserver leur forme.
- *La taille des rosiers tiges* (à grosses fleurs ou parasols) est très particulière, puisqu'il faut en même temps les former.
- *Les rosiers grimpants* ne se taillent pratiquement pas (on se contente de couper les branches mortes).

Rosiers *polyantha* et *floribunda*

- Les sujets à fleurs groupées en bouquets sont souvent de vigueur moyenne. Taillez-les assez sévèrement pour éviter une trop grande ramification qui donnerait des tiges grêles.
- Les premières fleurs de ces rosiers s'épanouissent sur les anciens rameaux ; la floraison estivale se forme sur les rameaux de l'année.
- Taillez à trois yeux pour que le rosier fleurisse durant toute la saison.

La taille des rosiers remontants doit toujours être courte.

Rosiers tiges

- Les rosiers *polyantha* greffés sur tige doivent être taillés un peu plus long que les sujets du même type en buisson. La taille à cinq yeux facilite en effet la montée de la sève.
- Les rosiers tiges à grosses fleurs sont taillés assez court, afin de favoriser la ramification et de former une tête régulière et bien fournie (plutôt que très étalée). Une taille des rameaux à la moitié de leur longueur permet d'obtenir une floraison de grosses roses. Une taille plus longue donne des roses plus nombreuses et plus petites.
- Dans tous les cas, les petits rameaux secondaires doivent être rabattus sur les rameaux principaux.
- Attention à ne pas confondre ces rosiers tiges avec les pleureurs (ou parasols) qui ne sont pas remontants (voir plus loin) !

Rosiers miniatures

- Tous les sujets (à grosses fleurs uniques ou à fleurs groupées) font l'objet d'une taille de nettoyage. Veillez en particulier à ce que l'air et la lumière pénètrent bien à l'intérieur de la ramure.
- Rabattez les rameaux à la moitié de leur longueur.
- Les variétés à grosses fleurs sont très vigoureuses et peuvent atteindre une taille trop importante pour leur emploi si on ne les rabat pas suffisamment avant la reprise de végétation.

Rosiers grimpants : à fleurs en bouquets ou à grosses roses uniques

- Les grimpants sont en général assez peu taillés. On se contente de nettoyer le bois mort et de supprimer quelques vieilles tiges pour favoriser la végétation.
- Taillez plus sévèrement si vous désirez contenir le développement du sujet. Les tiges longues peuvent être arquées : palissez-les sur du fil de fer selon un arc de cercle ; cette disposition favorise le développement de nombreuses pousses très florifères.
- Certains cultivars grimpants sont moyennement vigoureux (on les appelle « *climbing* », ce qui veut dire « grimpant » en anglais). Les rameaux doivent être rabattus sur une quinzaine de centimètres au-dessus des tiges principales. Cette opération peut être renouvelée en septembre, permettant ainsi une belle floraison de fin de saison (dans les régions à climat doux, ces rosiers fleurissent presque toute l'année).
- Lorsque les grimpants se dégarnissent à leur base, rabattez sévèrement quelques tiges pour que le feuillage se développe. Procédez à quelques pincements (élimination des extrémités) en cours de saison, de manière à contrôler le développement.

✓ Les rosiers non remontants

Les variétés à floraison unique (limitée généralement à quelques semaines en mai-juin) portent des roses sur le bois de l'année précédente. Il ne faut donc pas tailler en fin d'hiver, sous peine d'anéantir toute floraison. Taillez immédiatement après la floraison, lorsque les roses sont fanées, en juillet ou en août. Vous pouvez tailler jusqu'en septembre, mais pas au-delà. Les variétés concernées sont généralement des grimpants et des pleureurs (grimpants greffés sur tige). Toutefois, certains rosiers arbustes ou botaniques (notamment les rosiers anciens) sont non remontants.

Rosa gallica *ou Rose de France.*

Grimpants non remontants

- Les plus vigoureux n'ont presque pas besoin de taille. Celle-ci est d'ailleurs souvent problématique, compte tenu de la hauteur atteinte par ces variétés. Contentez-vous de supprimer le bois mort ou abîmé, et de rabattre quelques tiges pour équilibrer la forme. Certains cultivars portent des fruits assez décoratifs.
- Les grimpants non remontants sont, la plupart du temps, des plantes sans problème, qui se développent bien sans trop de soins.
- Lorsque le rosier a produit de nombreux rejets, vous pouvez supprimer quelques tiges anciennes, afin d'éviter une ramification excessive portant préjudice à la beauté des fleurs.

Rosiers pleureurs (ou parasols)

- Retenez les mêmes principes que pour les grimpants non remontants. Il s'agit, en général, de variétés très vigoureuses, qui forment des rejets à partir de la tige. Vous pouvez donc supprimer chaque été une bonne partie des rameaux ayant fleuri pour favoriser le renouvellement de la végétation.
- Rosiers botaniques : de nombreuses variétés au port d'arbuste sont non remontantes. Il faut les nettoyer sérieusement pour favoriser la formation de jeunes rameaux. Procédez à une taille de nettoyage assez poussée, complétée par la suppression d'une partie des rameaux ayant fleuri.
- Ce type de taille doit être effectué sur les variétés de rosier de Damas, les rosiers centfeuilles ordinaires ou mousseux, le rosier de Provins, le rosier cuisse de nymphe, les rosiers rugueux, le rosier jaune de Perse. L'absence de taille pour ces rosiers conduit souvent à un dessèchement des rameaux ayant fleuri l'année précédente, ce qui donne à l'arbuste un aspect inesthétique.

✓ La cueillette des roses

Sur les rosiers remontants (à grosses ou petites fleurs), cette opération est une sorte de taille. Le Plus souvent, on coupe le tiers de la tige qui porte la rose. Coupez au sécateur juste au-dessus d'un œil. Si vous coupez la tige assez long, la seconde floraison s'en trouvera retardée. Sur les espèces non remontantes, vous pouvez cueillir sans conséquence, même avec une tige très longue. De préférence, cueillez des roses sur des rameaux attachés haut sur les tiges ; les rameaux poussant au pied doivent être conservés pour renouveler le bois. Si vous ne cueillez pas les roses, supprimez-les dès qu'elles sont fanées.

Le cueille-fleur est un outil qui permet de couper les roses les plus hautes et de les cueillir sans risque de les abîmer. Le système comprend un sécateur à enclume et une pince qui maintient la tige une fois qu'elle est coupée. Un long manche permet d'accéder aux parties les plus hautes d'un rosier (tige ou grimpant).

Si vous voulez qu'une rose tienne bien en vase, cueillez-la lorsque le bouton est à peine ouvert.

► La coupe franche

La lame glisse sur la contre-lame et tranche net en biseau. Ce système convient à tous types de taille (formation, floraison, entretien, coupe de fleurs...).

Sécateur à coupe franche.

► La coupe enclume

Ce type de sécateur fonctionne comme une pince : la lame vient simplement porter contre l'enclume pour trancher la tige. Ce système, qui nécessite moins d'efforts, convient à la taille de tous les bois, y compris les bois morts à l'occasion de la taille de formation.

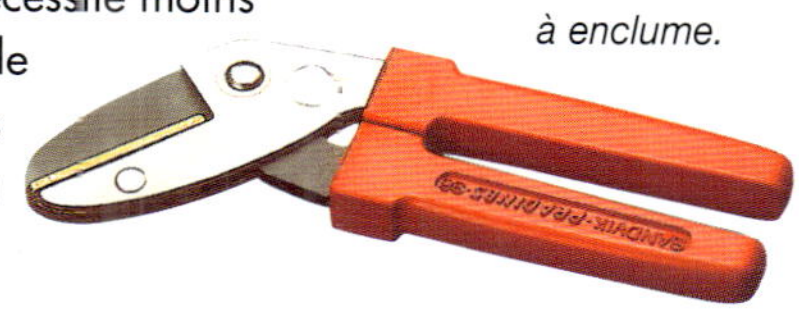

Sécateur à enclume.

Les maladies

Les rosiers sont rarement atteints par les viroses, mais ils peuvent être attaqués, comme la plupart des végétaux, par les cryptogames. Sachez distinguer les symptômes des attaques dues aux champignons de ceux des maladies de carence, causées par des insuffisances de la terre de culture. La plupart des cultivars résistent fort bien aux maladies.

L'oïdium, ou « blanc » est une maladie très fréquente chez le rosier : boutons et feuilles se couvrent de duvet blanc.

✓ Les maladies de carence

Elles résultent d'un déséquilibre dans l'alimentation de la plante, qui ne trouve pas, dans le sol, les éléments nutritifs suffisants.

• **La chlorose** (jaunissement des feuilles, sur lesquelles se détachent alors les nervures vertes) est causée par un manque de fer. C'est un déséquilibre typique des sols calcaires, qui peut être corrigé par l'apport d'engrais spécial rosiers ou par pulvérisation de sulfate ferreux.

• **La nécrose des feuilles** (qui brunissent sur les bords) résulte d'une carence en potasse.

• **Les carences en azote**, magnésium et phosphore se traduisent par une modification de la couleur des feuilles et portent préjudice à la floraison.

Vous trouverez les remèdes appropriés à toutes ces maladies ; consultez au besoin le grainetier ou le pépiniériste proche de chez vous, en lui amenant une partie (feuilles ou fleurs) de la plante atteinte.

✓ Les maladies cryptogamiques

Elles apparaissent dans des conditions météorologiques particulières, en général en cas d'excès d'humidité. Elles se signalent par des taches sur le feuillage ou sur les tiges. Le traitement par fongicide donne de bons résultats.

• **Le blanc (oïdium)** : c'est la maladie la plus fréquente, et sans doute aussi la plus grave. Elle se manifeste en été, pendant les chaleurs, ou en automne. Dans certains cas, cependant, elle peut apparaître dès le mois de mai. Les champignons se développent sur le limbe des feuilles et sur les tiges (ou sur les fleurs). On les repère assez facilement par le duvet blanchâtre que forme le mycélium. Les dégâts peuvent être importants : le feuillage et les tiges se déforment (surtout les parties jeunes). Dans les régions où cette maladie sévit particulièrement (il s'agit surtout des zones à été chaud), optez pour les variétés résistant à l'oïdium (surtout pour les grimpants, qui sont les plus atteints).

Dans les vignobles, les rosiers sont là pour annoncer l'arrivée de l'oïdium et prévenir le vigneron qu'il faut vite traiter.

Le traitement doit s'appliquer préventivement : c'est un fongicide à base de soufre ou de karatane ; commencez le traitement au mois d'avril et poursuivez les applications pendant toute la saison chaude.

En cas de sécheresse prolongée nécessitant des arrosages importants, évitez de mouiller le feuillage et arrosez au goulot, au pied.

• **La rouille :** assez fréquente, cette maladie se manifeste surtout à la fin de l'été, lorsque l'humidité est importante (pluies persistantes). Il s'agit d'une maladie sérieuse qui affecte le feuillage et les fleurs en affaiblissant la plante, sans toutefois provoquer sa mort.

La rouille produit sur les feuilles de petites taches orangées qui deviennent noirâtres. Les feuilles tombent assez rapidement. La maladie peut être traitée préventivement par des fongicides qu'il faut appliquer dès les premières chaleurs (juin).

• **Le botrytis (moisissure grise) :** ce cryptogame se développe très rapidement sur toutes sortes de végétaux, en été, pendant les chaleurs humides. Le rosier y est particulièrement sensible, surtout les fleurs et les boutons. Une rose atteinte se recouvre d'une moisissure grisâtre et se développe anormalement ; elle se dessèche ou pourrit. Les boutons touchés avortent et tombent. Il n'existe pas de remède curatif à cette maladie. Évitez les situations trop à l'ombre pour les variétés non adaptées. Les traitements fongicides préventifs sont efficaces.

Les pucerons sont également vecteurs de maladies.

• **Les taches noires (marsonia) :** maladie assez fréquente et nettement identifiable par les taches noires, franchement délimitées, qui apparaissent sur les feuilles. Ce sont surtout les variétés anciennes de rosiers qui sont touchées (les cultivars actuels, plus résistants, ne sont cependant pas immunisés). Le marsonia (ou *black spot*) apparaît en été par temps humide, et parfois même dès le printemps.

Produits antilimaces. Les produits antilimaces, en granulés, garantissent des résultats foudroyants. Mais attention à vos animaux domestiques, qu'il s'agisse des habitants de la basse-cour, du chien ou du chat. Théoriquement, ces produits contiennent un répulsif qui éloigne les chiens et les chats. En pratique, il faut prendre des précautions : il existe en effet des animaux à odorat anormal (ou réputé tel) qui peuvent ingurgiter les appâts empoisonnés. Deux précautions valent mieux qu'une : présentez une poignée de granulés à votre chat ou à votre chien pour juger de l'action du répulsif. Tenez les animaux de la basse-cour dans un endroit clos, de façon qu'ils n'aillent pas dévorer les limaces empoisonnées.

Le développement de la maladie entraîne la chute prématurée des feuilles, qu'il faut ramasser et brûler pour éviter la contamination des sujets voisins. Les plantes atteintes peuvent être sauvées par un traitement prolongé au fongicide. Le traitement préventif est très efficace, à condition d'être appliqué dès les premiers beaux jours.

• **Le chancre :** c'est une maladie bénigne, qui touche seulement un rameau, sans se développer. Elle se manifeste par des taches brunes sur les tiges ; le dessèchement atteint généralement tout le rameau. Le chancre est fréquemment provoqué par le gel; il peut aussi résulter d'une blessure causée par un sécateur non désinfecté.

• **Le pourridié :** cette maladie des arbres et des arbustes touche aussi les rosiers. Elle se traduit par un dépérissement général de la plante, provoqué par une asphyxie des racines. Celles-ci, une fois déterrées, montrent des parties parfois importantes en cours de décomposition.

Le champignon du pourridié se développe dans le sol et touche tous les arbustes voisins. Il résulte le plus souvent d'une humidité résiduelle, signe d'un mauvais drainage. Lorsqu'on constate la maladie, il est trop tard pour agir : il faut arracher le rosier et le détruire. L'établissement d'un drainage et le traitement du sol par fongicide et désinfection sont nécessaires avant de tenter de nouvelles plantations.

Les insectes et les parasites

Un traitement adapté est souvent nécessaire, les prédateurs naturels, tels que les coccinelles ou les mésanges, ne suffisant pas à éliminer les insectes qui s'attaquent aux rosiers (pucerons, cochenilles, cicadelles, tordeuses, vers blancs, etc.).

Les pucerons

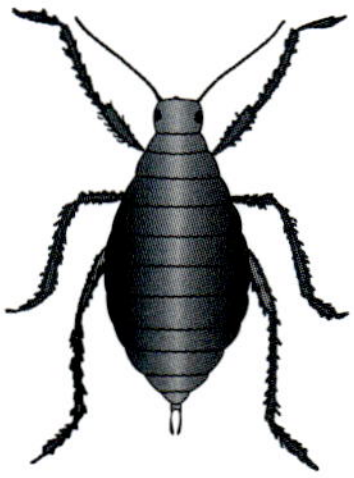

- Ils vivent en colonies et se caractérisent par leur multiplication très rapide.
- Le puceron du rosier est vert clair, très visible ; il suce la sève de la plante qu'il affaiblit, favorisant ainsi le développement des maladies cryptogamiques.
- Ils apprécient les jeunes pousses et les boutons, sur lesquels ils se groupent en colonie. Ils apparaissent dès avril. Examinez souvent les arbustes et traitez à l'antipuceron si nécessaire tôt en saison ; renouvelez régulièrement les applications.

Les tenthrèdes

- Ce sont les larves de ces petits insectes volants (mouches à scie) qui causent des dégâts sur les rosiers. Elles ressemblent à de minuscules chenilles (on les surnomme « fausses chenilles »).
- Elles se fixent sur les feuilles qu'elles dévorent en dentelle (sans toucher aux nervures), ce qui constitue un symptôme caractéristique.
- Les tenthrèdes et leurs larves sont détruites rapidement par la plupart des insecticides. Il s'agit donc d'un danger bénin, à condition de traiter sans attendre.

Les cochenilles

- Ces petits insectes noirs qui se fixent sur la tige de l'arbuste pour en sucer la sève sont très prolifiques et se développent en colonie pour constituer une véritable croûte noirâtre sur les parties qu'elles attaquent. Protégées par un bouclier cireux, les cochenilles résistent à certains insecticides.
- Elles sécrètent un miellat collant (on les appelle parfois « poux collants ») qui favorise le développement des cryptogames.
- Elles apparaissent du printemps à l'automne.
- Pour s'en débarrasser, il faut utiliser une huile insecticide qui peut forcer le barrage de leur carapace.

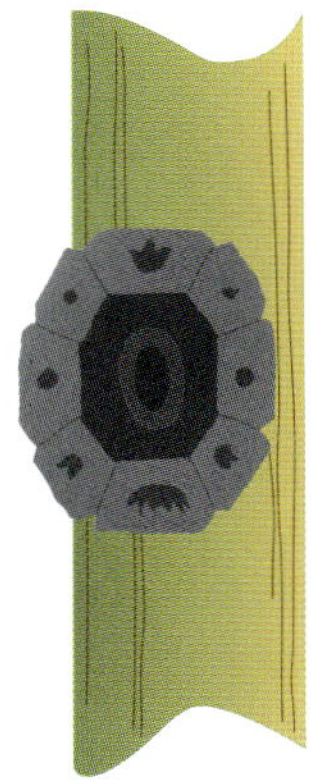

Les chenilles

Diverses espèces de papillons s'attaquent aux rosiers lorsqu'ils sont à l'état de chenilles. La chenille arpenteuse (phalène) et différentes chenilles tordeuses peuvent causer des dégâts au feuillage, en particulier sur les jeunes pousses. Le traitement à l'insecticide n'est pas toujours probant, les tordeuses se protégeant dans la feuille enroulée.

Les cicadelles

- Ces petits insectes verts ou jaunâtres présentent l'aspect caractéristique de cigales en modèles réduits.
- Les cicadelles (parfois confondues avec les pucerons) apparaissent par temps très chaud.
- Elles se fixent sous les feuilles dont elles sucent la sève.
- Elles produisent sur le limbe de petites taches claires, puis un jaunissement complet de la feuille qui finit par tomber.
- Les cicadelles sont assez sensibles aux insecticides.

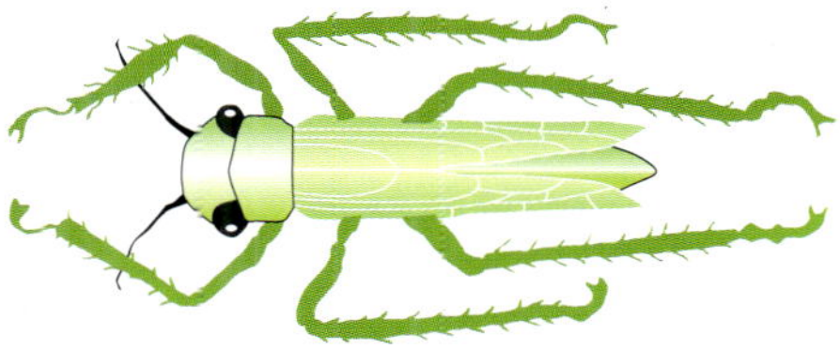

Les vers blancs et parasites du sol

- Les larves de hanneton s'attaquent aux racines, le rosier pouvant dépérir en cas d'invasion importante.
- Les terrains mal nettoyés se prêtent davantage au développement des vers blancs que les sols bien entretenus. Il faut également lutter contre d'autres parasites du sol comme les cétoines ou encore les anguillules.
- Le traitement insecticide du sol doit avoir lieu avant la plantation. Il se révèle efficace pendant longtemps si le sol est bien entretenu en surface.

Les mégachiles

Insectes proches des abeilles, ils attaquent les feuilles du rosier pour y découper des pièces rondes dont ils garnissent leurs nids. Ce type d'attaque n'est pas grave et ne prend jamais d'extension très importante.

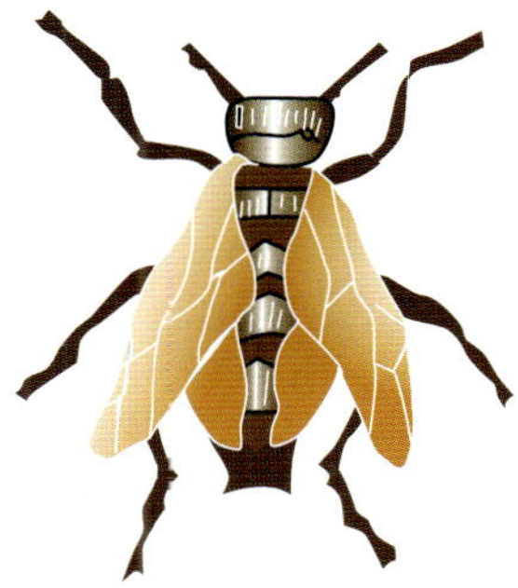

Les araignées rouges

- Ces acariens, invisibles à l'œil nu, apparaissent sous la forme de petites araignées rouges (d'où leur nom) quand on les examine à la loupe. Ils piquent les feuilles sur leur face inférieure, causant leur décoloration – les feuilles se dessèchent, puis tombent. Ils prolifèrent dans les massifs serrés.
- Les insecticides classiques sont souvent sans effet sur les acariens, aussi faut-il utiliser un produit adapté. Certains sont à la fois insecticides et acaricides.

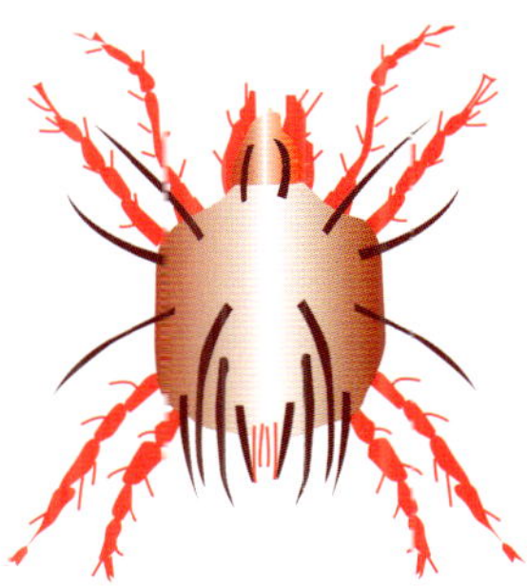

Techniques de traitement

Il vaut mieux traiter régulièrement et préventivement plutôt que de se désoler sur une floraison compromise. Vous trouverez, dans le commerce, toute une gamme de produits (insecticides et fongicides) adaptés, qu'il vous faudra appliquer à différentes époques de l'année. Le grainetier ou le pépiniériste vous conseilleront utilement sur des produits nouveaux, parfois mieux adaptés.

La pulvérisation est efficace pour tous les produits insecticides et certains engrais foliaires.

• **Le traitement d'hiver.** Il donne d'excellents résultats, comme pour les arbres fruitiers. Utilisez un produit mixte (insectes et maladies) à diluer dans l'eau et à pulvériser.

Ces produits doivent être administrés aux rosiers pendant la période de repos végétatif (janvier ou février). Ne les appliquez pas lorsque les bourgeons ont commencé à débourrer, vous risqueriez de compromettre la floraison.

Le traitement d'hiver est très profitable. Il assure une sécurité contre les maladies cryptogamiques et les insectes dans la plupart des cas. Il détruit les cochenilles, les œufs de pucerons, mais aussi les spores de champignons qui sont à l'origine des infections.

La bouillie bordelaise reste le fongicide (à base de sulfate de cuivre) le plus utilisé contre les maladies cryptogamiques.

• **Les traitements de printemps et d'été.** Un traitement préventif, bien appliqué, protège théoriquement de toutes les attaques. Il faut le préférer au traitement curatif, car il ne laisse pas le temps aux parasites de réaliser leurs dégâts. Très souvent, en effet, on ne se rend compte de l'attaque que lorsqu'un préjudice important a été causé.

Mais un insecticide ne protège la plante que pendant une quinzaine de jours. Il faut donc renouveler souvent l'application. On utilise généralement des insecticides de contact, qui possèdent un fort pouvoir et qui détruisent tous les insectes présents sur l'arbuste. Les insecticides du commerce (en granulés), que l'on répand sur le sol, donnent aussi de très bons résultats : les produits actifs sont absorbés par les racines, puis véhiculés par la sève jusqu'aux feuilles. Leur durée d'action est plus longue (de l'ordre d'un mois et demi environ).

Maladies, parasites et traitements des rosiers

Symptômes	Insecte ou maladie	Traitements
Feuilles jaunes	Rouille	Drainage du sol, anticryptogame
Tiges, feuilles et boutons recouverts d'une poudre blanche	Blanc ou oïdium	Drainage du sol, fongicide
Feuilles couvertes de taches noires	Marsonia ou *black spot*	Brûlage des feuilles, produits soufrés
Racines se couvrant d'un feutrage blanc	Pourridié	Drainage du sol, brûlage des plantes atteintes
Pétales décolorés, boutons qui ne s'ouvrent pas	Moisissure grise	Drainage et désinfection du sol, fongicide
Écorce boursouflée, craquelée et jaunie	Chancre	Désinfection du sol, brûlage des plantes atteintes
Feuilles se couvrant de taches brunes, plus claires au centre	Mildiou	Drainage du sol, fongicide
Éclaircissement des nervures, taches en forme de mosaïque	Mosaïque	Brûlage des plantes atteintes
Feuilles et tiges couvertes d'un duvet noir	Fumagine	Brûlage des feuilles les plus atteintes, produits à base de cuivre
Feuilles et tiges envahies de taches brunes couvertes de poudre orange	Chlorose	Drainage du sol, anticryptogame

Contre les attaques d'insectes identifiés, utilisez un insecticide de contact adapté : l'antipuceron (au lindane) est très efficace ; l'anticochenille contient une huile qui permet la destruction du bouclier protecteur de l'insecte.

Les fongicides ont une durée d'action assez longue. Pulvérisez au printemps un produit antimaladie à large spectre (au manèbe). Pour le traitement du blanc (oïdium) et de la rouille, choisissez un fongicide curatif (antioïdium). Les produits mixtes sont très employés (en bombe aérosol, notamment). Ils donnent de bons résultats, surtout si vous n'avez que quelques rosiers. Pour obtenir une protection complète, renouvelez l'application tous les quinze jours ou trois semaines (durée d'action de l'insecticide).

Certaines rampes d'arrosage peuvent recevoir des cartouches de produits de traitement (ou d'engrais).

La multiplication

Le semis n'est pas utilisé pour la production de variétés cultivées. Si vous semez des graines récoltées sur vos rosiers, vous risquez d'obtenir (après pas mal de temps) des fleurs qui n'auront rien à voir avec la plante mère (retour à l'espèce type). Si l'amateur pratique souvent le bouturage, les obtenteurs ont longtemps eu recours au greffage, qui cède de plus en plus le pas à la reproduction in vitro *et donc au clonage.*

Le bouturage

- Prélevez les boutures (20 cm environ) à la fin de l'été, sur des rameaux aoûtés (lignifiés ou en voie de lignification).
- Vous pouvez aussi profiter de la taille de printemps (mars) pour sélectionner quelques boutures.
- Placez les boutures côte à côte, en jauge, sous abri (châssis), de manière à les protéger de la sécheresse et du soleil de l'été et du froid de l'hiver.
- Afin de favoriser l'enracinement, pralinez, c'est-à-dire trempez la base de la bouture dans des hormones de bouturage (en poudre) au moment de la mise en place.

Commencez par éliminer la fleur fanée.

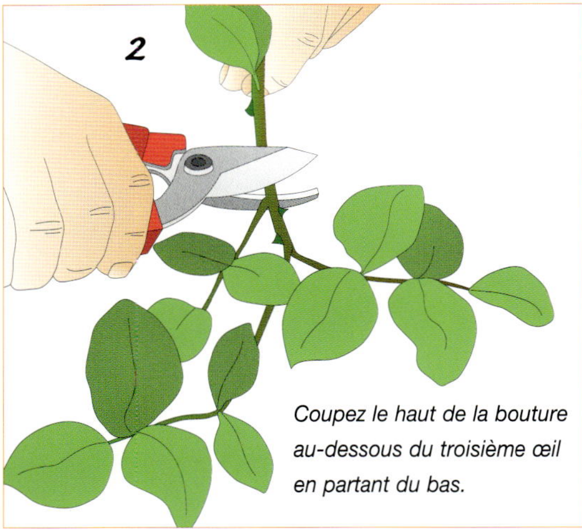

Coupez le haut de la bouture au-dessous du troisième œil en partant du bas.

Coupez la plupart des feuilles de la bouture pour limiter l'évaporation.

Plantez simplement la tige en terre après en avoir enduit la base de poudre d'hormones de bouturage.

L'écussonnage

- Les plants que vous achetez dans le commerce sont souvent obtenus par greffage en écusson sur œil dormant, effectué, par les producteurs, sur des plants d'églantier ou de *Rosa polyantha inermis* (les églantiers de haute taille servent de porte-greffe aux rosiers tiges).
- L'écussonnage à œil dormant est exécuté sur des porte-greffe sur lesquels on a éliminé toutes les ramifications secondaires et conservé, après ébourgeonnement, les trois ou quatre pousses supérieures.
- Vous pouvez tenter vous-même le greffage en écusson, qui doit son nom à la forme du greffon.

▪ *Prélevez l'écusson* sur la variété à reproduire.

▪ *Ouvrez et soulevez* légèrement l'écorce du porte-greffe, en prenant garde à ne pas blesser le bois.

▪ *Glissez l'écusson sous l'écorce* du porte-greffe, puis ligaturez (avec du raphia), afin de maintenir greffon et porte-greffe solidaires.

▪ *La greffe doit prendre au bout de quinze jours* environ, après lesquels vous pouvez desserrer la ligature.

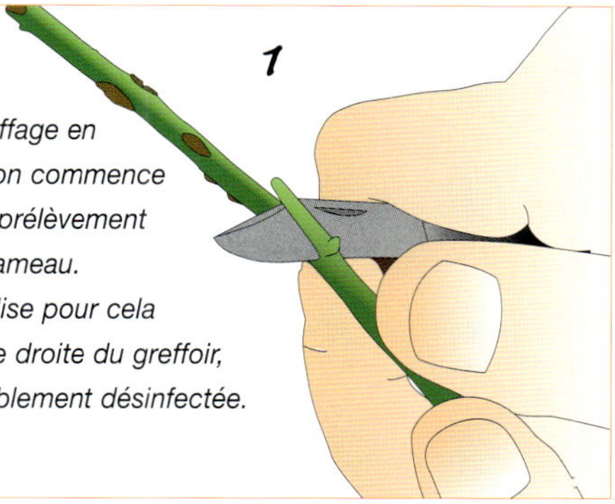

Le greffage en écusson commence par le prélèvement d'un rameau. On utilise pour cela la lame droite du greffoir, préalablement désinfectée.

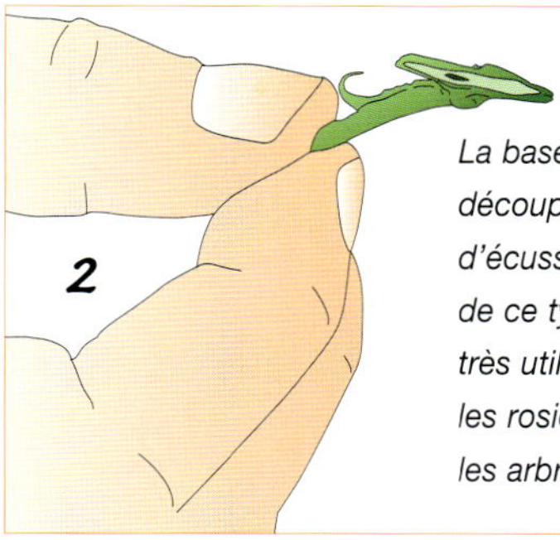

La base du rameau est découpée en forme d'écusson, d'où le nom de ce type de greffe, très utilisé pour les rosiers et les arbres fruitiers.

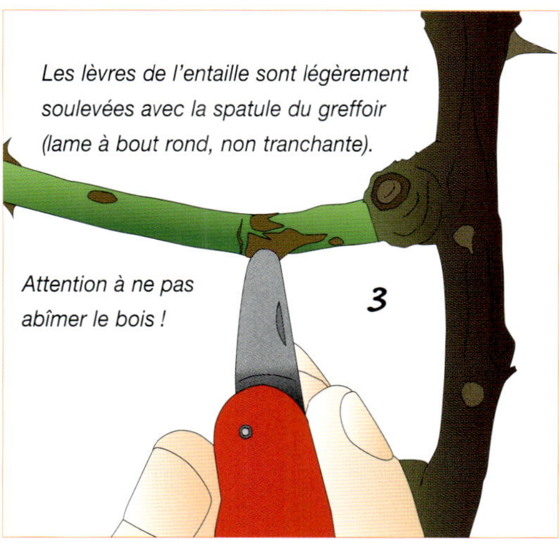

Les lèvres de l'entaille sont légèrement soulevées avec la spatule du greffoir (lame à bout rond, non tranchante).

Attention à ne pas abîmer le bois !

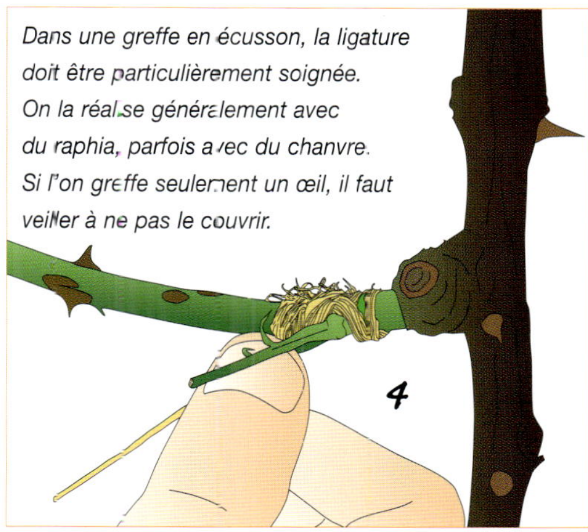

Dans une greffe en écusson, la ligature doit être particulièrement soignée. On la réalise généralement avec du raphia, parfois avec du chanvre. Si l'on greffe seulement un œil, il faut veiller à ne pas le couvrir.

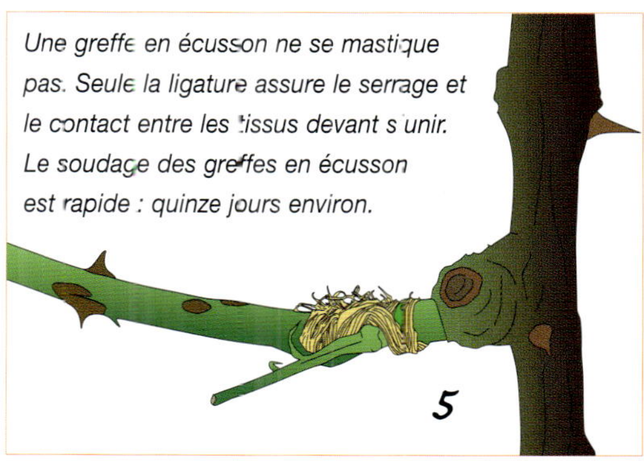

Une greffe en écusson ne se mastique pas. Seule la ligature assure le serrage et le contact entre les tissus devant s'unir. Le soudage des greffes en écusson est rapide : quinze jours environ.

L'hybridation

- Il s'agit là d'une méthode délicate utilisée par les obtenteurs de roses qui cherchent à créer de nouvelles variétés. C'est une affaire de spécialiste, mais il est toujours amusant de la tenter.
- L'hybridation consiste à féconder le pistil d'une fleur avec du pollen prélevé sur une autre variété. Très rarement, l'hybridation se fait naturellement, par l'intermédiaire des insectes. En général, la rose produit un fruit par autofécondation.
- Pour hybrider, il faut supprimer les étamines alors que la rose n'est pas encore parvenue à maturité, afin d'éliminer (ou de limiter) les risques d'autofécondation. La fleur est ensuite encapuchonnée pour empêcher une fécondation accidentelle. Le prélèvement du pollen sur la deuxième variété s'effectue à l'aide d'un pinceau.
- Après fécondation, lorsque le cynorrhodon (fruit) est mûr, les graines sont récoltées puis semées. On obtient alors des sujets qui ne sont pas tous identiques, bien entendu, en vertu des lois de la génétique. Les obtenteurs sélectionnent bien sûr les plus intéressants.

Prélèvement du pollen en vue d'une fertilisation.

1

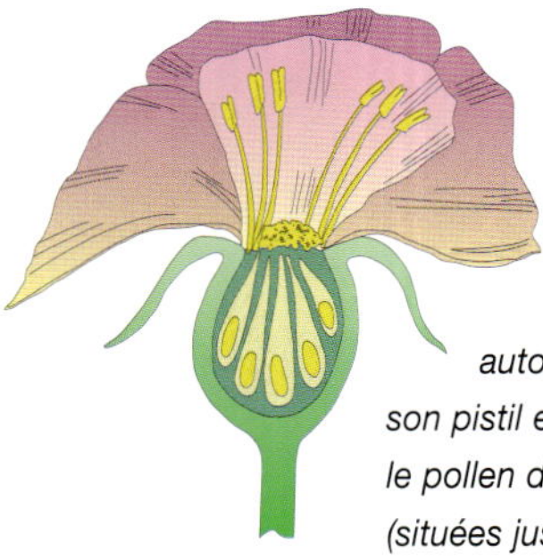

La rose est une fleur autofécondante, c'est-à-dire que son pistil est généralement fécondé par le pollen de ses propres étamines (situées juste au-dessus).

2

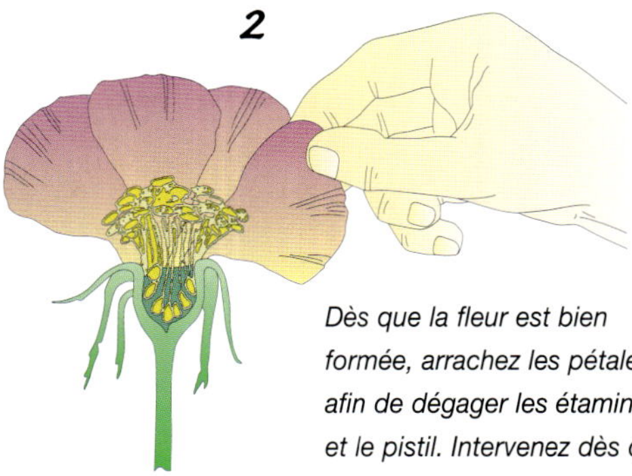

Dès que la fleur est bien formée, arrachez les pétales, afin de dégager les étamines et le pistil. Intervenez dès que le bouton est bien ouvert.

3

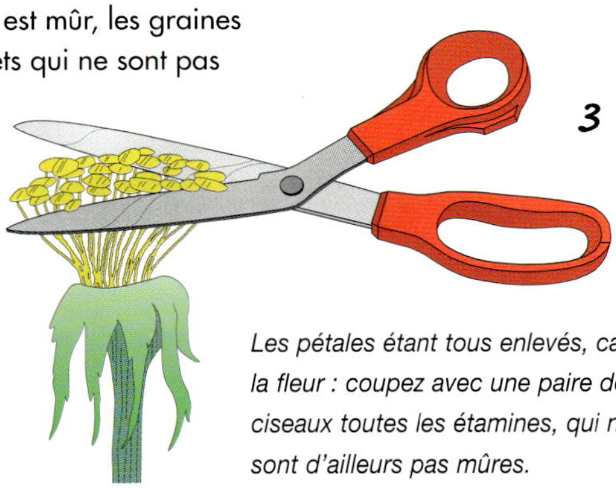

Les pétales étant tous enlevés, castrez la fleur : coupez avec une paire de ciseaux toutes les étamines, qui ne sont d'ailleurs pas mûres.

4

La rose castrée doit être immédiatement encapuchonnée. Sinon, une fécondation accidentelle risque d'être provoquée par les insectes ou par le vent.

Effeuillez une rose prête à se faner d'une autre variété et prélevez les étamines bien mûres, donc chargées de pollen. Travaillez par un jour sans vent, avec des pinces brucelles.

Recueillez le pollen dans un petit récipient et appliquez-le sur la fleur castrée avec un pinceau. La pollinisation directe avec la fleur est également possible.

LES NOMS DE BAPTÊME DES ROSES

Les obtenteurs de roses sont aussi créatifs en ce qui concerne les noms dont ils baptisent les nouvelles variétés que pour les fleurs elles-mêmes. Très souvent, ils dédient la rose à une femme, renouant par là avec la tradition de Ronsard et du *Roman de la rose*. On trouve ainsi 'Princesse Margaret', 'Princesse de Monaco', 'Baronne E. de Rothschild', mais aussi 'Catherine Deneuve', 'Lilli Marleen' ou 'Sylvie Vartan'.
Certaines variétés portent le nom d'un personnage politique, comme l'admirable rosier buisson à fleurs doubles mauves de Meilland, 'Charles de Gaulle'. Le nom de baptême d'une rose est parfois lui-même une trouvaille qui part du caractère propre de la variété ; ainsi Jean Dorieux a-t-il appelé 'Vésuve' un rosier buisson à très grandes fleurs rouge feu nuancé de rouge brasier. Meilland a fait également preuve de goût et d'imagination en nommant 'Tocade' une rose jaune cuivré très parfumée, 'Sarabande' un petit buisson *polyantha* à fleurs simples rouge cardinal, ou 'Scherzo' un petit *floribunda* à fleurs écarlates au revers blanc saumoné. Citons encore 'Carnaval de Rio' de Delbard, pour un buisson *floribunda* à roses rouge feu à revers jaune carminé, 'Diablotin', du même Delbard, pour un petit *polyantha* à merveilleuses fleurs orange feu, ou 'Magicienne', de Laperrière, pour une troublante rose très parfumée, rouge saumoné. Et que dire du nom que Delbard a donné à une étonnante rose nacrée et parfumée : 'Femme' !

Rose 'Catherine Deneuve', Meilland.

Rose 'Princesse de Monaco', Meilland.

5

Les arbres et les arbustes

Arbres ou arbustes sont des végétaux ligneux qui vivent souvent très longtemps. Il faut donc les choisir avec soin, en tenant compte de nombreux facteurs : hauteur et forme, type de feuillage (caduc ou persistant), qualités décoratives (feuillage, floraison, fructification).

Le choix

La destination du végétal est bien entendu déterminante. On distingue donc entre les espèces à planter en bosquet (en groupe), en sujet isolé, en alignement (allées ou haies vives) et en massif.

La classification des végétaux ligneux

✓ Les arbres et les arbustes

D'une manière générale, on parle d'« arbre » lorsqu'un sujet peut atteindre 7 m, et d'« arbuste » quand sa taille est inférieure. Les arbres et les arbustes sont caractérisés par un tronc (droit ou sinueux) et une cime (de formes diverses). Il n'y a pas de frontière rigoureuse entre arbres et arbustes : telle espèce, qui mesure environ 10 m dans des conditions idéales de culture et de climat, ne dépassera pas 5 m dans une autre région, moins favorable. C'est le cas de nombreuses espèces d'origine tropicale, qui atteignent de grandes dimensions dans leur pays d'origine et qui végètent beaucoup plus bas, dans les zones plus fraîches.

En pratique, le terme « arbuste » est surtout réservé aux petits végétaux ligneux qui peuvent être employés pour les massifs ou pour les haies vives (autour de 2 m).

Les arbres sont choisis en fonction de leur port, de leur taille et de la nature de leur feuillage. Certains (ici des eucalyptus) forment une belle voûte au-dessus d'une allée.

✓ Les arbrisseaux

Ces végétaux ligneux sont caractérisés par leur port très ramifié à la base (buissonnant). Certains arbrisseaux peuvent atteindre 2 m ou plus, et d'autres quelques dizaines de centimètres.

Les sous-arbrisseaux végètent à faible hauteur (port prostré ou rampant pour de nombreuses espèces utilisées en bordure, en massif ou comme plantes couvre-sol).

De nombreuses plantes grimpantes destinées à garnir des tonnelles et des pergolas sont des végétaux ligneux (arbustes) qui peuvent atteindre un grand développement. Il en est ainsi de la glycine ou de la corète du Japon.

Dans un jardin, il faut varier les espèces, afin de réaliser un ensemble harmonieux et esthétique.

Certains arbres peuvent devenir centenaires, tel ce marronnier.

Les qualités décoratives

Les arbres et les arbustes doivent leurs qualités décoratives à leur feuillage, à leur floraison, à leur fructification ou à plusieurs de ces caractères, échelonnés sur toute la période de végétation. Il faut ajouter à cela le port du sujet, que l'on remarquera d'autant plus si l'arbre ou l'arbuste est planté en spécimen isolé.

✓ Le feuillage

Les arbres et arbustes d'ornement ont généralement un feuillage décoratif. Certaines espèces portent un feuillage fourni et donnent une ombre dense (comme le marronnier), alors que d'autres, à petites feuilles, procurent un ombrage plus léger.

• **Le feuillage vert** peut être ornemental par l'intensité de sa couleur ou sa teinte particulière. Le laurier-cerise, par exemple, est intéressant pour ses feuilles vert sombre et luisantes, tandis que le magnolia à grandes fleurs est remarquable pour ses belles feuilles coriaces et luisantes qui lui donnent un aspect exotique.

• **Le feuillage argenté** est très décoratif : il caractérise peuplier blanc et tilleul argenté parmi les arbres, halimiocistus, saule et chalef (*Elaeagnus*) parmi les arbustes.

• **Le feuillage pourpre** de nombreuses variétés peut être utilisé pour créer des masses sombres (charme, érable, hêtre, berbéris, sumac de Virginie).

• **Le feuillage panaché**, résultat de sélections au sein d'un groupe à feuillage vert, est souvent spectaculaire. On trouve, par exemple, des houx à feuilles marginées de blanc, de crème ou de jaune, des hêtres panachés de blanc (*albo variegata*) ou un remarquable érable (*Acer negundo aureo-variegatum*), au feuillage taché de jaune d'or. Les arbustes à feuillage panaché sont nombreux : aucuba, berbéris, buis, deutzia, fusain, noisetier, seringat, troène, etc. La coloration automnale ajoute aux qualités décoratives du feuillage. En choisissant judicieusement les espèces, vous obtiendrez des harmonies de couleurs tout à fait spectaculaires.

Ramure d'un hêtre pourpre.

• **Les feuillages évoluant à l'automne** de façon affirmée sont très attractifs. Parmi les espèces qui se colorent en rouge (ou dans les tons rouges) : chêne, copalme, érable, sorbier pour les arbres ; aralia, berbéris, cotonéaster, crataegus, deutzia, groseillier sanguin, mahonia, spirée, sumac, viorne pour les arbustes. Parmi les espèces qui se colorent en jaune (ou dans les tons jaunes) : bouleau, févier, ginkgo, hêtre, mélèze, peuplier, platane pour les arbres ; hamamélis, seringat, sorbier pour les arbustes.

► **Caducs et persistants**
Efforcez-vous de mêler les espèces à feuilles caduques aux arbres et arbustes à feuillage persistant. Les caducs portent souvent une floraison remarquable (les fleurs apparaissent parfois avant les feuilles, comme chez le forsythia ou certains magnolias, ce qui donne au sujet fleuri une qualité décorative exceptionnelle). Leurs coloris d'automne sont fréquemment spectaculaires.

Houx à feuillage panaché.

Arbustes à feuillage décoratif

Espèce	Culture	Particularités
Atriplex **(arroche)**	Rustique sous les climats des régions tempérées ; produit de nombreux rejets, ce qui facilite sa multiplication.	Feuillage persistant sous les climats du littoral, auxquels il est parfaitement adapté.
Aucuba **(aucuba)**	Vient bien sous toutes expositions, de préférence en sol humide mais bien drainé ; multiplication facile par marcottage ; très rustique.	S'accommode des atmosphères polluées des agglomérations urbaines ; feuillage persistant ; fructification décorative.
Bambusa **(bambou)**	Exige un climat chaud, une exposition ensoleillée, un sol léger et bien drainé ; multiplication par division de la touffe rhizomateuse.	Certaines variétés sont adaptées à nos climats, mais il faut néanmoins les protéger ; on trouve aussi des espèces naines que l'on utilise en rocaille.
Berberis **(berbéris)**	Plantation en terre peu calcaire ; bouturage de rameaux aoûtés.	Feuillage caduc ou persistant selon les variétés ; rameaux épineux.
Buxus **(buis)**	Pas d'exigence particulière ; multiplication par bouturage ou par marcottage.	Espèces naines employées en bordure, les autres en haie ; feuillage persistant. Peut devenir un arbre de 10 m.
Cornus **(cornouiller)**	Adapté à toutes terres et à toutes expositions ; marcottage et bouturage possibles.	Feuillage caduc ou persistant selon les variétés. Peut devenir un arbre de 10 m.
Euonymus **(fusain)**	Pas d'exigence particulière quant à la nature du sol, mais supporte mal les grands froids.	Feuillage caduc ou persistant.
Ilex **(houx)**	Pour terre acide ; multiplication par marcottage ou bouturage.	Feuillage persistant ou caduc selon les variétés, dont certaines à feuillage panaché. Peut devenir un arbre de 15 m.
Ligustrum **(troène)**	Toute terre et toute exposition lui conviennent ; les différentes espèces sont de rusticité inégale ; multiplication par bouturage.	Feuillage caduc ou persistant selon les variétés ; floraison agréablement parfumée.
Parrotia **(parrotia)**	À planter en situation ensoleillée, en terre plutôt calcaire ; marcottage et bouturage possibles.	Feuillage persistant.
Prunus laurocerasus **(laurier-cerise)**	Adapté à tout type de sol, mais ne supporte pas les grands froids ; multiplication très facile par marcottage.	Feuillage caduc prenant de très belles teintes en automne. Peut devenir un arbre de 10 m.

Arbustes à feuillage décoratif

Espèce	Culture	Particularités
Osmanthus x *burkwoodi* (osmanthus)	Exige un sol humifère ; multiplication par bouturage ou marcottage.	Feuillage persistant évoquant un peu celui du houx.
Rhus (rhus)	Exposition ensoleillée en sol riche ; rustique ; multiplication par bouturage des racines.	Parmi les différentes variétés, on trouve l'arbre à perruques et le sumac de Virginie ; feuillage caduc et floraison décorative. Peut devenir un arbre de 10 m.
Stransvaesia (stransvaesia)	Rustique, il préfère cependant une situation ensoleillée ; pas d'exigence particulière quant au sol.	Feuillage persistant ; fleurs et fruits également décoratifs.
Vitex (vitex)	Accepte tous les sols, mais exige un climat doux ; multiplication par bouturage.	Feuilles caduques ou persistantes selon les variétés.

Aucuba.

Bambou.

Cornus controversa.

Rhus.

Stransvaesia.

Ligustrum japonicum.

✓ Le port

On désigne par ce terme la forme générale de l'arbre ou de l'arbuste (sa silhouette). Le port de nombreux arbustes et de quelques arbres peut être notablement modifié par la taille. Le charme, par exemple, présente un port pyramidal, mais la taille peut lui donner les formes les plus diverses. L'élagage permet aussi de modifier légèrement le port des grands arbres. Le port d'un arbre ou d'un arbuste peut être très irrégulier, notamment lorsqu'il ne dispose pas de l'espace suffisant pour se développer, quand il reçoit mal la lumière ou lorsqu'il subit de forts vents.

Fastigié

En fuseau ; les branches sont dressées et se rapprochent du tronc. Ce type de silhouette est commun à des feuillus (peuplier d'Italie) et des conifères (if d'Irlande ou sapin d'Espagne). Les arbres et arbustes à forme fastigiée conviennent bien pour les rideaux et les haies coupe-vent.

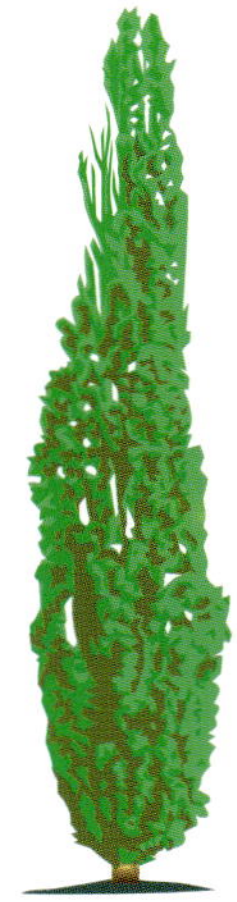

Pyramidal

Conique plus ou moins allongé. Ce port est commun à de nombreux conifères, comme le sapin argenté (*Abies alba*) ou le sapin rouge (*Picea excelsa*) ; il est souvent très élégant. Certains conifères qui présentent un port pyramidal pendant leur maturité peuvent, en vieillissant, prendre une forme plus étalée.

Arrondi

Cime sphérique plus ou moins régulière, comme chez le marronnier d'Inde (*Aesculus hippocastanum*).

Étalé

De nombreuses espèces présentent une cime large, aux branches plus ou moins horizontales, qui peuvent prendre une grande extension, comme chez le pin parasol (*Pinus pinea*).

Pleureur

Rameaux retombants, parfois jusqu'au sol. On trouve des variétés *pendula* à port retombant chez de nombreuses espèces (chêne, érable, frêne). Les saules pleureurs (*Salix babylonica*) sont souvent cultivés près des pièces d'eau.

✓ La floraison

De nombreux arbustes sont cultivés avant tout pour leur floraison. L'« explosion » des forsythias, de *Prunus*, des magnolias puis l'épanouissement des lilas, transforment le paysage de nos jardins.

Les grands arbres sont généralement moins florifères, bien que certaines espèces comme les paulownias, les catalpas et les marronniers donnent des fleurs très décoratives. On les emploie cependant surtout pour leur feuillage.

La plupart des variétés fleurissent en fin d'hiver et au printemps. Cependant, les floraisons estivales sont relativement nombreuses : hortensia (pour commencer par le plus répandu), oranger du Mexique, seringat, jasmin, fuchsia, buddleia, etc. Les fleurs d'automne sont plus rares : arbousier, buddleia, caryopteris, *Desmodium penduliflorum*, certaines spirées.

La superbe floraison du magnolia a ceci de remarquable qu'elle se produit, avant l'apparition du feuillage.

Forsythia.

Deutzia gracilis.

Pieris japonica.

Lilas.

Arbustes à floraison printanière

Espèce	Culture	Particularités
Abeliophyllum **(abélia)**	Exige une situation ensoleillée et une terre bien drainée.	Fleurs blanches et parfumées réunies en grappe ; floraison précoce.
Acacia dealbata **(mimosa)**	Seulement dans le Midi ou l'Ouest, en terre riche et à bonne exposition.	Floraison hivernale. Fleurs en pompons jaune d'or très odorantes.
Agapetes **(agapetes)**	Très difficile, très peu rustique.	Dans de bonnes conditions de culture et climatiques, feuillage persistant ; grappes de fleurs blanches et rouges.
Amelanchies **(amélanchies)**	Pas d'exigence sur la nature du sol ; exposition ensoleillée ou mi-ombre ; sensible à l'oïdium.	Fleurs blanches et parfumées regroupées en petites grappes terminales.
Camellia **(camélia)**	Ne pas planter en sol calcaire ; vient bien sous les climats doux et humides.	Plusieurs variétés à grosses fleurs blanches, rouges ou roses, simples ou doubles.
Chaenomeles speciosa **(cognassier du Japon)**	Pas d'exigence sur la nature du sol ; exposition ensoleillée ou mi-ombragée.	Épineux à feuillage caduc ; fleurs blanches, rouges ou roses.
Cotinus coggyria **(arbre à perruques)**	Exige un sol calcaire et une exposition ensoleillée.	Sujet rustique ; à planter en isolé pour profiter de sa floraison originale (longs pédoncules duveteux roses).
Crataegus **(aubépine)**	Ne présente pas d'exigence particulière ; à planter au soleil ou à mi-ombre.	Parfaitement rustique mais de croissance assez lente ; rameaux épineux ; floraison blanche (mais aussi rose et rouge).
Daphne cneorum **(daphné)**	Exposition indifférente ; préfère une terre riche et bien drainée.	Floraison jaune ou rose ; certaines variétés à floraison estivale.
Deutzia **(deutzia)**	À planter en situation mi-ombragée, en terre légère et humifère ; peu rustique.	Rameaux retombants portant des fleurs blanches, lilas ou roses réunies en grappes.
Forsythia **(forsythia)**	Parfaitement rustique ; ne présente pas d'exigence particulière.	Magnifique floraison jaune, avant l'apparition des feuilles.

ARBUSTES À FLORAISON PRINTANIÈRE

ESPÈCE	CULTURE	PARTICULARITÉS
Jasminum **(jasmin)**	Surtout cultivé dans les régions méditerranéennes, en terre riche et légère.	Variétés à floraison blanche ou jaune, hivernale ou printanière, certaines odorantes.
Kerria japonica **(corète du Japon)**	Accepte tout type de sol, à exposition ensoleillée.	Bouquets de fleurs jaunes portés par des rameaux retombants.
Laburnum **(cytise)**	Plantation à exposition ensoleillée dans tout sol.	Grappes de fleurs jaunes retombantes.
Mahonia **(mahonia)**	Exige une exposition ensoleillée en terrain riche et humide.	Fleurs jaunes réunies en grappes ; feuillage persistant.
Philadelphus **(seringat)**	Pas d'exigence particulière.	Fleurs blanches odorantes ; feuillage caduc.
Pieris japonica **(andromède)**	Arbuste de terre de bruyère à planter à mi-ombre.	Ne dépasse pas 50 cm de haut ; floraison rose ou blanche ; feuillage persistant.
Rhododendron **(rhododendron)**	Plantation en terre de bruyère, à exposition mi-ombragée.	Très belle floraison aux coloris multiples, selon les variétés.
Spirea x bumalda **(spirée)**	Exige une situation ensoleillée et une terre riche.	Fleurs blanches ou roses ; feuillage caduc.
Syringa vulgaris **(lilas)**	Rustique, à planter en situation ensoleillée dans une terre plutôt argileuse.	Fleurs simples ou doubles, odorantes, blanches ou mauves.
Ulex europeaus **(ajonc)**	Craint le calcaire ; développement rapide dans une terre bien drainée.	Spontané sur le littoral atlantique ; branches épineuses portant des fleurs jaunes.
Viburnum opulus **(viorne obier)**	Assez rustique ; à planter néanmoins en situation abritée et ensoleillée.	Fleurs blanches en boule, d'où son autre nom de boule-de-neige.

Arbustes à floraison estivale

Espèce	Culture	Particularités
Abelia **(abélia)**	Peu rustique, la plante doit être protégée l'hiver ; peu d'exigences, sinon une exposition ensoleillée.	Fleurs en clochettes, roses ou blanc rosé ; feuillage persistant ou caduc selon les variétés.
Albizia **(albizia)**	À planter en situation abritée et à protéger des gelées printanières.	Floraison rose ou jaune ; feuillage caduc.
Azalea **(azalée)**	Peu rustique ; à planter à exposition mi-ombragée, en terre de bruyère.	Magnifique floraison dans des coloris divers ; feuillage persistant ou caduc, selon les variétés.
Buddleia alternifolia **(buddleia)**	Rustique, mais à placer à bonne exposition, en terre argilo-calcaire.	Aussi appelé « arbre aux papillons », car ses fleurs (blanches, lilas clair, bleu intense, rose cramoisi, pourpre) attirent ces derniers ; rabattre chaque année (à 50 cm du sol).
Ceanothus **(céanothe)**	Accepte toute bonne terre de jardin ; exposition mi-ombragée.	Petites fleurs étoilées réunies en grappes blanches, bleues ou roses ; ne pas tailler avant les dernières gelées printanières.
Cytisus* x *praecox **(genêt)**	Exige une exposition ensoleillée et une terre siliceuse.	Deux familles, genêt à balais et genêt d'Espagne, toutes deux assez rustiques ; floraison jaune (parfois blanche).
Escallonia **(escallonia)**	Craint les sols trop calcaires.	Rustique sur le littoral atlantique ou méditerranéen. Fleurs blanc rosé, rose carmin ou rouges.
Fuchsia **(fuchsia)**	À planter en terre humifère et bien drainée, à bonne exposition ; à protéger des gelées.	Plusieurs variétés à floraison pendante et coloris multiples ; rabattre sévèrement en hiver.
Hydrangea macrophylla **(hortensia)**	Préfère les climats doux et humides de la Bretagne ; ailleurs, à planter en situation abritée en terre de bruyère.	Certaines variétés grimpantes ; taille légère (suppression de l'extrémité des rameaux défleuris). Floraison blanche, jaune, rouge et rouge pouvant devenir bleu.
Hypericum **(millepertuis)**	Pas d'exigence particulière.	Floraison jaune, feuillage persistant ou semi-persistant.
Lavandula vera **(lavande)**	Assez peu rustique ; ailleurs que dans le Midi, à planter en situation ensoleillée.	Floraison odorante (davantage dans les sols siliceux). Fleurs bleues, violettes.

Albizia julibrissin.

Céanothe.

Fuchsia.

Hortensia.

Arbustes à floraison estivale

Espèce	Culture	Particularités
***Magnolia virginiana* (magnolia)**	Exige une terre humifère et une exposition ensoleillée ; floraison de juin à septembre.	Fleurs blanc crème, fruits rouges très décoratifs;
***Nerium oleander* (laurier-rose)**	Cultivé en pleine terre seulement dans le Midi.	Floraison rose ou blanche ; peut être cultivé en pot ailleurs que dans le Midi.
***Potentilla* (potentille)**	À planter en terre bien drainée et à exposition ensoleillée.	Certaines variétés rampantes ; fleurs blanches, jaunes ou orange.
***Weigela* (weigélia)**	Mettre en place en sol humifère, à exposition ensoleillée ou mi-ombragée.	Présente des fleurs en entonnoir, blanches, rouges ou roses.
***Yucca* (yucca)**	À planter en situation ensoleillée ; certaines variétés très rustiques pour les régions au climat peu clément.	Longues feuilles rubanées et pendantes, rustiques ; haute hampe florale portant des fleurs blanches en clochette ; certaines variétés cultivées en plantes d'appartement.

Laurier-rose.

Potentille.

Weigélia.

ARBUSTES À FRUCTIFICATION DÉCORATIVE

ESPÈCE	CULTURE	PARTICULARITÉS
Arbutus unedo **(argousier)**	Peu rustique ; à planter en situation ensoleillée, en terre non calcaire.	Baies rouges ; feuillage persistant.
Berberis **(berbéris)**	Éviter les sols calcaires.	Rameaux épineux ; feuilles caduques ou persistantes, selon les variétés.
Callicarpa americana **(callicarpa)**	À planter en situation ensoleillée, en sol humifère.	Grouper plusieurs sujets de façon à obtenir davantage de fruits.
Colutea arborescens **(baguenaudier)**	Préfère les sols calcaires et secs.	Floraison estivale jaune suivie de gousses renflées.
Cotoneaster **(cotonéaster)**	Très rustique, pas d'exigence spéciale.	Très nombreuses variétés à port dressé ou rampant. Fruits rouges, jaune orangé ou noirs.
Hippophae rhamnoides **(argousier)**	Parfaitement rustique ; à planter en terre légère (sablonneuse).	Planter ensemble pieds mâles et femelles pour obtenir la fructification ; feuillage persistant.
Pernettya **(pernettya)**	À planter en terre de bruyère.	Planter plusieurs sujets ensemble. Baies blanches, roses ou rouges
Pyracantha coccinea **(buisson ardent)**	Pas d'exigence particulière ; éviter les terres trop calcaires.	Baies rouges ou orangés en hiver.
Rhodolypos **(rhodolipos)**	À planter en terre humifère et à exposition ensoleillée.	Feuillage caduc, baies noires.
Symphoricarpos racemosa **(symphoricarpos)**	Supporte l'ombre et tout type de sol.	Baies blanches ou roses ; plante drageonnante, employée pour fixer les terrains.

✓ La fructification

Les fruits sont insignifiants chez beaucoup d'espèces, mais ils ajoutent quelquefois une note décorative colorée. Les fruits rouges du houx, ceux de l'aucuba, du berbéris ou du sorbier des oiseleurs apportent beaucoup à la plante. Ils en constituent le principal intérêt dans le cas du buisson ardent (*Pyracantha*) : ils forment des grappes, rouge orangé denses, durant longtemps sur les rameaux.

Les baies du cotonéaster.

La symphorine a parfaitement mérité le nom d'« arbre aux perles ». Elle produit en effet des baies blanches, grosses comme des grains de raisin, qui subsistent jusqu'en hiver.

D'autres espèces produisent des fruits bleus (laurier-tin, mahonia) ou noirs (pommier du Japon, troène).

✓ L'écorce

Le bouleau est cultivé pour son tronc comme pour son feuillage ; il porte une écorce blanche (qui se détache parfois en lamelles sur les vieux arbres). Il existe des variétés de bouleau à écorce rouge rosé (*Betula albo sinensis*), abricot (*B costata*) ou presque noire (*B. lenta* ou *B. nigra*). Ces arbres sont charmants sur une pelouse ou en fond de massif, plantés en groupe ou en isolé.

D'autres espèces sont renommées pour leur écorce décorative : peuplier (tronc gris-jaune pour *Populus trichocarpa*), érable (remarquable écorce cannelle qui se détache pour *Acer griseum*, et vert olive pour *Acer rufinerve*), hêtre (écorce lisse), micocoulier (*Celtis australis*), platane (écorce s'exfoliant en permanence), saule (les jeunes tiges de nombreuses variétés se recouvrent d'un fin duvet argenté) dont les rameaux peuvent être violets (*Salix irrorata*) ou même rouges (*S. magnifica*).

Écorce de bouleau.

L'implantation des espèces

Le développement que prennent les arbres et les arbustes implique de bien réfléchir avant de les implanter.

Le berbéris offre une floraison et une fructification très décoratives.

✓ Arbres et arbustes en région urbaine

La pollution des villes est souvent très préjudiciable à certaines espèces qui ne s'y adaptent pas. Certains arbres et arbustes d'ornement y sont plus résistants que d'autres et sont donc conseillés pour un jardin urbain : l'aubépine, le bouleau, le charme, le cyprès, le magnolia, le marronnier, le pin, les *Prunus*, l'aucuba, le berbéris, le buddleia, le buis, le buisson ardent, le cotonéaster, le daphné, le forsythia, le fusain, l'hortensia, le houx, le laurier-sauce, le lilas, la spirée, le troène.

✓ La création de massifs d'arbustes

Le regroupement de diverses espèces d'arbustes en massif est très décoratif. Efforcez-vous de créer des harmonies de masses en faisant varier les couleurs et les volumes, mais en respectant toutefois certaines dominantes. Utilisez des variétés qui fleurissent à diverses saisons. Surtout, prenez garde à la taille des sujets adultes : disposez les plus hauts en fond de massif. Placez quelques essences persistantes pour l'hiver ; utilisez des arbustes nains ou couvre-sol au premier plan, et mariez-les avec des bulbeuses ou des vivaces.

✓ La création de haies et d'alignements

• **La haie vive défensive** est sans doute l'une des meilleures clôtures. Elle a pour seul défaut l'épuisement du sol aux alentours des arbustes (il faut donc faire des apports d'engrais par épandage). Les haies constituées d'arbustes épineux forment des barrières plus impénétrables que les clôtures de fil de fer barbelé. Elles sont le plus souvent faites d'aubépine, de buisson ardent, de cognassier du Japon, etc. Le houx, aux feuilles piquantes, peut constituer de très belles haies défensives à feuillage persistant.

• **Les haies décoratives.** Ce sont aussi le caractère persistant de leur feuillage et leur bonne réaction à la taille qui destinent aux haies les buis, troènes, lauriers, cyprès, ifs et thuyas. Ces arbustes sont très décoratifs par

Euonymus japonicus.

Choix d'arbustes pour haies

Espèce	Hauteur	Intérêt et exigences
Atriplex **(arroche)**	2-3 m	Feuillage persistant ; rustique ; s'adapte au sol du bord de mer.
Aucuba **(aucuba)**	1-2 m	Feuillage persistant ; rustique.
Berberis **(berbéris)**	2-3 m	Feuillage caduc ou persistant selon les variétés.
Buxus **(buis)**	2 m	Feuillage persistant rustique ; accepte tous sols.
Chaenomeles speciosa **(cognassier du Japon)**	3 m	Feuillage caduc, branches épineuses, belle floraison.
Chamaecyparis **(cyprès de Lawson)**	2 m	Feuillage persistant ; à besoin d'être taillé au printemps et à l'automne.
Cornus **(cornouiller)**	2-3 m	Feuillage caduc ; pas d'exigence particulière.
Corylus **(noisetier)**	1,50 m	Feuillage caduc.
Cotoneaster **(cotonéaster)**	3 m	Feuillage persistant ; fructification décorative.
Euonymus **(fusain)**	3 m	Feuillage persistant.
Hypericum patulum **'Hidcote' (millepertuis)**	2 m	Feuillage persistant ; floraison décorative.
Ilex **(houx)**	2 m	Feuillage persistant, feuilles épineuses, défensives, fructification décorative.
Osmanthus **(osmanthus)**	2 m	Feuillage persistant.
Pittosporum **(pittosporum)**	2,50 m	Feuillage persistant ; floraison décorative ; assez peu rustique.
Pyracanthea coccinea **(buisson ardent)**	2,50 m	Feuillage persistant ; fleurs et fruits décoratifs.
Thuja **(thuya)**	1,50 m	Feuillage persistant, développement rapide ; peu d'exigences.
Viburnum tinus **(laurier-tin)**	3 m	Feuillage persistant ; fleurs blanches ou rosées ; fructification décorative.

leur port et leur feuillage, mais il faut parfois les doubler d'une clôture en bois ou en grillage. Les troènes, très répandus, sont semi-persistants ; ils supportent fort bien la taille et donnent des haies très denses. On peut également utiliser le charme, le cognassier du Japon, le crataegus, le deutzia, le rhododendron, la spirée ou, dans les régions méridionales, le paliure ou l'agave.

- **Les haies brise-vent** doivent être assez hautes. Les peupliers conviennent bien, en raison de leur développement rapide et de leur cime élevée.

Les arbres d'alignement apportent de l'ombre et donnent du caractère à une allée. On emploie principalement les tilleuls, les marronniers, les platanes et les sophoras.

L'achat et la réception

Si vous n'achetez pas directement vos plants chez un pépiniériste, soyez attentif, lors de la commande, aux conditions de vente et de livraison qui vous sont proposées. À la réception, examinez soigneusement l'état de vos plants.

✓ L'achat

Les arbres et les arbustes sont souvent présentés avec la motte, en conteneurs, ou à racines nues pour des espèces à feuilles caduques reprenant rapidement (les racines sont alors placées dans de la tourbe, afin de mieux supporter le choc de la transplantation). L'élevage des plants en conteneur présente le grand avantage de permettre la plantation à presque toutes les époques de l'année. On y a de plus en plus recours. Cette technique donne la possibilité de mettre en place des arbres et des arbustes déjà très avancés dans leur croissance, et donc de gagner plusieurs années (les sujets assez grands sont bien entendu plus onéreux).

▪ *Lors de l'achat*, examinez soigneusement l'arbuste, afin de vérifier qu'il n'est atteint d'aucune maladie. Cet examen est cependant difficile sinon impossible pour les caducs, que l'on achète en hiver, les yeux étant alors quasi invisibles.

Si vous le pouvez, déplacez-vous directement chez le pépiniériste pour choisir l'arbuste ou l'arbre. Mieux vaut juger sur pièce que sur photo.

▪ *L'expédition* des plants achetés sur catalogue se fait aux risques du destinataire : en conséquence, vérifiez à la livraison que les plants sont en bon état avant de donner décharge au livreur. En cas d'erreur de livraison (il se produit quelquefois des confusions sur la variété et la couleur de floraison), le pépiniériste ne devrait pas vous faire de difficultés pour remplacer la plante. Beaucoup accordent aujourd'hui une garantie de reprise d'un an.

Les catalogues permettent de se faire une idée relativement précise et font bénéficier des conseils des producteurs. Néanmoins, il vaut mieux juger sur pièce, par soi-même.

✓ La réception

Il n'est pas toujours possible de mettre les arbres ou les arbustes en place dès la réception. On peut manquer de temps à ce moment-là ou être soumis à des conditions météorologiques défavorables : ne plantez surtout pas s'il gèle ou s'il pleut sans arrêt.

Attention !

En cas de mauvais temps prolongé (gel et neige, etc.), mettez les plants livrés en conteneur sous abri ; placez ceux à racines nues en jauge (tête tournée vers le midi), ou dans une caisse, les racines recouvertes de tourbe. Arrosez très peu, et seulement si nécessaire.

La plantation

La méthode de plantation est la même pour les différentes espèces d'arbres et d'arbustes. Il faut cependant prendre certaines précautions avec les essences à feuillage persistant, qui ne connaissent pas de véritable période de repos.

La préparation du sol

- *L'amendement* n'est pas nécessaire pour les sujets à grand développement, qui poussent très loin leurs racines ; il faudrait faire de trop importants apports de terre adaptée... Choisissez plutôt les espèces dont les exigences se trouveront satisfaites par la nature du terrain.
- *Un défoncement profond* permet aux racines de se développer sans difficulté dans la première période de la vie du végétal. Le trou de défoncement doit donc être plus profond et plus large que l'envergure du système radiculaire au moment de la plantation. Il est parfois nécessaire d'enfouir des graviers ou du sable, afin d'améliorer le drainage du sol (pour les bruyères, par exemple). Ne mélangez pas la terre du sous-sol à la terre de surface. Faites-en deux tas, pour remettre ensuite la terre du sous-sol au fond du trou.
- *Un nettoyage de la terre* des racines adventices et des mauvaises herbes vous évitera, par la suite, des sarclages trop fréquents. Enlevez également les grosses pierres.
- *Creusez les trous* plusieurs semaines avant la mise en place des plants, pour permettre une aération du sol.

Thuya en conteneur. C'est l'arbuste idéal pour réaliser une haie.

Arbustes pour sol argileux
Aucuba
Buddleia
Cornouiller
Cotonéaster
Cytise
Deutzia
Escallonia
Forsythia
Genêt
Laurier-cerise
Mahonia
Millepertuis
Potentille
Pyracantha
Seringat
Spirée
Troène
Viorne
Weigélia

Arbustes pour sol siliceux
Amélanchier
Arroche
Arbousier
Berbéris
Buis
Céanothe
Cornouiller
Fuchsia
Houx
Jasmin
Mahonia
Tamaris
Yucca

Arbustes pour sol calcaire
Amélanchier
Arbousier
Aubépine
Berbéris
Buddleia
Buis
Céanothe
Cornouiller
Cotonéaster
Deutzia
Forsythia
Fusain
Genêt
Lavande
Symphorine
Tamaris
Troène
Viorne
Weigélia

Les soins de plantation

✓ La période de plantation

La plupart des espèces peuvent être plantées d'octobre à février-mars, pendant toute la période de dormance de la végétation, du moins pour les plants à racines nues (il est possible de planter les sujets en conteneur même lorsqu'ils sont en fleur ou en fruit). La meilleure période de plantation reste, dans tous les cas, l'automne ou l'hiver (en dehors des périodes de gel).

• **Les espèces à feuilles persistantes** (surtout les espèces à feuilles larges tels que laurier-cerise, aucuba, etc.) sont plantées de préférence au début de l'hiver (octobre-novembre), alors que les feuilles sont très fermes et ne risquent pas de jaunir.

• **Les conifères** les plus vigoureux peuvent être transplantés en fin d'hiver ou au début du printemps (mais la plupart des conifères d'ornement sont maintenant vendus en conteneurs).

• **Les espèces à feuilles caduques** sont généralement plantées à la fin de l'automne et en hiver quand il ne gèle pas.

Commandez vos arbustes assez tôt dans la saison et tenez-les prêts (en jauge) à être mis en place dès que le temps le permettra.

Ouvrez le trou et déversez une couche de graviers au fond pour le drainage.

La plantation en fin d'hiver ou au début du printemps est à retenir pour les espèces assez peu rustiques, qui risquent de souffrir d'un hiver rude, alors qu'elles sont encore mal enracinées. Bon nombre d'échecs à la reprise ont en effet le froid pour origine. Si vous plantez en automne, pensez à protéger les jeunes sujets des grands froids : équipez-vous en conséquence (paillage, fourreaux de paille pour les troncs, etc.).

✓ Habillage et pralinage des racines

• **L'habillage** consiste à supprimer toutes les parties abîmées des racines, à effiler l'extrémité des radicelles avec la lame

Dégagez la motte en veillant à ne pas blesser les racines.

Arbustes de terre de bruyère

Espèce	Caractéristiques
Andromède	Feuillage persistant
Azalée	Feuillage caduc ou persistant, selon les variétés
Camélia	Feuillage persistant
Daphné	Feuillage persistant
Exochorda	Feuillage caduc
Hamamélis	Feuillage caduc
Hortensia	Feuillage caduc
Houx	Feuillage persistant
Kalmia	Feuillage persistant
Magnolia	Feuillage caduc ou persistant
Pernettya	Feuillage persistant
Rhododendron	Feuillage persistant
Skimmia	Feuillage persistant

(désinfectée) d'un greffoir, et à équilibrer le système aérien (ramure) en ne conservant que les tiges les plus robustes et les plus saines.

• **Le pralinage** consiste à enrober les racines d'une boue nutritive qui favorisera le redémarrage et l'enracinement. Préparez la mixture dans une grande bassine : il s'agit d'un mélange d'eau, d'argile et de matières nutritives (hormones d'enracinement en poudre). Cette opération n'est pas indispensable, mais elle aidera à la reprise des plants à racines nues.

Protection hivernale.

• **Pour les sujets en conteneur,** veillez surtout à ne pas briser la motte et à ne pas abîmer les racines lors du dépotage (il faut néanmoins parfois trancher au sécateur les racines quand elles sortent de la motte).

✓ La protection des jeunes plants

• **Les animaux** domestiques (chèvres, moutons, vaches), mais aussi les animaux sauvages (lapins, chevreuils) risquent de s'intéresser à la tendre végétation des jeunes plants. Entourez-les d'un solide grillage.

• **Le froid comme les grosses chaleurs** compromettent l'enracinement des végétaux ligneux.

■ *L'hiver*, prévoyez un paillage ou un film en plastique. En cas de gel très rude, placez des paillassons et encapuchonnez de papier journal recouvert de sacs en plastique. En cas de fortes chutes de neige, liez au tronc les jeunes rameaux qui risqueraient de casser sous le poids de la neige.

■ *En été*, l'arrosage régulier est indispensable la première année. Un paillage du sol est bénéfique en période très sèche.

La mise en place

• Évaluez la profondeur nécessaire, le collet devant être juste à la surface de la terre.

• Creusez le trou à la bêche en conséquence.

• Commencez par enfoncer solidement un tuteur au fond du trou.

• Placez provisoirement le sujet dans le trou, afin de repérer la meilleure disposition (il doit être vu sous son meilleur angle).

• Placez au fond du trou des graviers pour assurer un bon drainage, puis une couche de bonne terre ou, mieux, du terreau.

• Formez un petit monticule sur lequel vous disposez les racines, bien étalées.

• Comblez le trou avec de la terre bien tamisée. Secouez le tronc de l'arbuste pendant l'opération, de manière que la terre pénètre entre les racines.

• Tassez légèrement et ménagez une cuvette tout autour du tronc, afin de faciliter les arrosages.

• Arrosez abondamment pour faire adhérer la terre aux racines.

Mettez la motte dans le trou, rebouchez éventuellement avec du terreau et tassez la terre au pied.

Les soins de culture

De nombreuses espèces d'arbres et d'arbustes peuvent vivre presque sans aucun soin. C'est le cas, notamment, des arbres forestiers et des conifères d'ornement à grande végétation. Beaucoup d'arbustes à feuillage ou floraison décoratifs peuvent se passer de taille et de soins, à l'exception d'une protection élémentaire contre les mauvaises herbes. Néanmoins, la plupart se développent bien mieux lorsqu'ils sont surveillés, taillés si l'espèce le demande ou si l'emploi l'impose, traités contre les maladies et les parasites, et fortifiés avec des engrais adaptés.

La taille

Il faut distinguer la taille proprement dite, qui intervient annuellement (ou plus fréquemment) pour certaines espèces, de l'élagage (chirurgie végétale), qui concerne surtout les sujets à grand développement.

✓ Élagage

Cette opération consiste à supprimer un certain nombre de branches, afin de contrôler la croissance de l'arbre, lui donner une forme plus régulière ou éclaircir l'architecture de sa ramure.

L'élagage doit toujours être pratiqué en hiver, en période de dormance, à l'aide d'outils très coupants (scie d'élagueur, serpette, échenilloir, sécateur à deux mains).

Il faut toutefois procéder avec précaution, car l'élagage comporte des risques pour le végétal, les blessures laissées par la coupe des branches

Le sécateur à deux mains permet de couper des branches parasites de bon diamètre, au ras du tronc.

La coupe enclume. La lame vient simplement s'appuyer contre l'enclume pour trancher. Ce système, qui nécessite moins d'efforts, convient à la taille de tous les bois, y compris les bois morts, ou à la coupe de matériaux tendres tels que le caoutchouc et le plastique.

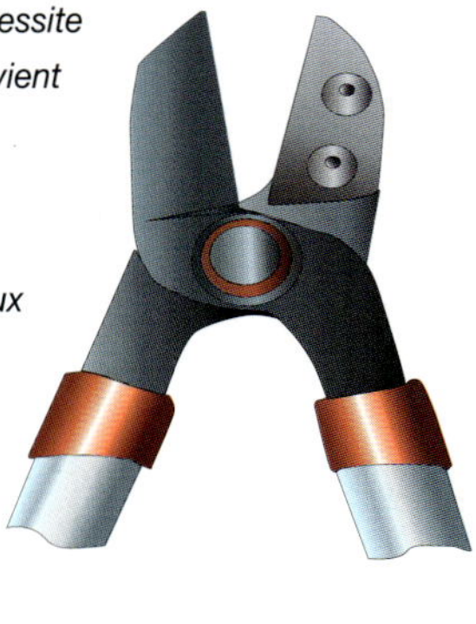

La coupe franche. La lame glisse le long de la contre-lame, et tranche net en biseau. Ce système convient à tous les types de taille (formation, entretien, fructification, coupe de fleurs).

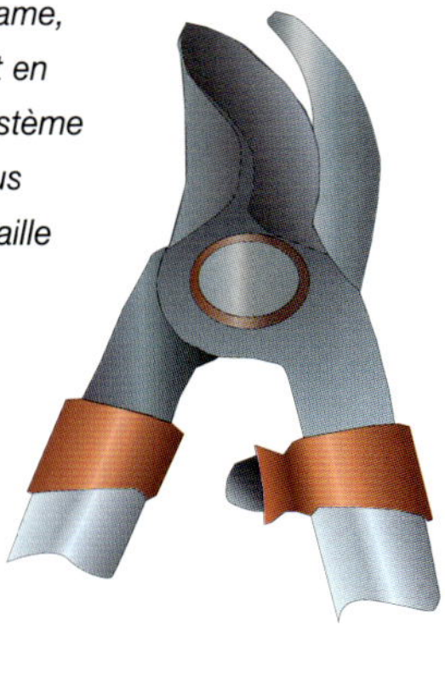

Arbustes à fleurs à tailler en hiver

Abelia	*Elaeagnus*
Berberis	*Euonymus alatus*
Buddleia	*Fuchsia*
Campsis radicans	*Jasminum officinale*
Caryopteris	*Magnolia grandiflora*
Ceanothus	*Spirea x bumalda*
Desmodium	*Tamarix pendrata*

Arbustes à tailler après la floraison

Akebia quinata	*Prunus*
Azalea	*Prunus dulcis*
Chaenomeles speciosa	*Philadelphus*
Chimonanthus	*Rhododendron*
Deutzia	*Ribes*
Diervillea	*Spiraea x bumalda*
Forsythia	*Syringa vulgaris*
Hamamelis	*Viburnum*
Kerria	*Weigela*
Laburnum	

étant une voie privilégiée pour la pénétration des parasites (cryptogames) qui peuvent détruire le sujet assez rapidement. Beaucoup d'arbres des villes, qui subissent souvent un élagage excessif, sont ainsi victimes de maladies et dépérissent vite. La règle consiste donc à couper le moins possible.

• **Supprimez les branches mortes ou malades** (couvertes de mousse ou de lichens, par exemple).

• **Coupez les branches trop basses**, qui peuvent gêner le passage ou la vue.

• **Supprimez les branches hautes** qui se dressent trop verticalement et déparent la cime.

• **Coupez les grosses branches** en deux fois, ou attaquez-les à la scie par en dessous, pour éviter qu'elles ne cassent, ce qui produirait une plaie très large favorisant la pénétration des parasites.

• **Terminez la coupe à la serpe ou avec un greffoir :** la plaie doit être parfaitement « parée », puis recouverte d'un mastic cicatrisant à base de poix, de brou de

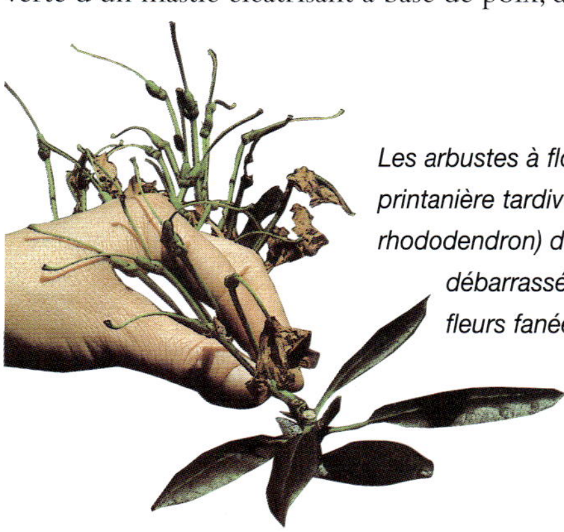

Les arbustes à floraison printanière tardive (ici, un rhododendron) doivent être débarrassés de leurs fleurs fanées.

✓ Taille des arbustes à fleurs

Il faut distinguer deux cas, selon le mode de végétation et de floraison du sujet.

• **Arbustes à floraison printanière.** Ces arbustes portent les fleurs sur le bois de l'année précédente. C'est le cas du lilas et du forsythia, par exemple. Taillez en hiver aboutirait donc à anéantir la floraison, puisque les boutons floraux sont déjà formés. Pratiquez donc la taille immédiatement après la floraison. Cette taille permet

Sur l'hortensia, contentez-vous d'un simple nettoyage : supprimez les bouquets de fleurs fanées, en fin d'hiver, au-dessus du dernier bourgeon.

d'éliminer les fleurs fanées et de rafraîchir la charpente en supprimant les branches abîmées au profit des jeunes rameaux.

• **Arbustes à floraison estivale.** Ces arbustes, qui portent leurs fleurs sur le bois de l'année, doivent être taillés pendant l'hiver. L'importance de la taille varie selon les espèces, mais aussi suivant les sujets (évitez de tailler trop sévèrement les jeunes sujets ; ne taillez pas au cours de l'année de plantation). Certains arbustes, comme le buddleia ou le fuchsia, doivent être rabattus (ramenés à 50 cm de hauteur maximum). Sur d'autres, au contraire, vous vous contenterez d'éliminer les fleurs fanées (hortensia).

On voit pourquoi le buddleia est aussi appelé « arbre aux papillons ». Comme sa floraison est estivale, cet arbuste doit être taillé (très court) en hiver.

✓ Taille des arbustes à feuillage décoratif

Elle a généralement lieu en hiver. La taille n'est pas indispensable pour de nombreuses espèces qui, tels le charme, l'érable, le laurier-cerise ou l'aucuba ne portent pas de floraison significative ni particulièrement intéressante. Contentez-vous de pratiquer périodiquement une taille de nettoyage et d'encouragement de la végétation (tous les deux ans, par exemple). La taille peut être plus sévère, sans préjudice pour la plante, lorsqu'il s'agit de lui donner une forme ou de limiter son développement. Enfin, si le sujet a subi l'attaque du gel, on pourra rabattre ses rameaux en les taillant très court.

TAILLE DES ARBUSTES À FLORAISON PRINTANIÈRE

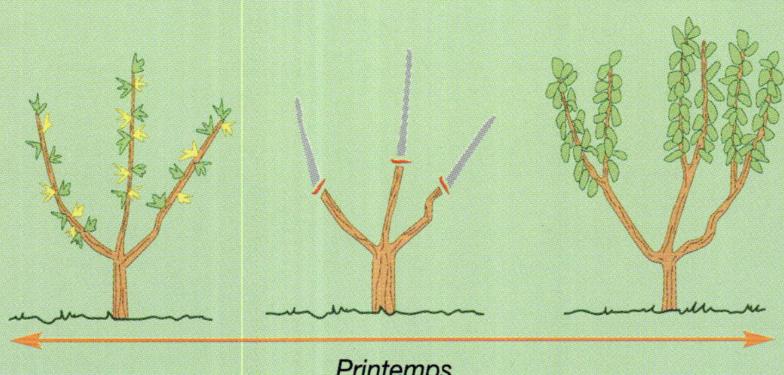

TAILLE DES ARBUSTES À FLORAISON ESTIVALE

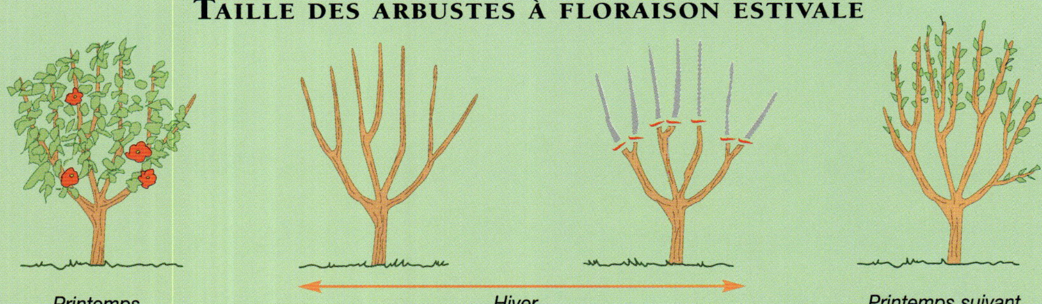

✓ Taille des haies

La plupart des espèces utilisées pour les haies vives supportent fort bien la taille. C'est le cas de l'aucuba, du buis, du troène, du fusain, de l'if, du houx ou du laurier-cerise. La taille des arbustes de haie s'effectue à la cisaille (à main ou électrique).

• **La taille de formation**, qui se pratique l'hiver, est destinée à donner une forme à la charpente. Rabattez la végétation de manière à favoriser une ramification très nombreuse à partir de la base et des branches principales, ce qui permet de donner à la haie un aspect très fourni.

• **La taille d'entretien** peut se faire pendant toute la saison de végétation, en fin de printemps (mai), puis à nouveau lorsque c'est nécessaire, en automne. Quand les haies ont pris leur taille et leur forme définitives, la taille d'hiver n'est plus indispensable.

Pour permettre aux arbustes à fructification décorative de produire tout leur effet (ici, un buisson ardent), il faut les tailler.

• **La taille de restructuration** intervient lorsque la haie vieillit : il arrive alors qu'elle se dégarnisse de la base, même si elle est taillée régulièrement. Rabattez alors assez sévèrement, en hiver, en coupant les grosses branches au tiers de leur hauteur (recépage). Vous favoriserez ainsi une ramification au pied.

✓ Taille des grimpants

Elle varie selon les espèces. Le lierre, qui ne présente pas de floraison remarquable, peut être taillé en hiver. Il s'agit simplement de limiter son développement, aucune taille spécifique n'étant nécessaire.

■ *On ne taille pas, ou presque pas*, le chèvrefeuille, le jasmin et les différents *Rubus*.

■ *On taille* la glycine en fin d'hiver, lorsque les grappes de fleurs sont en formation, et déjà bien visibles, ce qui per-

Pour avoir des haies denses et bien formées, il faut les tailler régulièrement. Utilisez pour cela une cisaille à main (à droite) ou électrique (à gauche).

met de limiter le développement de certaines pousses sans abîmer les fleurs. On pratique de la même façon pour la bignone.

■ *Les clématites* représentent un cas à part, puisque toutes les variétés n'ont pas le même type de végétation. De nombreux cultivars fleurissent sur le bois de l'année précédente et doivent donc être taillés (prudemment) après la floraison. Quelques variétés (*Clematis jackmanni*, *C. viticella*) fleurissent sur les rameaux de l'année et sont rabattues en hiver.

La passiflore (fleur de la passion) ne demande aucune taille, sinon la suppression des rameaux morts et des fleurs fanées.

✓ Effets de la taille

• **Résistance à la sécheresse.** La limitation du système aérien du végétal permet une meilleure résistance à la sécheresse, car le système radiculaire est proportionnellement très développé par rapport au système aérien, ce qui permet à l'arbre ou à l'arbuste d'avoir une meilleure tenue pendant les grosses chaleurs (l'évaporation par les feuilles est moindre). En outre, la taille favorise le développement des fruits, ce qui n'est pas négligeable pour les arbustes à fruits décoratifs (buisson ardent, houx, genévrier).

• **Résistance aux maladies.** La taille permet souvent une plus grande résistance des arbustes aux maladies. Un feuillage dense et manquant d'aération favorise le développement des cryptogames (et est plus hermétique au traitement). Les parasites (insectes et acariens) se fixent souvent à l'extrémité des pousses. La taille élimine ces parasites en rabattant les rameaux (il faut brûler les déchets).

• **Sensibilité au froid.** La taille peut en revanche rendre les arbustes plus sensibles à la gelée. Une taille de fin d'hiver, qui intervient trop tôt, a pour conséquence un débourrage précoce des bourgeons, qui sont ainsi moins résistants aux gelées de printemps. Il faut donc patienter jusqu'en mars (sous le climat de la région parisienne) avant de tailler.

La bignone est une plante grimpante qui ne se développe vraiment qu'à bonne exposition ensoleillée.

Formation sur tige. De nombreuses espèces d'arbustes buissonnants à l'état spontané peuvent prendre la forme d'un petit arbre ; les sujets ainsi conduits sont très décoratifs, isolés sur une pelouse. Ôtez les tiges secondaires partant de la base pour qu'un tronc se forme. Traitez ainsi les cotonéaster, deutzia, forsythia, hibiscus, philadelphus, spirée, lilas. Certains arbustes (groseilliers à fleurs) sont parfois greffés sur tige.

Tuteurage

- Il est indispensable pour les jeunes sujets exposés en plein vent. Le tuteur doit être mis en place au moment de la plantation, de façon à ne pas risquer ensuite d'abîmer les racines. Le tuteur doit être solide (en châtaignier, le plus souvent).
- Placez le tuteur du côté opposé au vent dominant, afin qu'il permette au tronc de mieux résister. Dans les régions chaudes, disposez le tuteur au sud, pour qu'il protège le tronc de la chaleur.
- Vous trouverez dans le commerce des colliers spéciaux pour lier le tronc au tuteur sans blesser la plante. Mais la ligature peut également être faite avec du raphia pour les jeunes rameaux, ou avec de l'osier. Vérifiez périodiquement que les ligatures ne provoquent pas d'étranglement du tronc.
- Le palissage consiste à attacher les rameaux sur un treillage ou sur un fil de fer pour décorer un mur.

▪ *On palisse de nombreux arbustes sarmenteux* qui n'ont pas d'organes particuliers pour s'accrocher d'eux-mêmes. C'est le cas de la bignone ou du jasmin. Certains arbustes non sarmenteux se prêtent bien au palissage : le forsythia peut ainsi être fixé de manière heureuse sur un mur bien exposé.

- *On palisse aussi* le camélia, le laurier-tin, le kerria ou *Desmodium penduliflorum*. Le palissage est effectué à l'aide de raphia ou de brins d'osier.

La vigne vierge (Ampelopsis) *peut s'accrocher d'elle-même au support grâce à ses racines aériennes, mais il faut, au départ, l'aider d'un treillage.*

Cette variété d'hibiscus n'est rustique que dans le midi de la France. Ailleurs, elle devra être cultivée en serre ou en appartement, éventuellement formée sur tige.

La corète du Japon (Kerria japonica) *n'est pas un arbuste sarmenteux, mais il peut néanmoins être palissé pour cacher un vieux mur, par exemple.*

Les traitements

Les arbustes et les arbres, comme les plantes herbacées, sont touchés par les maladies et les parasites. Il faut tout d'abord répondre aux exigences de la plante en l'installant dans un sol et à une exposition qui lui conviennent. La lutte contre les insectes et les cryptogames se fait par traitement curatif ou préventif.

✓ Maladies de carence et chlorose

Certains arbustes ont des besoins très spécifiques, et l'installation dans un sol inadapté peut leur être fatale. Prenez des précautions avant de planter les espèces de terre de bruyère, comme les azalées, les kalmias ou l'andromède du Japon. Ces plantes ne peuvent vivre qu'en terre acide, car elles sont toutes calcifuges. Lorsque le sol ne correspond pas à leurs exigences, vous pouvez avoir recours à l'apport massif de terre de bruyère, si vous tenez à cultiver ces espèces. Au bout de quelques années, cependant, vous constaterez parfois un jaunissement du feuillage qui précède le dépérissement : c'est la chlorose. Les racines de la plante s'enfoncent profondément, au-delà de la couche de terre de bruyère, et ne trouvent plus ce dont elles ont besoin. Vous pourrez traiter contre la chlorose à l'aide d'une poudre spécifique apportée par voie d'arrosage. La traditionnelle bouillie bordelaise constitue une solution bien adaptée.

D'autres maladies de carence peuvent se manifester. Elles sont traitées par des fertilisants spécialisés, qui apportent des oligo-éléments nécessaires.

Attention !

Les arbres et arbustes atteints de maladies virales doivent impérativement être détruits. Si vous le pouvez, brûlez-les. Ne les jetez surtout pas dans le bac à compost, car vous risqueriez de contaminer d'autres plantes en utilisant ensuite le compost.

Le pulvérisateur est l'accessoire incontournable pour de nombreux traitements foliaires.

✓ Maladies cryptogamiques

On désigne ainsi toutes les maladies causées par des moisissures et des champignons. Elles sont assez fréquentes chez les arbustes d'ornement et sont souvent la conséquence d'une taille mal effectuée ou exécutée avec des outils sales ou mal aiguisés. Les cryptogames se développent lorsque le pied des arbustes est peu entretenu (une « jungle » de ronces et de mauvaises herbes au pied des arbustes est un repaire de parasites). La première action préventive consiste donc à entretenir soigneusement les abords des arbustes (binages ou désherbants sélectifs). Une pelouse qui arrive jusqu'au pied des arbres est bénéfique (elle protège le sol contre l'évaporation).

• **La pourriture grise** (botrytis) est fréquente chez les arbustes à fleurs. Elle se déclenche par temps chaud et humide, et se manifeste par l'apparition d'un voile gris sur les feuilles et les fleurs. Ces dernières dépérissent rapidement. Traitez en taillant le feuillage pour favoriser la circulation de l'air. Pulvérisez curativement un fongicide adapté (à base de bénomyl ou de carbendazime).

• **L'oïdium (blanc)** est également assez fréquent. De nombreux arbustes en sont victimes, comme les ribes, les pommiers d'ornement ou les fusains. Cette maladie est caractérisée par un voile blanc qui se répand rapidement sur les feuilles. Il faut traiter sans attendre, dès que vous constatez l'apparition de taches sur le feuillage. Vous pouvez aussi effectuer un traitement préventif dans les jardins qui ont eu souvent à souffrir de ces attaques. Pulvérisez tous les quinze jours sur tout le feuillage.

• **La cloque.** Certains arbres sont victimes de cette maladie connue des plantations de pêchers. L'aulne, le bouleau, l'orme et le peuplier sont souvent atteints. La cloque se manifeste par une déformation des feuilles qui se couvrent de cloques d'abord rougeâtres, puis blanchâtres. Les feuilles tombent rapidement, et l'arbre dépérit. Traitez en pulvérisant un fongicide à base de thirame, en février, avant le débourrement. Ce traitement est curatif, mais vous pouvez l'appliquer préventivement si d'autres arbres sont atteints dans le voisinage.

L'apport d'engrais au pied des arbres et arbustes peut se faire par bêchage avec une fourche à bêcher.

Les fertilisants

C'est bien entendu lors de la plantation qu'il faut enfouir une fumure de fond. Elle est bien souvent indispensable. Utilisez un engrais de fond en granulés (contenant de la magnésie), que vous mélangerez à la terre de rebouchage du trou de plantation.

Les années suivant la plantation, utilisez les granulés d'engrais de fond en épandage. L'opération doit être faite l'hiver. Vous pouvez enfouir les granulés par un griffage ou un léger bêchage à la fourche à bêcher (qui présentent en outre l'avantage de nettoyer la terre sous les arbustes). On trouve aussi aujourd'hui des bâtons d'engrais que l'on fiche dans le sol au pied des arbres et arbustes, comme ceux qu'on utilise ordinairement pour les plantes d'intérieur en pot, mais bien sûr de taille différente.

Bâtonnets d'engrais à planter au pied des arbustes.

• **Les plantes de terre de bruyère** (azalées, rhododendrons, camélias, bruyères) reçoivent un engrais spécifique. C'est un engrais complet qui contient de la magnésie, du soufre et des oligo-éléments, et qui répond aux exigences très particulières de ce type de plante. Ce fertilisant pour plantes de terre de bruyère est apporté en arrosages hebdomadaires en été (et même au printemps) ou en épandage sur le sol au printemps. Il agit rapidement sur la végétation de la plante, qui donne des fleurs plus belles. Il présente l'avantage de corriger les carences (chlorose).

• **Les conifères** (nains ou de taille normale) et la plupart des arbustes d'ornement doivent recevoir un fertilisant lorsque leur croissance n'est pas très vive. Il s'agit d'engrais complets en granulés, contenant de la magnésie, du soufre et des oligo-éléments. Ils sont apportés par épandage (deux ou trois fois par an), au cours de la période de croissance, et l'on peut même en fournir aux plantes adultes.

La fertilisation par *mulching*

• La technique du *mulching* utilisée dans les jardins fruitiers biologiques peut être retenue avec profit. Elle consiste à recouvrir le sol, au pied des arbustes, de matières organiques végétales et animales.

• Dans les massifs d'arbustes, le sol est le plus souvent nu ; sarclez et binez régulièrement pour éliminer les mauvaises herbes (ou appliquez un désherbant).

• Le compost est épandu en surface, après un griffage. On le laisse se décomposer de façon naturelle. Cette couverture organique protège le sol contre l'évaporation. Elle le nourrit, par infiltration, au moment des pluies.

Arbres du jardin à feuilles caduques

Espèce	Exigences	Caractéristiques
Acer (érable)	Terre riche et fraîche ; croissance lente.	10-40 m ; plusieurs espèces cultivées ; port fastigié, pleureur ou arrondi.
Aesculus hippocastanum (marronnier)	Sol frais et profond ; craint la sécheresse ; croissance rapide.	25 m ; port arrondi.
Alnus (aulne)	Accepte même les sols pauvres, à condition qu'ils soient humides ; croissance rapide.	10 m ; port pyramidal.
Betula (bouleau)	Pas d'exigence particulière ; croissance rapide.	10-20 m ; port ovoïde ; écorce lisse blanc argenté.
Carpinus (charme)	Sol argileux bien humide.	10-20 m ; port pleureur ou conique selon les variétés.
Castanea sativa (châtaignier)	Terre siliceuse ; croissance rapide.	20-30 m ; port arrondi.
Catalpa (catalpa)	Terre fertile et fraîche ; croissance rapide.	10 m ; port étalé ; très grandes feuilles.
Fagus (hêtre)	Pas d'exigence quant au sol, mais demande beaucoup d'humidité ; croissance lente.	20-30 m ; port arrondi ou pleureur.
Fraxinus (frêne)	Terre profonde ; croissance rapide.	10-30 m ; port étalé ou pleureur selon les variétés.
Liriodendron tulipifera (tulipier de Virginie)	Terre fertile ; exposition ensoleillée ; croissance rapide.	30 m ; port ovoïde ; fleurs ressemblant aux tulipes sur les sujets âgés d'au moins une douzaine d'années.
Liquidambar styracyflua (copalme d'Amérique)	Terre non calcaire, humide ; exposition ensoleillée ; croissance peu rapide.	15 m ; port pyramidal ; décoratif pour son feuillage, par ailleurs odorant.
Paulownia (paulownia)	Terre fertile et fraîche ; croissance rapide.	10 m ; décoratif par sa floraison et son feuillage.
Platanus x *acerifolia* (platane)	Terre profonde et fraîche, même pauvre ; croissance rapide.	20 m ; port ovoïde.
Populus (peuplier)	Terre fraîche ; croissance très rapide près des pièces d'eau.	20-30 m ; port différent selon les espèces.

Érable du Japon.

Catalpa bignonoides.

Tulipier de Virginie.

Charme pleureur.

Prunus serrulata.

Arbres du jardin à feuilles caduques

Espèce	Exigences	Caractéristiques
Prunus **(cerisier à fleurs)**	Terre calcaire bien drainée ; croissance rapide.	3-6 m ; port dressé.
Quercus **(chêne)**	Terre non calcaire ; croissance rapide.	20-40 m ; port conique.
Robinia pseudoacacia **(acacia)**	Accepte tout type de sol ; pousse rapidement ; supporte la pollution des villes.	10-20 m ; port irrégulier.
Salix **(saule)**	Terre humide ; croissance rapide.	10-15 m ; port pleureur.
Sophora **(sophora)**	Terre riche et profonde ; croissance lente.	10 m ; floraison odorante.
Sorbus **(sorbier)**	Terre siliceuse ; exposition ensoleillée ; croissance lente.	15 m ; port ovoïde ; fructification décorative.
Tilia **(tilleul)**	Terre fraîche et fertile ; climat humide ; croissance rapide.	15 m ; port ovoïde.
Ulmus **(orme)**	Peu d'exigences ; croissance lente.	20 m ; plusieurs variétés au port différent.

Sophora japonica.

Olivier.

Arbres du jardin à feuilles persistantes

Espèce	Exigences	Caractéristiques
Ceratonia siliqua **(caroubier)**	Rustique dans le Midi ; terre siliceuse bien drainée ; croissance lente.	10 m ; port arrondi.
***Citrus* sp.** **(agrumes)**	Culture en pleine terre dans les régions où il ne gèle pas ; exposition ensoleillée ; croissance lente.	5 m ; port arrondi.
Eucalyptus **(eucalyptus)**	Terre siliceuse ; climat doux ; croissance rapide.	10-15 m.
Nerium oleander **(laurier-rose)**	Terre bien drainée, de préférence dans le Midi ; craint le gel ; croissance rapide.	3-5 m ; port érigé.
Olea europaea **(olivier)**	Arbre des climats chauds et secs ; craint le gel ; croissance lente.	10 m ; port irrégulier.
Quercus ilex **(chêne vert)**	Pas d'exigence quant au sol ; préfère les climats chauds et humides ; croissance lente.	20 m ; port arrondi.

Robinia hispida.

Chêne vert.

Tilleul.

Quelques conifères nains

Abies arizonica 'Compacta'
Abies balsamea 'Hudsoniana'
Abies concolor 'Glauca Compacta'
Cedrus libani 'Nana'
Cedrus libani 'Prostrata'
Chamaecyparis lawsoniana
Cryptomeria japonica 'Globosa Nana'
Juniperus horizontalis 'Douglasii'
Picea alba 'Albertiana'
Picea omorika 'Nana'
Pinus mugo 'Gnom'
Pinus strobus 'Nana'
Pinus strobus 'Prostrata'
Pinus sylvestris 'Globosa Viridis'
Pseudotuga douglasii 'Globosa'
Sequoia sempervirens 'Nana Pendula'
Sequoiadendron giganteum 'Pygmaeum'
Taxus baccata 'Nana'
Thuya occidentalis 'Ericoides'
Thuya orientalis 'Aurea Nana'

6

Le jardin naturel

Le jardin naturel est une pratique qui, à la campagne, n'a pas eu besoin de la mode du « bio » pour être une réalité. La sagesse populaire sait depuis longtemps marier au potager les espèces dans leur diversité, et planter des dahlias au milieu des légumes.

L'association des arbres fruitiers, des fleurs, de la pelouse et des légumes crée un milieu diversifié évitant la prolifération de parasites et de maladies. Il faut cependant rester vigilant et intervenir quand nécessaire.

Travailler avec la nature

Beaucoup ont décrit le jardinage comme un art ; certains ont vu dans celui-ci un véritable don (la fameuse « main verte »). C'est certainement exagéré, car le jardinage – comme d'ailleurs l'agriculture – n'est jamais que l'accompagnement de phénomènes naturels, leur orientation dans un but précis : faire pousser des végétaux dans les meilleures conditions, pour qu'ils grandissent, fleurissent, éventuellement fructifient. L'objectif est esthétique ou productif selon que l'on se consacre au jardin d'agrément, au potager ou au fruitier.

✓ Respecter la nature

Poussé par l'accroissement des rendements de l'agriculture intensive des années 1960 et encouragé, il faut le dire, par les industriels du jardinage – grainetiers, fabricants d'engrais, de produits phytosanitaires, etc. –, le jardinier amateur s'est cru obligé de suivre le même chemin et a poussé la nature dans ses derniers retranchements. Séduit par des fleurs toujours plus belles, par des légumes et des fruits toujours plus gros et plus abondants, il a commis les mêmes excès que nombre d'agriculteurs, épuisant la terre, polluant l'environnement, chassant sans distinction tous les insectes menaçant d'aussi bons résultats.

À l'inverse, dans les années 1990, la mode du « bio » nous aurait presque ramenés des siècles en arrière, niant toutes les avancées de l'agronomie, déniant aux produits « chimiques » (comme si tout dans la nature, ne l'était pas…) toute vertu, et exposant arbres, fleurs et fruits aux attaques des parasites et des maladies, au prétexte qu'il faut « laisser faire la nature ».

Même si certains sont restés dans l'une ou l'autre erreur, la raison l'a emporté, et c'est une attitude respectueuse de la nature qui s'est imposée. Le jardinage naturel ne tourne pas le dos au progrès, il corrige simplement ses excès et s'oriente, quand on le peut et quand on le veut, vers des solutions alternatives et complémentaires dans le choix des engrais, des traitements, des méthodes de culture, en ne négligeant pas des recettes ancestrales dont beaucoup reposent tout simplement sur la logique.

Enrichir la terre naturellement

Dans son cycle normal, la nature n'a besoin de personne pour se régénérer. C'est en s'en inspirant que l'on peut pratiquer un jardinage équilibré, respectueux de l'environnement.

Ne pas épuiser la terre

Le plus élémentaire bon sens doit conduire à ne pas demander à la terre plus qu'elle ne peut produire. S'agissant du jardinage, dont l'objet n'est pas la production de masse pour des raisons économiques, la raison peut facilement l'emporter.

✓ Produire moins, mais produire bien

Un certain nombre de règles de base permettent d'éviter un épuisement prématuré de la terre et le recours massif à des engrais :

- *évitez les semis trop denses*, dont le principal résultat est la levée excessive des graines, conduisant à un éclaircissage important et au gaspillage de jeunes plants qui, pour lever et se développer, ont puisé inutilement des nutriments dans la terre ;
- *espacez raisonnablement les plants*, qu'il s'agisse de fleurs, de légumes ou d'arbustes ; trop serrés, ils multiplient les points de pompage (notamment en eau) sans bénéfice pour le résultat final, des végétaux trop serrés pâtissant d'un espace confiné qui ralentit leur développement au lieu de le faciliter ;
- *espacez les planches de culture au potager* en créant de larges allées et des sentes confortables ; vous y gagnerez en confort de travail et, en séparant les cultures, vous limiterez les risques de propagation des maladies et des parasites.

Un semis trop dense constitue à la fois un gaspillage et une source de développement de maladies pouvant compromettre la récolte. Mieux vaut semer clair plutôt que de devoir éclaircir…

✓ Faire tourner les cultures

Les paysans qui, il y a quelques décennies encore, se consacraient à la polyculture savaient combien il est important de ne pas cultiver certaines plantes plusieurs années de suite à la même place, celles-ci épuisant le sol ou imposant un apport massif d'engrais pour reconstituer sa valeur nutritive. Pour cela, il faut pratiquer la rotation des cultures, ou assolement. Cette technique ne dispense pas d'apporter de l'engrais, mais permet de le faire raisonnablement. Elle consiste à diviser le jardin (par exemple en quatre zones, la quatrième étant réservée à des

Cultures permanentes
Asperge
Artichaut
Chou frisé
Fenouil
Plantes aromatiques
Rhubarbe
Topinambour

cultures permanentes ou prolongées comme la rhubarbe, les artichauts et les asperges), à regrouper des plantes selon leurs exigences nutritionnelles, en les déplaçant chaque année d'une case.

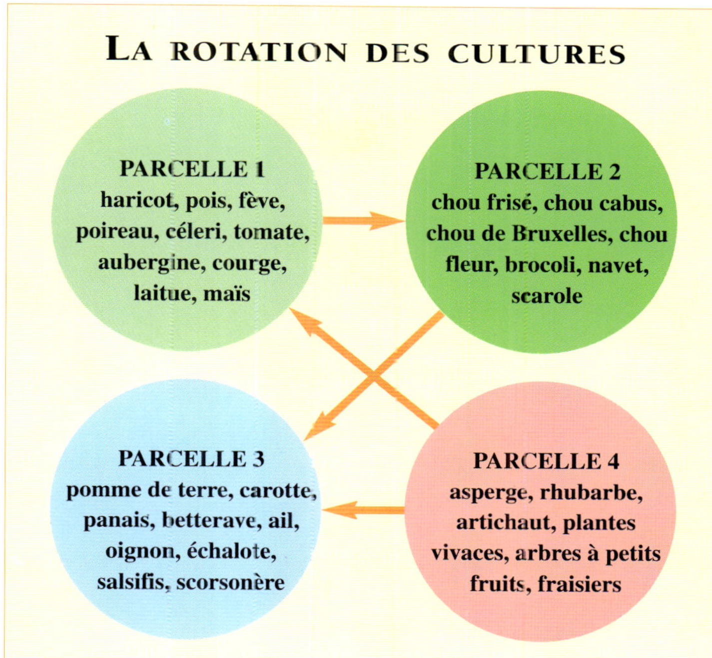

• **Un plan de rotation** doit être mis en œuvre :

▪ *la première parcelle* accueillera les légumes dont les racines apprécient un sol profond, riche, bien drainé (par exemple haricot, pois, fève, poireau, céleri, tomate, aubergine) ; un labour profond (éventuellement à double-jauge) et un apport d'engrais ou de compost important sont nécessaires ;

▪ *la deuxième parcelle* sera consacrée entre autres aux choux, choux de Bruxelles et choux-fleurs, qui sont exigeants en engrais organique ;

▪ *la troisième parcelle* sera consacrée aux légumes racines (pomme de terre, carotte, panais, betterave), à l'ail, aux oignons et échalotes, et aux légumes feuilles (salades) ; ces légumes ont besoin d'un engrais organique bien décomposé ;

▪ *la quatrième parcelle* portera les cultures à implantation durable (rhubarbe, asperge, etc.) ; elle n'entrera en rotation que tous les trois ans, voire plus.

Une bonne rotation pourra se faire par exemple de la façon suivante :
1-2-3-4/2-3-1-4/3-1-2-4

La consoude est une des plantes très utilisées pour faire de l'engrais vert.

Le charme de la consoude réside aussi dans sa floraison.

Enrichir le sol

Si les engrais chimiques ne doivent pas être diabolisés (certains sont utiles pour rééquilibrer un sol rapidement), on s'efforcera cependant d'utiliser des engrais naturels.

✓ L'engrais vert

De plus en plus utilisé en agriculture depuis la mise en jachère d'un certain nombre de parcelles dans le cadre de la politique des quotas, l'enrichissement de la terre avec des engrais verts consiste à cultiver une plante dans le seul but de l'enfouir pour qu'elle engraisse la terre où sera ensuite produite une autre plante. Plutôt que de laisser des champs entiers sans affectation (puisque interdits de production), des paysans astucieux et respectueux de l'environnement ont ainsi trouvé l'occasion d'utiliser ces parcelles improductives en y cultivant des plantes qui, une fois enfouies, généralement sur place, leur ont permis d'éviter l'utilisation d'engrais chimiques et de ne rien dépenser pour les acheter.

• **Les avantages de l'engrais vert** sont multiples :

▪ *les légumineuses* comme le lupin, la fève ou le trèfle présentent l'avantage de fixer naturellement l'azote pendant leur croissance, ce qui permet de les utiliser à la place des engrais chimiques azotés ;

▪ *l'apport de matières organiques* au moment de l'enfouissage allège la structure de la terre en même temps qu'il l'enrichit de substances nutritives ;

▪ *les plantes à enracinement profond* aèrent le sol et permettent la remontée d'éléments profondément enterrés dans le sol.

• **La méthode** est simple, puisqu'il suffit de cultiver des plantes improductives et de les enfouir, à l'occasion d'un labour, avant, bien sûr, qu'elles ne fleurissent et ne donnent des graines. La moutarde est certainement le plus connu des engrais vert. Elle présente l'avantage de pousser très rapidement et de pouvoir être enfouie à n'importe quel stade de son développement (avant floraison), en fonction des besoins.

Le lupin est, avec la moutarde, l'une des plantes les plus utilisées pour faire de l'engrais vert. Il présente en effet l'avantage de fixer naturellement l'azote et d'apporter des phosphates au sol. On le sème au printemps et on le fauche, avant de l'enterrer, juste avant la formation des boutons floraux. On peut faire deux récoltes dans l'année.

Le lupin est une excellente plante pour engrais vert ; il ne faut évidemment pas le laisser évoluer en graines.

Plantes pour engrais vert
Alfafa (*Medicago sativa)*
Consoude (*Symphytum* x *uplan*)
Fève (*Vicia faba*)
Lupin (*Lupinus angustifolus*)
Luzerne (*Medicago sativa)*
Millet (*Millium effusum*)
Moutarde (*Sinapis alba*)
Petite vesce (*Viscia villosa)*
Phacelia (*Phacelia tanacetifolia)*
Ray grass d'Italie (*Lolium multiflorum)*
Sarrasin (*Fagopyrum esculentum)*
Seigle (*Ecale cereale*)
Trèfle (*Trifolium hibridum*)
Trèfle rouge (*Trifolium pratense*)
Vigna (*Vigna unguiculata)*

Différents types de compost

Faciles à faire	Difficiles à produire
Déchets de tonte	Algues
Déchets verts ménagers	Compost à champignons
Feuilles mortes, branchages	Guano
Fumier de ferme	Houblon

Un bac en dur permet une véritable production de compost. Il faut veiller à alterner les couches de différents déchets et activer souvent le compost avec un produit ou avec de la bière.

✓ Les composts

La réalisation d'un compost présente un double avantage : se débarrasser des déchets végétaux dont on est souvent envahi (après la tonte, après avoir taillé une haie, etc.) et obtenir de quoi enrichir naturellement la terre de son jardin. Deux bonnes raisons pour ne pas hésiter à composter les déchets.

Vous trouverez dans le commerce différents types de bac à monter soi-même (en PVC, en bois, en grillage, etc.). Vous pouvez aussi les construire en dur, avec des parpaings, en veillant à réaliser deux bacs (pour les mélanges), accessibles par une porte coulissante (en contreplaqué « marine ») ; des tubes en PVC (descentes de gouttière) formeront des cheminées d'aération.

• **Les avantages du compost** sont nombreux, tant sur le plan chimique que physique :

- *des éléments nutritifs* essentiels, assimilables progressivement et durablement par les plantes, sans risque de brûlure, sont apportés au sol ;
- *des éléments fibreux* participent à l'amélioration de la texture de la terre.

• **Les méthodes pour faire un compost** reviennent toutes à accumuler des déchets verts dans un bac clos mais néanmoins aéré, où l'on crée les conditions de leur décomposition.

- *L'alternance de couches de déchets* favorise le processus (par exemple, une couche d'herbe, une couche de déchets ménagers, une couche de feuilles, etc.).
- *L'apport d'un activateur de compost* est très utile (la bière fait aussi très bien l'affaire) pour favoriser la décomposition.
- *Certaines plantes* peuvent être cultivées spécifiquement pour alimenter ou enrichir le compost (la consoude, par exemple, riche en azote et en sels minéraux).

• **Des précautions** sont à prendre pour obtenir un compost sain et productif :

- *une bonne ventilation* du compost est nécessaire pour assurer le processus de décomposition ;
- *les plantes en état de germination* doivent être évitées, car elles se décomposent difficilement ;
- *les plantes malades,* surtout si elles sont atteintes de viroses, doivent être systématiquement écartées et brûlées.

Attention !

Un compost n'est pas une poubelle ! Si vous y mettez des déchets ménagers, ils ne doivent comprendre que des épluchures de légumes sains. Vous pouvez y jeter des sachets de thé, du marc de café, les cendres de la cheminée, évidemment pas de plastique !

Utiliser les plantes

Le jardinage naturel suppose non seulement de ne pas travailler contre la nature, mais encore de s'appuyer sur elle pour obtenir les meilleurs résultats : la nature peut être votre alliée si vous savez exploiter ses ressources au maximum. Car elle ne travaille jamais contre elle-même, et c'est l'homme qui, presque toujours, est à l'origine des déséquilibres qui aboutissent à la prolifération des mauvaises herbes ou à celle des insectes nuisibles.

La bio-diversité

L'un des principes fondateurs du développement naturel est la diversité des espèces et des variétés. Beaucoup d'hybridations et d'espèces nouvelles sont nées de cette bio-diversité, sans la main de l'homme. Or l'agriculture comme le jardinage sont trop souvent fondés sur l'unicité et sur la concentration des plantes d'une même famille, d'une même espèce, d'une même variété, d'un même cultivar dans un espace réduit : une situation qui les expose très directement à une multitude d'ennemis.

✓ Favoriser la diversité

Chaque plante ayant son prédateur, son parasite ou sa maladie « préférée », ces ennemis trouvent un terrain particulièrement favorable lorsqu'un grand nombre de plantes d'une même espèce, voire d'une même variété se trouvent réunies : les uns s'en servent comme d'un garde-manger, les autres en font un support idéal à leur multiplication. La première règle du jardinage naturel est donc la diversité.

• **La diversité des cultures** permet de limiter l'infestation des plantes en cas d'attaques massives de parasites ou de contamination par des maladies :

▪ *évitez les planches de culture ou les massifs géants* dont les plantes risquent d'être décimées à la moindre attaque ;

▪ *ne faites pas cohabiter des plantes d'une même espèce ou d'espèces voisines* ayant par conséquent les mêmes parasites ou maladies (par exemple, des œillets et des roses d'Inde, des haricots nains et des grimpants, etc.).

• **Le choix de variétés résistantes**, obtenues par sélection à partir de l'observation des botanistes, permet aussi de limiter l'utilisation d'insecticides et de produits de traitement.

Jardiner avec l'aide des plantes

Le jardinier ne doit pas être omnibulé par la production, qu'il s'agisse de légumes ou de fleurs. On a vu qu'en semant moins dru et en cultivant de moins grands espaces, on prévenait certaines attaques contre les plantes que l'on souhaite produire. Il est possible, aussi, de tirer parti des plantes elles-mêmes, et ce de différentes façons.

✓ Les plantes qui repoussent les parasites

Un certain nombre de plantes ont une action préventive contre les parasites et maladies, dans la mesure où elles les repoussent ou en contiennent le développement ou la prolifération. La liste ci-contre n'a pas de valeur scientifique ; elle repose sur l'observation de jardiniers et de botanistes qui, sans pouvoir toujours l'expliquer, ont

La sauge prévient les vers et la mouche du chou.

Plantes qui repoussent les parasites

Noms latins	Noms communs	Actions sur les parasites
Allium sativum	Ail	répulsif pour les insectes, prévient les gros insectes
Ambrosia	Ambroisie	diminue les mouches
Anethum graveolens	Aneth	repousse les pucerons et les acariens
Armoracia rusticana	Raifort	prévient les doryphores
Artemisia	Armoise	insecticide total, prévient les souris et autres rongeurs, les limaces et les escargots
Artemisia abrotanum	Citronnelle	prévient la mouche du chou, la mouche de la carotte
Borage officinalis	Bourrache	réduit les larves de courtilières, repousse les noctuelles de la tomate
Brassica nigra	Moutarde	diminue les pucerons
Calendula officinalis	Souci	prévient la mouche de l'asperge, les vers de la tomate
Chrysanthemum	Chrysanthème	réduit les nématodes
Coriandrum sativum	Coriandre	prévient les doryphores
Datura stramonium	Stramoine	diminue les doryphores
Eucalyptus	Eucalyptus	répulsif pour les insectes
Euphorbia lathyrus	Laurier des bois	repousse les taupes
Hyssopus officinalis	Hysope	repousse les mouches et les larves d'insectes
Lamium album	Ortie blanche	prévient les parasites de la pomme de terre
Medicago sativa	Luzerne	réduit le ver du maïs
Nepeta cataria	Chataire	repousse les aphidés, les doryphores, les gros insectes, les mouches, les coléoptères, les thrips et les charançons
Ocimum basilicum	Basilic	contrôle les différents parasites
Petunia	Pétunia	repousse les gros insectes, les parasites de la pomme de terre et de la courge
Pimpinella anisa	Anis	prévient les pucerons, les mouches et diminue les vers du chou
Ricinus communis	Ricin	contient la prolifération des taupes, les moustiques et les nématodes
Rosmarinus officinalis	Romarin	prévient les parasites du haricot, la mouche du chou et la mouche de la carotte
Ruta graveolens	Rue	prévient les gros insectes et les mouches
Salvia officinalis	Sauge	prévient les vers du chou, la mouche du chou et les asticots
Sambucus	Baie de sureau	répulsif pour les insectes
Santolina	Santoline	prévient les vers du maïs et ceux qui s'attaquent aux racines
Satureja	Sarriette	prévient les gros insectes
Secale	Seigle	diminue les nématodes
Solanurn nigrum	Morelle noire	diminue les doryphores
Sorghum halepense	Herbe de la Saint-Jean	diminue les parasites de la vigne
Sorghum sudanense	Herbe du Soudan	diminue les parasites de la vigne
Spergula arvensis	Spergule des champs	réduit les pucerons, les chenilles et les vers des racines
Tagetes erecta	Rose d'Inde	diminue les nématodes
Tagetes patula	Œillet d'Inde	prévient les gros insectes et les nématodes
Tanacetum vulgare	Tanaise	prévient un grand nombre d'insectes : fourmis, pucerons, vers du chou, doryphores, gros insectes, parasites de la courge
Thymus vulgaris	Thym	diminue les parasites et les vers du chou, la mouche blanche
Trifolium	Trèfle	prévient les mouches du chou
Tropaeolum majus	Grande capucine	diminue les pucerons, les vers du chou, les doryphores, prévient les parasites de la courge et la mouche blanche

L'hysope fait partie des plantes amies qui éloignent les parasites : elle repousse en particulier de nombreuses mouches et prévient ainsi les attaques de leurs larves.

constaté, empiriquement, l'effet préventif de ces plantes, dont beaucoup, d'ailleurs appartiennent à la catégorie des plantes aromatiques et médicinales. Certaines ont des vertus « généralistes » comme l'eucalyptus, l'armoise ou la baie de sureau, qui éloignent la plupart des insectes, voire des rongeurs, d'autres sont sélectifs et repoussent les ennemis d'autres plantes, comme l'ortie blanche qui décourage ceux de la pomme de terre, ou la bourrache qui dissuade la noctuelle de la tomate. Le jardinier qui veut limiter l'utilisation des insecticides gagnera à tenter d'abord d'associer aux plantes qu'il veut protéger celles qui en éloignent les parasites.

On observera qu'au potager, certains légumes agissent de la même façon sur les prédateurs ou parasites d'autres légumes : il en est ainsi de l'ail et de l'oignon qui préviennent la mouche de la carotte, du brocoli qui fait de même avec les pucerons du concombre, des radis qui éloignent les parasites de la courge ou encore du pissenlit qui défie les doryphores.

✓ Les plantes qui attirent les parasites

Certaines plantes, quand on ne les traite pas, semblent littéralement capter les parasites ou les maladies. L'exemple le plus flagrant est le rosier, dont la plus résistante et la plus saine des variétés semble attirer comme un aimant les pucerons verts : leurs boutons se couvrent en quelques jours, quel que soit l'endroit où on les cultive, y compris à l'intérieur d'un appartement (pour des rosiers miniatures) où ils sont entrés apparemment exempts de parasites, et bien que traités énergiquement de façon préventive.

Cette propension de certaines plantes à attirer les parasites peut tourner à l'avantage du jardinier qui saura ainsi éloigner des parasites polyvalents et les exterminer le moment venu, selon le principe que lorsqu'ils s'intéressent à la plante « leurre », ils ne sont pas sur celles que l'on veut cultiver. Cette méthode, bien sûr, est à appliquer avec circonspection pour éviter une prolifération incontrôlée des parasites attirés.

PLANTES QUI ATTIRENT LES PARASITES

PLANTES	INSECTES ATTIRÉS
Alfafa (ou luzerne)	Punaise, chenille
Ansérine	Mineuse
Hysope	Mouche du chou
Morelle noire	Doryphore
Moutarde	Mouche du chou
Stramoine (herbe-aux-sorciers)	Doryphore

✓ Les plantes qui attirent les bons insectes

De même que certaines plantes attirent les parasites, d'autres séduisent des insectes considérés comme « bons », à différents titres : le fenouil, la verge d'or, l'hysope, par exemple, séduisent des insectes comme la coccinelle, qui se régale des aphidés (au nombre desquels tous les pucerons) ; le tournesol, le souci, le lierre accueillent de bons hyménoptères, qui chassent ou se nourrissent d'insectes nuisibles.

Les insecticides naturels

La mode « bio » a conduit les industriels à développer des insecticides « naturels », utilisant des essences de plantes comme principe actif : tout le monde connaît aujourd'hui les insecticides à base de pyrèthre ou de citronnelle. La fabrication d'insecticides contient ce genre de plantes, sous forme d'infusion puis de pulvérisation : tel est le cas d'un insecticide que vous pourrez essayer à base de feuilles de rhubarbe mises à bouillir dans de l'eau pendant une demi-heure, puis infusées, le liquide obtenu étant filtré puis pulvérisé. Sachez cependant que, pour naturel qu'il soit, cet insecticide ne sera pas discriminant et tuera également les bons et les mauvais insectes. On évitera d'utiliser ce genre de recette avec le chrysanthème (*Chrysanthemum coccineum*), à la base des insecticides de type pyrèthre, en raison de sa puissance et de la difficulté, pour l'amateur, de le doser.

Le chrysanthème est à la base de la fabrication des insecticides au pyrèthre. Il faut être prudent si l'on veut en faire soi-même.

Dans tous les cas, on veillera à être très prudent, en se lavant bien les mains après le travail et en nettoyant à fond les ustensiles utilisés (qui ne doivent jamais être à usage alimentaire).

Plantes qui attirent les bons insectes

- Achillée
- Anis
- Camomille
- Céleri (en fleur)
- Cerfeuil
- Euphorbe
- Fenouil
- Hysope
- Lierre
- Menthe
- Mûre sauvage
- Ortie
- Pissenlit
- Souci
- Tanaisie
- Tournesol
- Verge d'or

Les plantes amies

Un chapitre sur le jardinage naturel ne saurait être complet sans évoquer la cohabitation des plantes entre elles, dont l'étude scientifique n'est que balbutiante. Là encore, l'empirisme reste de mise, et la certification, impossible. Les jardiniers anglais sont férus de ce nouveau jardinage fondé sur l'association de « *companion plants* » censées se défendre mutuellement, se fortifier ou, au contraire, se livrer une lutte féroce dans une compétition mortelle : ainsi, l'asperge aimerait le persil et la tomate, alors qu'elle en ferait voir de belles à l'oignon ; le poireau aimerait la carotte et le céleri, mais détesterait fèves et brocolis ; la tomate cohabiterait avec le basilic, mais dépérirait à proximité du fenouil… L'observation et l'expérience vous permettront, sans doute, de vérifier nombre de ces hypothèses.

7

Le potager

Longtemps jardin de rapport, le potager participe également aujourd'hui à l'environnement champêtre d'une maison de campagne. Le désir de savourer des produits sains, cultivés soi-même, est aussi pour beaucoup dans le retour en grâce de la culture des légumes.

Les légumes

• **Produire pour le plaisir.** Si ce n'est peut-être plus aujourd'hui l'activité de jardinage la plus pratiquée, la culture des légumes n'en conserve pas moins une large place, surtout à la campagne, où il est encore inconcevable de ne pas « faire » ses pommes de terre ou ses pois, ses salades ou ses poireaux, ses tomates ou ses courges, même s'il est plus simple, et bien souvent plus économique, de les acheter chez le primeur du village ou dans la grande surface toute proche.

Un potager bien entretenu peut produire suffisamment de légumes pour les besoins d'une famille.

• **Un violon d'Ingres.** Les « fruits de la terre » occupent en effet une place toute particulière dans le cœur du jardinier, qui éprouve une joie à se nourrir de son labeur, même si le rapport économique est rarement en faveur du potager. Qu'importe le prix des semences, des engrais et des produits de traitement, souvent plus élevé qu'il n'y paraît ; qu'importe le coût du matériel, non négligeable si l'on en vient à s'équiper d'un motoculteur ou d'une motobêche ; qu'importe le coût du carburant nécessaire à ces machines ; qu'importe, enfin, le temps passé à cultiver le potager, cette main-d'œuvre « gratuite » dont on n'envisagera jamais le prix.

Le potager

• **Surface et capacité de production.** La possibilité de faire un vrai potager est évidemment étroitement liée à la surface de terrain dont on dispose. Il est vrai que le jardin d'agrément passe presque toujours avant le potager, surtout dans les résidences secondaires. Mais il est néanmoins toujours possible de réserver un coin potager. Il est même possible, en ville, de cultiver quelques pieds de tomates ou quelques potées d'herbes aromatiques sur un balcon ou une terrasse. On aura alors la joie de déguster ces légumes précieux dont on aura surveillé la croissance et dont on pourra affirmer avec fierté qu'ils ont poussé « naturellement », même si l'on n'a pu résister à la facilité d'utiliser quelques engrais ou traitements « chimiques ». Si, privé parfois d'un minimum de terrain, vous allez jusqu'à cultiver quelques « légumes-chefs-d'œuvre » sur un balcon ou une terrasse, ces joyaux prendront valeur de symboles pour exorciser les maux de la civilisation urbaine.

• **Potagers de production.** Il ne faut pas oublier qu'il existe encore de véritables potagers de production privés, héritage des « jardins ouvriers » d'autrefois, devenus des « jardins familiaux ». Proches du niveau professionnel, ce sont des lotissements de terre, souvent gérés par une association (appartenant à une fédération nationale, la FNJF) qui a pour vocation de permettre aux familles de cultiver leur passion pour le jardinage tout en pourvoyant aux besoins de leur consommation personnelle. Ces jardins sont autant un lieu de rencontre convivial de gens d'origines diverses qu'un moyen de réinstaller la nature au cœur ou à proximité immédiate des villes, en requalifiant souvent des espaces délaissés voire des friches industrielles.

L'ORGANISATION DU POTAGER

À la différence du jardin d'agrément, dont l'agencement est étroitement lié à la configuration du terrain, le potager doit bénéficier d'une organisation fondée sur la production, donc sur un certain nombre de critères permettant l'intervention fréquente du jardinier.

Quelques principes

• **L'accès aux planches.** Si l'on veut perdre le moins de temps possible pour entretenir les cultures, les planches doivent être facilement accessibles. Prévoyez donc des allées suffisamment larges et limitez la largeur des planches pour en atteindre facilement le milieu depuis les allées qui les séparent. Le jardinage sera ainsi facilité, épargnant les efforts inutiles et favorisant la production.

• **Les points d'eau.** Beaucoup de jardiniers ne jurent que par l'arrosoir pour donner de l'eau aux cultures. La pomme permet un arrosage en pluie, tandis que le goulot garantit un arrosage au pied chaque fois que le mouillage des feuilles peut être préjudiciable à la plante. D'autres préfèrent utiliser un tuyau d'arrosage équipé d'une lance pistolet permettant de restituer les conditions de travail de l'arrosoir. Dans les deux cas, cependant, il faut disposer d'un point d'eau suffisamment central dans le jardin pour éviter les allers-venues avec l'arrosoir ou un tuyau d'arrosage déraisonnablement long. Attention à l'eau de puits dont la température est très basse et peut abîmer les plantes !

Le potager familial

✓ Quel type de jardin ?

• **À chaque famille son jardin.** La notion de potager familial n'est évidemment pas très précise, puisqu'elle varie en fonction de l'importance de la famille, mais surtout de l'espace disponible et du temps que le « maître du jardin » pourra consacrer à son potager. Elle peut cependant faire référence à un jardin permettant d'assurer la majeure partie des besoins en légumes, soit un espace d'environ 400 à 500 m^2 auquel on pourra consacrer une bonne douzaine d'heures par semaine, en disposant d'un minimum de matériel motorisé (motobêche ou, mieux, motoculteur).

• **Près de la maison.** L'idéal est, bien sûr, de disposer d'un espace à proximité même de la maison. Il fut un temps où l'on cachait le potager, au profit de la pelouse et du jardin d'agrément. Ce n'est plus le cas aujourd'hui. Si le potager est bien en vue, il faut cependant qu'il soit parfaitement entretenu.

• **Les potagers collectifs.** À défaut d'un terrain directement attenant à l'habitation, on peut profiter d'un lopin en périphérie urbaine (dans un lotissement municipal, par exemple) bénéficiant d'un minimum de viabilité pour être exploité en vue d'y produire des légumes. La mode de ce type de « jardins familiaux » est de retour.

Des variétés bien choisies et des semis et repiquages échelonnés vous permettront d'obtenir presque toute l'année des récoltes abondantes de légumes variés.

Si vous ne disposez pas de mur exposé au sud, établissez une pépinière en ados : la pente donnée à la terre relevée contre deux planches favorise la réception des rayons solaires. Un ados installé contre un mur est appelé côtière.

✓ Ados et côtières

Si l'on dispose d'un mur exposé au sud, on peut y établir une pépinière sur une côtière ou créer de toutes pièces un ados construit au moyen de planches appuyées sur des piquets. La pente de la côtière ou de l'ados doit être assez prononcée pour que les plantes bénéficient au maximum de l'ensoleillement.

Un semis en pépinière peut s'y faire en petits sillons rapprochés ou à la volée, ou bien en repiquant de jeunes plants en se guidant sur un cordeau.

Après semis de graines fines, plombez le sol afin qu'elles soient liées à la terre et ne s'envolent pas. Compte tenu de la densité du semis en pépinière, il peut être prudent de disposer un filet de protection contre les oiseaux.

Pour favoriser la germination, on peut placer une plaque de verre inclinée au-dessus du semis en la soutenant par deux piquets.

✓ L'orientation

L'idéal est que les planches de culture puissent être orientées est-ouest, afin de profiter des rayons de soleil sous un angle optimal à midi, mais croissant et décroissant du matin jusqu'au soir. La bonne solution consiste à opter pour un terrain carré ou rectangulaire – le grand côté se trouvant dans le sens nord-sud. Le mieux est alors de disposer l'allée principale au centre du jardin, également dans le sens nord-sud, les planches étant bien sûr séparées entre elles par des sentes, une allée périphérique faisant le tour du jardin.

Une vingtaine de planches suffiront généralement pour couvrir les besoins de la famille, tout en assurant une diversité de cultures satisfaisante. La répartition entre ces différentes cultures se fera évidemment en fonction des goûts de chacun, mais en tenant compte des impératifs climatiques.

Le repiquage de laitues en ados permet une récolte précoce.

✓ L'équipement

Les besoins familiaux peuvent être alignés sur les contraintes saisonnières d'un jardin potager et ne demandent donc pas de moyens de protection importants susceptibles d'avancer ou de prolonger les cultures. De simples tunnels, un châssis vitré ou, mieux, une petite serre seront donc suffisants.

• **La panoplie de base.** Les outils à main (bêche, fourche-bêche, binette, sarcloir, râteau) sont parfaitement adaptés aux besoins familiaux. L'utilisation d'outils combinés (démontables et adaptables sur des manches longs et courts) est de plus en plus pratiquée. Quant à la mécanisation, elle pourra, dans la plupart des cas, se limiter à une motobêche.

• **Le matériel d'arrosage.** L'arrosage des cultures constitue un réel problème dès que le nombre des planches dépasse la dizaine. Il devient difficile d'envisager un arrosage manuel – c'est-à-dire à l'arrosoir, surtout en été –, à moins de disposer de beaucoup de temps et de… courage. Il existe des solutions complémentaires :

■ *l'arroseur rotatif* ne constitue pas la solution idéale, car l'arrosage se fait sans discernement, aussi bien sur les planches que dans les sentes et allées, favorisant le développement des mauvaises herbes. Le mouillage des feuilles de certaines plantes leur est, par ailleurs, préjudiciable ;

■ *les systèmes d'arrosage par micro-asperseurs,* tout à fait performants, permettent de limiter l'arrosage à une partie de planche ;

■ *l'arrosage au goutte-à-goutte* convient bien pour certaines plantes (tomates, par exemple).

De tels systèmes doivent bien sûr être combinés avec une installation d'adduction d'eau comprenant plusieurs points d'alimentation (robinets de puisage ou prises d'eau enterrées) et un programmateur électronique, dont le coût est aujourd'hui tout à fait raisonnable.

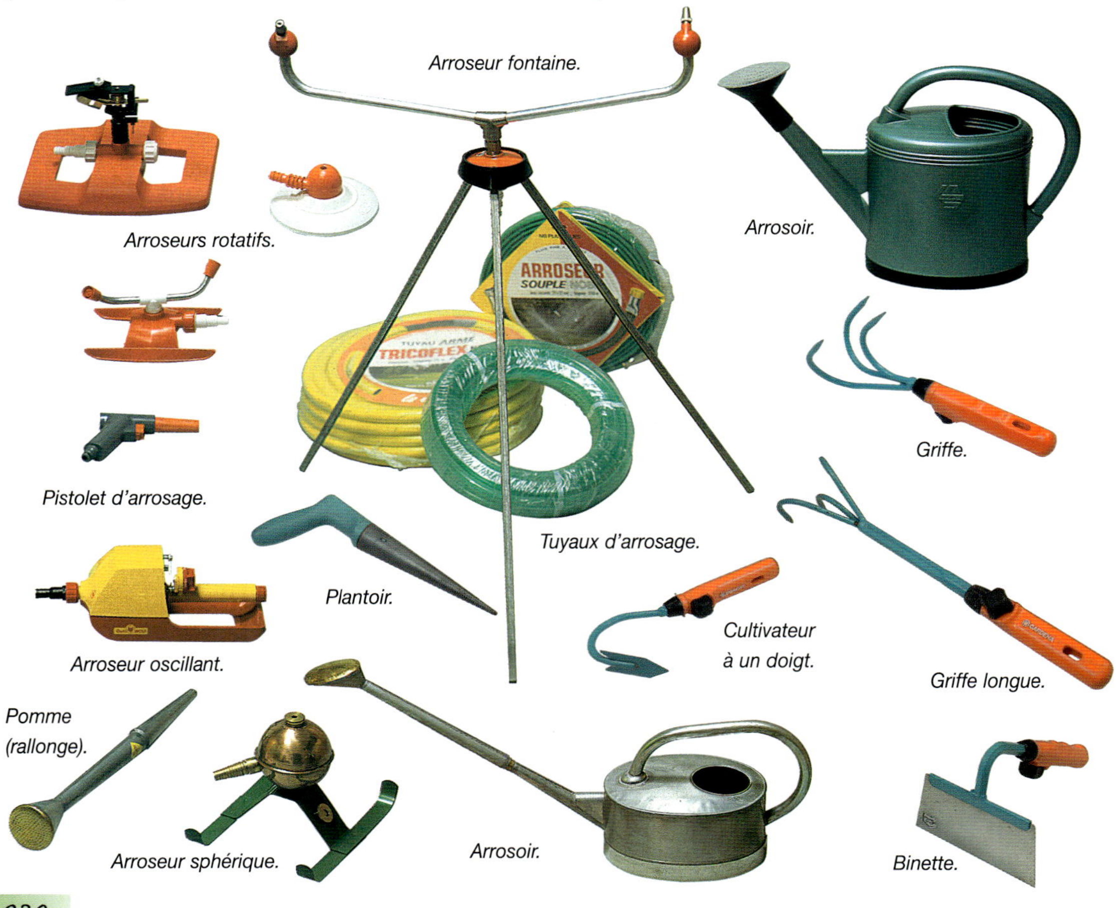

Arroseur fontaine.
Arroseurs rotatifs.
Arrosoir.
Griffe.
Pistolet d'arrosage.
Tuyaux d'arrosage.
Plantoir.
Arroseur oscillant.
Cultivateur à un doigt.
Griffe longue.
Pomme (rallonge).
Arroseur sphérique.
Arrosoir.
Binette.

Quelques cultures

Variétés de salades	Semis	Récolte
Gotte très hâtive (laitue)	avril	mai
Reine de mai (laitue)	avril	mai/juin
Batavia pierre-bénite	mai/juillet	mai/septembre
Kinemontepas (laitue)	juillet	août/septembre
Scarole	avril/juillet	octobre/décembre
Pissenlit à cœur plein	mars/avril	novembre/avril
Brune d'hiver (laitue)	août/septembre	avril/mai

Variétés de pois	Semis	Récolte
Petit provençal (grains ronds)	mi-février/mi-avril	juin/juillet
Téléphone nain (grains ridés)	mi-mars/mi-mai	juillet/mi-août

✓ Le choix des cultures

Il est difficile à préconiser, car il dépend, bien sûr, des goûts de la famille. En général, on préférera la diversité aux cultures intensives. Autre règle essentielle, on évitera de cultiver plus qu'on ne peut consommer ou, ce qui revient au même, plus qu'on ne peut conserver, en préférant une consommation échelonnée.

Inutile de voir trop grand. Un petit jardin bien entretenu est toujours préférable à un grand jardin peu soigné.

Dans le même esprit, on s'efforcera d'échelonner les cultures, de façon à répartir les récoltes. Mieux vaut récolter peu à la fois, mais souvent, plutôt que d'être débordé par une production massive dont la majeure partie risque d'être perdue. Le jardin familial fera donc l'objet d'un plan de culture mûrement réfléchi, tenant compte des vitesses de croissance et de mûrissement des différentes plantes.

Si vous avez suffisamment d'espace à consacrer au potager, vous pourrez cultiver la plupart des légumes courants. Sinon, il vous faudra faire des choix en fonction de vos goûts et de la nature du sol.

Pour prendre l'exemple concret des salades, on pourra procéder au plan de culture indiqué dans le tableau qui figure ci-dessus. Pour les pois, l'échelonnement des récoltes résultera à la fois du choix des espèces et variétés et de la date de plantation, les périodes de récolte étant ici assez vastes, bien que la cueillette proprement dite se concentre sur quelques jours, rarement plus d'une semaine.

Fourche-bêche, râteau, cultivateur : un trio d'outils majeurs au potager.

Le potager de week-end

Il n'est pas très éloigné du potager familial, à ceci près que les cultures envisagées doivent supporter les périodes d'absence du jardinier amateur et, de ce fait, ne pas demander de soins trop répétés.

✓ Le choix des cultures

Le choix des plantes sera donc fonction de cet impératif, ce qui conduira d'une part à sélectionner des légumes à croissance lente (tels que les choux, les artichauts, les poireaux ou les carottes) et des espèces ne demandant pratiquement aucun soin (comme les fraisiers, les petits fruits rouges en général, les tomates si l'on peut régler le délicat problème de l'arrosage programmé). On pourra cultiver des salades si l'on peut venir dans son jardin au moins une fois par semaine. Les pois et haricots qui, en période de production, doivent être récoltés tous les jours, sont à exclure, de même que les cornichons et les courges.

Compte tenu du peu de temps qu'on pourra consacrer au jardin, on ne produira pas soi-même les plants, mais on les achètera dans le commerce ; l'investissement est ici de peu d'importance.

Le jardinage doit rester un loisir, une détente, que l'on pratique en famille, surtout si l'on n'a pas beaucoup de temps à lui consacrer.

Le potager de balcon ou de terrasse

Il ne peut s'agir, dans tous les cas, que d'une curiosité ou d'un amusement, bien agréable, pour celui qui ne possède pas de jardin ou qui ne peut se rendre dans une résidence secondaire que quelques fois dans l'année.

La première condition pour faire pousser quelques légumes sur un balcon ou une terrasse est une exposition satisfaisante, c'est-à-dire à dominante sud. L'ensoleillement et donc la chaleur ne doivent cependant pas être écrasants, sous peine de brûler les plantes. Le vent ne doit pas être trop violent (c'est malheureusement souvent le cas dans les grands immeubles modernes). Théoriquement, les récipients de culture sont les mêmes que pour les plantes de balcon ornementales : pots, jardinières et bacs. Mais il faut tenir compte du développement des racines souvent important de certains légumes. L'arrosage devant parfois être plus abondant et, dans tous les cas, assez régulier, une bonne solution consiste à utiliser des bacs à réserve d'eau : c'est le type de récipients de culture idéal

Voici un exemple de ce qu'il est possible de réaliser sur un balcon : des plantes aromatiques en pot et en jardinières, au goût de tous.

pour des tomates ou des melons, plantes qui présentent l'avantage d'occuper peu de place au sol et qui peuvent être conduites sur palissage.

Rien n'interdit de cultiver quelques salades dans une jardinière et quelques pieds de fraisiers dans un gros pot en terre. Le succès de ces derniers est garanti auprès des enfants.

Le potager de production

Ce genre de jardin, qu'on appelait autrefois « maraîcher », a pour objectif une production de légumes quasiment continue destinée à la commercialisation.

Il s'agit donc d'obtenir le rendement optimal, ce qui revient à produire le plus possible sur une surface minimale. D'où un effort de fertilisation très important de façon à obtenir de beaux légumes, en abondance, si possible tôt en saison pour bénéficier des meilleurs cours. Cela exige également une attention soutenue et une lutte sans merci contre maladies et parasites, dont les conséquences risquent d'être catastrophiques.

Il n'est évidemment pas question d'étudier ici en détail et de façon approfondie les règles conduisant à l'établissement d'une véritable exploitation maraîchère. Quiconque décidera de se lancer dans cette activité, fût-ce de façon complémentaire à une activité principale, devra s'entourer de toutes les précautions susceptibles d'assurer la rentabilité de l'entreprise. Le mieux sera de s'adresser à l'INRA (Institut national de la recherche agronomique) d'une part et à la Chambre d'agriculture locale d'autre part. L'INRA pourra conseiller très efficacement dans le choix des cultures en fonction de la qualité et de la nature du terrain ; la Chambre d'agriculture pourra aussi se prononcer dans ce domaine, mais elle conseillera également sur le plan économique, en indiquant les cultures facilement écoulables sur les marchés locaux.

Une production importante suppose de pouvoir réserver au minimum une planche de culture à chaque catégorie de légumes. Il faut, de plus, amender et enrichir le sol régulièrement à l'automne. Enfin, pour ne pas épuiser la terre, il faudra éviter de reprendre les mêmes cultures aux mêmes emplacements plusieurs années de suite.

La préparation du terrain

Défoncer, labourer

Les plantes poussent mal en terrain dur, parce que leur système racinaire ne s'y développe pas bien. Il faut donc ameublir le sol. Il existe deux techniques différentes selon l'état du terrain : le défoncement et le labourage.

✓ Le défoncement

Il est nécessaire pour les sols qui n'ont pas été travaillés depuis longtemps et que l'on veut remettre en culture.

• **En profondeur.** Le défoncement consiste à ameublir la terre en profondeur, c'est-à-dire à au moins 40 cm (ce qui correspond à deux fers de bêche), voire à la retourner. On pratique le défoncement lors de la création d'un potager, d'un verger ou d'une pelouse afin que les végétaux puissent développer et étendre librement leurs racines. On peut également défoncer un sol pour en dégager les pierres trop abondantes, qui remontent du sous-sol à chaque bêchage d'automne ou de printemps. Le défoncement peut être fait à la bêche ou à la machine (motoculteur ou charrue tractée), à simple ou double jauge (voir dessin ci-dessous).

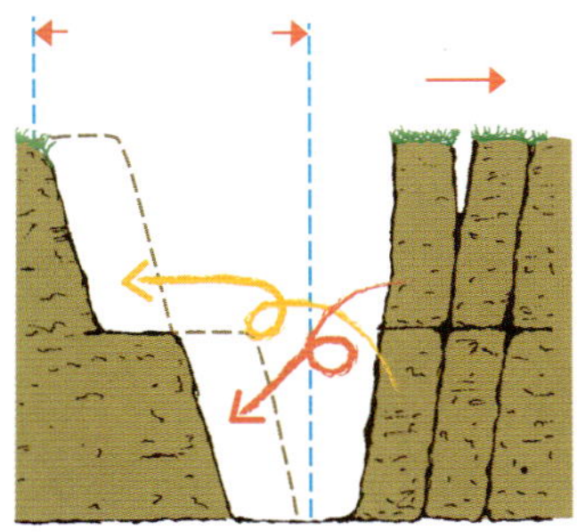

Un défoncement à double jauge s'impose quand le sol n'a pas été cultivé depuis longtemps (attention de ne pas faire remonter une couche de terre peu fertile !).

Un défoncement à simple jauge (ci-dessus) suffit quand la terre est régulièrement cultivée.

◄ *Le microtracteur doté d'un soc de charrue est nécessaire quand le terrain à défoncer est très vaste.*

À la bêche (ou au louchet)

- C'est un travail assez pénible, qui peut difficilement être effectué par un homme seul lorsqu'il s'agit d'une grande surface. Il consiste à retourner la terre sur une double profondeur de bêche ou de louchet.
- Attention ! Il arrive fréquemment que la terre profonde soit moins bonne que celle de surface (elle n'a pas bénéficié des améliorations antérieures, ni de l'apport d'humus provenant de la décomposition des plantes et des feuilles) : il faut éviter de la ramener à la surface. On travaille donc sur une double jauge (dessin page de gauche), après avoir divisé la surface en plusieurs zones pour avancer méthodiquement.
- La largeur de jauge ouverte doit être suffisante pour travailler sur deux niveaux. La terre extraite au début de l'opération est mise de côté pour reboucher la dernière jauge. La technique la plus simple à mettre en œuvre est le défoncement en « escalier ».
- Profitez du défoncement pour extraire les vieilles racines et les grosses pierres et pour apporter à la terre les éléments qui lui manquent (drainage par apport de sable, par exemple).

Le défoncement suppose de creuser à une profondeur de deux fers de bêche ou de louchet, travail pénible qui peut cependant être effectué à la main.

Un motoculteur puissant est nécessaire pour défoncer et labourer les surfaces importantes.

À la machine

Un motoculteur puissant peut défoncer les sols les plus lourds, même lorsqu'il y a des pierres.

- Avec un microtracteur, utilisez une charrue défonceuse qui pénètre profondément dans le sol (à la campagne, il peut être plus commode de faire appel à un agriculteur qui utilisera un tracteur et une charrue multisoc).
- Avec un motoculteur, utilisez un brabant demi-tour, plus robuste que le brabant quart-de-tour.
- Les motobineuses ne permettent pas de défoncer (sauf lorsqu'elles peuvent tracter). On les emploie pour retourner ou ameublir le sol lors de la préparation de planches déjà cultivées antérieurement.

✓ Le labourage

Travail rituel d'automne, le labourage a pour but d'ameublir le sol en le retournant sur une vingtaine de centimètres (un fer de bêche). Les végétaux annuels fanés et l'herbe sont ainsi enfouis – ils vont se décomposer pour former de l'humus. Labourez lorsque le sol n'est ni trop sec ni trop humide. Il est presque impossible de labourer une terre lourde et glaiseuse quand elle est mouillée, car elle colle à la bêche et aux bottes. Si le sol est assez propre et si vous n'avez pas eu le temps de labourer à l'automne, vous pouvez le faire à la fin de l'hiver, mais les végétaux enfouis auront moins de temps pour se décomposer.

• **Nettoyage du sol.** C'est l'occasion de débarrasser le sol des racines de mauvaises herbes vivaces comme le liseron, le chardon et le chiendent, qui se conservent sous la terre en hiver pour repartir avec vigueur au printemps. Ce travail rend beaucoup plus long le labourage, mais il est indispensable si l'on ne veut pas passer beaucoup plus de temps encore à désherber dès la reprise de la végétation.

• **Apport d'engrais.** C'est au cours des labours d'automne que l'on enfouit la fumure de fond destinée à la fertilisation. Cette fumure ne doit pas être enterrée trop profondément (elle serait hors de portée des racines), mais placée entre les mottes.

À la bêche, au louchet, à la fourche à bêcher

Le travail à la bêche est possible si la surface que vous devez labourer est peu importante : c'est en effet un travail assez fatigant (il faut, à chaque fois, soulever les mottes pour les retourner). En terrain dur, utilisez une bêche ou un louchet au fer bien affûté.

Le labourage se fait à reculons. Afin de travailler selon une ligne droite, tendez un cordeau sur toute la largeur du terrain, en partant de l'extrémité où vous devez commencer votre travail.

- Ouvrez la première tranchée (ou jauge) en vous guidant sur le cordeau tendu.
- Placez la terre de cette première tranchée dans une brouette : elle servira à combler la dernière jauge.
- Enfoncez fermement le fer de bêche légèrement en biais. En terrain lourd, il peut être nécessaire de délimiter chaque motte par deux coups de bêche sur les côtés, afin de ne pas charrier trop de terre.
- Ouvrez la deuxième jauge en vous guidant sur la première, dans laquelle vous retournerez chacune des mottes. Procédez ainsi jusqu'à l'autre extrémité du terrain.
- Débarrassez progressivement le sol des racines et des pierres. Fendez chaque motte d'un coup de fer de bêche : l'eau pénétrera mieux la terre. En hiver, la succession de la pluie, de la neige et des gelées casse les mottes et les désagrège.
- Bêchez lentement et régulièrement, en faisant de petites pauses de temps en temps, pour ne pas vous épuiser.
- Si le terrain est en pente, commencez le labourage par le côté le plus élevé, pour travailler en descendant et non en montant.

Le louchet – qui n'est plus aujourd'hui qu'une bêche sans repose-pied – est l'outil idéal pour défoncer ou labourer une planche de culture.

La fourche à bêcher est idéale pour travailler dans les sols compacts, collants, ou encore dans les terrains très caillouteux. On s'en sert aussi à proximité des arbres pour passer entre les racines, ou pour briser les mottes d'un labour précédent.

À la machine

Pour les grandes surfaces, vous utiliserez une charrue, tirée par un motoculteur ou un microtracteur. Une motobêche (appelée aussi moto-houe ou motobineuse) ne peut convenir que dans des planches régulièrement travaillées. Ces machines permettent de travailler rapidement et efficacement.

- Le motoculteur possède des roues motrices et permet de tirer une charrue simple ou à pivotement (brabant).
- Le microtacteur permet de tirer une vraie charrue.
- Avec une charrue simple, il faut faire un demi-tour au bout de chaque sillon, alors qu'avec un brabant cela n'est pas nécessaire. On préfère généralement le brabant demi-tour au brabant quart-de-tour, ce dernier étant moins maniable.
- Le soc de la charrue doit pénétrer sur une trentaine de centimètres (attention aux racines près des arbres !).
- Faire demi-tour avec un motoculteur tractant une charrue est assez difficile, car la charrue continue de travailler. Aujourd'hui, de nombreux modèles de motoculteurs sont pourvus d'un système de décrabotage des roues, commandé par une poignée au guidon, ce qui permet de tourner la machine sans difficulté.
- Le travail avec les fraises rotatives d'une motobêche n'est pas exactement un labourage puisque la terre n'est pas soulevée en motte ni retournée comme avec un soc. Les fraises rotatives, en effet, cassent le sol et n'effectuent qu'un brassage de la terre.
- Pour labourer, on peut utiliser des fraises pourvues de couteaux enfouisseurs qui assurent un certain retournement.
- En terrain pierreux, il est préférable de travailler avec des fraises à couteaux piocheurs.
- En terrains lourds, les fraises sont peu commodes car la terre adhère aux outils, comme un mortier ; les fraises finissent par tourner dans le vide et la machine ne progresse plus ; c'est l'un des inconvénients majeurs de la motobêche par rapport au motoculteur et, bien sûr, au microtracteur.

Un motoculteur peut être équipé d'un brabant demi-tour ou quart-de-tour. Alors que la motobêche progresse par le mouvement de ses fraises, le motoculteur est entraîné par ses roues et peut donc tirer un outil.

Pour un labourage simple, une charrue tirée par un microtracteur ne doit pas travailler à plus de 30 cm de profondeur.

Affiner, dresser les planches

Labouré en automne, le sol s'est tassé sous l'action de l'eau pendant l'hiver. Pour le préparer à la culture des végétaux, aux semis et aux repiquages de printemps, il faut l'ameublir, l'affiner et finir de le débarrasser des pierres et des mauvaises herbes.

✓ L'affinage du sol

Il consiste en un ameublissement superficiel (sans retourner la terre). C'est une opération qui peut se faire à main ou à la machine.

À la main

- Le mieux est d'utiliser un émietteur rotatif à dents ou un cultivateur (ou piocheur) à deux, trois ou cinq socs. Ces outils permettent de briser les mottes.
- On peut aussi se servir d'un croc à piocher dans les terrains caillouteux, ou encore d'une serfouette à piocher. Ce travail permet de nettoyer une nouvelle fois le sol et d'éliminer les racines des mauvaises herbes en train de reprendre vie.
- En terrain léger, on peut tout simplement se servir de la binette.

L'émietteur à dents affine le sol et permet d'éliminer les racines des mauvaises herbes qui s'accrochent à lui.

À la machine

- Pour les surfaces importantes, un micro-tracteur ou un motoculteur pourront être équipés de fraises (de type Rotovator), entraînées par la prise de force du moteur. Cet équipement assure un émiettage parfait des mottes et dresse en même temps le terrain. Il assure un véritable décroûtage du sol et arrache en même temps les mauvaises herbes qui auraient survécu au labour et au gel hivernal.
- Pour les surfaces moyennes, la motobêche est l'outil d'ameublissement idéal avant la mise en culture. Une fraise bineuse pourvue de couteaux très courts ameublit le sol tout en extirpant les mauvaises herbes et en faisant venir les cailloux en surface. Il faut bien sûr travailler en terrain plutôt sec (surtout en terre lourde), sinon la terre colle aux couteaux et la machine ne progresse plus. Prenez la précaution de bien nettoyer les couteaux et de les affûter régulièrement.

Les couteaux des fraises d'une motobêche émiettent les mottes de terre et font en même temps progresser la machine. Il faut veiller à la propreté et à l'affûtage des outils.

✓ Le dressage des planches

On appelle planche un petit rectangle de potager consacré à une culture spécifique pendant une période donnée. La planche classique mesure 1,20 m de large (sauf pour certaines cultures), afin de permettre au jardinier de travailler la terre (désherbage, récolte) sans quitter le petit sentier qui sépare les planches. Sa longueur peut varier en fonction du nombre de planches.

Les planches doivent être séparées par un petit sentier pas trop large, afin de ne pas perdre de terrain.

Dresser une planche, c'est la tracer droit, au cordeau. C'est aussi préparer parfaitement la terre à recevoir les semis, en l'égalisant, en ôtant les cailloux et les déchets divers, en émiettant toutes les mottes. On donne la touche finale à la planche en la ratissant soigneusement. On peut placer un petit piquet à chaque angle de la planche : il servira à empêcher le tuyau d'arrosage d'abîmer les plantes lorsqu'on le tirera.

Ci-dessus : une fois la terre ameublie, ramenez-la à l'emplacement de la planche.

Au centre : un roulage permet de compacter le sol avant ou après certains semis.

Ci-contre : exemple de répartition des planches dans un jardin.

Amender, fertiliser

Pour obtenir de belles récoltes, il est presque toujours nécessaire d'apporter au sol les éléments complémentaires dont il a besoin, soit par amendement (modification de la structure physique), soit par incorporation d'engrais (modification de la composition chimique), en fonction des cultures entreprises.

✓ Les amendements

La structure physique d'un sol détermine en grande partie le développement des racines et donc la croissance des végétaux. Cependant, toutes les plantes n'ont pas les mêmes exigences : certaines se plaisent en terre lourde, d'autres ne peuvent se développer qu'en terre légère.

Les amendements ont donc pour but de corriger la structure et la texture du sol, en fonction des besoins des cultures et de la nature de la terre elle-même. On distingue principalement :

- *l'amendement humique* ;
- *l'amendement calcique* ;
- *l'apport de matériaux permettant de rééquilibrer la terre* dont on dispose (amendement sableux ou argileux). Le travail du sol (labourage, défoncement, ameublissement, etc.) contribue, pour une bonne part, à l'amélioration de sa structure.

• **L'amendement humique (apport d'humus).** On distingue diverses sources d'humus. D'une façon générale, celui-ci provient directement de la décomposition des matières végétales ou encore de produits pouvant entraîner une telle évolution dans le sol. Selon sa nature, l'humus assure la correction des propriétés physiques du sol, l'alimentation des végétaux ou les deux fonctions ensemble. La tourbe, par exemple, n'agit que sur la texture de la terre, les engrais verts, sur la nature biologique, le fumier les deux à la fois.

► Les fumiers naturels

• Ils sont certainement la meilleure source d'humus, mais il n'est pas simple, pour le particulier, de s'en procurer. Si vous pouvez en disposer, utilisez-les à raison de 40 à 50 kg/m², tous les trois ans.

• Enfouissez-les de préférence en septembre-octobre, avant les pluies d'hiver, au moment des labours. Utilisez du fumier de cheval ou de mouton pour les terres argileuses et du fumier de vache ou de porc pour les terres sableuses.

► Le fumier artificiel

• Il est obtenu à partir de la décomposition de la paille. Si vous êtes un adepte du jardinage bio, vous pourrez facilement en fabriquer vous-même, encore qu'une telle préparation dégage une forte odeur, désagréable dans un jardin. On qualifie, en grande partie à tort, d'« artificiel » le fumier qui résulte de l'humidification de la paille (ou d'autres substances végétales).

• Sa fabrication est simple : placez un tas de paille (70 cm de haut environ) sur une aire maçonnée légèrement inclinée : au bas de la pente, vous devez avoir aménagé une fosse (au fond maçonné), dans laquelle sera recueilli le purin qui s'écoulera du lit de paille, après arrosage de ce dernier.

• Les arrosages successifs entraînent la fermentation de la paille et son tassement : ajoutez autant de paille que nécessaire, de façon à maintenir le tas à 70 cm de haut.

• Pour les arrosages du lit de paille, réutilisez le purin recueilli dans la fosse. Un peu de sulfate d'ammoniaque saupoudré sur la paille permet d'activer la fermentation, qui sera d'autant plus favorisée que vous procéderez par temps chaud (en été). Comptez trois mois environ pour obtenir du fumier, qui pourra alors être incorporé au sol lors des labours d'automne.

Les engrais verts

Très employée en agriculture, la technique de l'engrais vert est trop peu connue des jardiniers. Elle consiste à cultiver certaines plantes après la récolte des légumes et à retourner la terre au moment de la floraison de ces plantes, qui se trouvent alors enfouies. On utilise des espèces à végétation rapide, comme les crucifères : moutarde, radis. Les légumineuses sont ces plantes intéressantes par leurs nodosités fixatrices d'azote sur les racines (et parfois sur les tiges) ; on utilise aussi le lupin, la vesce, le trèfle. Cette méthode est particulièrement recommandée pour certaines planches du potager destinées (au printemps suivant) à être plantées en pommes de terre, haricots, tomates.

Le compost

- Il résulte de la décomposition de déchets végétaux.
- Entassez les déchets (coupe de gazon, fanes de légumes, feuilles mortes, etc.) dans un bac à compost acheté ou fabriqué (en plastique, maçonné ou grillagé), ou tout simplement dans une fosse rectangulaire creusée dans le sol.
- Arrosez de temps à autre pour favoriser leur décomposition, que vous pourrez accélérer à l'aide d'un produit activateur.
- Alternez couche de déchets végétaux et couche de terre, brisez et reconstituez le tas de compost, ces deux opérations activant la décomposition des déchets végétaux.
- Vous pourrez utiliser votre compost après une période d'environ trois mois, en l'enfouissant dans le sol.

Si les dimensions de votre pelouse sont modestes, le bac à compost est idéal pour se débarrasser des déchets et faire en même temps du terreau.

Les terreaux

- Ils constituent un mélange idéal pour la croissance des végétaux. Formé de différents composants (tourbe blonde, tourbe brune, sable, compost ou fumier), un bon terreau est riche en éléments fertilisants, et normalement dépourvu de parasites et de graines de mauvaises herbes.
- Il existe plusieurs types de terreaux : pour semis et repiquages, pour plantation de végétaux ligneux et terreautage des gazons, etc. Quelques-uns sont adaptés à certaines plantes (de terre de bruyère, orchidées, cactées, etc.).

• **L'amendement calcique (apport de chaux).** Il ne concerne, bien entendu, que les sols dépourvus de calcaire. La chaux, ou plus exactement l'oxyde de calcium, permet d'atténuer l'acidité des sols siliceux et humifères, et d'alléger les terres argileuses, lourdes et compactes. Après analyse du sol, vous envisagerez soit un chaulage correctif (si la terre est très acide, d'un pH inférieur à 6), soit des chaulages d'entretien :

■ *Les chaulages d'entretien* se révèlent le plus souvent nécessaires pour compenser la perte en calcaire provoquée par le ruissellement des eaux de pluie, qui entraînent le calcaire vers les couches du sous-sol, et par la consommation que les végétaux en font.

■ *Les chaulages correctifs* ne peuvent, quant à eux, être entrepris en une seule fois, car les quantités de chaux qu'il faudrait alors incorporer au sol seraient beaucoup trop importantes pour pouvoir être assimilées. Elles provoqueraient de graves déséquilibres, tant du point de vue physique que chimique et biologique. Une telle correction ne peut être menée que sur plusieurs années, en ne dépassant jamais plus de 3 kg/m^2 en une seule fois, et pour les terres les plus acides.

La chaux permet d'alléger les terres argileuses, compactes. Incorporez-la au sol en automne, selon les besoins spécifiques de chacune des cultures.

• **Quand chauler ?** Chaulez en automne, avant le labourage, de façon que la chaux se trouve incorporée au sol, mais ne le faites jamais en même temps que les apports de fumier ou de compost, dont les effets se trouveraient annulés. Bien évidemment, ne chaulez pas aux endroits où vous envisagez de cultiver des végétaux appréciant une certaine acidité (la pomme de terre, par exemple).

Afin de savoir s'il est nécessaire de chauler la terre de votre jardin, et dans quelles proportions, faites-la tout d'abord analyser. La chaux combat l'acidité des sols siliceux.

✓ Les engrais

Les engrais, d'origine animale ou végétale (engrais organiques) ou chimiques (engrais minéraux), contiennent trois éléments principaux.

- **L'azote** (symbole : N) agit sur la croissance des plantes et le développement des tiges et du feuillage. Il est nécessaire aux légumes verts, aux pelouses.
- **Le phosphore** sous forme d'acide phosphorique (symbole : P) favorise le développement de la partie souterraine, ainsi que la fructification. Il convient aux plantes à bulbe, à tous les légumes-fruits, aux fleurs.
- **La potasse** (symbole : K) améliore la résistance de la plante aux maladies, favorise la formation des fruits (et leur donne du goût). Elle doit être apportée à tous les légumes-fruits et aux arbres fruitiers.

Les engrais se distinguent par la proportion de chacun de ces trois éléments (plus, parfois, un autre élément tel que le bore ou la magnésie). Ainsi, un engrais NPK 7.14.10. contient 7 unités d'azote pour 14 unités d'acide phosphorique et 10 de potasse.

Les engrais de fond

Ils doivent être enfouis à l'automne, au moment des labours, de façon que l'azote organique ou ammoniacal qu'ils contiennent ait le temps de se transformer en nitrate, alors assimilable par les végétaux (en dehors des légumineuses, qui peuvent fixer directement l'azote de l'air).

- Ces engrais vont ainsi reconstituer les réserves en azote que le sol a perdues, soit par ruissellement des eaux de pluie, soit par consommation par les plantes.
- L'acide phosphorique et la potasse restent mieux fixés dans le sol que l'azote, trop même pourrait-on dire, la terre ne les restituant aux végétaux que si elle en est saturée. Incorporés au sol en automne ils constituent donc la « fumure de fond ».
- Une analyse du sol vous permettra de définir tant la qualité nécessaire que la composition de l'engrais. La fumure de fond peut être effectuée en même temps que les amendements.

Les engrais de surface

Constituant ce qu'il est convenu d'appeler une « fumure d'entretien », ils doivent être immédiatement assimilables par les plantes. Aussi peuvent-ils être incorporés au printemps, lors de la préparation des planches de culture ou même en cours de végétation (engrais dits alors « coups-de-fouet »). Ils se présentent sous forme de granulés qu'il suffit de répandre sur le sol et d'enterrer par simple griffage, ou sous forme de poudre qui doit être dissoute dans l'eau d'arrosage.

Les engrais spécialisés

Ils sont nombreux et peuvent varier d'un fabricant à l'autre. Ils répondent aux besoins spécifiques d'un type de plante et aux productions recherchées.

- Un engrais pour arbre d'ornement ou pour gazon comportera une forte teneur en azote (qui favorise le développement du feuillage).
- Un engrais pour arbres fruitiers ou pour fraisiers, en revanche, sera plus riche en potasse, favorable à la formation et à la croissance des fruits.

LA PRODUCTION DES LÉGUMES

Semer

La plupart des légumes sont obtenus par semis, mais toutes les espèces ne se sèment pas de la même façon ni au même moment. On sème sous abri, en pépinière ou en pleine terre, selon la plante cultivée, l'époque de récolte escomptée et l'équipement dont on dispose (châssis, serre, ados ou côtières).

✓ La graine

Une graine contient un germe qui, en se développant, donnera toutes les parties de la plante et des racines pour assurer les premiers temps de la vie du jeune végétal. La présence de ces réserves explique que l'on puisse faire germer une graine en l'absence de terre (tout le monde a fait germer des haricots sur du coton mouillé).

• **Achat des graines.** Les maisons grainetières commercialisent les semences en sachets étanches. Un sachet contient, en général, un nombre suffisant de graines pour un potager de dimension moyenne. Il porte le plus souvent des indications de culture (certes succinctes), ainsi que la date limite d'utilisation. En effet, la plupart des graines se conservent relativement mal, particulièrement les plus fines et les plus huileuses (celles de carotte ou de navet, par exemple).

Les graines que vous trouverez dans le commerce sont garanties exemptes de maladies, mûres (récoltées au bon moment) ; elles ont été, en outre, conservées dans des conditions d'hygrométrie satisfaisantes.

• **Les conditions de germination.** Pour germer, une graine a besoin de chaleur (15 à 18 °C le plus souvent) et d'humidité. C'est pourquoi il faut attendre avril-mai (sous nos climats) pour semer, en place, la plupart des espèces (attention, cependant, aux gelées tardives).

La chaleur nécessaire à la germination peut être obtenue, hors saison, par des couches chaudes ou tièdes (fumier), ou par des résistances électriques disposées sous les caissettes de germination ou dans les châssis. Le chauffage en serre permet, bien entendu, de remplacer la chaleur naturelle et d'obtenir ainsi des plants (produits de semis en terrine) que l'on pourra repiquer dès le début du printemps. Ceux qui ne disposent pas de serre utiliseront avantageusement des mini-serres, sortes de terrines avec protection en plastique.

Les grainetiers et les jardineries proposent de larges gammes de graines, notamment de nombreuses variétés de légumes. L'époque est à la redécouverte des variétés anciennes.

Pour les semis effectués en pleine terre (en place ou en pépinière) comme pour ceux réalisés sous abri (serre, châssis, mini-serre), veillez à maintenir une humidité suffisante, soit par arrosage en pluie fine, soit par pulvérisation (brumisation) pour les semis en place. Une feuille de verre placée sur la terrine permet de limiter l'évaporation.

Les graines fines (ici, de chou) gagnent à être réparties avec un semoir.

Pour protéger les semis des insectes, il est préférable de désinfecter préalablement le sol à l'eau bouillante ou avec un désinfectant spécial disponible dans le commerce.

• **Les ennemis des graines.** Ce sont d'abord les rongeurs, friands des graines que vous stockez pendant l'hiver. Protégez donc les graines que vous avez récoltées ou achetées en les plaçant dans une boîte métallique qui ferme bien (elles y seront, en outre, à l'abri de l'humidité).

Les graines mises en germination peuvent être attaquées par les champignons et les bactéries, ainsi que par les insectes du sol. La « fonte » des semis, qui se manifeste par la faillite totale de la germination et par la disparition totale des plantules (d'où le nom du phénomène), est provoquée par les champignons qui se développent quand l'humidité résiduelle est trop importante. Pour éviter cet inconvénient, il ne faut pas semer trop serré. Il faut assurer une certaine ventilation : par exemple, en caissette, on doit empêcher la condensation en gouttelettes sous la plaque de verre, en découvrant périodiquement la terrine.

Les grosses graines (de pois et de haricot, par exemple) peuvent être semées à la main (ici, en poquet).

Les graines « bio » sont produites sans engrais chimiques.

✓ Les semis sous abri

Semer sous abri permet d'obtenir des plants que l'on peut repiquer dès le début du printemps (plants qui doivent alors être protégés des gelées tardives), cela afin d'accélérer le rythme normal de la végétation et d'avancer ainsi notablement la date des récoltes.

On entend par « abri » tout local ou système qui permet de protéger les semis des derniers froids et des intempéries, et sous lequel une température suffisamment élevée (supérieure à la température extérieure) peut être maintenue. Les serres, châssis, mini-serres figurent ainsi parmi les meilleurs alliés du jardinier. Notez cependant qu'une simple terrine placée sur un radiateur trouvera la chaleur de fond suffisante à la germination.

• **Semis en terrine.** Une terrine est un récipient de culture en plastique, en polystyrène ou en terre cuite, destiné à conserver les jeunes plants pendant un temps assez court, de la levée à l'apparition des deux premières feuilles :

▪ *Utilisez de préférence des terrines en plastique*, plus faciles à nettoyer et plus durables. Si vous employez une terrine en terre cuite, faites-la tremper au moins une demi-heure dans de l'eau avant de semer, afin que le matériau s'humidifie et ne « boive » pas, par la suite, l'eau d'arrosage.

▪ *Disposez au fond de la terrine une couche drainante* faite de petits cailloux ou de tessons de pots en terre cuite. Placez par-dessus une couche de sable ou de terre

Si vous possédez un châssis (ici, un modèle traditionnel avec montant maçonné), il vous sera facile de semer tôt en saison, afin d'avancer la date des récoltes.

Il existe des bacs de très petites dimensions servant soit à la germination individuelle de plantes à grosse graine, soit à des bouturages à l'étouffée.

Un bac à germination de cette taille s'apparente à une « mini-serre ». On remarquera les volets d'aération réglables par lesquels il est possible de renouveler l'air sans ôter le couvercle. Avec le temps, le plastique du couvercle a tendance à s'opacifier.

très légère, qui servira de support à la couche de germination. Cette couche de germination doit être finement tamisée : tassez-la avec une planchette.

■ *Si les graines sont assez grosses* (melon, poireau, par exemple), ouvrez des petits sillons parallèles dans le mélange terreux pour y placer la semence.

■ *Si les graines sont fines*, semez-les en les saupoudrant le plus régulièrement possible et de manière peu dense, à l'aide d'un morceau de carton plié en deux ou d'un semoir.

■ *N'enterrez pas trop les graines* : une épaisseur de terreau finement tamisé égale à une ou deux fois la grosseur de la graine suffit.

■ *Ne recouvrez pas les graines très fines* : l'arrosage suffit à les lier à la terre.

■ *Trempez la terrine dans un récipient plein d'eau* (sans la submerger) pour éviter d'avoir à arroser trop et trop souvent, puis laissez-la égoutter. Effectuez cette opération avant de semer, car l'eau, en remontant par capillarité, risquerait de bouleverser l'ordre des graines. Par la suite, vous arroserez avec un brumisateur.

Semis en terrine : une fois les graines déposées sur le terreau, recouvrez-les légèrement, puis tassez à l'aide d'une planchette.

■ *Placez une plaque de verre sur la terrine* ou replacez le couvercle translucide s'il s'agit d'un bac de germination, pour favoriser la levée des graines en maintenant une atmosphère confinée. Mais, attention : un excès d'humidité risque de provoquer la fonte des semis.

■ *Aérez régulièrement* (tous les jours) en soulevant la plaque (essuyez-la et retournez-la à chaque fois). Dès que les plantules apparaissent, placez une petite cale entre la terrine et la plaque, pour assurer une aération constante.

Le couvercle des bacs de germination maintient l'humidité. Aérez régulièrement en ouvrant les ouïes ou en entrouvrant le couvercle. Retirez celui-ci après la levée.

• **Le semis en mini-serre.** Les mini-serres sont à juste titre appelées « bacs de germination », car elles offrent les conditions propices à la levée des graines et aux premiers stades du développement des plantules. Leur couvercle en matière plastique est percé d'ouvertures réglables permettant d'aérer les cultures sans ôter le couvercle.

• **Semis en godet.** Le semis en godet doit être retenu pour les espèces supportant mal le repiquage (fève, cornichon, concombre, melon, poivron, etc.) ou pour celles à développement rapide et important (pois ou haricot), qu'il serait inconcevable d'élever collectivement dans une terrine.

Le semis en godet permet d'obtenir des plants que l'on peut repiquer directement en place, en pleine terre, après extraction de la motte du godet, du moins pour ce qui concerne les godets en matière plastique. Dans la mesure du possible, utilisez des godets de tourbe : il n'est pas nécessaire de sortir la motte du godet, les racines pouvant traverser la tourbe, cette dernière se décomposant dans la terre au bout d'un certain temps.

Quand les plants sont suffisamment développés, il faut les repiquer. Le repiquage se fait ici en godets de tourbe. Procédez délicatement pour ne pas endommager les racines des plantules.

Pour certaines espèces (ici des melons), il est recommandé de semer directement en godet (cela évite le repiquage à racines nues).

D'abord produites pour l'agriculture, les graines enrobées sont maintenant disponibles pour les amateurs. Elles sont prises dans une petite gangue contenant des éléments favorisant la germination, ainsi que des produits insecticides et fongicides qui écartent prédateurs et maladies.

oment de la mise en place, efforcez-vous
; casser la motte ; s'il s'agit d'un godet de
ssez la terre tout autour du godet et arro-
usement, afin de mouiller la tourbe.
ıduite des jeunes plants en godets est
e dans les régions où les gelées tardives
re : elle permet de retarder la mise en
n du temps. Cependant, une trop longue
ǝt retarde et limite la croissance de la
es manquant de terre et de place.

Châssis traditionnel maçonné avec couvercles vitrés basculables.

• **Semis sous châssis.** Un châssis est une petite construction qui comprend :

▪ *quatre côtés* (en bois ou maçonnée) délimitant un espace restreint de culture ;

▪ *un couvercle articulé ou sur glissières* (en verre ou en plastique translucide) permettant de maintenir le châssis fermé, ou, au contraire, de l'aérer ;

▪ *l'arrière du châssis* plus haut d'un côté que de l'autre, de façon à faciliter l'écoulement des eaux de pluie et favoriser une meilleure pénétration des rayons solaires.

Cette conception permet d'obtenir des plants à partir de semis, tôt en saison, et de hâter ainsi un certain nombre de cultures. Cependant, il faut pouvoir être en mesure de protéger les jeunes plants des rayons solaires trop violents : vous utiliserez, pour cela, des paillassons placés sur les vitres.

La terre recouverte par le châssis doit être soigneusement préparée et bien drainée (établissement d'un lit de gravier et de sable si le sol est très argileux). Ajoutez du terreau de feuilles très décomposé à la terre (et éventuellement un peu de sable de rivière).

Si l'on sème des graines assez grosses, on peut tracer de petits sillons très rapprochés. Le plus souvent, on sème sans sillon, en répartissant les graines le plus régulièrement possible. Un petit semoir se révèle ici très utile. Arrosez, après le semis, avec l'arrosoir muni de sa pomme, puis fermez le châssis.

Pour éviter la fonte des semis, ouvrez le châssis de temps en temps, afin de renouveler l'air.

Châssis vitré en kit placé sur une couche.

• **Semis sur couche.** La couche est un moyen de chauffage du châssis qui permet de hâter la production ou de protéger les plantes fragiles. La chaleur est obtenue de deux façons :

▪ *par la fermentation* d'un mélange de fumier et de feuilles mortes (couche dite « maraîchère ») ;

▪ *par des résistances électriques enterrées* (couche électrique).

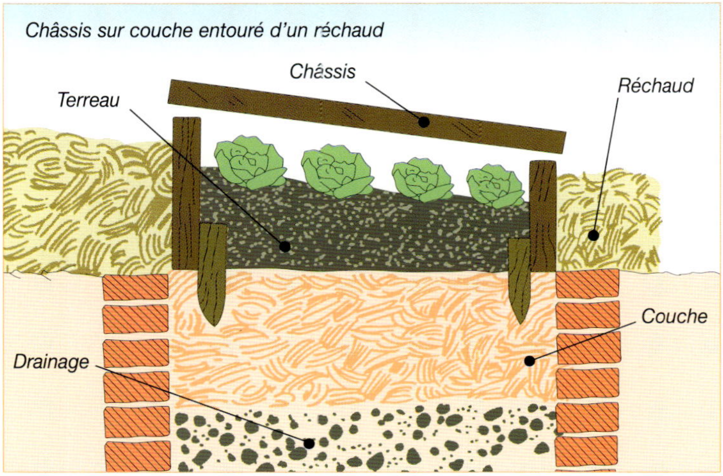

■ *Afin de limiter les déperditions de chaleur,* une couche maraîchère doit aussi entourer le châssis, formant ce que l'on appelle le « réchaud ». Une couche doit être établie, de préférence, dans une tranchée, et cela pour deux raisons : tout d'abord pour limiter les déperditions de chaleur, ensuite pour des raisons pratiques, qui tiennent à l'importance de la couche. En effet, celle-ci doit être suffisamment épaisse pour dégager une vive chaleur (80 cm avant tassement).

■ *Arrosez la couche et tassez-la* énergiquement. Placez le châssis sur la couche (utilisez un châssis à pieds) et remplissez-le de bonne terre enrichie de terreau.

■ *Le semis peut intervenir immédiatement* pour certaines espèces dont la durée de levée est assez longue. Cependant, le début de la fermentation fait monter la chaleur très vivement (« coup de feu »), ce qui peut être nuisible aux jeunes plantes qui viennent de sortir. C'est pourquoi on attend généralement quelques jours pour semer (de façon que la température soit autour de 30 °C).

Semis sous châssis, sur couches chaudes artificielles. On remarque le boîtier de connexions électriques qui alimente les résistances réchauffant le support de culture.

■ *Une couche tiède* (ou couche sourde) permet d'effectuer des semis précoces (février, mars et avril) qui donneront des plants à repiquer en place. Les couches tièdes sont constituées en diminuant la proportion de fumier de cheval par rapport aux feuilles mortes (un tiers de fumier de cheval, par exemple). On peut aussi utiliser uniquement des débris végétaux (tontes de gazon, feuilles et fanes).

■ *Changez la couche de place chaque année* pour que la terre du potager profite au maximum de l'apport d'engrais qui en résulte.

✓ Les semis en pépinière

La plupart des plantes qui supportent le repiquage sont semées en pépinière, c'est-à-dire dans un endroit du jardin consacré exclusivement à la production des plants et non des légumes eux-mêmes. C'est le cas, notamment, de nombreuses espèces à graines fines dont il est difficile de contrôler l'espacement lors du semis. Parmi les légumes semés en pépinière, on peut citer le poireau, les salades, le chou, le céleri, etc.

La pépinière doit être très bien exposée et abritée, constituée de bonne terre franche enrichie de terreau et éventuellement de sable de rivière pour améliorer le drainage. On peut établir la pépinière sur une côtière constituée contre un mur bien exposé (voir page 237).

Avant de semer en place, affinez la terre du mieux que vous pourrez ; les jeunes racines se développeront plus aisément dans une terre légère et fine.

✓ Les semis en place

Le semis en place, en pleine terre, se distingue de celui en pépinière : les plantes qui en sont issues se développeront à l'endroit même où le semis a été effectué. Il ne sera donc pas nécessaire de transplanter ou de repiquer ; tout juste un éclaircissage sera-t-il nécessaire pour éviter que les plants ne se gênent, à la suite d'un semis à la volée.

Si l'époque des semis en place varie selon les espèces et leur rusticité, et selon les régions, il faut néanmoins que soient réunies les conditions climatiques nécessaires à la germination. On peut cependant, surtout pour les espèces fragiles ou pour les cultures précoces, protéger les semis par des abris tels que tunnels, cloches, etc., que l'on ne retirera qu'une fois le risque des dernières gelées passé (attention aux gelées tardives de printemps !).

Selon l'époque du semis en place, il est aussi conseillé d'utiliser les variétés adaptées, spécialement étudiées. Ainsi, on sèmera, par exemple, en mars des carottes hâtives, que l'on récoltera en juillet ; en avril, des demi-longues nantaises améliorées pour une récolte en août-septembre ; en juin, des carottes de Colmar, à récolter en octobre-novembre.

Avant de semer, procédez à un dernier ameublissement du sol à l'aide du râteau.

Un peu de terreau finement tamisé répandu en surface permettra de rattraper les petites inégalités qui pourraient entraîner une levée irrégulière.

Ne semez pas par temps sec ni trop humide. Si la terre est sèche, arrosez-la la veille du semis, en pluie fine pour ne pas bouleverser les planches que vous avez préalablement ameublies et nivelées.

Semis à la volée

Cette méthode consiste à répandre les graines sur le sol en les jetant, raison pour laquelle il est pratiquement impossible de contrôler précisément la répartition des graines, bien que le but soit d'effectuer cette opération le plus régulièrement possible.

- Ne semez pas à la volée les jours de vent. Les graines fines se sèment mal à la volée ; on les mélange donc avec un peu de sable fin pour travailler plus facilement.
- Le semis à la volée est très peu pratiqué au potager ; on lui préfère généralement les semis en ligne et en poquet.
- Après le semis, les graines doivent être plombées à l'aide d'une dame ou d'un rouleau.
- Passez le râteau légèrement pour les recouvrir.

Le « geste auguste » est plus simplement appelé « semis à la volée ».

Semis en ligne

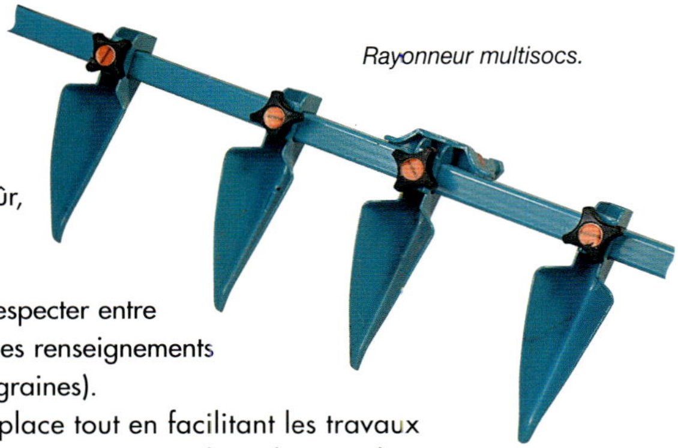

Rayonneur multisocs.

Cette technique consiste à déposer les graines dans des sillons (ou rayons) ouverts à la serfouette, le long du cordeau tendu, ou au rayonneur. La profondeur du rayon doit, bien sûr, être en rapport avec la taille des graines.
Ces dernières sont distancées sur la ligne selon le développement de l'espèce ; l'écartement à respecter entre les lignes varie aussi, pour les mêmes raisons (ces renseignements sont le plus souvent indiqués sur les sachets de graines).
Le semis en ligne permet d'économiser de la place tout en facilitant les travaux d'entretien (désherbage, binage, etc.). En conséquence, c'est la technique de semis la plus pratiquée pour les légumes.

- Un rayonneur, outil muni de plusieurs socs réglables, permet de tracer rapidement des sillons parallèles. Les graines sont disposées manuellement dans le sillon.
- Un semoir rotatif débite les graines très régulièrement.
- Fermez le sillon par ratissage, puis plombez afin que les graines soient liées au sol. Vous pouvez également recouvrir le rayon avec un peu de terre tamisée ou de terreau.
- Arrosez régulièrement après le semis et avant la levée, surtout si le temps est sec.
- En cas d'humidité excessive, les semis peuvent être attaqués par les champignons, raison pour laquelle on applique souvent des produits anticryptogamiques au moment du semis.

Semoir rotatif.

Semis en poquets

Les graines sont, dans ce cas, placées dans des petits trous.

- Le semis en poquets est pratiqué pour le pois et le haricot, le melon, la fève, le cardon, le potiron et la betterave, toutes plantes au développement important. On met généralement 3 ou 4 graines par poquet.
- Bouchez le trou avec de la terre finement tamisée et plombez avec le pied.
- Disposez les poquets de manière que les plantes soient en quinconce, ce qui leur donne davantage d'espace.

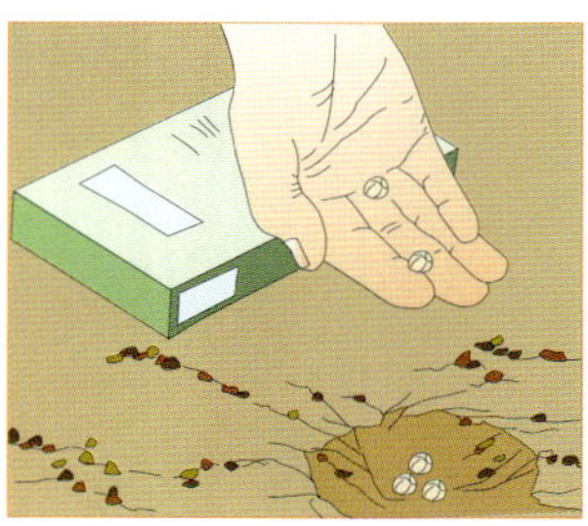

Plusieurs maisons grainetières proposent des tapis de cellulose sur lesquels sont fixées des graines à intervalles réguliers. Ces tapis facilitent le semis en place ; les graines sont sélectionnées pour qu'il n'y ait pas de sujet faible. Cette présentation en nappe biodégradable permet de semer plus vite. La répartition correspond aux exigences de l'espèce. On trouve des graines en tapis pour différentes espèces potagères (ainsi que pour des plantes à fleurs).

Acheter des plants

Il est toujours intéressant de produire les plants dont on a besoin, ne serait-ce que d'un point de vue économique. Encore faut-il disposer d'abri (serre ou châssis) pour effectuer les semis. Si tel n'est pas votre cas ou si vous avez laissé passer l'époque des semis, vous serez conduit à acheter des plants, disponibles pour de nombreuses espèces potagères.

Il faut bien sûr rechercher la qualité et ne pas accepter de sujets faibles et mal venus. Les plants vendus par les grandes maisons grainetières sont généralement garantis : cela signifie qu'ils sont sélectionnés, exempts de maladie, et que la reprise est garantie. Certains sont greffés (ils sont plus chers mais aussi plus résistants et plus productifs). On trouve deux types de plants :

- *à racines nues* pour les espèces qui supportent bien la transplantation ;
- *en godets* pour les autres.

Les fraisiers, par exemple, sont proposés en godets ou à racines nues (variétés remontantes), selon les cultivars.

Ne tardez pas à repiquer les plants présentés en godets plastiques, sinon vous risquez de les voir dépérir rapidement, leurs racines, en forte croissance, ne pouvant se développer.

Si vous n'avez pas assez de temps à consacrer à votre potager, vous serez probablement contraint d'acheter des plants prêts à être repiqués. Veillez tout particulièrement à leur qualité.

Les plants en godets

- La culture des plants en godets permet un repiquage facile ; la motte entière est enterrée, ce qui limite les risques de blesser les racines (attention, toutefois, au moment d'extraire la motte du godet).
- La reprise est donc assurée, d'autant que les plants ainsi commercialisés sont soigneusement sélectionnés par les producteurs. Au moment de l'achat, cependant, choisissez des sujets trapus et bien formés.
- Les racines dépassant du godet sont le signe d'un plant en bonne santé.

Les plants à racines nues

Le poireau, le chou, les salades, les oignons sont généralement à racines nues. Ces plants doivent être repiqués assez rapidement ; ne les laissez pas longtemps à l'air, ils risqueraient de se flétrir.

- Si le temps empêche de les mettre en place immédiatement, placez-les en attente dans un coin du jardin ou dans une caisse (si le temps est trop humide), en enterrant les racines.
- Certains plants doivent être habillés (taille des racines et des feuilles), afin de favoriser le développement du chevelu après repiquage.
- On habille les racines des plants de poireau et d'oignon et les feuilles des plants de salade.

La culture des légumes

Repiquer

Les plantes élevées en pépinière, sous châssis ou en terrine doivent être repiquées en place. On peut également être amené à prélever des plants sur des lignes pour les repiquer lorsque les semis ont été trop serrés (lors de l'éclaircissage).
Le repiquage est toujours une épreuve pour la plante. Celle-ci subit un choc dû d'abord à l'arrachement inévitable de petites racines, ensuite au changement du milieu de culture (la terre n'étant jamais exactement la même) ; tout cela demande un temps de réadaptation, et certains sujets y résistent mal.

Lorsque le repiquage est correctement fait, la plante profite de la transplantation en formant des racines plus denses et plus vigoureuses.

Pour de nombreuses espèces, on pratique un premier repiquage en pépinière (parfois sous châssis) ou en terrine avant la mise en place définitive, quand les semis ont donné un développement trop serré des sujets.

✓ Quand repiquer ?

Il faut attendre que les plantules soient suffisamment développées pour les manipuler. Le premier repiquage peut avoir lieu après l'apparition des deux premières feuilles (après les deux feuilles cotylédones). Avant, les racines ne sont pas assez formées, et toute manipulation pourrait détruire le sujet. N'attendez pas trop, car lorsque la plante est très jeune, elle supporte naturellement mieux la transplantation.

Ne repiquez pas quand le temps est trop sec ou trop humide. Il vaut mieux travailler par temps doux, le soir de préférence, pour éviter les brûlures que le soleil pourrait provoquer.

✓ Comment extraire les plants ?

Il faut éviter d'abîmer les plantules, qui sont très fragiles. Pour faciliter l'opération, arrosez quelques heures avant pour que la terre soit souple.

Repiquage sous châssis de plants issus de semis effectués sous abri, en terrine. Installez le châssis à bonne exposition.

On utilise un transplantoir pour retirer la plante sans abîmer ses racines. Une petite lame de bois taillée en V fait très bien l'affaire pour les terrines. Le repiquage est l'occasion de sélectionner les plants : éliminez tous les sujets faibles et mal venus. Quand les plants sont prélevés par éclaircissage sur une rangée, il faut tasser et arroser immédiatement après pour que la terre adhère aux racines des plantes qui demeurent en place. Ne laissez pas les plants arrachés à la lumière du soleil, car ils flétriraient très rapidement. Si vous ne les repiquez pas aussitôt, laissez-les en attente dans un endroit frais ou, mieux, dans une caissette avec un peu de terre. N'attendez pas trop pour les mettre en place.

L'habillage

- On le pratique sur la plupart des plantes repiquées à racines nues. Il consiste à couper l'extrémité du chevelu (racine), ainsi qu'une partie du feuillage.
- Cette opération fortifie la plante en lui permettant de se constituer un système radiculaire plus fourni.
- L'habillage du feuillage permet aussi de diminuer l'évaporation (pratiqué sur les poireaux, les salades).

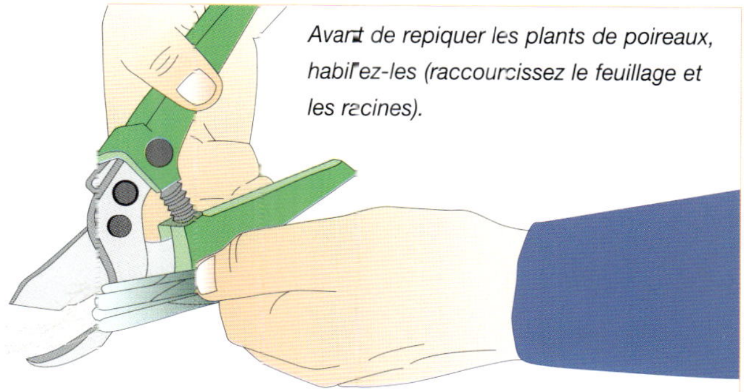

Avant de repiquer les plants de poireaux, habillez-les (raccourcissez le feuillage et les racines).

La mise en place

- Repiquez de préférence en fin d'après-midi ou par temps couvert, dans une terre meuble mais pas trop humide. Laissez un espace suffisant entre les plants, afin de leur permettre de se développer sans se gêner, mais sans perdre de place.
- L'espacement varie, bien entendu, selon les végétaux : 10-15 cm pour les poireaux, 15 cm pour les fraisiers, 50 cm pour les choux de Bruxelles, etc.
- Faites au plantoir un trou de repiquage suffisamment large pour que les racines y soient à leur aise. Si le plant est plus important, utilisez un plantoir à bulbe.
- Placez le plant, les racines bien verticales, le collet juste au niveau du sol.
- Si vous devez repiquer en terrine ou en godet, un crayon suffit pour ouvrir le trou.
- Lors des repiquages, évitez de pincer la tige des plants entre les doigts ; vous compromettriez gravement la reprise.

Après le repiquage, bornez et arrosez au goulot.

Le bornage

- Pour donner au jeune plant repiqué les meilleures chances de reprise, il faut que la terre adhère correctement aux racines. On procède pour cela à ce qu'on appelle le « bornage », c'est-à-dire au tassement de la terre contre les racines.
- Procédez de la façon suivante : enfoncez le plantoir à côté du plant que vous venez de repiquer et, par un mouvement de levier, ramenez-le contre le plant.
- Arrosez ensuite, au goulot, dans le trou de bornage, même si le temps est humide : l'eau finira de tasser la terre contre les racines.

Protéger

La protection des plantes potagères peut avoir de puissants effets. Il faut distinguer la protection indispensable, visant à empêcher la destruction des plants par des gelées tardives ou par d'autres phénomènes climatiques, et la protection facultative mise en place pour hâter le moment de la récolte.

Comme il est aujourd'hui difficile de se procurer de la paille, on la remplace généralement par des écorces de pin.

✓ La protection naturelle

Sans utiliser d'abri, le jardinier dispose de moyens efficaces pour protéger ses plantes.

• **Le paillage.** Il consiste à répandre sur le sol, entre les lignes, de la paille non décomposée. Cette protection est destinée à freiner l'évaporation ; elle est donc mise en place au printemps et surtout en été. Dans la nature, le sol est en permanence recouvert d'une couche de feuilles mortes et de végétaux en cours de décomposition qui le protège des intempéries. Au potager, le sol est nu et très exposé à la sécheresse comme aux variations de température.

▪ *Le paillage traditionnel* est souvent remplacé aujourd'hui par des écorces de pin.

▪ *Les films en plastique noir* ont la même fonction que la paille (parfois difficile à trouver dans certaines régions). Ils sont généralement perforés, pour permettre une meilleure aération du sol. On les utilise de plus en plus pour cultiver les fraisiers.

▪ *Des éléments végétaux* en décomposition (et même des fumiers animaux) sont utilisés par certains jardiniers à la place de la paille. Cette pratique est connue sous le nom de « mulching ». La masse végétale est épandue entre les lignes pour protéger le sol et lui apporter des matières organiques par décomposition lente.

◀ Paille et fumier mélangés protègent le sol et l'enrichissent.

Un film en plastique opaque (ici, avec des fraisiers) empêche les mauvaises herbes de pousser.
▼

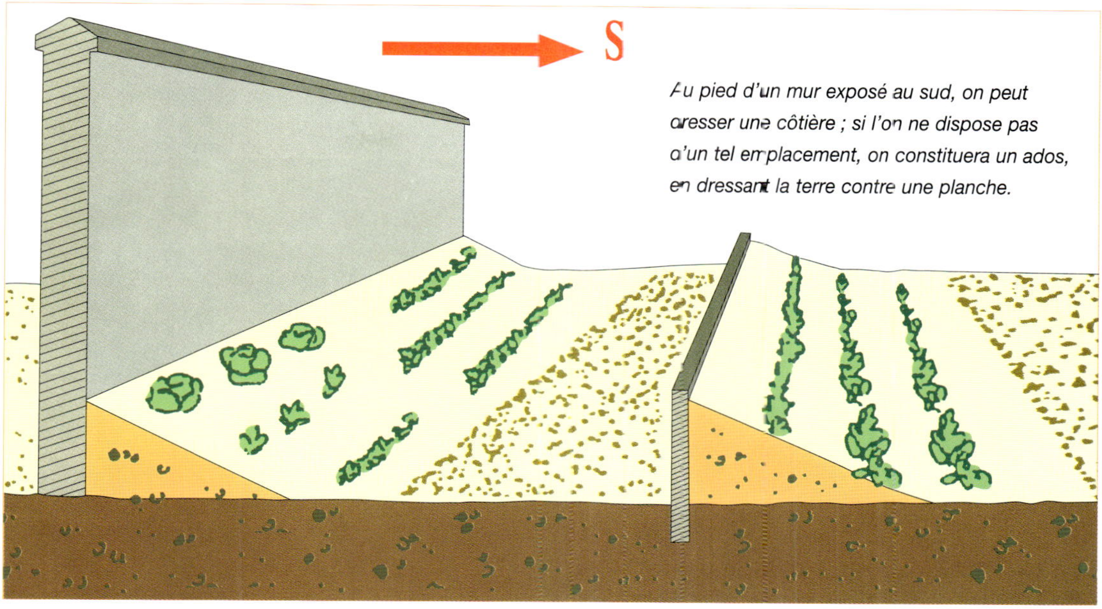

Au pied d'un mur exposé au sud, on peut dresser une côtière ; si l'on ne dispose pas d'un tel emplacement, on constituera un ados, en dressant la terre contre une planche.

La paille ou les déchets végétaux peuvent être ajoutés au tas de compost ou être enfouis directement lors des labours d'automne.

• **Les paillassons.** En paille liée ou en matière plastique, les paillassons servent à recouvrir le sol après les semis pour protéger ces derniers contre le froid et les alternances de sécheresse et d'humidité. Ils peuvent être mis en place la nuit et en cas de grand froid, et enlevés dès qu'il y a réchauffement.

• **Les claies à ombrer.** En paille, en roseau, en bambou ou en matière plastique, elles arrêtent les rayons solaires trop violents qui entraîneraient le dépérissement des plants. On les pose sur des piquets de soutien fichés de part et d'autre des planches de culture (qui doivent être attachées en cas de vent) sur les châssis ou sur le toit de la serre.

• **Les ados et les côtières.** Une côtière est une planche de culture établie au pied d'un mur exposé au sud qui renvoie, de ce fait, la chaleur du soleil vers la terre.

■ *Si vous n'avez pas de mur exposé au sud*, vous obtiendrez un résultat similaire en dressant une planche de bois (ou un muret) contre laquelle vous ramènerez la terre de façon à lui donner une pente vers le Midi (voir p. 237). Dans les deux cas (ados et côtière), une pente de 20 cm/m améliore la réception des rayons solaires. La largeur d'une côtière est généralement de 1,20 m. Pour donner toutes les chances aux cultures entreprises en ados ou sur côtière, utilisez, en plus, de la bonne terre de jardin à laquelle vous aurez ajouté du terreau de feuilles (ou de fumier apporté à l'automne).

■ *Les cultures conduites sur ados ou côtière* auront une nette avance sur les autres. Le plus souvent, on met à profit ce type de dispositif pour effectuer les semis précoces ou pour protéger les plantes fragiles.

■ *Si vous montez un ados contre une planche de bois*, n'oubliez pas de traiter cette dernière à l'aide d'un produit insecticide et fongicide.

La protection varie selon les mois

Au printemps	En été	En automne
Protection contre le froid, les gelées, les oiseaux (semis).	Protection contre la chaleur (par ombrage et paillage).	Protection contre les froids précoces, les oiseaux (récoltes).

◄ *Touffes de persil protégées des premiers froids sous une feuille en plastique à armature métallique.*

Une simple bouteille en plastique peut garantir des semis. ▼

✓ La protection sous vitrage

Sous un châssis, dans une serre ou sous un tunnel en plastique, les plantes bénéficient de la même luminosité qu'à l'extérieur. En outre, l'énergie solaire se trouve en quelque sorte prise au piège sous la vitre ; c'est ce que l'on appelle « l'effet de serre ».

• **La précocité.** Certaines plantes seront abritées pendant la seule période de leur germination ; d'autres jusqu'à la récolte.

▪ *Ados ou côtières* permettent de gagner une quinzaine de jours sur les semis, l'utilisation des tunnels en plastique, des cloches individuelles et continues, des châssis-cloches fera gagner environ un mois.

▪ *Quand on possède un tunnel*, il faut dresser un plan d'utilisation pour la saison. La mobilité de ce matériel (comme celle des cloches) permet d'en tirer le meilleur parti. Ainsi, on peut par exemple semer en février sous tunnel des pois nains très hâtifs qui produiront dès le mois de mai. Le tunnel sera retiré en avril et déplacé pour abriter des rangées de semis de laitues et de chicorées d'été ; début mai, on placera le tunnel sur des plants de tomates repiqués sur planche.

▪ *Les protections vitrées ou en plastique* entretiennent autour des plantes une atmosphère confinée, favorable à la germination, mais qui peut nuire aux plantes plus développées. Il faut donc aérer le plus possible chaque fois que la température extérieure le permet. Les tunnels sont pourvus d'un système d'ouvertures latérales, et les cloches doivent être relevées à l'aide d'un petit piquet cranté.

Des plus sophistiquées (cloches continues, ci-contre) aux plus simples (bouteilles en plastique coupées en deux pour former un minitunnel, en haut), les protections accélèrent la levée des semis.

Une serre tunnel constitue un investissement relativement élevé ; mais moindre que celui d'une véritable serre en verre. Elle permet de conduire des cultures importantes (tomates avec, à leur pied, des salades).

Dans les régions peu ensoleillées, des panneaux de matière plastique favoriseront le mûrissement des tomates.

• **La prolongation.** La fin de saison connaît souvent une baisse sensible de la température, alors que certaines cultures n'ont pas encore donné leur récolte. C'est le cas, en particulier, des tomates au nord de la Loire. Les abris ont donc pour rôle de protéger les plantes, afin d'amener les fruits à maturité ; on les utilise pour la conduite de certaines espèces fragiles, méditerranéennes et difficiles à cultiver dans les zones trop septentrionales. Les tunnels et les cloches permettent de produire des variétés tardives. Pour certaines espèces à grand développement (les artichauts, par exemple), une bâche en matière plastique constitue l'abri le plus adapté. Une telle bâche doit être solidement arrimée au sol, car c'est aussi l'époque des grands vents.

Une simple vitre avec un support métallique constitue un abri très performant.

Entretenir

Les soins de culture sont l'ensemble des opérations concernant la conduite des plantes potagères jusqu'à la récolte. De leur régularité dépendent la santé des sujets élevés et la qualité des légumes. Les soins comprennent le binage et le sarclage pour toutes les espèces ; pour certaines plantes, il faut effectuer le buttage et parfois le blanchiment.

Un potager bien entretenu est un plaisir pour les yeux, avant de l'être au palais.

Le binage

On connaît la maxime des jardiniers : « Un bon binage vaut deux arrosages. »

Le binage consiste en un ameublissement de la surface du sol pour briser la croûte. Il sert, avant tout, à freiner l'évaporation et à maintenir l'humidité en profondeur (près des racines).

- Quand le temps est sec, sous l'effet du soleil, il se produit un dessèchement de la couche de terre superficielle, encore plus marqué dans les terres lourdes ou argileuses qui se craquellent alors. Cette croûte très sèche agit comme une pompe qui ramène l'humidité du sol en surface ; l'évaporation est très importante, et les racines des plantes en pâtissent. Les végétaux risquent de se flétrir, les graines en cours de germination avortent, et la végétation se ralentit.
- Il faut biner systématiquement, dès le mois d'avril lorsque les précipitations se ralentissent. On ne bine pas quand la terre est détrempée, mais, après une petite averse, il est fréquent que la terre soit à peine mouillée et que la croûte dure demeure.
- Dans les terrains argileux, cette croûte s'oppose à la pénétration de l'eau, qui s'écoule par ruissellement au lieu de parvenir jusqu'aux racines.
- Il n'est pas nécessaire de biner très profondément ; tenez la lame de l'outil presque horizontalement et donnez de petits coups.

On utilise des binettes de différentes formes, ainsi que la serfouette ou le cultivateur.

- Sur les planches, il faut biner très régulièrement entre les rangées pour que la terre soit toujours meuble autour des légumes.
- Certaines espèces ont besoin de binages très fréquents : le melon, le concombre, la courgette, le cardon, le chou et toutes les plantes qui sont exigeantes en eau.
- La binette doit être aiguisée régulièrement.

Le sarclage

Chaque type de terrain a son lot de mauvaises herbes, qu'il faut éliminer sous peine de les voir envahir rapidement le potager et étouffer les plantes cultivées.

- Sarcler consiste à détruire la partie aérienne des mauvaises herbes (au-dessous du collet). Cette technique convient donc mieux aux annuelles qui se reproduisent par semis naturel et pour certaines vivaces. Pour celles à racines traçantes, comme le liseron, il reste préférable de les extraire avec la racine, en prenant soin de ne laisser en terre aucun fragment de racine (il donnerait une plante peu de temps après).
- Le sarclage régulièrement exécuté n'est pas un travail fastidieux. On peut cependant, dans certains cas, le remplacer par l'utilisation de désherbants sélectifs.
- Pour sarcler, servez-vous d'un sarcloir, qui peut être manié en poussant ou en tirant. Une serfouette ou une binette fera aussi l'affaire.
- Que faire des mauvaises herbes ? Lorsqu'il s'agit de plantules, il n'est pas gênant de les incorporer au tas de compost. En revanche, si elles ont atteint leur maturité et que les graines se soient déjà formées, brûlez-les ou jetez-les.

Deux modèles de sarcloir pour nettoyer les planches.

Une serfouette permet de biner et de sarcler entre les salades.

Attention !

Il faut se mettre à sarcler dès le début du printemps, quand les jeunes pousses commencent à sortir. La périodicité d'une semaine entre deux sarclages suffit pour empêcher toute propagation. Surtout, ne laissez pas les plantes monter en graines : celles-ci se diffuseraient dans tout le jardin et germeraient très vite.

✓ Le buttage

Cette opération est réservée à certaines espèces. Elle consiste à ramener la terre autour de la base de la tige de façon à former un petit monticule. Elle a pour but, en général, de fortifier la plante en lui permettant de mieux résister à la chaleur : le système radiculaire se trouve éloigné de la surface et plus au frais – pour les mêmes raisons, les sujets buttés résistent mieux aux coups de froid.

Lorsque la base de la tige est enfouie, de nouvelles racines adventives peuvent se développer, améliorant ainsi le système souterrain. Les espèces à tige fragile acquièrent par le buttage une meilleure tenue et peuvent résister aux forts coups de vent, parfois ravageurs. Le buttage est en outre utilisé pour le blanchiment de certains légumes (voir plus loin).

Buttage de plants de pomme de terre : ramenez la terre sur une dizaine de centimètres de haut, contre la base des tiges.

Le buttage de la pomme de terre permet d'éviter que les tubercules de la plante ne soient atteints par la lumière, ce qui les fait verdir et les rend impropres à la consommation. Pour toutes les plantes, le buttage entraîne un meilleur enracinement et donne des plantes plus résistantes.

Le buttage de printemps

- Il concerne surtout les pommes de terre, les haricots, les pois et les plantes de même type (les fèves, par exemple). Le buttage intervient lorsque les sujets atteignent 15 ou 20 cm.
- Il est exécuté à l'aide de la binette ou du râteau. La terre est ramenée sur la tige pour former un monticule de 15 cm au maximum (plus important, il perturberait le système radiculaire).
- Lors du buttage, ménagez une cuvette (tout autour du monticule) dans laquelle vous arroserez. Vous pourrez d'ailleurs joindre entre elles les différentes cuvettes par des rigoles, afin d'irriguer toute la ligne, rendant l'arrosage plus facile (en plaçant la sortie du tuyau d'arrosage au début de la rigole). Retenez cette disposition pour les plantes qui ont d'importants besoins en eau, comme la tomate, l'aubergine ou le poivron.

Le buttage d'automne

- Il est destiné à protéger la plante du froid lorsqu'il s'agit de sujets cultivés sur deux ou trois ans, comme les artichauts ou les choux brocolis, ou à garantir les légumes contre les premières gelées en attendant la récolte (les poireaux d'hiver, particulièrement).
- Ce buttage de prévention contre le froid consiste en un véritable empaquetage de la plante.
- Pour l'artichaut, il faut lier les tiges après avoir raccourci celles qui ont porté des inflorescences : on monte ensuite la terre sur une vingtaine de centimètres, sans toutefois la tasser sur le cœur de la plante, afin d'éviter le pourrissement. Dans ce même souci, il faut découvrir un peu, dès que le temps le permet, à la fin de l'hiver.
- Ce buttage est généralement complété par un paillage. Le chou brocoli, mis en place à la fin de l'été pour être récolté au printemps, doit être butté de la même manière.

✓ Le blanchiment

La lumière, qui rend possible la fonction chlorophyllienne, permet aux plantes de vivre et leur donne leur couleur verte. Pour attendrir les légumes, on les prive de lumière pendant un certain temps, avant la récolte. Ils deviennent blancs et plus agréables à consommer. Le blanchiment est couramment pratiqué sur les salades, les poireaux ; il est systématique pour les bettes, les cardons, les céleris-branches, les fenouils. Il fait partie de la méthode de culture pour les asperges, les endives et les barbes-de-capucin.

On blanchit par liage des touffes, par buttage, par masquage, par recouvrement ou par mise en local obscur.

Buttage

Lorsque le légume est presque mûr, recouvrez-le de terre pour le priver de lumière. L'étiolement par buttage se pratique pour le fenouil, le céleri-branche, le poireau. Il peut être associé au liage pour les cardons et les bettes. C'est aussi par buttage que l'on conduit les tiges d'asperge.

Liage des touffes

Cette méthode convient aux bettes (poirées), cardons, salades (chicorées, pissenlits). Elle consiste à lier les feuilles (pour masquer le cœur) à l'aide d'un raphia. Le blanchiment peut prendre une à deux semaines. Opérez par temps sec, afin de ne pas emprisonner de l'humidité qui ferait pourrir le cœur.

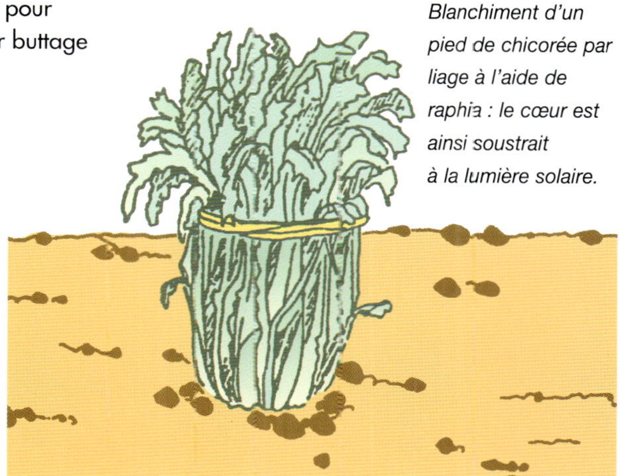

Blanchiment d'un pied de chicorée par liage à l'aide de raphia : le cœur est ainsi soustrait à la lumière solaire.

Mise à l'obscurité

Les cardons comme les bettes peuvent être conservés pour l'hiver. On les conduit sans blanchiment jusqu'à la récolte (avant les gelées), puis on les place en cave dans un bac de sable bien sec. Endives et barbes-de-capucin sont généralement cultivées en cave.

Recouvrement

Procédé classique d'étiolement pour les salades. On place un pot de fleur retourné sur le cœur et on l'y laisse deux semaines environ. Il faut procéder au blanchiment des salades progressivement, afin d'en avoir toujours une qui soit prête pour la consommation.

Masquage

C'est une méthode efficace, mais qui demande beaucoup de surveillance pour éviter la pourriture. Elle consiste à recouvrir la partie à blanchir de journaux bien attachés ou d'une bande de matière plastique noire. On procède par masquage pour le céleri-branche, la bette et le cardon. On peut employer cette méthode pour la rhubarbe : il s'agit alors non seulement de faire blanchir, mais encore de provoquer un allongement des tiges comestibles.

Arroser

L'eau est indispensable à la vie des plantes. Dans la plupart des régions d'Europe occidentale, les précipitations sont insuffisantes pour subvenir aux besoins en eau. Il faut donc faire des apports d'eau par arrosages bien dosés et au bon moment.

L'eau apporte aux plantes des substances nutritives, ainsi que de l'oxygène et de l'hydrogène. Les besoins varient en fonction du développement de la plante et de ses caractéristiques.

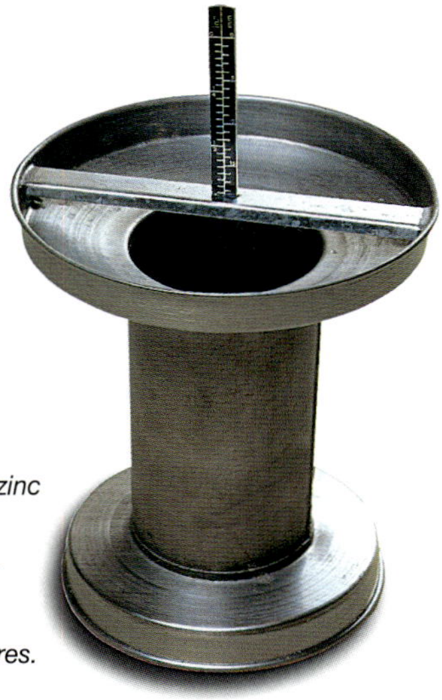

Le pluviomètre en zinc reste le meilleur moyen d'apprécier la quantité d'eau reçue par les cultures.

✓ Les besoins en eau

Le nombre de données dont il faut tenir compte pour apprécier la pluviométrie et les besoins en eau des plantes est trop important pour effectuer des calculs parfaitement exacts.

• **L'évaporation.** Les services de la météorologie publient des cartes mensuelles qui donnent la valeur moyenne de l'« évapotranspiration potentielle » (ETP). Ce terme indique la quantité d'eau évaporée par le sol et transpirée par le végétal.

▪ *Les chiffres donnés* tiennent compte de l'alimentation usuelle en eau des surfaces cultivées. Par exemple, en juillet, l'évapotranspiration à Paris est environ de 4,5 mm par jour.

▪ *Les besoins en eau* sont égaux à la différence entre la quantité de pluie reçue et l'évapotranspiration sur une période donnée. Un jardinier qui veut apporter l'exacte quantité d'eau nécessaire doit donc posséder un pluviomètre, afin de mesurer la hauteur des précipitations.

Griffage et sarclage limitent l'évaporation au niveau du sol.

Un testeur d'humidité permet d'évaluer très précisément la quantité d'eau complémentaire qu'il faut apporter aux cultures.

• **Quand faut-il arroser ?** Pour éviter de se livrer à des calculs trop complexes, on peut se fier à des règles générales. Les précipitations sont assez élevées (sauf année exceptionnelle) pour répondre aux besoins des plantes jusqu'en mai-juin. C'est l'époque où les réserves

Une dérivation sur la descente de gouttière permet de collecter l'eau de pluie, la meilleure pour un arrosage de qualité.

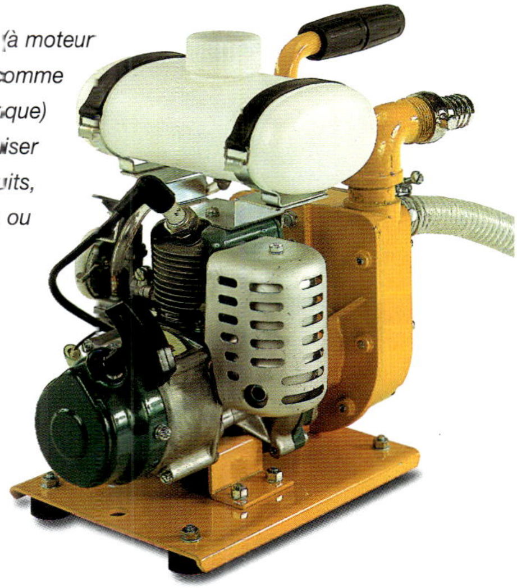

Une pompe (à moteur thermique, comme ici, ou électrique) permet d'utiliser l'eau d'un puits, d'une rivière ou d'une pièce d'eau pour arroser.

d'eau accumulées dans le sol pendant l'hiver et le printemps commencent à s'épuiser.

■ *Le moment où l'on doit commencer à arroser* varie d'une région à l'autre et aussi d'une année à l'autre (les régions de bord de Manche sont les moins touchées par l'évapotranspiration).

■ *Les plantes ont aussi besoin d'apports d'eau* dans des périodes précises de leur développement (semis, plantation). Quand on pratique des cultures hâtées, il est parfois nécessaire d'arroser tôt dans la saison. En effet, les plantes ont de gros besoins en eau après la floraison, pendant tout le temps de la fructification.

■ *On peut chiffrer les besoins moyens* d'un jardin potager, en pleine période de végétation, avec des cultures à maturité, à 40 mm de hauteur de pluie hebdomadaire. Ce chiffre peut être adopté comme base pour un jardin bien entretenu, régulièrement biné et paillé, si nécessaire. À l'aide d'un pluviomètre, on peut donc mesurer la différence entre la hauteur des précipitations et les besoins pour calculer le volume d'eau à apporter. 1 mm d'eau représente 10 l au mètre carré. Certaines cultures ont des exigences plus grandes (la pomme de terre, en particulier).

■ *Les pluviomètres de jardin* sont munis d'un totalisateur. Il faut vider souvent le récipient du pluviomètre et enregistrer les résultats sur le totalisateur, afin de réduire les erreurs dues à l'évaporation de l'eau.

• **L'eau de pluie.** Sauf dans certaines régions très exposées aux pollutions aériennes, c'est la meilleure des eaux d'arrosage. Sa principale qualité est de ne pas être calcaire. Les fabricants de gouttières en PVC (de plus en plus utilisées dans la construction neuve) proposent aujourd'hui des dérivations de descente permettant une collecte en citerne. L'eau ainsi recueillie ne doit pas stagner et doit être utilisée rapidement pour éviter les phénomènes de corruption. Cette eau de récupération peut être ensuite distribuée à l'arrosoir, à l'aide d'un appareillage de goutte-à-goutte ou avec un tuyau si l'on dispose d'une pompe.

• **L'eau de puits.** On peut également utiliser l'eau d'un puits, d'une rivière ou d'une pièce d'eau. Toutefois, cette eau est généralement très froide (surtout celle d'un puits profond) et peut causer un retard de végétation ou abîmer certaines plantes fragiles. Il est donc souhaitable de la réchauffer avant de l'utiliser (en la plaçant dans une cuve ou dans un bassin exposé au soleil).

• **L'eau du robinet** est la plus commode à utiliser puisqu'il suffit de raccorder un tuyau, mais elle coûte cher, elle est parfois froide, souvent calcaire et elle contient des produits chimiques d'assainissement qui ne sont pas forcément appréciés par les plantes. Une utilisation conjointe de l'eau du robinet pour la maison et le jardin peut vous encourager à vous équiper d'un système de traitement anticalcaire qui protégera vos appareils ménagers, vous permettra de boire de l'eau plus saine et d'arroser vos cultures avec une eau de qualité.

Un enrouleur mural facilite considérablement le rangement du tuyau d'arrosage. ▲

Arrosage du potager à l'aide d'un arroseur oscillant, pouvant couvrir une surface de 300 m² environ. ▼

Un potager bien arrosé est un jardin bien géré, sans montées en graines intempestives. ►

✓ Quand arroser

C'est « à la fraîche » qu'il faut arroser. N'arrosez pas en pleine journée, quand il fait soleil : les gouttes sur les feuilles seraient autant de loupes qui causeraient des brûlures au limbe.

L'arrosage matinal peut être pratiqué au printemps, quand les journées ne sont pas trop chaudes. D'une manière générale, on arrose de préférence le soir, au coucher du soleil. L'eau a ainsi le temps de pénétrer la terre pendant la nuit, et les racines peuvent profiter de l'humidité avant le retour de la chaleur (et de l'évaporation).

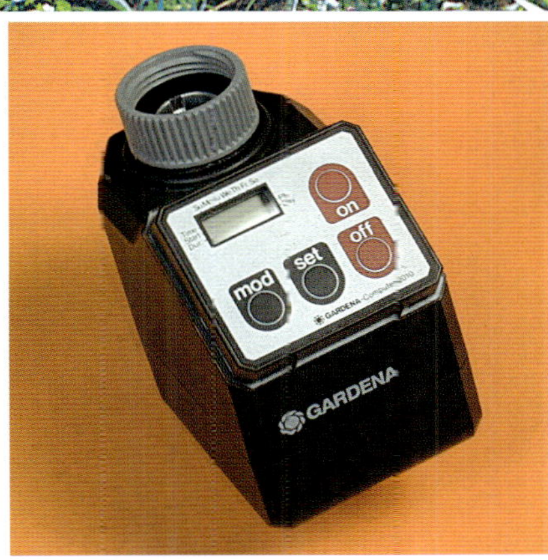

◄ *Un programmateur électronique déclenchera l'arrosage en votre absence de façon précise et diversifiée.*

✓ Comment arroser

La périodicité des arrosages et leur volume dépendent de la nature du sol. Dans une terre sableuse, très bien drainée, on peut arroser tous les deux jours en période sèche, en quantité assez restreinte. D'une façon générale, cependant, il est préférable d'arroser assez copieusement et pas trop souvent. L'eau a ainsi le temps de pénétrer profondément sans s'évaporer. En outre, un arrosage fréquent et peu important fait monter les racines près de la surface (où elles vont alors chercher l'eau), et la plante devient beaucoup plus fragile.

Lors d'un été à pluviométrie normale, l'arrosage hebdomadaire est suffisant (pour un climat équivalant à celui de la région parisienne). Il faut prolonger l'effet de l'arrosage par un binage le lendemain, pour réduire l'évaporation (ou paille éventuellement).

Pour contrôler le volume d'eau apporté, on peut procéder par lecture du compteur (à condition qu'il n'y ait pas d'autre puisage pendant le temps de l'arrosage). Le plus simple est peut-être de placer le pluviomètre sous la pluie de l'arroseur.

Un pistolet d'arrosage (ici avec ses différents raccords) donne la possibilité de moduler à la fois la dispersion et la puissance de l'arrosage, bien mieux qu'un simple jet.

L'arrosage par irrigation

- L'arrosage classique par irrigation consiste à creuser des rigoles pour amener l'eau au pied même des plantes. Cette méthode est adaptée aux grands potagers.
- On trouve aujourd'hui dans le commerce des kits d'irrigation comprenant un dispositif de siphon d'auto-amorçage ; un tuyau et des cônes diffuseurs (à planter au pied de la plante), calibrés en fonction de la « soif » de celle-ci.

L'arrosage au goulot

- Il est utilisé pour les plantes déjà bien développées qui viennent d'être repiquées, pour celles à grand développement (comme les artichauts, par exemple), ainsi que pour toutes les espèces qui supportent mal d'avoir leur feuillage mouillé.
- Il est pratiqué avec l'arrosoir sans sa pomme ou avec un tuyau d'arrosage sans lance. Le jet sur le sol ne doit pas être violent, pour éviter de mettre à nu les racines.
- Pour de nombreuses cultures, on ménage une petite cuvette tout autour du pied (en buttant, par exemple), afin de pouvoir apporter beaucoup d'eau. Cette cuvette ne doit pas être trop large pour éviter un étalement des racines (au lieu d'un développement en profondeur).
- L'arrosage au goulot convient pour les plantes qui ont été repiquées avec bornage : on arrose dans le trou de bornage qui demeure ouvert.

L'arrosage en pluie

- Il convient aux semis non fragiles et, en général, aux jeunes végétaux qui pourraient souffrir d'un jet brutal.
- L'utilisation des arroseurs (tourniquets, canons) a généralisé l'arrosage en pluie, autrefois uniquement dispensé par l'arrosoir muni d'une pomme.
- Ce type d'arrosage convient bien à la culture potagère en lignes serrées ; il apporte une bonne répartition de l'eau.
- Il est cependant plutôt déconseillé pour les plantes sujettes à l'oïdium (un champignon favorisé par l'humidité sur le feuillage), comme les cucurbitacées, le pois ou le fraisier.

Le feuillage de la tomate n'aime pas beaucoup être mouillé (risque du pied-noir). Cet arrosage est adapté aux plantes à grandes feuilles (salades) qui peuvent souffrir énormément de la transpiration.

L'arrosage au goulot (ci-contre) ou à la pomme (ci-dessus) : les deux méthodes les plus classiques pour dispenser l'eau avec un arrosoir.

L'arrosage à la bouteille

Méthode connue depuis longtemps, elle rend toujours de grands services.

- Elle consiste à enfoncer en biais une bouteille par le goulot dans la terre.
- On enlève ensuite la bouteille quand elle est vide, on en retire la terre qui a pénétré par le goulot, on refait le plein d'eau et on la remet en place (inclinée).
- L'eau s'écoule doucement, en apportant à la plante une humidité constante.
- La bouteille peut être remplacée par une bonbonne de plus grande contenance. Dans ce cas, l'air emprisonné dans la bonbonne a tendance à se dilater sous l'effet du soleil et à pousser l'eau dans le sol.
- On a vu apparaître des embouts vissants spéciaux, adaptés aux différentes bouteilles en matière plastique destinées à l'eau minérale. L'utilisation est à la fois plus simple et plus efficace qu'avec une bouteille en verre.
- Ce type d'arrosage donne de très bons résultats pour les plantes qui ont des besoins en eau importants, comme le concombre, le melon, la tomate, la courge et la citrouille.

L'arrosage au pot de fleur

- On place un pot de fleur assez grand (14 cm de diamètre) dans la terre, près du pied au moment du repiquage, le haut du pot affleurant la surface du sol. On remplit le pot, et l'eau s'égoutte doucement par le trou, ainsi que par les parois poreuses.
- Ce procédé permet de maintenir une humidité constante au pied de la plante ; il est bien adapté aux melons, aux courgettes, aux tomates, etc.
- Ce type d'arrosage « en douceur » apporte une eau à la température voulue sans mouiller le feuillage ni le sol. Comme l'arrosage à la bouteille, il autorise le jardinier à s'absenter un certain temps sans que ses plantes en souffrent.

L'arrosage au goutte-à-goutte

- Ce système, comprenant un tuyau percé de buses d'irrigation, est très intéressant, car il est parfaitement adapté aux besoins des plantes qui préfèrent une humidité permanente plutôt que ces arrosages espacés et importants.
- Il permet d'économiser l'eau, l'apport étant localisé.
- Très appréciés des professionnels, les systèmes goutte-à-goutte se rencontrent de plus en plus dans les potagers.
- Ce genre de dispositif est, en revanche, très sensible au calcaire, qui risque d'en boucher les buses assez rapidement.
- Certains modèles à réservoir d'eau permettent d'utiliser l'eau de pluie.
- Le goutte-à-goutte convient à la plupart des plantes potagères.

Les ennemis du potager

La protection des plantes potagères contre leurs ennemis n'est pas une tâche facile pour le jardinier : il faut en effet déceler l'attaque à temps, l'identifier et traiter avec le produit approprié.

Une lutte difficile

Le grand nombre d'insectes et de maladies qui peuvent perturber le développement des cultures rend l'identification – et donc le traitement – problématique. Il faut cependant demeurer très attentif, une invasion d'insectes pouvant être fatale à la récolte et prendre des proportions catastrophiques (on connaît les méfaits du doryphore sur la pomme de terre).

• **La lutte contre les ennemis des plantes** s'est développée dans deux directions :

▪ *sélection des espèces et hybridation* (on a ainsi obtenu des cultivars capables de résister aux maladies et aux insectes caractéristiques d'une espèce) et maintenant tentation transgénique ;

▪ *application de produits préventifs et curatifs* mis au point par la phytopharmacie.

• **Les insecticides et les fongicides** ont souvent mauvaise réputation ; le jardinier aime aujourd'hui obtenir des produits « naturels ». Il faut convenir que des excès ont été commis dans l'agriculture et que les insecticides pulvérisés à haute dose ont eu, dans certains cas, des conséquences néfastes sur les légumes ou l'environnement.

▪ *Les produits de défense* du jardin potager, utilisés à bon escient, constituent la plupart du temps la seule arme du jardinier contre des attaques bien souvent dévastatrices de certaines espèces. Les fabricants proposent des insecticides et des fongicides répondant aux normes imposées par les ministères concernés des pays d'Europe et donnant des garanties sérieuses pour la sécurité et l'efficacité.

▪ *Des solutions naturelles douces* existent pour éviter l'utilisation des insecticides. L'association d'une plante repoussant un parasite avec celle qui en est victime est très au goût du jour. L'introduction de prédateurs naturels des parasites est une autre solution (par exemple des coccinelles pour lutter contre les pucerons).

La chenille (ici, de la noctuelle du pois) est souvent aussi redoutable que l'insecte.

Les insectes

• Ils peuvent s'attaquer aux plantes de différentes manières, en dévorant les parties vitales, aériennes ou souterraines, en y creusant des galeries, en y déposant leurs œufs (les larves s'y développant en parasites).

• L'identification et même le repérage ne sont pas très aisés : certaines espèces sont, en effet, très petites et peu visibles à l'œil nu. Il faut procéder à un examen détaillé de la plante et parfois découvrir les racines ; il est souvent nécessaire de découper les tiges ou les feuilles où les parasites sont dissimulés.

• Dans de nombreux cas, pourtant, il est possible de repérer quelques spécimens : c'est le cas pour les hannetons, les chenilles, les chrysomèles, les perce-oreilles et certaines larves (vers blancs et vers gris).

• L'identification par les dégâts commis est possible, mais pas toujours sûre, du fait des ressemblances éventuelles avec les symptômes de différentes maladies. Telle espèce d'insecte affectionne telle ou telle plante ; certains insectes (en particulier les suceurs) sont vecteurs de maladies à virus, particulièrement graves pour les végétaux.

Le piège à insectes est une bonne solution en serre.

Les taupes
Insectivores, ces mammifères ne sont considérés comme nuisibles que parce que leurs galeries bouleversent les planches de culture. La rapidité de progression de la taupe sous la terre est étonnante, puisqu'elle peut creuser 10 m de galerie en une heure. La taupe vit dans un nid souterrain dont elle sort pour creuser des galeries principales ou secondaires, afin de se nourrir des insectes du sol (et aussi des vers de terre). La méthode traditionnelle d'élimination est l'affût. C'est aussi la plus efficace.

Les monticules résultant de l'excavation des galeries par les taupes bouleversent les pelouses. Pour lutter contre ces petits mammifères, vous pouvez placer des pièges.

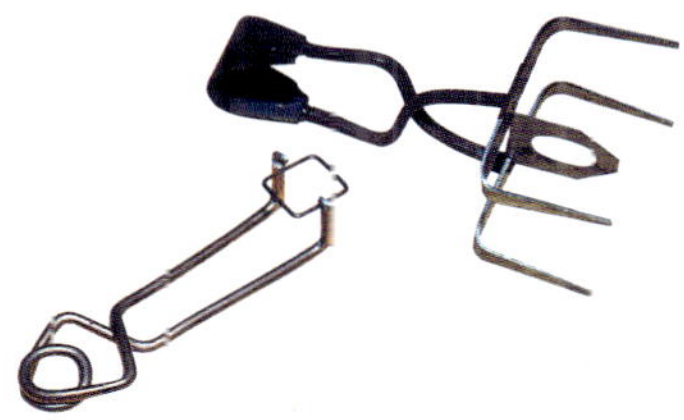

Deux types de pièges classiques.

◄ Introduction d'un piège dans une galerie.

Les autres animaux

Anguillules (ou nématodes)	Il s'agit de vers microscopiques qui pénètrent et creusent dans les tissus végétaux. Ces parasites, difficiles à détruire, produisent un dessèchement ou la pourriture de la plante.
Araignées et acariens	Proches des insectes, ces petits animaux commettent de nombreux dégâts, en particulier les araignées rouges (tétranyques), qui sont minuscules. Celles-ci doivent être combattues avec des produits spécifiques. En revanche, les grosses araignées sont considérées comme utiles : elles sont insectivores.
Myriapodes	Proche de celui des insectes, ce groupe comprend les iules et les millepattes, ennemis des fraisiers.
Mollusques	Les limaces et les escargots causent d'importants ravages dans les jardins. Il existe de nombreuses espèces, mais elles sont heureusement toutes sensibles aux mêmes toxiques. Les limaces et les escargots s'attaquent, en général de nuit, aux jeunes plantes et aux feuilles situées près du sol. Ils peuvent aussi grimper sur les végétaux pour dévorer les parties hautes. Les attaques sont également dirigées contre les bulbes, les tubercules et les fruits situés près du sol (melons, courges, fraises).

Les rongeurs

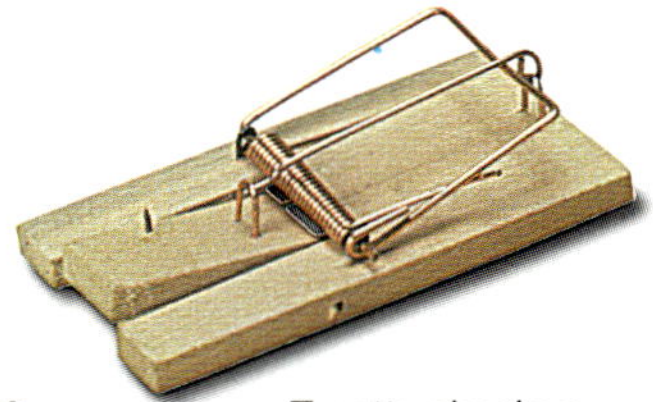

Tapette classique pour rongeurs.

• Les rongeurs sont d'abord nuisibles par les galeries qu'ils creusent et qui bouleversent les planches de culture. En outre, la plupart s'attaquent aux racines, aux tubercules, aux bulbes et aux fruits. Ils sont grands amateurs de graines et s'en prennent aux stocks dans les greniers et les caves (d'où l'importance d'enfermer ceux-ci dans des boîtes métalliques ou dans des bocaux en verre). Les rongeurs sont connus pour leur très grande fécondité (jusqu'à 80 petits par an pour une souris) ; ils doivent donc être combattus sans relâche, dès leur apparition (par piégegage ou empoisonnement), les appâts empoisonnés devant être disposés de façon à ne pas nuire aux autres animaux, notamment aux oiseaux : pour cela, il existe des boîtes spéciales assurant cette protection et sécurisant le rongeur attiré.

Boîte appât pour souris.

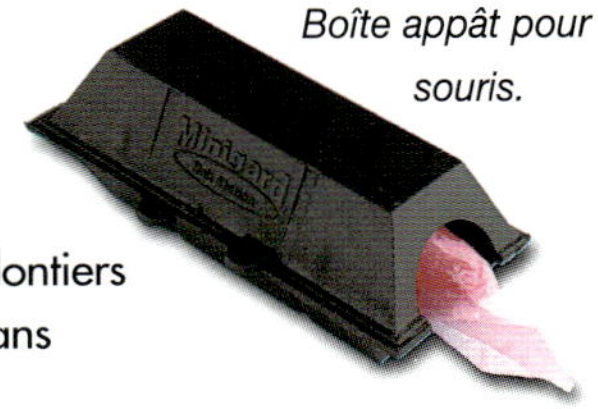

• Le lérot est un rongeur appelé également « rat fruitier », car il accumule volontiers des réserves – principalement des fruits et des noix – pour l'hiver. Il hiberne dans les greniers, les granges, et, signe de temps, dans les isolations des maisons. Il est facile à identifier : de couleur beige, il porte un masque noir autour des yeux et se révèle un excellent grimpeur, comme son cousin le loir.

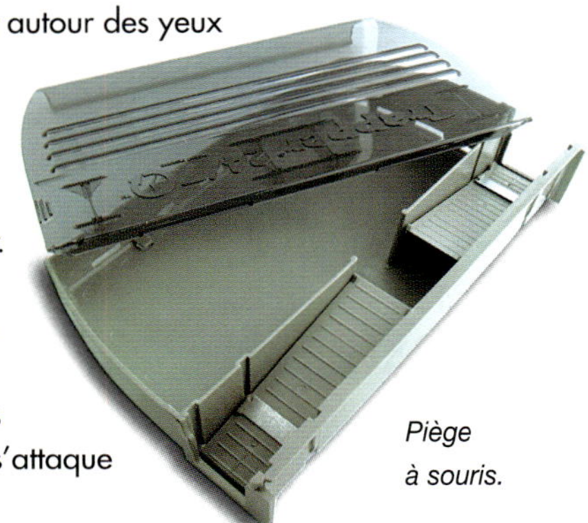

Piège à souris.

• Le loir, présent dans toutes les zones forestières, gracieux et agile, peut atteindre une taille respectable (jusqu'à 30 cm).

• Le mulot, brun au ventre blanc, d'une dizaine de centimètres de long, apparaît dans toutes les campagnes et dans les villages l'hiver.

• Le campagnol est de la taille d'une souris, mais plus trapu ; il se caractérise par sa très grande fécondité et apprécie beaucoup les graines.

• Le surmulot (ou rat d'égout) est devenu un véritable fléau dans les villes et les régions suburbaines : il mesure près de 40 cm et s'attaque surtout aux récoltes stockées.

• La souris grise, enfin, se nourrit de racines aussi bien que de fruits et de graines.

Les oiseaux

• Beaucoup sont considérés comme nuisibles en raison des dégâts qu'ils commettent sur les semis, les jeunes pousses et les fruits. Ils sont pour la plupart insectivores et assurent en même temps la protection du jardin.

• Sont réputés nuisibles les corneilles, freux, pies, geais (parmi les plus gros) et les moineaux, étourneaux et bouvreuils (parmi les petits passereaux).

• En revanche, les hirondelles, les rouges-gorges, les pouillots, les martinets, les fauvettes, les rossignols sont plutôt considérés comme utiles.

• On ne détruit pas les oiseaux, mais on s'en protège par des filets, ou on les écarte à l'aide d'épouvantails.

Les champignons

- *L'humidité* favorise l'apparition et le développement de mycélium, c'est-à-dire d'un réseau de très fins filaments qui caractérisent la classe des végétaux appelés champignons. Ce mycélium, peu visible à l'œil nu, apparaît souvent sous la forme de taches blanchâtres qui se révèlent, au microscope, être composées de petits tubes.
- *Les plantes recouvertes de mycélium* sont malades et dépérissent rapidement. Les maladies cryptogamiques se développent généralement au printemps et en été, les champignons ayant besoin d'eau et de chaleur.
- *La moisissure* peut rester superficielle et recouvrir les feuilles ou les rameaux (blanc du concombre ou du pois, par exemple). Dans d'autres cas, elle pénètre profondément dans les tissus végétaux qu'elle détruit (mildiou de l'oignon ou de la vigne). Elle peut également s'attaquer aux racines (pourridié), aux fruits et aux tubercules (tavelures), ou aux graines (fonte des semis) ; elle touche souvent le collet des plantes (sclérotinia des laitues ou fusariose de la tomate).
- *Les maladies cryptogamiques* se transmettent par des spores microscopiques véhiculées par l'eau. La prévention de ces maladies passe avant tout par un bon équilibre du sol, des travaux culturaux réguliers (binage, en particulier), un arrosage bien dosé et la désinfection de la terre après une attaque.

Les maladies

Outre les accidents de végétation dus à un sol défavorable ou aux conditions atmosphériques, les maladies bactériennes et les viroses (maladies à virus) peuvent atteindre les végétaux (voir tableau page 335).

- *Les maladies bactériennes* sont véhiculées par des êtres vivants microscopiques, les bactéries indispensables à la vie mais qui peuvent, dans certains cas, causer des dérèglements. Les maladies bactériennes sont favorisées par l'humidité (les bactéries vivant en milieu aqueux). Elles entraînent des pourritures et se rencontrent chez diverses plantes potagères (oignon, carotte, céleri, navet, où l'on constate une pourriture de la racine ; la « jambe noire » de la pomme de terre est aussi une maladie bactérienne).

Les maladies bactériennes sont très difficiles à combattre. Les pieds atteints doivent être arrachés et brûlés. On peut, par prévention, désinfecter le sol et modérer les arrosages.

- *Les maladies à virus* sont graves. Transmises par les insectes suceurs (pucerons), elles se manifestent par une décoloration (taches) du feuillage et par la déformation des limbes. On les rencontre chez les fraisiers, les tomates et les laitues (mosaïque de la laitue). Il n'existe pas de moyen de lutte chimique. Les plants atteints doivent être arrachés et brûlés pour éviter la contamination. La lutte est préventive : reproduction par graines sélectionnées (et non par boutures), élimination des pucerons. Il faut aussi nettoyer les outils ayant touché les plantes atteintes.

Les traitements

Destinés à la lutte contre les insectes et les cryptogames, les produits de la phytopharmacie sont obtenus à partir de végétaux possédant des vertus particulières (capucine, absinthe, menthe, ail, lavande) ou surtout de sous-produits provenant de diverses industries.

Autrefois, le jardinier devait lui-même effectuer sa préparation à partir de produits actifs tels que le parathion ou le dinitrocrésol. Aujourd'hui, les insecticides et les fongicides sont vendus prêts à l'emploi et possèdent des qualités remarquables grâce à l'adjonction de mouillants qui leur donnent une meilleure pénétration, ainsi que de stabilisateurs, d'agents de conservation, d'antirouille.

Identification des parasites. Le jardinier peu expérimenté se sent parfois désarmé devant l'attaque d'un parasite qu'il n'arrive pas à identifier et à combattre. De grandes maisons grainetières proposent les services de leur laboratoire : il suffit d'envoyer un échantillon de la plante malade ainsi qu'une lettre explicative pour recevoir un diagnostic précis accompagné de conseils de lutte curative.

Le pulvérisateur en cuivre, à réserve de pression, reste le matériel le mieux adapté aux traitements.

Les insecticides

Ils sont fabriqués à base de produits toxiques : le lindane, le malathion, le dichlofenthion, le diméthoate, l'arsenic. On distingue plusieurs catégories d'insecticides.
Les divers produits agissent :

- *Par ingestion :* appliqués par aspersion des feuilles, ils sont ingérés par les insectes dévoreurs du limbe. Ils conviennent donc à un type bien particulier d'insectes qui se nourrissent du feuillage : chenilles, doryphores, pyrales, criocères. Ils sont généralement inactifs sur les insectes suceurs de sève comme les pucerons (sauf pour les insecticides organo-phosphorés qui pénètrent dans la sève).
Ces insecticides ont l'avantage de demeurer longtemps sur les feuilles après application, même s'il pleut. Ils ont donc un effet prolongé. Pour ces raisons, ils doivent être appliqués suffisamment tôt dans la saison pour ne pas toucher les fruits et ne pas gêner la récolte. Certains, préparés à base de plantes, sont réputés non toxiques : ils peuvent donc être employés toute l'année.
- *Par contact :* appliqués par aspersion des parties aériennes, les insecticides de contact tuent tous les insectes qu'ils touchent. Ils possèdent un très fort pouvoir de pénétration, grâce aux adjuvants mouillants qu'ils contiennent. Ils conviennent à certaines catégories de végétaux, notamment ceux à feuilles dures (ils peuvent en effet provoquer des brûlures sur les feuilles tendres). Certains sont très toxiques, en particulier les préparations à base de parathion. Il faut donc respecter strictement les périodes d'application et les végétaux concernés, spécifiés par le fabricant.
- *Par asphyxie :* il s'agit surtout de produits conçus pour les serres, les châssis et les tunnels. Ce sont en général des fumigènes qui, en brûlant, éliminent tous les insectes.

Les fongicides

On trouve aujourd'hui sur le marché une gamme très étendue de fongicides qui diffèrent essentiellement par leur mode d'action.

- *Fongicides préventifs :* on utilise surtout la classique bouillie au cuivre pour prévenir toutes les maladies cryptogamiques sur la pomme de terre, la tomate, le céleri, le haricot. Cette bouillie doit être pulvérisée sur la plante jeune pour empêcher la formation de mycélium. On trouve dans le commerce de nombreux fongicides préventifs.
- *Fongicides curatifs :* ils sont efficaces à condition que la maladie soit traitée assez tôt. On les emploie surtout pour l'oïdium ou l'anthracnose. En revanche, les mycéliums qui pénètrent les tissus (comme le mildiou, le charbon, la fusariose) sont très difficiles à détruire après détection.

Tous les produits que vous trouverez dans le commerce sont contrôlés par le ministère de l'Agriculture. On distingue, selon la classification établie par l'AFNOR :

- les herbicides, pour lutter contre les mauvaises herbes ;
- les fongicides, pour protéger et soigner les végétaux attaqués par les champignons ;
- les insecticides, contre les insectes ;
- les acaricides, contre les acariens (sortes d'araignées microscopiques) ;
- les nématicides, contre les vers du sol (nématodes) ;
- les molluscicides, contre les limaces et les escargots ;
- les rodenticides, contre les rongeurs.

Afin d'être plus convaincants, ces blocs d'appâts sont à base d'une vingtaine d'ingrédients utilisés dans l'alimentation humaine, d'exhausteurs de goût et bien sûr de poisons redoutables.

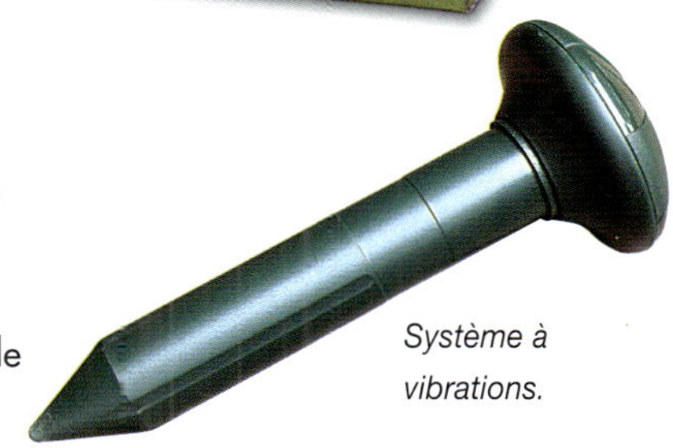

Système à vibrations.

Pour chasser les nuisibles

La destruction des petits animaux se fait traditionnellement à l'aide de produits qui agissent par ingestion, bien que la tendance soit au piégeage sans blessures et relâchage dans la nature là où ils risquent moins de gêner le jardinage. Les taupes, classiquement éliminées par des pièges à pince ou gazées peuvent ainsi être éloignées avec des systèmes à vibrations basses fréquences ou capturées vivantes. Contre les limaces et les escargots, on utilise des granulés contenant un répulsif éloignant les autres animaux.

Piège mécanique.

Les principaux légumes

Les légumes feuilles

On regroupe dans cette catégorie un certain nombre de légumes dont on consomme la totalité ou une partie seulement des feuilles. Ce sont principalement les salades, mais aussi la poirée – ou bette –, l'épinard, le céleri à côtes, le fenouil, la rhubarbe, les choux, l'artichaut et son cousin le cardon.

◄ *Culture en ligne de laitues pommées.*

Chicorée frisée et scarole

✔ *Cichorium Endivia crispa et Cichorium Endivia latifolia* ✔ Famille des Composées

Période de semis

J F M A M J J A S O N D

Période de récolte

On distingue les chicorées frisées et scaroles, qui donnent de grosses salades, des chicorées sauvages améliorées, qui ont des pieds plus petits. La chicorée sauvage est à l'origine de la barbe-de-capucin.

► ***Culture :*** faciles à conduire et peu exigeantes, les salades sont surtout cultivées en été et en automne. La production en culture hâtée n'est pas très répandue (au printemps, on trouve de la chicorée provenant des pays méditerranéens). Le goût de la scarole et celui de la frisée sont très voisins (leurs feuilles sont un peu plus dures que celles de la laitue). La scarole résiste mieux aux premiers froids que la frisée et peut donc être semée un peu plus tard.

► ***Préparation du sol :*** la chicorée n'a pas de grands besoins. Elle peut se plaire en tout sol sain et normalement fertile. Un apport d'humus permet d'obtenir un feuillage plus beau. On peut placer des plants de chicorée entre d'autres légumes (des choux brocolis ou des artichauts, par exemple) ou en culture dérobée (après une culture printanière) ; il n'est alors pas nécessaire de retourner la terre ni d'apporter de l'engrais, un simple griffage suffit. La chicorée peut très bien pousser sur une planche où on l'a déjà cultivée l'année précédente sans toutefois continuer l'expérience plusieurs années de suite.

► ***Semis :*** semez en pépinière à la volée (parfois en lignes). Attendez qu'il fasse suffisamment chaud pour que la graine lève rapidement (une levée trop lente donne aux pieds une tendance à monter en graine). Il est essentiel de semer le plus clair possible, pour éviter une levée trop drue qui perturbe le développement (fonte des semis).

Repiquage : effectuez-le assez tôt, lorsque le plant a 4 ou 5 feuilles (les semis sont toujours assez serrés). Il se pratique généralement en deux fois : d'abord les meilleurs sujets, puis le reste 10 ou 15 jours plus tard. Cette méthode permet d'étaler la récolte. Il est préférable d'habiller le plant (raccourcissement des racines et des feuilles) ; la mise en place se fait en respectant une distance de plantation de 30 à 40 cm en tous sens.

Quand vous repiquez les jeunes plants de chicorée, n'enterrez pas le cœur pour éviter son pourrissement.

On blanchit le cœur de la salade en le couvrant avec un récipient opaque (ici, une vieille soupière).

Conduite : peu exigeantes en soins de culture, les chicorées ont cependant besoin d'arrosages très réguliers si l'on veut éviter qu'elles montent en graine. Elles peuvent fort bien se passer d'apport d'engrais, mais le feuillage est plus beau si l'on utilise des engrais nitratés (n'abusez pas des engrais « coup de fouet », qui peuvent également faire monter la plante).

Les chicorées sont assez peu sensibles aux maladies : la rouille blanche produit parfois une déformation des feuilles (détruisez les plants atteints). Les pucerons de racine attaquent parfois la plante, mais celle-ci est surtout convoitée par les limaces et les escargots qui dévorent son feuillage ; en cas d'été pluvieux, les dégâts peuvent être importants. Les courtilières et les vers blancs s'attaquent aux racines. Jusqu'à la récolte, tenez les planches propres en procédant à des binages et des sarclages réguliers. Dans les régions très chaudes, il est parfois préférable d'ombrer pendant les fortes chaleurs.

Blanchiment : il consiste à priver la plante de lumière pour attendrir le cœur des salades qui, sinon, est un peu coriace. Utilisez du raphia (ou des liens en matière plastique) pour lier les feuilles sur le cœur. Vous pouvez aussi couvrir les salades avec un récipient. Le blanchiment demande 8 à 10 jours. Il faut mettre les pieds à blanchir successivement, en fonction des besoins de la consommation. Le blanchiment ne doit être entrepris que lorsque le feuillage est sec ; s'il est mouillé, la salade pourrit.

Récolte : coupez la salade au niveau du collet, au couteau. La récolte d'été est abondante. En revanche, en automne, les pieds peuvent souffrir des premiers froids. Protégez-les en plaçant des paillassons pendant la nuit ou en posant des cloches et des châssis.

Scarole.

Endive

✔ *Cichorium intybus* ✔ Famille des Composées

La chicorée witloof, ou chicorée de Bruxelles, donne l'endive après forçage de la racine obtenue pendant l'été. La production de cette excellente salade d'hiver n'est pas évidente : le forçage exige, en effet, une chaleur de fond traditionnellement apportée par du fumier de cheval (couche chaude) ou par des câbles électriques. L'amateur force le plus souvent les racines (chicons) en cave chaude et obscure. L'endive se cultive donc en deux temps : au jardin pendant l'été, puis sur couche chaude ou en cave, l'hiver, pour le forçage.

Période de semis

J F M A M J J A S O N D

Période de récolte

► ***Préparation du sol :*** la chicorée witloof n'est pas exigeante. Elle peut se contenter d'une bonne terre de jardin. Elle vient très bien dans le nord de la France et en région parisienne (dans les « terres à betteraves »), ainsi qu'en Belgique, sa terre d'élection (les endives belges ont longtemps été les plus réputées).

Les labours précédant les semis doivent être assez profonds (on peut apporter un engrais organique).

► ***Semis :*** trop précoces, ils craignent les gelées et risquent de donner des plantes qui montent en graine. On peut semer jusqu'en été, en place, en lignes (cas le plus fréquent) ou à la volée en pépinière.

► ***Éclaircissage et repiquage :*** procédez à l'éclaircissage (élimination des plants en surnombre) lorsque les jeunes plants ont quelques feuilles. Laissez un pied tous les 15 cm et repiquez au besoin les plants arrachés. Binez aussitôt après l'éclaircissage et renouvelez l'opération souvent, pour que les racines se forment normalement.

► ***Conduite :*** la plante doit être arrosée régulièrement. Tenez les planches de culture bien propres, par binages et sarclages. L'apport d'engrais n'est pas nécessaire en cours de végétation.

Comme la chicorée frisée, l'endive est victime des limaces et des escargots. En outre, sa racine est la proie des vers blancs et gris, comme des rongeurs (les mulots, surtout). Elle a son ennemi personnel : la mouche de l'endive (elle se combat à l'aide d'insecticides systémiques).

► ***Préparation des racines :*** les racines sont arrachées en octobre, parfois au début de novembre. Sortez toute la plante de terre avec une fourche à bêcher. Coupez le feuillage à 2 cm au-dessus du collet et supprimez les racines secondaires. Laissez les racines au sec pendant quelques jours, puis mettez-les artificiellement en végétation.

Pour forcer la chicorée witloof, afin d'obtenir des endives, arrachez les racines et éliminez le feuillage, puis placez-les debout côte à côte en silo.

Forçage : il existe plusieurs méthodes.

• **En pleine terre, en tranchée :** c'est la méthode traditionnelle, longtemps utilisée pour la production à la campagne. Creusez des tranchées et tapissez le fond de fumier de cheval. Placez les endives verticalement et « à touche-touche », puis remplissez la tranchée de terreau avant d'arroser copieusement. Rebouchez à l'aide d'une seconde couche de fumier de cheval, qui apporte la chaleur indispensable, et couvrez avec une tôle. Les endives se forment sur le collet et se développent dans le terreau. Cette méthode permet une récolte au bout de 5 à 6 semaines (la couche de fumier étant enlevée quelques jours plus tôt).

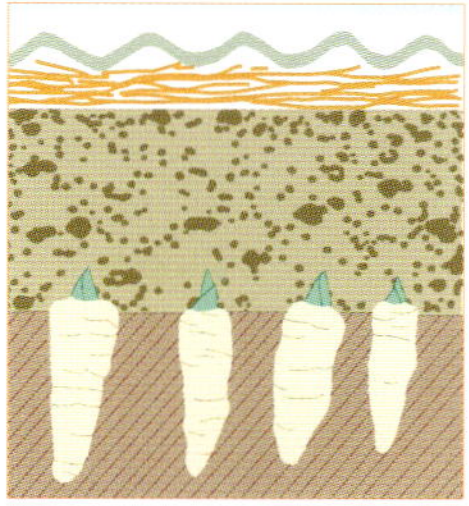

Les chicons se développent dans le sable (ou le terreau), le tout étant recouvert d'une tôle ondulée.

Les racines de chicorée witloof peuvent donner une deuxième récolte si on les replace dans les conditions de forçage. Les chicons sont alors moins gros, mais tout aussi succulents (endivettes).

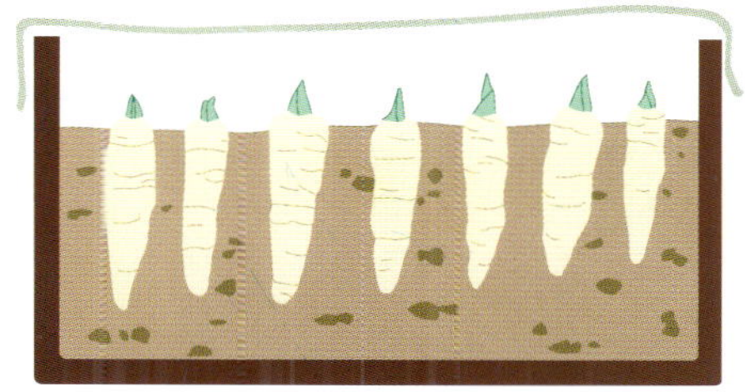

Les chicons sont placés debout, côte à côte, en caisse, puis couverts avec un plastique noir.

Le terreau est souvent remplacé par du sable pour obtenir des endives moins amères, mais le sable glisse entre les feuilles, rendant les endives difficiles à nettoyer. Aujourd'hui, les professionnels produisent l'endive sur couche chaude artificielle en plein champ. Au fond des tranchées, le fumier est remplacé par des câbles électriques chauffants, le tout étant ensuite recouvert de paille et de films de matière plastique noire.

• **En bac, en cave chaude :** c'est la méthode la plus commode pour le jardinier amateur. Les endives sont placées dans un bac (en bois ou en polystyrène), en cave, près d'une source de chaleur (la chaufferie, par exemple). Prenez un bac d'une cinquantaine de centimètres de profondeur et tapissez le fond de tourbe humidifiée. Disposez les racines habillées (débarrassées de leurs feuilles et des radicelles) verticalement. Recouvrez de terreau ou de sable et placez sur le bac un film de matière plastique noire. La température ne doit pas descendre au-dessous de 16 °C. La récolte se fait dans les 4 à 6 semaines.

• **Sans terre :** il est possible de forcer les racines de la même façon sans terre (avec des cultivars adaptés), les racines habillées étant simplement piquées dans un peu de terre ou de sable et maintenues humides, dans l'obscurité sous un film opaque.

Forçage en bac : placez les racines dans un mélange de sable et de tourbe, arrosez et recouvrez d'un film de polyéthylène, afin de maintenir les chicons dans le noir.

Laitue

✔ *Lactuca sativa* ✔ Famille des Composées

La plus populaire et donc la plus cultivée des salades est consommée crue ou cuite ; elle sert aussi à la décoration des plats. On distingue les laitues pommées, les romaines, formant une pomme soit ronde soit allongée, et les laitues à couper, moins cultivées mais excellentes, dont on cueille les feuilles une à une pendant toute une saison. Les différents cultivars se distinguent par l'époque des semis (et donc par le mois de récolte). Ils ont tous les mêmes exigences.

Période de semis

J F M A M J J A S O N D

Période de récolte

► **Préparation du sol :** les laitues réussissent dans toutes les bonnes terres de jardin, mais elles n'aiment pas les sols trop acides : le genre *Lactuca* comprend un certain nombre de plantes que l'on trouve à l'état spontané, dans des terrains à tendance calcaire. Il peut donc être nécessaire d'apporter un amendement calcaire lors du bêchage d'automne.

Les laitues étant sensibles aux attaques des champignons, il est bon de traiter le sol avant le semis à l'aide d'un fongicide.

Les laitues d'hiver préfèrent une terre assez légère : les terres trop lourdes peuvent entraîner la pourriture du pied, de même que les attaques des champignons. La laitue n'épuise pas le sol : vous pouvez la semer deux années de suite au même endroit sans inconvénient.

► **Semis :** en lignes le plus souvent (ou à la volée). La graine ne doit pas être recouverte de plus de 1 cm de terre ou de terreau. Semez à bonne exposition, dans une terre assez légère :

- **en mars**, en pépinière pour les laitues pommées de printemps ;
- **d'avril à juillet**, en pépinière pour les laitues pommées d'été et d'automne ;
- **en août-septembre**, en pépinière pour les laitues d'hiver ;
- **en juin-juillet**, en pépinière pour les romaines à récolter en septembre-octobre ;
- **en mars-avril**, en pleine terre pour les laitues à couper ;
- **en février-mars**, sous abri (châssis, tunnel ou cloche) pour les pommées de printemps et la laitue à couper Blonde améliorée.

Attention : les jeunes plants de laitue repiqués sont un mets de choix pour les limaces et les escargots ! Au moment du repiquage, épandez un produit en granulés ou placez des pièges (à la bière).

► **Repiquage :** procédez par temps pas trop humide, une fois que les plants ont 4 vraies feuilles. Les laitues doivent être repiquées en laissant 30 cm de tous côtés. Ne serrez pas trop les plants pour ne pas donner prise aux maladies cryptogamiques. Les premières laitues de printemps peuvent être repiquées en avril (au sortir du châssis), à bonne exposition ; il faut parfois les protéger du froid par des cloches ou des tunnels. Les dernières laitues (d'hiver) sont repiquées vers la mi-octobre.

Récoltez les laitues au fur et à mesure des besoins. Tenez le sol propre par des binages, sarclages et ratissages réguliers.

Dans les pays à fort ensoleillement, repiquez en planches un peu ombragées, la laitue réagissant mal aux grosses chaleurs et à la lumière trop intense – c'est une plante qui se plaît dans les pays tempérés, aux précipitations suffisantes (et dans les années sans vague de chaleur). Au repiquage, n'enterrez pas le cœur de la laitue ; comme dans le cas de la chicorée, le plant doit être repiqué « flottant ».

► ***Conduite :*** les soins à apporter ne sont pas très nombreux mais doivent être continus pour que la végétation se fasse sans interruption. Ils consistent essentiellement en sarclages, binages et arrosages permettant un développement harmonieux du feuillage. Arrosez de préférence au goulot, sans mouiller les feuilles pour éviter le brémia (blanc).

- **Engrais :** les apports ne sont pas indispensables ; cependant, les nitratages donnent de bons résultats, à condition qu'ils ne soient pas trop fréquents (ils empêcheraient la salade de « pommer »).
- **Protection :** il peut être nécessaire d'ombrer dans les régions ensoleillées. Une bonne solution consiste à conduire les laitues en contre-culture entre des plants plus hauts qui assurent un peu de fraîcheur.
- **Parasites :** limaces et escargots commettent des dégâts importants. Les attaques des chenilles et des vers blancs peuvent être dangereuses, ainsi que celles des pucerons des racines, en automne et en hiver (jaunissement des feuilles).
- **Maladies :** la plus répandue est le brémia (mildiou ou blanc de laitue) : la face supérieure des feuilles jaunit, tandis que la face inférieure se couvre de duvet blanc. Pour les cultures sous abri, surveillez l'aération ; le brémia doit être combattu préventivement. La mosaïque des laitues est une virose qui provoque le gaufrage et la décoloration des feuilles. Les plants atteints doivent être brûlés (ne les jetez surtout pas tels quels dans le bac à compost !).

► ***Culture forcée :*** elle est assez facile à mener, en serre ou sous châssis, sur couche.

- **Le semis** se fait en janvier, le repiquage, en février. La plante doit bénéficier d'arrosages réguliers et de nitratages. La principale difficulté consiste à éviter le brémia : aérez au maximum et ouvrez les châssis dès que le temps le permet. Choisissez les variétés adaptées à la culture sous abri (Reskia, Plastina, Batavia canasta).

La laitue à couper doit son nom à la manière employée pour la récolter.

Cresson

✔ *Nasturtium officinale* ✔ Famille des Crucifères

Cette plante vivace aquatique est spontanée en Europe occidentale (cresson des fontaines). C'est une salade appréciée depuis longtemps pour son goût caractéristique, un peu piquant. Excellente salade d'hiver, elle possède des propriétés stimulantes (elle est riche en fer, en phosphate et en iode).

Culture en cressonnière.

Période de semis

J F M A M J J A S O N D

Période de récolte

Le cresson se cultive essentiellement en fosses et bassins irrigués, mais également en culture sèche au potager (avec arrosages nombreux).

► ***La cressonnière :*** l'idéal est de disposer d'une source d'eau de qualité pas trop froide ou d'un petit ruisseau. Dans ce cas, creusez des fosses de culture d'une quarantaine de centimètres de profondeur. Ces fosses doivent pouvoir être vidangées régulièrement. Il ne faut pas qu'elles soient trop grandes ; un courant permanent est idéal, car il évite aussi la formation de glace en hiver, lors des premières gelées. Le fond des fosses doit être constitué de terre riche.

Dans un potager, il est possible de construire un bassin de production de cresson en béton armé ou en brique. Ce bassin sera alimenté en eau courante. Placez au fond une couche de graviers ; au-dessus, établissez une épaisseur de terre mélangée à du terreau d'une quinzaine de centimètres. On peut équiper le bassin d'un dispositif de goutte-à-goutte permettant un ruissellement léger et continu (la stagnation est toujours mauvaise pour la plante).

Pour améliorer le développement du feuillage, choisissez de la terre préalablement fumée (ou enrichie d'engrais organique). Il est préférable de désinfecter la terre avant la mise en place au fond du bassin.

► ***Semis :*** au printemps, en principe directement au fond du bassin. Celui-ci doit être alimenté en eau de telle sorte que la terre soit saturée, mais non submergée (un excès d'eau empêche la germination). La levée se fait sous 8 jours. Il est également possible de semer en godets et de repiquer les jeunes plants au bout de quelques semaines ; l'arrosage des godets doit être quotidien.

Vous pouvez aussi tenter de faires des boutures (puisque le cresson est une vivace), mais les résultats sont inégaux.

► ***Conduite :*** dès que les plantes commencent à se développer, faites monter l'eau dans le bassin, sans jamais les submerger : les tiges doivent se développer sous l'eau, les feuilles, hors de l'eau. Lorsque les plantes atteignent la taille adulte, laissez une hauteur d'eau de 6 ou 7 cm, pendant toute la période de récolte.

Les parasites aquatiques sont nombreux et peuvent commettre des dégâts importants (petits crustacés d'eau douce, larves diverses, etc.). Une désinfection préventive

Le cresson alénois n'est pas une salade, mais une plante condimentaire à la saveur assez piquante. Facile à cultiver en pleine terre, sa végétation est rapide. C'est un crucifère annuel à feuilles larges et un peu frisées. Semez-le à bonne exposition, au printemps et en été, en pépinière. Repiquez-le en pleine terre, en situation plutôt ombragée, dans un sol frais et fertile, et récoltez feuille par feuille au fur et à mesure des besoins. Certains récoltent la plante entière pour la consommer en salade ou en accompagnement de viandes.

permet de les éliminer. On observe aussi parfois des attaques de pucerons et de mouches (traitez les jeunes plants à l'insecticide).

- **Récolte :** la première a lieu 6 ou 7 semaines après les semis. Coupez les tiges avec un couteau et liez-les en bottes. Les récoltes peuvent intervenir toutes les 2 ou 3 semaines sur une même plante. On peut récolter pendant une longue période, jusqu'au cœur de l'hiver. Il faut cependant éviter une baisse trop sensible de la température de l'eau.
- **Culture sèche :** au potager, vous pouvez semer en février, sous châssis, ou en avril, en pleine terre. Repiquez ou éclaircissez pour garder un plant tous les 15 cm environ.
Le cresson est une plante d'ombre ; il faut l'arroser quotidiennement pour que la terre soit toujours un peu boueuse (rappelant ainsi les conditions d'une cressonnière). La récolte intervient au bout de 2 mois environ. Vous avez le choix entre cueillir toute la plante d'un coup ou récolter tige par tige, afin de permettre la repousse. Choisissez un cultivar adapté à la culture en terre.

Mâche

✔ *Valerianella olitoria* ✔ Famille des Valérianacées

Plante annuelle formant de petites rosettes de feuilles comestibles, la mâche (qui pousse dans la nature en Europe) est l'une des meilleures salades d'automne et d'hiver : son goût est très agréable, et ses jolies feuilles, vert sombre, servent aussi à la décoration des plats.

- **Préparation du sol :** la mâche n'aime pas les sols profondément labourés ; un simple griffage ou binage du sol avant les semis suffit. La plante se plaît en terre saine, à bonne exposition ; elle peut se développer à mi-ombre. Elle se cultive souvent entre les lignes de choux ou de tomates, ou sous les arbres fruitiers (culture dérobée).
- **Semis :** le plus souvent en lignes, parfois à la volée. Les lignes doivent être espacées de 20 cm. Attention à ne pas semer trop serré pour éviter les maladies cryptogamiques (rouille). Il est parfois nécessaire d'éclaircir. Semez en été et en automne. Les semis d'été doivent être suivis d'arrosages pour favoriser la germination. Les variétés semées en septembre-octobre supportent mieux le froid (vous pouvez récolter pendant tout l'hiver, jusqu'au printemps, la plante étant parfaitement rustique). La mâche n'exige pas d'apport d'engrais ; des arrosages réguliers sont suffisants pendant la période sèche. Tenez les planches propres en procédant à des binages et sarclages réguliers.
- **Récolte :** selon la date des semis, on récolte depuis la fin de l'été jusqu'à la fin de l'hiver. Coupez les feuilles avec un couteau bien aiguisé, juste au-dessus du collet, afin de faciliter la repousse. Pour prolonger la récolte pendant les périodes de grands froids, protégez les plantes à l'aide de paillassons ou de tunnels en plastique.

Période de semis

J F M A M J J A S O N D

Période de récolte

La roquette, parfois confondue avec la mâche chez certains marchands de légumes, est une salade aujourd'hui à la mode. Originaire des régions méditerranéennes, on la sème en culture intercalaire (elle supporte bien la mi-ombre). Éclaircissez et arrosez régulièrement. Les feuilles seront récoltées jeunes (2 mois après les semis) quand elles sont encore tendres.

Pissenlit

✔ *Taraxacum officinale* ✔ Famille des Composées

■ Période de semis

J F M A M J J A S O N D

■ Période de récolte

Plante vivace, indigène en Europe occidentale, donnant une excellente salade d'hiver et de printemps. Les feuilles ont un goût assez fort ; elles peuvent être un peu coriaces lorsqu'elles sont vertes : c'est pourquoi on a recours au blanchiment.

- **Préparation du sol :** le pissenlit aime les terres fertiles, bien fumées à l'automne précédant les semis. C'est une plante assez épuisante pour le sol ; il faut donc pratiquer l'assolement.
- **Semis :** en pleine terre, en lignes espacées de 20 cm environ. On sème généralement de mai (après les gelées) jusqu'à début juillet. La graine doit être très peu recouverte. Pour les semis en pépinière, repiquez lorsque les plants sont enracinés. En lignes, il est souvent nécessaire d'éclaircir à 10 cm.
- **Conduite :** binez, sarclez régulièrement. Les arrosages doivent être poursuivis pendant tout l'été (au goulot). Pour favoriser le développement du feuillage, éliminez les boutons floraux à l'automne. Le pissenlit est une plante vivace à croissance assez lente. La récolte n'intervient pas avant le début de l'hiver.
- **Blanchiment :** il suffit généralement de placer des pots retournés sur le pied une quinzaine de jours avant la récolte. Une autre méthode consiste à butter la terre sur une hauteur de 15 cm avec de la terre légère (sans recouvrir le cœur). Le blanchiment en cave (comme pour la barbe-de-capucin) se fait par arrachage des plantes avec leurs racines, qui sont placées dans un bac de tourbe humide, en cave obscure.

Poirée

✔ *Beta vulgaris cicla* ✔ Famille des Chénopodiacées

■ Période de semis

J F M A M J J A S O N D

■ Période de récolte

Appelé également bette (ou blette), ce légume facile à cultiver n'exige pas un sol très riche ; il préfère les terrains frais. Il peut croître en toutes régions et apprécie des précipitations abondantes.

- **Semis :** en place le plus souvent, de début avril jusqu'à juillet. Semez en poquets (3 graines), en espaçant les poquets de 40 cm.
  En pépinière, sous châssis ou tunnel, semez en mars et repiquez lorsque les plants sont enracinés.
- **Conduite :** gardez un plant par poquet. Arrosez et binez régulièrement. Pour améliorer le feuillage, apportez de l'engrais liquide.
- **Récolte :** elle a lieu à partir de juillet jusqu'aux gelées (protégez les pieds en hiver pour récolter plus longtemps). Les parasites sont les mêmes que ceux de la betterave.

Épinard

✔ *Spinacia oleracea* ✔ Famille des Chénopodiacées

Période de semis

J F M A M J J A S O N D

Période de récolte

Bisannuelle, cette plante est intéressante pour sa croissance rapide. Sa culture ne pose pas trop de difficultés : il faut surtout éviter la montée en graine qui se produit dès qu'il fait chaud (la plante porte une hampe florale pouvant atteindre 1 m). Les épinards sont consommés cuits ou crus, en salade (jeunes pousses).

▶ **Préparation du sol :** l'espèce préfère les sols lourds, argileux et bien fumés. En terrain trop léger, la culture est moins facile, et les parasites sont plus fréquents. Pour être sûr d'obtenir de bons résultats, désinfectez le sol préventivement et traitez avec un insecticide de sol. Apportez la fumure de fond aux labours d'automne (engrais organique ou minéral). La plante préfère les situations légèrement ombrées.

▶ **Semis :** directement en place, en lignes distantes de 20 cm. Le terrain doit être assez ferme. Vous pouvez semer du 15 août au 15 septembre pour récolter en fin d'automne et au printemps ; en mars et jusqu'au 15 avril pour récolter de mai à juillet (ainsi qu'en mai-juin pour la récolte d'été mais il faut éviter la montée en graine). Autre possibilité : semez début octobre pour récolter au printemps. Les semis d'automne sont beaucoup plus productifs que ceux de printemps.

▶ **Conduite :** il est nécessaire d'éclaircir pour garder un pied seulement tous les 8 ou 10 cm. L'apport d'engrais soluble après la levée augmente beaucoup le rendement. Les binages et les arrosages sont nécessaires, en particulier en période chaude. Ils permettent de retarder la montée en graine. Tenez les planches propres en sarclant régulièrement. Pendant les chaleurs, ombrez à l'aide de claies pour diminuer l'évapotranspiration. La plante est la proie des parasites habituels des légumes-feuilles : limaces et escargots. Il faut aussi redouter les attaques de courtilières et de vers du sol. Les maladies cryptogamiques (mildiou et blanc) sont assez rares. Traitez le sol préventivement.

▶ **Récolte :** au bout de 2 mois et demi, commencez à récolter feuille à feuille. N'abîmez pas les petites feuilles pour favoriser la repousse. Coupez les hampes florales dès qu'elles apparaissent. En fin de culture, récoltez toute la plante.

La tétragone remplace l'épinard durant les mois d'été, lorsque celui-ci produit peu (il monte en graine lors des chaleurs) ; elle se cultive surtout dans les régions du Sud (en terrain aride). La levée est capricieuse (faites tremper les graines pendant 1 ou 2 jours). Semez après les gelées, en poquets, et maintenez la terre humide. Récoltez feuille à feuille.

La récolte des épinards se fait feuille à feuille. Ne coupez pas les plus jeunes : elles assurent la relève et seront récoltées adultes.

Céleri à côtes

✔ *Apium graveolens dulce* ✔ Famille des Ombellifères

Également appelée céleri branche, cette variété a les mêmes exigences que le céleri-rave et se conduit de la même façon.

► **Semis :** en mars, en terrine ou sous châssis. La levée est difficile, et le semis directement en place n'est pas conseillé.

► **Conduite :** le repiquage en place se fait en mai ou juin, à 30 cm d'intervalle. Arrosages et binages doivent être fréquents pendant les chaleurs.

Période de semis

J	F	M	A	M	J	J	A	S	O	N	D

Période de récolte

Trois semaines avant la récolte (août-septembre), liez les pieds et buttez-les jusqu'à mi-hauteur pour les blanchir.

Repiquage d'un plant de céleri à côtes. Écartez les sujets de 30 cm environ, en ligne.

Fenouil

✔ *Foeniculum vulgare* ✔ Famille des Ombellifères

D'origine méditerranéenne, le fenouil est de plus en plus cultivé dans les potagers de toutes les régions. La pomme se consomme crue et surtout cuite.

Période de semis

J	F	M	A	M	J	J	A	S	O	N	D

Période de récolte

► **Préparation du sol :** plante exigeante, le fenouil aime une terre riche et humifère. Apportez de l'engrais organique lors des labours d'automne.

► **Semis et conduite :** semez en pleine terre lorsque les gelées ne sont plus à craindre, en lignes et assez clair. On sème aussi en godets sur couche, en mars ou avril. Il faut éclaircir ou repiquer pour laisser un plant tous les 15 cm (lignes espacées de 40 cm). Les arrosages doivent être réguliers pour que la plante croisse rapidement (apportez des engrais solubles). Lorsque les pommes se forment, buttez sur 15 cm pour les blanchir. La récolte a lieu en juillet-août pour les semis en godets et en septembre-octobre pour ceux effectués en pleine terre. Pour récolter, coupez la pomme (ou bulbe) à la base, juste au ras du sol.

Rhubarbe

✔ *Rheum rhaponticum* ✔ Famille des Polygonacées

Vivace, la rhubarbe a un aspect décoratif par ses grandes feuilles vertes (il existe d'ailleurs des variétés ornementales). C'est le pétiole charnu (souvent rouge à la base) de la feuille qui est consommé. Attention : la feuille elle-même est toxique.
La plante peut s'adapter à des climats très variés et croît parfaitement à mi-ombre. Sa souche est rustique (le feuillage meurt en hiver).

Période de semis

J	F	M	A	M	J	J	A	S	O	N	D

Période de récolte

► **Préparation du sol :** la rhubarbe aime une terre fertile, profonde et fraîche. Elle se développe bien dans un sol enrichi à l'automne précédant le semis.

► **Multiplication :** par semis d'avril à mai, ou en automne (septembre), suivi d'un repiquage en place (respectez un espacement de 1 m en tous sens). Achetez de préférence des plants déjà constitués.
La multiplication par éclats de souche au printemps donne de bons résultats.

► **Conduite :** binez et arrosez régulièrement pour compenser l'évaporation importante. Coupez les tiges florales à leur apparition, afin de favoriser le développement des feuilles. On obtient des pétioles plus allongés en les entourant, lorsqu'ils sont en cours de développement, d'un cylindre de matière plastique (opaque). Les feuilles de rhubarbe sont souvent attaquées par les escargots et les limaces. La récolte a lieu en mai-juin, lorsque les feuilles sont bien développées.

Le développement que prend la rhubarbe impose le plus souvent de ne cultiver qu'un seul plant, ce qui est généralement suffisant. Attention : seul le pétiole de la rhubarbe est comestible. Le limbe est toxique.

Chou pommé

✔ *Brassica oleracea* ✔ Famille des Crucifères

De nombreuses variétés de choux développent une grosse boule de feuilles imbriquées : la pomme. Parmi les pommés, on distingue les choux cabus, à feuilles lisses, et les choux de Milan, à feuilles cloquées. Ils se consomment cuits ou crus (en salade).

► ***Préparation du sol :*** les choux pommés viennent mieux dans les terrains riches et bien fumés. Apportez des engrais organiques de fond au moment des labours, en vue des semis de printemps. Le sol doit être profond et bien ameubli. Les terres acides sont défavorables, car la plante y contracte fréquemment la hernie du chou (boursouflure du pied). Dans ce cas, faites un amendement calcaire.

► ***Semis :*** les semis seront répartis sur plusieurs périodes pour permettre une récolte pendant presque toute l'année.

- **En mars-avril** : en pépinière, en exposition ensoleillée ; il est souvent nécessaire d'abriter les semis sous châssis froid au mois de mars. On récolte en juillet et en août.
- **En mai-juin** : en pépinière, pour obtenir des choux d'automne, d'octobre à décembre (et pour l'ensilage en tranchée ou en cave).

Période de semis

J F M A M J J A S O N D

Période de récolte

Chou rouge.

Chou de Milan.

• **Du 25 août au 25 septembre :** en pépinière, pour les choux de printemps. Respectez cette période de semis pour éviter la montée en graine (semis trop précoces) ou une mauvaise résistance au froid (semis trop tardifs).

Planche de choux.

► ***Repiquage :*** les plants sont mis en place lorsqu'ils ont 3 feuilles au-dessus des feuilles cotylédones (qui doivent être supprimées). Repiquez les choux de printemps une première fois en pépinière avant la mise en terre définitive. Effectuez le prélèvement des plants à l'aide d'un transplantoir, après avoir arrosé la pépinière. Plantez les jeunes choux au ras du collet, afin qu'ils tiennent bien et que les racines se développent. L'espacement entre les lignes doit être de 40 cm environ. Séparez les plants de 40 ou 50 cm (les choux d'été sont les plus volumineux) sur la ligne. Arrosez abondamment aussitôt après le repiquage. Il est bon d'apporter de l'engrais soluble pour favoriser la reprise des jeunes plants.

Le repiquage se fait avec un plantoir pointu, en lignes, en prévoyant un espacement suffisant, car la plante occupe un espace important en grandissant.

Mise en place du plant.

Bornage du plant.

▶ **Conduite :** les arrosages doivent être abondants pendant toute la période chaude, la plante ayant besoin de beaucoup d'eau. Binez et sarclez régulièrement. Un mois après le repiquage, faites un nouvel apport d'engrais liquide pour que le chou pomme bien.

▶ **Récolte :** coupez le chou au niveau du collet (un bon couteau est nécessaire). Les choux d'hiver se conservent facilement, enjaugés en tranchée, couchés la tête vers le nord pour éviter que l'eau ne s'infiltre dans le cœur et pour que le dégel se fasse lentement. Ils se conservent aussi en cave.

Chou de Bruxelles

✔ *B. o. gemmifera* ✔ Famille des Crucifères

Ce chou produit des feuilles non comestibles au sommet d'une longue tige sur laquelle se développent des bourgeons pommés que l'on consomme.

▶ **Préparation du sol :** à la différence des autres choux, cette variété n'aime pas les terrains trop richement fumés qui favorisent la croissance de rejets plutôt que le développement des bourgeons.

▶ **Semis et conduite :** la végétation est lente ; semez en pépinière en avril pour repiquer en mai-juin et récoltez en automne. Les derniers semis se font en mai pour récolter en hiver (pas de semis après mai).

Le repiquage se fait en espaçant les plants de 60 ou 70 cm. N'effectuez pas d'apport d'azote : cela nuirait au développement des petites pommes.

Prélevez les pommes sur la tige, au fur et à mesure des besoins (en partant du bas).

Période de semis

J F M A M J J A S O N D

Période de récolte

Chou-fleur et chou brocoli

✔ *B. o. botrytis et B. o. italica* ✔ Famille des Crucifères

Les choux-fleurs sont généralement semés au printemps et récoltés en automne, alors que les brocolis sont cultivés comme bisannuels pour la récolte de printemps (ne pas confondre avec les brocolis à jets verts). Les exigences sont les mêmes que celles des choux pommés.

Culture du chou-fleur : les semis ont lieu en mai, en pépinière, pour une récolte d'automne. Éclaircissez si nécessaire et mettez en place au bout de 1 mois et demi, en espaçant de 70 cm. Arrosez fréquemment et placez une feuille sur la pomme pour que celle-ci reste blanche.

Période de semis

J	F	M	A	M	J	J	A	S	O	N	D

Période de récolte

Culture du chou brocoli : le semis a lieu en juin, en pépinière. Éclaircissez et mettez en place en août, en espaçant de 60 cm. Le brocoli est moyennement rustique : il doit être protégé du froid. Vous devrez le butter en novembre et le recouvrir de paille. La récolte a lieu de mars à mai.

Période de semis

J	F	M	A	M	J	J	A	S	O	N	D

Période de récolte

Les choux sont attaqués par les chenilles (piéride et noctuelle), par les puces de terre et les pucerons. La mouche du chou, parasite fréquent, atrophie le cœur. La hernie du chou donne des racines gonflées et déformées. Le dépérissement de la plante peut être provoqué par un charançon ou par un champignon.

Artichaut

✔ *Cynara scolymus* ✔ Famille des Composées

Période de semis

J	F	M	A	M	J	J	A	S	O	N	D

Période de récolte

Plante vivace originaire des régions méditerranéennes, elle se plaît sous les climats doux. L'artichaut est cultivé pour ses boutons floraux (têtes d'artichaut). On consomme le réceptacle charnu (cœur) et la base des bractées. La plante est cultivée sur 3 ou 4 ans : elle produit peu la première année, beaucoup les deux suivantes et moins ensuite. Il faut donc renouveler périodiquement les plantations.

► **Préparation du sol :** l'artichaut aime les terres assez légères mais bien irriguées. Il lui faut un sol fertile, richement fumé, car il est très exigeant et épuisant. Placez-le en situation très abritée pour lui permettre de résister à l'hiver. Les meilleurs résultats sont obtenus dans les régions atlantiques et méditerranéennes.

► **Multiplication :** le semis n'est pratiquement pas utilisé, bien qu'il soit possible. Il faut procéder par prélèvement des œilletons (rejets qui apparaissent à la base des plantes) au printemps. Ils doivent être séparés à l'aide d'un couteau bien aiguisé (vous devrez vous efforcer de conserver des racines). Avant leur plantation, les rejets doivent être trempés dans une solution insecticide et fongicide, afin de prévenir le développement des parasites.
Les maisons grainetières proposent, en avril, des plants d'artichaut sélectionnés et garantis.
Repiquez les œilletons (par paires) en les espaçant de 1 m en tous sens. Arrosez pour faciliter la reprise, qui est parfois difficile. Il est préférable de ne pas habiller les plants qui, intacts, sont plus difficiles à repiquer, mais reprennent beaucoup plus vite.

Les artichauts sont soumis, comme bien d'autres plantes, aux attaques des pucerons. Un traitement préventif s'impose pour éviter d'avoir à intervenir sur les fruits.

Un truc simple pour faire grossir les artichauts et pour qu'ils soient plus tendres : pratiquez une fente dans la hampe florale, juste au-dessous de la tête. Introduisez une petite cheville de bois et laissez-la jusqu'à la récolte.

Conduite : apportez des engrais solubles pour que la plante se développe rapidement. Binages et arrosages doivent être fréquents pour que la récolte soit assez bonne dès la première année. Au moment des chaleurs, paillez au pied pour diminuer l'évaporation.

- **Insectes :** le plus commun est le puceron des racines, qui la fait dépérir. La noctuelle (chenille) creuse des galeries dans les tiges. Parmi les insectes qui touchent les feuilles : la teigne, l'altise, la mouche. Traitez en pulvérisant de l'insecticide au début du printemps. On peut traiter le sol par saupoudrage au pied.
- **Maladies :** parmi les maladies cryptogamiques, le mildiou et l'oïdium touchent les feuilles, et le pourridié, le sol (pied) ; la tête est parfois envahie par un champignon. Traitez au fongicide au début du printemps.

Il est assez facile de multiplier l'artichaut : pour cela, prélevez les œilletons qui se développent à la base du pied mère et repiquez-les.

Récolte : la première année, les têtes sont récoltées en fin d'été, lorsque les écailles extérieures s'ouvrent mais que celles du cœur sont encore très serrées. Les plantes de 2 ans et plus donnent des boutons floraux du printemps jusqu'en automne (sauf durant les grosses chaleurs).

Protection contre le froid : en novembre, coupez les tiges florales et rabattez légèrement le feuillage. Buttez les touffes à la binette. Au moment des grands froids, protégez les pieds avec des paillis ou des sacs qu'il faut retirer, lorsque le temps le permet, pour empêcher la pourriture.

Surveillez les plantations, car elles sont souvent habitées par les rongeurs. À la fin des grands froids (mars), débuttez après avoir épandu de la fumure sur le sol.

En avril, procédez au prélèvement des œilletons Éliminez des rejets pour ne conserver que 5 nouvelles pousses par pied, si vous ne faites pas de nouvelles plantations.

Cardon

✔ *Cynara cardunculus* ✔ Famille des Composées

Plante proche de l'artichaut, à croissance lente, cultivée comme annuelle, consommée comme la poirée : les côtes sont utilisées, après cuisson, de différentes façons, de même que les racines. On préfère les variétés inermes (sans épines).

Le cardon se conduit un peu comme l'artichaut.

Semis : en place, après les gelées, en poquets de 3 ou 4 graines. Conservez le sujet le plus vigoureux (écartement : 1 m).

Conduite : arrosez au pied, au goulot. Après 4 mois, pratiquez le blanchiment en liant la touffe (on l'entoure, en général, d'un film en plastique noir) et en buttant.

Blanchiment du cardon.

Période de semis

J	F	M	A	M	J	J	A	S	O	N	D

Période de récolte

Les pois et les haricots

À la différence des légumes feuilles, les pois et les haricots sont cultivés non pour leur feuillage, mais pour leurs graines (consommées fraîches ou après séchage) ou pour leurs gousses (cueillies avant maturité). Issus de plantes naturellement grimpantes, pois et haricots ont fait l'objet depuis longtemps de sélections qui ont donné aussi des plantes naines évoluant en touffes.

Pois

✔ *Pisum sativum* ✔ Famille des Légumineuses

Le pois aime les terrains légers et les climats tempérés. Les différents cultivars (grains ronds et grains ridés) permettent une récolte pendant une grande partie de l'année (de mai à octobre). On consomme les gousses des mangetouts et les graines des autres cultivars. Les pois sont parfois séchés (pois cassés).

Période de semis

J F M A M J J A S O N D

Période de récolte

Plombage de semis de pois effectués en poquet. Les variétés à rames gagneront à être semées de la sorte.

► ***Préparation du sol :*** le terrain doit être léger et très sain (le pois est sujet aux maladies cryptogamiques). Les sols lourds, défavorables aux cultivars hâtifs, peuvent accueillir les cultures tardives. Une terre riche est nécessaire : apportez un engrais de fond au moment des labours. Dressez la planche de culture en situation ensoleillée. Le pois étant assez épuisant pour la terre, il est préférable de pratiquer l'assolement (au moins triennal).

► ***Semis :*** les cultivars hâtifs (pois ronds) sont semés de février à avril pour une récolte en mai-juin. Les pois ridés demi-hâtifs et tardifs sont semés d'avril à juin pour être récoltés de juillet à septembre.
Les pois mangetouts se sèment de février à avril et sont récoltés de mai à juillet.
En situation abritée et très ensoleillée, vous pouvez conduire une culture d'automne en semant des variétés à grains ronds en juillet pour récolter en septembre-octobre. Près de la Méditerranée et dans l'Ouest (régions à hiver doux), semez en novembre le pois de Sainte-Catherine pour obtenir une récolte précoce au printemps. Les graines ne sont pas enterrées profondément (2 ou 3 cm de terre tamisée).
Les variétés naines doivent être semées en lignes distantes de 30 à 40 cm, à raison de 30 graines par mètre.
Les variétés à rames sont semées en poquets de 6 graines tous les 30 cm (en lignes distantes de 60 cm).
La levée n'est pas rapide (10 jours dans les meilleures conditions). Les oiseaux s'attaquent souvent aux très jeunes plantes. Tendez des filets ou faites tremper les graines dans du pétrole avant le semis.
Les variétés naines gagnent à être semées en sillons profonds ; cela permet de rabattre la terre pour que les jeunes plantes soient plus résistantes.

► ***Conduite :*** les binages réguliers sont indispensables, tout comme les arrosages, dès les premières chaleurs (ils ne doivent toutefois pas être excessifs). Quand les plants atteignent une quinzaine de centimètres,

buttez à la binette ou au râteau sur une dizaine de centimètres, pour fortifier la base et développer le système de racines. Vous pouvez également apporter, à ce moment, de l'engrais soluble « coup de fouet ».
Pour les cultivars grimpants, placez les rames assez tôt. Utilisez des branches mortes ramifiées, des tuteurs ou des filets à ramer.
Dans les régions ventées, ramez également les variétés naines. Les variétés hâtives sont parfois pincées au-dessus du septième groupe de fleurs, afin d'avancer la récolte (on ne pince jamais les pois d'été).
• **Insectes :** les plus courants sont le sitone, qui découpe le bord des feuilles, le thrips, qui s'en prend aussi aux feuilles ; la tordeuse du pois s'introduit dans les cosses et dévore les grains.
• **Maladies :** le pois n'aime pas les fortes chaleurs et sont sujets à l'oïdium (blanc) : dans les régions chaudes, évitez donc de cultiver l'été ou traitez préventivement avec un fongicide anti-oïdium. D'autres maladies cryptogamiques touchent le pois (rouille et surtout mildiou) ; traitez avec un fongicide universel.
► ***Récolte :*** un peu plus de 3 mois après le semis pour les hâtifs et de 4 mois pour les autres, récoltez les gousses en ayant soin de ne pas abîmer les tiges. Récoltez deux ou trois fois par semaine pour avoir des pois tendres.

Lorsque les plants atteignent environ 15 cm, buttez-les sur toute la partie inférieure. Ce travail se fait aussi à la binette.

▲ *Les pois gourmands (mangetouts) sont généralement très productifs en début de saison.*

◄ *Variétés de pois à rames profitant d'un filet spécial tendu entre des tuteurs. Utilisez de préférence des filets à mailles larges (comme ici).*

Haricot

✔ *Phaseolus vulgaris* ✔ Famille des Légumineuses

Originaire d'Amérique tropicale, le haricot résiste bien à la chaleur, mais est sensible au froid. Les fruits se consomment en gousses vertes ou jaunes, ou en grains (haricots à écosser). Certaines variétés se prêtent à la production de haricots secs.

► **Préparation du sol :** le haricot est assez peu exigeant ; il préfère les terrains légers et frais. Il n'est pas adapté à l'excès d'humidité des terrains lourds, qui entraîne le développement de maladies. Il peut être cultivé en terrain modérément calcaire (un excès peut amener la chlorose). La fumure n'est pas indispensable si la terre est fertile : les cultures se font souvent sur une planche ayant déjà été fumée (deux automnes auparavant).

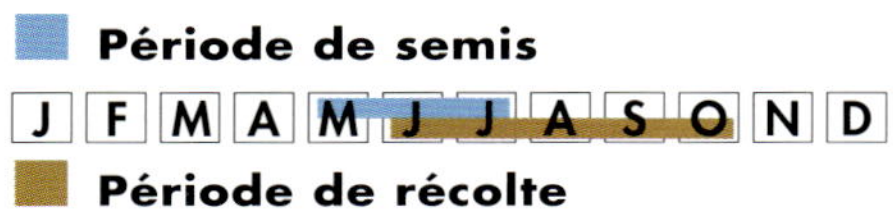

► **Semis :** ne semez pas trop tôt, car la levée est très sensible au froid. Sous le climat de la région parisienne, on ne sème pas avant le 1er mai (voir carte page 16 pour les autres régions). Pour faciliter la germination, faites tremper les graines pendant une nuit.

Les graines ne doivent pas être trop enterrées (2 ou 3 cm). Quand la chaleur est suffisante, la levée se fait en une semaine.

La plupart des cultivars sont semés en mai-juin, qu'ils soient verts ou à grains.

Vous pouvez cependant semer en juillet, et même en août, des haricots verts (ou beurre) pour une récolte tardive, mais il est parfois nécessaire de protéger les planches sous châssis en fin de culture.

• **Cultivars nains :** semez en lignes espacées de 30 à 40 cm, à raison de 15 à 20 graines par mètre. Dans une terre lourde, semez en poquets espacés de 40 cm (5 graines par poquet). Les plantes semées en poquets se soutiennent les unes les autres et résistent mieux aux maladies (meilleure aération de la planche).

• **Cultivars à rames :** semez en lignes séparées de 50 à 70 cm ou en poquets. Il est parfois préférable de semer en cercle pour supporter les plantes par une forte rame centrale.

Installation de la structure de tuteurs en vue du développement d'une variété de haricots à rames.

Quand les conditions sont favorables, la levée et le développement sont denses.

▶ **Conduite :** les nitratages hâtent le démarrage. Binez fréquemment. Arrosez à partir de la floraison de manière régulière, au pied, au goulot. Arrosez aussi après chaque cueillette. Pour les cultivars à haricots secs, arrêtez tout arrosage un mois avant la récolte. Lorsque les plants atteignent 15 cm, buttez-les.

Ramez assez tôt (au moment du buttage) les variétés grimpantes : les tuteurs doivent avoir 2 à 3 m. Attachez-les au sommet par paires (sur deux lignes voisines) pour qu'ils résistent au vent.

La maladie la plus fréquente est l'anthracnose : elle produit de petites taches brunes sur les gousses. Autres maladies cryptogamiques : la rouille et le blanc. Traitez préventivement en désinfectant le sol et en appliquant un fongicide.

La mosaïque du haricot est une virose qui déforme le feuillage : choisissez des variétés résistantes.

Les pucerons et les araignées rouges causent des dégâts : traitez à l'insecticide de contact.

▶ **Récolte :** n'attendez pas pour consommer les haricots verts ; cueillez-les quand ils sont fins (attention de ne pas abîmer la tige en les cueillant !). Cueillez les haricots en grains à pleine maturité. On arrache parfois les variétés naines à grains et on les fait sécher à l'intérieur pour que les grains atteignent leur maturité.

Lors de la plantation (ici, en mars), il faut prévoir des tuteurs mesurant au moins 2 m ; ainsi les rames se développeront mieux et la récolte (en août) sera facilitée.

Les légumes bulbes

Si certains, comme l'ail, sont bien des bulbes au sens botanique du terme, la plupart sont des plantes dont la base forme un renflement, comme le poireau, l'échalote et l'oignon.

Poireau

✔ *Allium porrum* ✔ Famille des Liliacées

Période de semis

J F M A M J J A S O N D

Période de récolte

Plante de la famille de l'ail et de l'oignon, c'est une vivace, cultivée en bisannuelle. Le poireau est un légume répandu dans tous les potagers des régions tempérées. Il se consomme cuit, en potage, en accompagnement ou à la vinaigrette.
Les méthodes de culture permettent de récolter le poireau pendant presque toute l'année. La plante se caractérise par un bulbe à chevelu blanc et par de longues feuilles comestibles.

► ***Préparation du sol :*** le poireau est une plante exigeante, qui aime les sols profonds, riches et copieusement fumés au moment des labours d'automne, ou enrichis de superphosphates aux labours de printemps. Tous les types de terre conviennent à la plante ; toutefois, un excès de calcaire freine sa croissance. On élève souvent les poireaux en culture dérobée, après des pois ou des haricots, en terre assez légère, mais riche. Il faut pratiquer l'assolement pour éviter l'épuisement du sol.

► ***Semis :*** vous sèmerez avec succès du mois de mars au mois de septembre. En fait, vous devez semer une première fois en mars, en pépinière, pour les poireaux d'été et d'automne, et une seconde fois début mai, pour les poireaux d'hiver. Le semis se fait le plus souvent à la volée, en pépinière, mais aussi en lignes espacées de 20 cm. Recouvrez la graine d'une mince couche de terreau tamisé (levée en 8 jours). Sous abri, les poireaux peuvent être semés dès le mois de janvier (en caissette sous plaque de verre), ce qui permet d'obtenir des plants dès mars. Le semis sous châssis froid, en mars, permet de gagner une quinzaine de jours.

► ***Repiquage :*** attendez que les plants aient la taille d'un crayon. L'arrachage peut se faire à la main en terre légère, mais il est conseillé d'utiliser un transplantoir pour ne pas abîmer le chevelu. Repiquez en respectant un écartement de 10 à 15 cm (selon les cultivars) et après avoir habillé les plants (coupe des racines au sécateur à 3 cm et du feuillage à 10 cm).
Afin de prévenir la teigne du poireau, trempez les plants dans un insecticide (les poireaux d'hiver ne craignent pas ces attaques).
Si vous avez semé en lignes, éclaircissez à 10 cm et repiquez les plants arrachés.
Si vous avez semé sous châssis froid, repiquez une première fois les sujets les plus robustes, puis les autres 15 jours après ; cela permet d'échelonner les récoltes.

Jeunes plants de poireaux issus de semis effectués sous châssis ; ils viennent d'être prélevés pour être repiqués.

Les plants semés en mars sont repiqués en mai ; repiquez en juin-juillet les plants semés en avril-mai. Les poireaux semés en automne le sont généralement en lignes ; il suffit ensuite d'éclaircir.

► ***Conduite :*** arrosez immédiatement après le repiquage, puis binez. Légume-feuille, le poireau apprécie les nitratages périodiques (interrompez l'apport d'engrais à la fin de l'été). Pendant toute la culture, binez et arrosez régulièrement, la plante résistant mal à la sécheresse.

Le poireau peut être attaqué par une petite chenille qui s'installe dans le cœur et dévore les feuilles : c'est la célèbre teigne du poireau. On constate alors un jaunissement de l'extrémité des feuilles. Dans ce cas, appliquez tous les 10 jours, par pulvérisation, un insecticide spécialisé. Pour enrayer l'attaque des chenilles, coupez les plantes atteintes 2 cm au-dessus du collet et brûlez les feuilles ; le feuillage repoussera.

La rouille atteint parfois le poireau : elle se manifeste par des taches brunâtres sur le feuillage ; vous pouvez traiter préventivement avec un fongicide.

► ***Buttage et récolte :*** on ne butte, en général, que les poireaux d'hiver, pour blanchir le fût, qui est ainsi plus tendre. Le buttage est pratiqué également sur les gros cultivars d'été. Les poireaux semés en automne sont récoltés au printemps, lorsqu'ils sont encore minces (sans avoir été buttés).

Quand les plants de poireaux ont la taille d'un crayon, repiquez-les, après habillage.

Attention !

LA TEIGNE

Surveillez attentivement les poireaux pendant toute leur végétation pour riposter à toute attaque. Dès que vous observez des traces de jaunissement longitudinales sur les feuilles, intervenez avec un insecticide de contact spécialisé. Vous pouvez également utiliser de l'eau de Javel (un berlingot pour 2 l d'eau). Sachez qu'il y a souvent deux attaques par an : la première en mai-juin, et la seconde en fin d'été.

Quelques jours avant la récolte, coupez le feuillage afin de favoriser le grossissement du légume.

Un poireau peut être récolté 4 ou 5 mois après les semis. La plante est arrachée à la main. En été, vous pouvez récolter le feuillage en coupant, au couteau, au-dessus du collet : il se produit une repousse qui permet une seconde récolte quelques semaines plus tard (poireau perpétuel).

En hiver, arrachez les poireaux et placez-les en jauge dans un endroit abrité, de façon à pouvoir en consommer pendant les fortes gelées. Vous pouvez également les protéger de diverses manières : lit de feuilles mortes ou film plastique transparent. De nombreux cultivars supportent très bien les grands froids (jusqu'à une certaine limite).

Ail

✔ *Allium sativum* ✔ Famille des Liliacées

Plante bulbeuse originaire du Midi, mais très cultivée en toutes régions. Connu pour ses vertus thérapeutiques (il est utilisé contre l'hypertension), l'ail est un condiment consommé cru ou cuit. Les méthodes de culture varient selon le climat.

Période de semis

J F M A M J J A S O N D

Période de récolte

► **Préparation du sol :** la plante préfère les terres légères et saines, bien drainées. Elle ne supporte pas l'humidité résiduelle et exige une terre riche, mais n'ayant pas reçu de fumure organique récente (le bulbe risque d'être détruit). L'exposition doit être ensoleillée. On peut apporter des engrais minéraux.

► **Plantation :** la multiplication se fait uniquement par plantation des caïeux (gousses). Sélectionnez les caïeux les mieux formés, situés à l'extérieur des têtes.

Dans les régions à climat doux, la mise en terre des caïeux se fait à l'automne (octobre-novembre), à condition que la terre soit légère. En zone à hiver froid, plantez en février-mars. Utilisez l'ail rose pour les plantations d'automne et l'ail blanc pour celles de printemps. Les premières donnent un meilleur rendement. Les caïeux sont enfoncés à 3 cm. Il faut, par la suite, tasser la terre pour que le bulbe ne sorte pas en s'enracinant.

► **Conduite :** binez et sarclez. Apportez de l'engrais azoté soluble. Pour accélérer la récolte, couchez les tiges en mai et nouez-les.

La maladie la plus fréquente est la pourriture, qui survient lorsque l'humidité est trop importante. Plantez en terrain siliceux et désinfecté, et pratiquez l'assolement. Divers insectes parasitent la plante : anguillules, nématodes et teignes.

Après récolte, l'ail peut être conservé suspendu (tressé en chapelet) ou sur clayette, dans un local sec.

Échalote

✔ *Allium escalonicum* ✔ Famille des Liliacées

Plante voisine de l'oignon, elle a les mêmes exigences : terrain meuble et sain, pas d'humidité persistante ni d'excès d'acidité (amendement calcaire). L'échalote est utilisée pour assaisonner les plats et les salades ; on peut consommer ses feuilles comme celles de la ciboule.

Période de semis

J F M A M J J A S O N D

Période de récolte

► **Conduite :** la multiplication se fait par repiquage des bulbilles en février-mars, en lignes distantes de 25 cm, à 15 cm d'espacement sur la ligne.

Binez régulièrement. Les apports d'engrais complet pendant la végétation (premier mois) donnent un meilleur développement. La récolte a lieu en juillet-août, lorsque les feuilles fanent. Laissez sécher les bulbes au soleil avant de les rentrer (en bottes).

Oignon

✔ *Allium cepa* ✔ Famille des Liliacées

Plante bulbeuse que l'on reproduit par semis, l'oignon est originaire des régions chaudes. Ce légume, utilisé cru ou cuit, possède des vertus connues depuis longtemps, notamment contre les fermentations intestinales et la diarrhée.

Période de semis

J F M A M J J A S O N D

Période de récolte

► ***Préparation du sol :*** la plante aime les terres légères, siliceuses et pas trop humides. La terre doit être riche, mais de fumure ancienne. Apportez des engrais potassiques et phosphatés aux labours.

► ***Semis :*** les cultivars se sèment à des périodes différentes :

- **semez les oignons blancs et le Rouge pâle de Niort** du 15 août au 15 septembre, en pépinière ou en lignes espacées de 15 cm ;
- **semez les oignons de couleur** en mars-avril, en lignes espacées de 20 cm. La levée se fait en 15 jours.

Semis d'oignons blancs (du 15 août au 15 septembre).

Les grainetiers proposent des bulbilles sèches provenant de pépinières, que l'on peut repiquer. Ces bulbilles sélectionnées sont à planter en février-mars. Arrosez après le repiquage, mais modérez les apports d'eau lors de la formation du bulbe. Lors des binages, ne recouvrez pas la base de terre.

► ***Repiquage et conduite :*** repiquez vers le 15 octobre l'oignon blanc et de Niort (à défaut, en février). Éclaircissez l'oignon semé en lignes (un sujet tous les 15 cm).
Apportez un engrais complet pour donner un « coup de fouet » à la végétation. Binez et sarclez régulièrement (ou utilisez un désherbant sélectif).
Des maladies cryptogamiques (rouille, graisse, mildiou) attaquent l'oignon ; traitez préventivement avec un fongicide. Le parasite principal est la mouche de l'oignon, qui entraîne le pourrissement des bulbes. Désinfectez le sol et utilisez des semences sélectionnées.

Coucher le feuillage de cette façon permet d'obtenir des oignons plus gros.

Les légumes-racines

On trouvera dans cette rubrique un certain nombre d'espèces potagères, cultivées pour leurs racines, aux méthodes de culture et aux exigences comparables. La carotte, le navet, le radis ou le salsifis doivent être cultivés dans un sol assez léger et dépierré. Ils sont sensibles aux parasites du sol.
La pomme de terre fait l'objet d'un chapitre séparé, puisque sa conduite en culture est très spécifique.

Carotte

✔ *Daucus carota* ✔ Famille des Ombellifères

Plante bisannuelle à racine pivotante, cultivée en annuelle. Très rustique, ce légume s'adapte à tous les climats tempérés. La culture hâtée et l'étalement des semis permettent d'obtenir des carottes pendant une bonne partie de l'année.

► **Préparation du sol :** la carotte accepte tous les sols, à condition qu'ils ne soient pas trop compacts, ce qui perturbe le développement de la racine. Le terrain doit être labouré assez profondément pour être ameubli. On apporte de l'engrais organique en automne. Le terrain le mieux adapté est léger et fertile (terrains sableux du Cotentin).

► **Semis :** en lignes ou à la volée. La difficulté est de semer suffisamment clair. On mélange d'ordinaire la graine à du sable fin (de rivière) ou à une poudre insecticide. Semez par temps humide. Effectuez un terreautage (terreau bien tamisé) et plombez. Semez de mars à juin.

Période de semis

J F M A M J J A S O N D

Période de récolte

La culture hâtée. Pour obtenir une récolte en mars-avril, semez en octobre-novembre, sous tunnel en plastique (les variétés De Carentan, Bellot, Suko, Marvel). Éclaircissez pour garder 1 sujet tous les 4 cm (en deux fois, en décembre et en janvier). Aérez chaque fois que c'est possible et retirez le tunnel en mars. Pendant le dernier mois de culture, faites de petits arrosages tous les 3 jours.
Vous pouvez aussi semer en février pour récolter en mai-juin. Les carottes hâtives sont récoltées et liées en bottes avec la fane.

Semez les carottes directement en place, le plus régulièrement possible, dans un sol profondément ameubli et bien dépierré.

► **Éclaircissage :** procédez en plusieurs fois. D'abord quand les plants sont très jeunes, puis une seconde fois quand ils ont la grosseur d'un doigt (vous obtiendrez ainsi une première récolte). Laissez un plant tous les 8 ou 10 cm (selon le cultivar).

► **Conduite :** les arrosages et les binages sont indispensables pour permettre une végétation continue (sans à-coup) et afin que la racine se développe bien (utilisez un désherbant sélectif).
La principale attaque parasitaire est le fait de la mouche de la carotte, qui creuse des galeries dans la racine ; d'autres insectes, comme le puceron blanc et l'araignée rouge, peuvent causer des dégâts. Le meilleur moyen de lutte consiste à désinfecter les graines et à les mélanger avec une poudre insecticide. Vous pouvez aussi utiliser un insecticide naturel (non toxique).

L'éclaircissage des plants consiste à éliminer tous ceux qui sont en surnombre.

Radis

✔ *Raphanus sativus* ✔ Famille des Crucifères

Facile à cultiver, à végétation rapide, cette plante annuelle peut se récolter à peu près toute l'année. Les cultivars sont très variés, du petit radis rouge au gros radis rave à racine noire.

► **Préparation du sol :** peu exigeant, le radis préfère toutefois un sol bien fumé. La richesse en matière organique permet d'éviter les racines creuses et donne une saveur plus douce. Il est nécessaire de tasser (plombage) le sol avant le semis pour que la racine se forme bien.

► **Semis :** de mars à octobre, à la volée le plus souvent, ou en lignes écartées de 20 cm. On sème souvent entre les rangs de choux ou de carottes. Les premiers semis sont faits en exposition ensoleillée, mais les cultivars semés en été préfèrent la mi-ombre (l'excès de chaleur donne une racine creuse).
Les radis d'hiver sont semés en juin-juillet, en lignes écartées de 30 cm environ.

► **Conduite :** les radis de printemps sont bons à récolter au bout de 3 à 4 semaines, ceux d'été en 1 mois et demi et ceux d'hiver en 2 mois. Les soins de culture sont peu importants. Éclaircissez si la levée est trop dense. Arrosez et binez périodiquement.
On observe parfois des attaques de petits vers (larves), que l'on traite facilement par un insecticide spécialisé. Les altises attaquent tous les crucifères : on combat ces petits insectes sauteurs avec le même produit.
Les cultures sont parfois atteintes par des champignons (pourriture de la racine), lorsque le terrain est mal entretenu.

Période de semis

J F M A M J J A S O N D

Période de récolte

La culture forcée. Facile à conduire, elle est très pratiquée, le radis ayant une végétation très rapide. Semez sur couche dans une terre riche en humus, à la volée (sous châssis ou en serre). Éclaircissez et maintenez les arrosages pendant toute la végétation. Récoltez au bout de 3 semaines environ. Sous abri froid, on pratique couramment la culture forcée avec des cultivars très hâtifs comme le Dix-huit jours. En février, semez sous châssis froid ou sous tunnel.

Navet

✔ *Brassica rapa* ✔ Famille des Crucifères

Période de semis

J F M A M J J A S O N D

Période de récolte

Plante bisannuelle cultivée en annuelle au potager, le navet doit se développer rapidement pour donner une chair tendre et une saveur douce.

► **Préparation du sol :** le navet aime la terre riche et fertile ; l'engrais organique doit cependant être très décomposé (sol fumé le deuxième automne précédant la culture).

► **Semis :** de mars à mai pour les variétés hâtives, en lignes distantes de 25 cm. En août et septembre, semez les navets d'automne. Évitez de le faire en juin et juillet, les jeunes navets n'aimant ni la chaleur ni la forte luminosité : les cultivars d'été doivent être semés en situation fraîche et ombragée.

► **Conduite :** il faut éclaircir pour laisser 10 à 20 plants au mètre, selon la grosseur des cultivars. Vous pouvez apporter des engrais solubles pour accélérer le développement. Arrosez et binez dès que le temps se réchauffe. Désherbez régulièrement.

Les attaques d'insectes touchent le feuillage (altises) ; traitez assez tôt, avec un insecticide approprié.

► **Récolte :** la première récolte peut intervenir au bout de 2 mois. Les variétés de printemps sont récoltées en bottes avec les fanes ; celles d'automne sont récoltées au fur et à mesure de la consommation, jusqu'aux premières gelées : tous les légumes doivent alors être arrachés pour être conservés en silo ou en cave.

Betterave

✔ *Beta vulgaris* ✔ Famille des Chénopodiacées

Période de semis

J F M A M J J A S O N D

Période de récolte

Surtout consommée en salade après cuisson, appréciée pour son goût sucré et sa couleur décorative, la betterave rouge est un proche parent de la betterave fourragère, très cultivée dans les terres du nord de la France et en Belgique. On distingue des variétés rondes (certaines aplaties) et d'autres longues, dont l'excellente Crapaudine à chair très rouge et très sucrée.

► **Préparation du sol :** la plante aime une terre fertile, fumée (fumier bien décomposé) à l'automne. Elle s'adapte en tout sol, ameubli et profond, préalablement dépierré. La racine se forme bien lorsque la terre est un peu siliceuse ; proscrivez l'excès de terreau qui favorise le développement du feuillage au détriment de la racine.

► **Semis :** en pleine terre généralement, en lignes espacées de 30 cm. On sème le plus souvent en avril-mai et parfois dès mars, sous châssis. La graine de betterave a la particularité d'être multigerme : elle donne naissance à plusieurs plants. Après quelques semaines, il faut démarier, c'est-à-dire ne conserver qu'un plant pour obtenir des légumes bien formés. Laissez un plant tous les 15 ou 20 cm.

- **Conduite :** les binages et sarclages doivent être réguliers dès que les jeunes plantes commencent à se développer. La betterave résiste bien au froid et à la chaleur. Il faut éviter les arrosages trop fréquents : mieux vaut arroser copieusement de temps en temps (et pailler en cas de trop forte chaleur). Un excès d'eau fait gonfler la racine, qui perd de sa saveur.
- **Récolte :** elle doit être faite avant le froid, car la plante ne supporte pas le gel. Vous pouvez récolter à partir de juillet pour les variétés semées de bonne heure, dès que la racine a atteint un volume suffisant.

Une fois les betteraves développées, il faut les démarier pour ne conserver qu'un seul plant tous les 15-20 cm.

Céleri-rave

✔ *Apium graveolens rapaceum* ✔ Famille des Ombellifères

Plante très exigeante, le céleri-rave a besoin d'un sol bien ameubli. La terre doit être fertile, enrichie d'engrais organique à l'automne. Vous pouvez apporter des superphosphates avant le semis.

- **Semis :** en pépinière, à la mi-avril, mais également en mars, en caissette, pour repiquer une première fois en pépinière (sous châssis froid) en vue de récoltes précoces. La germination est assez lente (15 jours à 3 semaines).
- **Repiquage et conduite :** repiquez dès que les gelées ne sont plus à craindre. Pour obtenir un bon développement de la rave, habillez la racine avant le repiquage (en coupant ses radicelles). Ne plantez pas trop serré (35 cm environ en tous sens).
Le céleri aime l'humidité : vous devrez donc apporter des arrosages pendant tout l'été, en complétant par des binages fréquents.
Le céleri est parfois attaqué par des champignons (septariose du céleri) : taches brunes sur les feuilles. Le traitement est préventif, par désinfection des graines. Vous pouvez utiliser un insecticide de sol contre les parasites de la racine.
- **Récolte :** à l'automne, jusqu'en novembre (après, il faut arracher pour ensiler). Enlevez les feuilles du pourtour en septembre pour favoriser le développement de la rave.

Période de semis

J	F	M	A	M	J	J	A	S	O	N	D

Période de récolte

Les plants sont produits en pépinière en vue du repiquage

Salsifis et scorsonère

✔ *Tragopogon porrifolius et Scorzonera hispanica* ✔ Famille des Composées

Le salsifis a une racine blanc jaunâtre, un peu renflée et droite ; celle de la scorsonère est noire, allongée et cylindrique. Les deux racines se consomment de la même façon, cuites à l'eau, et la culture est pratiquement la même pour les deux plantes. La scorsonère semble être préférée aujourd'hui dans les potagers.

Salsifis et scorsonère sont des plantes très proches, souvent confondues sur l'étal des marchés. Bien que les deux espèces se ressemblent par leur mode de culture et leur rythme de production, le salsifis est annuel alors que la scorsonère est vivace et peut être cultivée en bisannuelle, ce qui veut dire qu'on peut la semer jusqu'en fin d'été pour une récolte au printemps.

Période de semis en annuel : M, A

J	F	M	A	M	J	J	A	S	O	N	D

Période de récolte : S, O, N

► ***Préparation du sol :*** ces plantes aiment un sol riche, profond, léger et bien ameubli. Apportez un fumier très décomposé aux labours d'automne. La présence de pierres dans le sol entraîne une déformation des racines. Si le sol est trop lourd, faites un apport de sable qui permet à la racine de mieux se développer (et qui facilite l'arrachage ultérieur).

► ***Semis :*** directement en place, en lignes distantes de 30 cm. Les graines doivent être terreautées légèrement, puis plombées. Pour obtenir une levée régulière, il faut maintenir une certaine humidité (par exemple, à l'aide d'un film en plastique ou en paillant). Semez à partir de fin mars et en avril.

► ***Conduite :*** dès que les plants ont quelques feuilles, éclaircissez les lignes pour garder un sujet tous les 8 cm. La plante aime les arrosages abondants et assez réguliers (évitez les faibles apports d'eau). Binez et sarclez pour tenir les planches propres. Supprimez les hampes florales dès qu'elles se développent, afin de favoriser la croissance de la racine.

La maladie la plus fréquente est le blanc, qui touche les feuilles. Dans ce cas, coupez le feuillage au-dessus du collet et traitez avec un fongicide. En cas d'invasion de pucerons, traitez avec un insecticide adapté.

Semez les salsifis dans une terre meuble, dans laquelle les racines se développeront sans entrave.

Les feuilles de salsifis et de scorsonère, lorsqu'elles sont jeunes, constituent d'excellentes salades rafraîchissantes. Coupez l'ensemble du feuillage ou récoltez feuille à feuille. La repousse se fait rapidement.

► ***Récolte :*** elle à lieu à l'automne (octobre) ; les racines résistent assez bien au froid et permettent des récoltes en fonction des besoins pendant l'hiver. Le salsifis, toutefois, ne résiste pas à des froids vifs, alors que la scorsonère peut rester en place jusqu'au printemps suivant et même jusqu'en été (les racines deviennent très grosses). Salsifis et scorsonère supportent bien l'ensilage.

Pomme de terre

✔ *Solanum tuberosum* ✔ Famille des Solanacées

Plante vivace par son tubercule, la pomme de terre est cultivée comme une annuelle, essentiellement dans les régions à climat tempéré. La consommation importante a incité les professionnels à sélectionner des produits de haute qualité, cultivars résistant aux maladies et aux insectes, et de forte productivité.

On peut cependant constater un certain recul de la pomme de terre dans les potagers, surtout de surface limitée, où les amateurs préfèrent cultiver des légumes plus « gratifiants » qui prennent, le plus souvent, moins de place.

Période de semis

J F M A M J J A S O N D

Période de récolte

► **Préparation du sol :** la plante peut pousser dans différents types de terrain, même calcaires, dans lesquels il n'est pas nécessaire d'apporter des éléments nourrissants pour obtenir des tubercules bien formés et volumineux.

Apportez un engrais à la fois organique et minéral lors des labours d'automne.

Ameublissez bien la terre. Un excès d'humidité (terres trop argileuses) favorise le développement des maladies cryptogamiques.

La plante peut être conduite dans une région sèche et chaude (Midi méditerranéen), à condition d'être arrosée régulièrement.

Les tubercules se développent mieux et sont plus faciles à arracher en sol siliceux.

► **Plantation :** les « semences » (c'est-à-dire de petits tubercules) doivent être garanties par certificat de contrôle contre les maladies. L'utilisation de tubercules de l'année précédente ou de pommes de terre achetées pour la consommation donne de très mauvais résultats.

• **Achat de semences** : dans les jardineries, à l'automne ou au printemps. Les petits tubercules sont vendus en clayettes (ou parfois en vrac). Ils sont accompagnés d'un certificat sanitaire qui doit obligatoirement mentionner la variété, la classe du plant, le calibrage des tubercules et l'identification du producteur.

Semences de pommes de terre : utilisez uniquement des variétés sélectionnées, accompagnées d'un certificat de contrôle.

En automne, les tubercules doivent être placés dans des clayettes, à touche-touche, dans un local sain, à l'abri des gelées, à la lumière, pour permettre le démarrage de la germination. Il peut s'agir d'une serre ou de n'importe quel local bien éclairé (lumière naturelle). Les clayettes doivent être périodiquement changées de place pour que tous les tubercules bénéficient d'un éclairage identique. Vérifiez de temps en temps qu'il n'y a pas d'attaques de rongeurs ou de parasites, ni de tubercules pourris.

Au printemps, les germes doivent être bien sortis et trapus. Les jardineries vendent des tubercules prégermés, en clayettes. Celles-ci doivent être manipulées avec précaution pour que les germes ne cassent pas. Si vous les achetez quelque temps avant la plantation, stockez-les dans un local sec et aéré.

Tubercules germés communément appelés « semences ».

• **Mise en place :** les jeunes plants sont sensibles au gel. Il faut donc planter les tubercules de façon que les tiges sortent à une période « hors gel ». La levée prenant une dizaine de jours, plantez vers le 20 avril en régions tempérées. Les variétés hâtives peuvent être mises en place un peu plus tôt (début avril en climat tempéré). Elles sont parfois endommagées par les dernières gelées.

Les pommes de terre très hâtives sont mises en place sous tunnel en matière plastique, dès le début du mois de mars.

Le plantoir à bulbe est tout indiqué pour mettre en place les semences.

Avant la mise en terre, vérifiez que les tubercules plantés sont sains et que les germes sont développés. Coupez les gros tubercules en deux quelques jours avant la plantation : chaque moitié doit comporter au moins trois germes.

Les tubercules se plantent en poquets. Ouvrez les trous à l'aide d'une houe, d'une binette ou d'un plantoir à bulbe sur les lignes espacées de 40 cm ; les poquets seront distants de 40 cm et décalés d'une ligne sur l'autre (en quinconce). Le trou doit être assez profond pour que les tubercules soient recouverts de 8 cm de terre environ. Plantées trop profondément, les pommes de terre lèvent lentement. Placez les tubercules au fond du trou, les germes dirigés vers le haut. Vous pouvez terreauter le trou.

Les variétés hâtives occupent moins de place que les pommes de terre courantes. On ne les espace que de 30 cm en tous sens.

• **Plantation tardive** : en juillet, il est encore possible de planter pour obtenir une récolte en automne. Utilisez des tubercules de l'année précédente ou des tubercules obtenus hâtivement. Dans ce dernier cas, il faut généralement traiter avec un produit favorisant la levée (le tubercule étant en dormance). La culture tardive est couramment pratiquée dans le Midi méditerranéen, avec arrosages pendant toute la saison sèche.

Placez un peu de terreau au fond du trou de plantation, afin de favoriser le démarrage de la végétation.

Le bulbe est déposé délicatement, germes vers le haut.

► ***Conduite*** : les soins de culture sont limités. Les planches doivent être binées et sarclées. Le seul traitement particulier est un buttage qui doit être suivi d'arrosages.

• **Binage** : effectuez le premier binage une dizaine de jours après la levée, puis régulièrement. La période assez longue de végétation et les lignes espacées permettent de biner régulièrement, afin d'éliminer définitivement des mauvaises herbes comme le chiendent ou le liseron, qui ne résistent pas à ce traitement. Le désherbage peut aussi être effectué au moyen d'un désherbant potager.

La sélection des cultivars agricoles ou potagers a commencé de fait avec l'établissement des lois de Mendel, le père de la génétique. La sélection « généalogique » consiste à croiser deux variétés pour produire des hybrides réunissant les qualités des deux parents (hybrides FI). On reproduit les hybrides par autofécondation en sélectionnant les meilleurs sujets (hybrides F2, F3...). Lorsqu'une plante intéressante est obtenue, on peut la multiplier par la culture in vitro.

La sélection récurrente, pratiquée depuis les années 1970, a permis de distinguer l'amélioration des sujets de la sélection proprement dite. Cette technique permet en particulier de maintenir la diversité génétique. Mais il existe aussi d'autres moyens de créer de nouvelles lignées. En 1978, un laboratoire germano-danois est devenu célèbre en mettant au monde l'illustre « pomate », enfant illégitime de la tomate et de la pomme de terre. « Illégitime » en effet, car cet hybride n'a pas été obtenu par les voies normales de la reproduction, mais par fusion des protoplastes (cellules débarrassées de leur membrane). De nombreuses « manipulations » ont eu lieu depuis, notamment sur le maïs, avec l'écho que l'on sait chez les défenseurs de l'écologie. La course aux nouvelles variétés a aujourd'hui pour contrepoint heureux la redécouverte de variétés anciennes.

• **Buttage :** buttez 3 semaines après la levée, lorsque les plantes atteignent une vingtaine de centimètres. Cette opération favorise le développement de la partie souterraine et la formation des tubercules. Une plante non buttée forme ses tubercules trop près du sol : ils deviennent verts et impropres à la consommation. Un buttage d'une dizaine de centimètres autour de la tige est suffisant. Buttez à la binette en ménageant une petite cuvette tout autour de la plante, pour les arrosages. Ceux-ci doivent commencer dès le début de la saison sèche (en juillet dans la région parisienne, voir carte page 16 pour les autres régions) et se prolonger tout l'été. Des plantes insuffisamment arrosées donnent de petits tubercules. Arrosez au goulot, au pied.

► ***Maladies et parasites :*** la plante a connu bien des attaques au cours de son histoire, dont celle bien connue du doryphore. Les variétés récentes sont particulièrement résistantes, mais parfois victimes de certains parasites.

• **Le doryphore :** coléoptère à carapace bombée, à rayures jaunes et noires. Cet insecte (chrysomèle), facilement repérable, s'attaque au feuillage et peut le détruire complètement. On en vient facilement à bout avec un insecticide au lindane.

• **Le mildiou :** maladie la plus fréquente qui cause le plus de dommages. Elle se développe par temps chaud et humide (temps orageux, en particulier). Elle se manifeste d'abord par l'apparition de petites taches brunes irrégulières au bord des feuilles. Elle se développe rapidement, affectant l'ensemble du feuillage qui noircit et se dessèche. Les tubercules sont atteints et pourrissent.

Traitez préventivement à l'aide d'un fongicide au manèbe ou au zinèbe. Lorsque l'on aperçoit les symptômes, il est généralement trop tard : dans ce cas, arrachez et détruisez toute la plante.

• **Autres parasites :** parmi les insectes, on observe surtout des pucerons, taupins, courtilières et vers blancs. Tous peuvent être éliminés par l'utilisation d'un insecticide de sol.

La gale de la pomme de terre est une maladie cryptogamique qui se développe dans les sols chauds à tendance calcaire. Elle forme sur les tubercules des croûtes brunes qui affectent la chair (la gale argentée produit des taches claires sur la peau). Traitez préventivement par désinfection du sol. Utilisez des cultivars adaptés aux terrains calcaires.

La plante peut être atteinte par des maladies à virus, comme la mosaïque qui frise les feuilles.

Vous trouverez des produits de traitement adaptés. Appliquez-les quand la plante est encore jeune.

▲ *BF15 : très bonne conservation.*

Belle de Fontenay : une précoce savoureuse. ►

◄ *Roseval : très bonne tenue à la cuisson.*

Récolte : les variétés hâtives sont récoltées 2 ou 3 mois après la plantation, lorsqu'elles sont « pelables » (la peau cède sous la pression du pouce). Les autres sont ramassées 4 ou 5 mois après la plantation, quand les fanes se flétrissent.
Récoltez par temps sec, à l'aide d'une fourche-bêche pour éviter de blesser les tubercules. Une fois hors de terre, les pommes de terre ne doivent pas être laissées au soleil. Vous pouvez les conserver dans un local sec, sain et pas trop froid.

La récolte est toujours abondante : la brouette est de rigueur pour transporter les tubercules.

La fourche-bêche évite d'abîmer les bulbes à la récolte.

Ce genre de caisse évite le stockage au sol des pommes de terre et permet de gagner de la place.

Les clayettes superposées assurent une excellente conservation, sans écrasement des tubercules.

Les légumes du Midi

Les plantes potagères originaires des régions chaudes (la tomate d'Amérique du Sud, l'aubergine du Bassin méditerranéen, les différentes variétés de Cucurbita pepo – courge, courgette, pâtisson – d'Orient et d'Afrique tropicale) peuvent être cultivées dans les potagers des régions tempérées, à condition d'être protégées du froid.

Tomate

✔ *Lycopersicon esculentum* ✔ Famille des Solanacées

Ce légume remarquable vient d'Amérique du Sud. La plante redoute le froid qui la détruit à - 2 °C. Les sélectionneurs ont créé des cultivars intéressants pour leur productivité et leur résistance aux parasites.

Période de semis

J	F	M	A	M	J	J	A	S	O	N	D

Période de récolte

Jeune plant de tomate venant d'être repiqué. Placez un tuteur au moment de la plantation, en prévision du développement de la végétation. Espacez les sujets de 50 cm.

▶ **Préparation du sol :** la tomate aime les sols légers et peut réussir dans tous les types de terre, même calcaires. L'idéal est de lui fournir un sol profond, riche en humus et copieusement enrichi. Apportez l'engrais aux labours (engrais organique et engrais phosphopotassique). Dressez les planches en situation ensoleillée et bien abritée.

▶ **Semis :** en mars-avril, sous abri et si possible sur couche. Semez en caissette, assez clair pour que les champignons ne se développent pas. Semez en serre ou en mini-serre, sous châssis ou encore en appartement (la terrine peut être placée sur un radiateur près d'une fenêtre ensoleillée). La levée prend une dizaine de jours. Dans les régions méditerranéennes, semez aussi en pépinière, sur côtière, en avril (le plus souvent sous châssis froid).

▶ **Repiquage :** procédez en deux temps pour améliorer la reprise. Faites un premier repiquage en godets, lorsque la plante a 3 feuilles. Placez les godets sous châssis (ou sur couche tiède).

Le plus simple est souvent d'acheter des plants du commerce.

Repiquez en place après les gelées (10-15 mai en région parisienne, voir carte page 16 pour les autres régions). Les plants doivent être espacés de 50 cm en tous sens. Le collet doit être enterré à 10 cm pour permettre le développement du chevelu. Arrosez ensuite très abondamment (ménagez une petite cuvette au pied de la plante). Un engrais soluble de démarrage assure une meilleure reprise.

Cueillez les tomates soit lorsqu'elles sont bien mûres, soit un peu avant pour soulager les tiges des bouquets de fruits. Dans ce cas, récoltez-les avec le pétiole et laissez-les mûrir dans un local sec.

► ***Conduite :*** tuteurez au moment du repiquage en place. Utilisez des tuteurs de 1 m ou 1,50 m (selon les cultivars), de préférence en bambou. La plante doit être attachée au tuteur avec du raphia (attention de ne pas pincer la tige).

Les variétés naines sont cultivées sans tuteur, avec film de plastique au sol pour protéger les fruits.

Arrosez très régulièrement, au pied, au goulot. L'arrosage au pot de fleurs donne de bons résultats. Les apports d'engrais soluble sont bénéfiques, mais un excès d'azote entraîne un développement du feuillage au détriment des fruits. Lorsque les tomates sont en formation, vous pouvez modérer les arrosages pour éviter de faire gonfler les fruits (qui perdraient alors de leur saveur).

► ***Taille :*** la plante est conduite à tige unique en supprimant les bourgeons à l'aisselle des feuilles (gourmands). On peut pincer au-dessus du troisième bouquet de fleurs. Les variétés tardives sont conduites en U : pincez au-dessus de la deuxième feuille. Les deux ramifications qui naissent sont pincées à leur tour au-dessus du troisième bouton. Il faut dans ce cas deux tuteurs.

► ***Récolte :*** lorsque les fruits sont bien mûrs, ou alors encore verts si les tiges sont surchargées. En fin de saison, cueillez tous les pieds et suspendez-les avec leurs fruits dans un local sec (racine en haut) pour laisser mûrir.

Deux façons de tailler la tomate : à gauche, taille en trois temps, à chaque fois au-dessus d'un deuxième bouquet de fleurs ; à droite, taille en U.

Aubergine

✔ *Solanum melongena* ✔ Famille des Solanacées

Plante annuelle, à tige dressée, qui peut atteindre 50 ou 60 cm. Pour donner une belle récolte, elle doit bénéficier d'un fort ensoleillement et de beaucoup d'eau. Elle est souvent conduite sous tunnel en plastique, au moins dans la première période de son développement.

Période de semis

J	F	M	A	M	J	J	A	S	O	N	D

Période de récolte

► **Préparation du sol :** l'espèce est plutôt épuisante pour le sol. Apportez du fumier bien décomposé lors des labours.

► **Semis :** en terrine, sur couche chaude. On sème généralement en serre ou sous châssis chauffé. La graine, qui met une huitaine de jours pour lever, doit bénéficier d'une humidité constante.

► **Repiquage :** il se fait en deux fois. Le premier a lieu en terrine ou en godet, sous abri chauffé (sauf dans le Midi) ; le second est pratiqué en place, en pleine terre (début juin en région parisienne, voir carte page 16 pour les autres régions), avec un espacement de 50 cm en tous sens. Lors du repiquage, mettez en place les tuteurs (indispensables pour que la plante ne se couche pas).

Jeune plant d'aubergine. On a souvent recours à des plants déjà constitués, vendus en jardinerie.

Lors de la transplantation, efforcez-vous de ne pas briser la motte du plant d'aubergine élevé en godet. Mettez un peu de terreau au fond du trou, ce qui favorisera la reprise de la plante.

► **Conduite :** arrosez et binez régulièrement, la plante ayant besoin de beaucoup d'eau.
Arrosez au pied, au goulot. Paillez pendant les chaleurs (le film en plastique au sol est recommandé).
On taille généralement pour mener la plante sur une tige unique (les fruits sont plus beaux). Pincez au-dessus du deuxième bouquet de fleurs, puis pincez de la même manière les pousses secondaires. Afin de favoriser la croissance des fruits, effeuillez légèrement la plante à la base.
Les plants sont parfois atteints par la mosaïque du tabac et par le virus du concombre (deux viroses). Pour les éviter, choisissez des cultivars résistants.

Courgette

✔ *Cucurbita pepo* ✔ Famille des Cucurbitacées

Cette plante, à tiges rampantes et pubescentes et à fleurs jaunes unisexuées, donne des fruits cueillis et consommés jeunes.
L'espèce Cucurbita pepo *comprend de nombreuses variétés (courge, courge musquée, courge de Siam, pâtisson) qui se cultivent toutes de la même façon. Sous le climat de l'Île de France, la courgette demande souvent l'utilisation temporaire d'abris.*

▶ ***Préparation du sol :*** le terrain doit être riche et léger (bien drainé). Apportez une fumure de fond lors des labours.

▶ ***Semis :*** en place le plus souvent, en poquets, en espaçant de 60 cm, avec 4 graines par poquet ; en région parisienne (voir carte page 16 pour les autres régions), semez en mai ou début juin. Améliorez la levée et le démarrage en enfouissant un peu de fumier sous les poquets. Arrosez abondamment pendant la période de germination. On sème aussi en godets, en mars-avril. Dans ce cas, conservez un plant par godet (le plus vigoureux) pour le mettre en place en mai.

▶ ***Conduite :*** conservez un plant pour les poquets ; repiquez les godets sans casser la motte. Arrosez et apportez de l'engrais soluble. En été, le paillage est utile pour diminuer l'évaporation.
Effectuez une première taille au-dessus des deux premières feuilles, pour favoriser la ramification. Il est nécessaire de limiter le développement des tiges en pinçant régulièrement. Les courgettes doivent être récoltées jeunes, lorsqu'elles ont une quinzaine de centimètres. Les courgettes trop grosses sont moins savoureuses.

Période de semis

J F M A M J J A S O N D

Période de récolte

Des courges… en foule !
Le genre *Cucurbita* produit des variétés à fruits souvent curieux, de couleurs vives et décoratives. Beaucoup sont comestibles, tous sont ornementaux. Les formes sont souvent remarquables.
La courge de Siam donne de gros fruits ronds vert et blanc ; le giraumon (turban ou bonnet d'électeur) se consomme comme le potiron. La courge musquée est très allongée, et sa chair est farineuse (vert et blanc). D'autres variétés sont uniquement ornementales, comme les coloquintes.

Courgette, fruit et fleurs. Quand elle se plaît, la plante peut prendre des proportions envahissantes.

Melon

✔ *Cucumis melo* ✔ Famille des Cucurbitacées

En France, seules les régions méditerranéenne et atlantique bénéficient d'un climat assez doux pour la culture des melons ; ailleurs, il faut cultiver en situation très abritée, sur côtière ou sous abri (sous tunnel ou sous cloche, une grande spécialité britannique).

Période de semis

J F M A M J J A S O N D

Période de récolte

► **Préparation du sol :** la terre doit être légère et très riche (fumure à l'automne). Lorsque le sol est acide, apportez un amendement calcaire.

► **Semis :** généralement en godets, sous abri chauffé, du 15 avril au 15 mai. Placez 4 ou 5 graines dans de la terre enrichie de terreau. Après la levée, ne conservez que les deux plantes les plus robustes. Après le 15 mai, semez en pleine terre, en situation très abritée ou sous châssis froid.

► **Repiquage :** en région parisienne (voir carte page 16 pour les autres régions), repiquez aux environs du 20 mai, en lignes séparées de 1 m tous les 60 cm. Les derniers froids peuvent être très préjudiciables à la plante : protégez sous châssis froid ou sous cloche. Pour permettre un meilleur démarrage du jeune plant, les producteurs enfouissent du fumier tiède avant de repiquer et de recouvrir de terre. Le repiquage est difficile : ne cassez pas la motte (préférez les godets de tourbe). Pratiquez une petite cuvette autour du pied pour faciliter les arrosages.

► **Conduite :** les arrosages doivent être réguliers et abondants (apportez de l'engrais soluble). Il faut tailler pour permettre le développement des fruits.

- **Première taille :** au moment du repiquage, au-dessus de la troisième feuille.
- **Deuxième taille :** au-dessus de la troisième feuille des rameaux secondaires.

Lorsque les fruits sont formés, pincez à deux feuilles au-dessus.

La récolte intervient de juin à septembre selon les régions, lorsqu'une gerçure apparaît à la naissance du pédoncule.

Taille du melon : une fois les deux rameaux secondaires formés, taillez à chaque fois au-dessus de la troisième feuille.

Concombre et cornichon

✔ *Cucumis sativus* ✔ Famille des Cucurbitacées

Plante annuelle à fleurs unisexuées : les sélectionneurs ont créé des cultivars à fleurs femelles (qui donnent des fruits) plus nombreuses. Ce sont deux variétés de la même plante qui donnent les concombres et les cornichons. La plante est rampante, à tiges molles pubescentes. Originaire des régions chaudes, elle craint le froid et ne peut être cultivée qu'en été sous le climat de la région parisienne (voir carte page 16 pour les autres régions).

Période de semis

J	F	M	A	M	J	J	A	S	O	N	D

Période de récolte

Les parasites sont nombreux mais peuvent être évités par la rotation des cultures et la désinfection du sol (en ce qui concerne les maladies cryptogamiques et le flétrissement).
Le mildiou peut faire des ravages : dans les terrains humides, traitez à la bouillie bordelaise.
Si vous constatez un dessèchement anormal des pieds, c'est le signe d'une attaque virale : détruisez-les (en les brûlant) et choisissez par la suite des cultivars résistant au fusarium et au verticillium. Ne jetez jamais un pied malade dans le bac à compost !
Pour éviter les maladies bactériennes, arrosez avec une eau très peu froide sans mouiller les feuilles (arrosez au pied).

► ***Préparation du sol :*** assez peu exigeante, la plante donne de plus beaux fruits en terre fertile. Les sols lourds ne conviennent pas ; installez en terre riche en humus et bien drainée, le concombre ne supportant pas l'humidité résiduelle. La culture se fait en situation ensoleillée et si possible bien abritée. Pour obtenir des fruits volumineux, apportez un bon engrais organique lors des labours d'automne.

► ***Semis :*** la multiplication se fait généralement par semis, bien que l'on achète maintenant souvent les plants en jardinerie. La graine est parfois mise à tremper pendant une journée pour favoriser la germination. Le semis se fait sous abri ou en place.

• **Sous abri :** les graines sont semées à raison de 3 ou 4 par godet, sur couche chaude, en mars ou avril pour récolter en juillet-août. La levée se fait en moins de 1 semaine. Les godets sont placés en serre ou mini-serre, ou en appartement (sur une couche de sable, dans une terrine posée sur un radiateur maintenu à température modérée). La couche chaude est retirée lorsque les plants ont leurs premières feuilles.

• **En place :** semez à partir du 15 mai (15 avril dans le Midi) en poquets espacés de 60 cm sur des lignes écartées de 1 m. Placez 7 graines par poquet et rebouchez avec de la terre enrichie de terreau. La levée demande de la chaleur et de l'humidité. Vous améliorerez la germination en creusant un trou plus profond, au fond duquel vous déposerez un peu de terreau recouvert de terre sur laquelle les graines seront placées. Dans les régions à été court et tardif (par exemple, en moyenne montagne), le semis en place donne rarement de bons résultats.

► ***Achat des plants :*** les plants que vous trouverez en jardinerie sont généralement des sujets obtenus par greffe sur *Cucurbita ficifolia* (melon de Malabar). Ces plants sont utilisés en serre par les producteurs pour leur bon comportement aux parasites. Le porte-greffe résiste bien aux maladies cryptogamiques qui touchent la levée (fonte des semis) et les sujets adultes (fusariose).

Mise en place : les plants élevés en godets sont repiqués en place en mai ou en juin suivant les régions. Le repiquage est délicat : il ne faut pas briser la motte. Pour faciliter le repiquage, semez en godets de tourbe. Conservez un seul plant (le plus vigoureux) par godet. Détruisez les autres par pincement et mettez en place tous les 50 cm sur des lignes espacées de 1 m.

Immédiatement après la mise en place, faites un arrosage abondant et maintenez humide pendant plusieurs jours. Arrosez au goulot, au pied de la plante.

Sur les semis effectués en ligne, conservez deux plants par poquet (pincez les autres).

Conduite : le concombre est une plante assez fragile, sensible aux maladies (en particulier l'oïdium) et victime de plusieurs parasites : surveillez son développement de près.

- **Arrosages :** réguliers et abondants. Apportez de temps en temps des engrais solubles dans les premières semaines de végétation. Complétez par des binages et paillez en cas de sécheresse.
- **Pincement :** effectuez un pincement au-dessus de la deuxième feuille pour le concombre (pas pour le cornichon). Cette opération favorise le développement des rameaux secondaires, plus fructifères. Le plus souvent, vous ne ferez pas d'autre taille ; mais, pour avoir de plus gros concombres, pincez à deux feuilles au-dessus des fruits en formation.
- **Conduite sur rame :** la plante, rampante, est aussi adaptée à la culture verticale. En ramant, vous gagnerez de la place et obtiendrez un meilleur mûrissement des fruits (qui prennent alors une couleur verte homogène). La meilleure solution consiste à placer des filets jusqu'à 1,50 m ou 2 m de haut.

▲ *Les cornichons doivent être cueillis dès qu'ils ont la taille d'un petit doigt (sauf recette particulière). Il faut cueillir chaque matin.*

Récolte

- **Pour les concombres :** elle intervient lorsque les fruits prennent une couleur vert clair.
- **Pour les cornichons :** cueillez-les quand les fruits ont la grosseur d'un doigt.

◄ *Même si les cornichons viennent bien en climat tempéré, ils n'en restent pas moins une plante du soleil. Quand les froids se profilent, il faut les protéger sous châssis ou sous tunnel.*

Potiron ou citrouille

✔ *Cucurbita maxima* ✔ Famille des Cucurbitacées

La culture est proche de celle de la courgette, mais le potiron est plus rustique. La chair, orange, est utilisée dans les soupes. Le potiron se conserve assez bien. Ses exigences sont les mêmes que celles de la courgette : sol fertile et bien drainé.

► **Semis et conduite :** en pleine terre, fin mai-début juin en région parisienne (voir carte page 16 pour les autres régions). Semez en poquets et gardez un seul sujet par poquet. Il est préférable de protéger les jeunes plants sous cloche.
Arrosez et binez souvent. Effectuez une première taille en pinçant au-dessus des deux premières feuilles ; ensuite, pincez à deux feuilles au-dessus des fruits, en limitant leur nombre afin qu'ils soient plus gros. Récoltez à maturité, en octobre. Les potirons se conservent en cave sèche.

Le pâtisson, proche du potiron, est un légume blanc, curieux et décoratif, aplati et festonné ; il a une chair ferme, savoureuse et peu sucrée. Il se cultive comme la courge et se récolte assez jeune.

Période de semis

J	F	M	A	M	J	J	A	S	O	N	D

Période de récolte

Poivron et piment

✔ *Capsicum annuum* ✔ Famille des Solanacées

Plantes d'origine tropicale, à tige dressée et fruits pendants, les poivrons ont une chair douce et sont consommés crus ou cuits. Les piments sont piquants et servent à relever les plats. L'espèce aime les sols riches et bien drainés. Elle a besoin de chaleur et doit être installée à bonne exposition.

► **Semis :** en godets, sous abri chauffé, de février à avril. Dans le Midi, le semis en pleine terre est possible, bien qu'il soit souvent nécessaire de protéger les jeunes plants à l'aide d'une cloche ou d'un tunnel.

► **Repiquage et conduite :** effectuez un premier repiquage en pot sous abri, puis mettez en place fin mai-début juin en espaçant de 50 cm. Conduisez la plante sur une tige ; tuteurez pour empêcher le vent de coucher les sujets.
Les binages et arrosages réguliers sont indispensables. En saison chaude, il est préférable de pailler.
Récoltez les fruits quand ils sont bien gonflés. Vous pouvez tailler de manière à laisser une quinzaine de poivrons par pied, en particulier en fin de culture.

Période de semis

J	F	M	A	M	J	J	A	S	O	N	D

Période de récolte

Les plantes condimentaires

Tout jardin, même petit, se doit de compter des plantes condimentaires, précieuses pour la préparation des salades, des grillades, des sauces. Créez un carré ou cultivez-les en bordures. Vous pouvez aussi les disséminer dans le jardin. Certaines sont décoratives et/ou odorantes (thym, romarin, menthe).

Basilic

✔ *Ocinum basilicum* ✔ Famille des Labiées

Originaire des régions chaudes, le basilic entre dans la composition de nombreux plats méditerranéens (soupe au pistou, pâtes au pesto). Annuel, il possède des feuilles particulièrement odorantes. Le basilic Grand Vert est destiné à la pleine terre ; le Vert nain compact convient aux potées.

► **Culture :** en sol sain et exposition ensoleillée. Semez sous châssis (ou en pépinière en région bien exposée) en mars-avril. Repiquez en place, au mois de mai. Pour éviter le repiquage, semez directement en place au mois de mai. La croissance n'est pas très rapide. Récoltez feuille à feuille, selon les besoins.

Cerfeuil

✔ *Anthriscus cerefolium* ✔ Famille des Ombellifères

Très cultivé dans les régions tempérées ou chaudes, le cerfeuil parfume les salades et les plats cuisinés. Il possède des vertus apéritives et stimulantes. Bisannuel, il peut être cultivé comme tel ou comme annuel. Il exige une terre plutôt fertile, meuble, à exposition ensoleillée pour la récolte de printemps, ombragée pour celle d'été.

Cerfeuil commun.

► **Culture :** semez à la volée ou en lignes à partir du mois de mars. La levée est rapide (1 semaine) dans de bonnes conditions d'humidité et de chaleur. Éclaircissez si nécessaire.

La récolte intervient au bout de 4 semaines. Elle ne dure pas longtemps, la plante montant rapidement en graine (celles-ci ne sont pas comestibles). Il est donc nécessaire de semer tous les mois pour obtenir du cerfeuil frais en permanence.

Les plantes semées en automne et cultivées en bisannuelles ne montent en graine qu'au printemps suivant.

Il existe deux variétés : le cerfeuil commun, qui est le plus rustique ; le cerfeuil frisé, qui est décoratif et employé en particulier pour les plats de viande.

Cerfeuil frisé.

Ciboule et ciboulette

✔ *Allium fistulosum et A. schoenoprasum* ✔ F. des Liliacées

Plantes assez voisines, utilisées comme condiment pour les assaisonnements (la salade en particulier), ces deux plantes ont un goût proche de celui de l'oignon. Les feuilles de la ciboulette sont plus fines.

► **Préparation du sol :** peu exigeantes, ces deux plantes peuvent être placées en bordure, dans tous les terrains n'ayant pas été trop fraîchement fumés. Changez de place tous les 3 ou 4 ans pour ne pas épuiser le sol.

Ciboulette.

Ciboule.

► **Multiplication et conduite :** semez de mars à juillet, directement en place. La multiplication se fait ensuite par division des touffes au printemps ou à l'automne. Pour avoir des feuilles en hiver, placez quelques touffes en pot pour les rentrer à l'intérieur.
Récoltez selon les besoins, en coupant les feuilles à 1 cm.

Coriandre

✔ *Coriandrum sativum* ✔ Famille des Ombellifères

Originaire des régions chaudes, la coriandre est utilisée pour ses feuilles fraîches dans de nombreuses recettes méditerranéennes (potages, salades). La saveur très particulière de ses feuilles en fait un condiment précieux et insuffisamment connu. Les graines sont utilisées pour parfumer les charcuteries. La coriandre aime les situations ensoleillées.

► **Culture :** semez à la volée, en avril-mai. Éclaircissez si nécessaire et arrosez en période chaude. Éliminez les mauvaises herbes qui rendent la récolte hasardeuse. Coupez les feuilles selon les besoins. Pour récolter les graines, cueillez en fin d'été et suspendez les bottes sous abri. Le semis d'automne (septembre-octobre) est pratiqué pour obtenir des récoltes précoces.

Estragon

✔ *Artemisia dracunculus* ✔ Famille des Composées

Vivace et rustique, l'estragon a un feuillage fin, décoratif et odorant. Les feuilles sont utilisées pour parfumer sauces et salades. Elles servent à enrichir l'arôme des légumes conservés dans le vinaigre (cornichons, petits oignons). L'estragon aime les terres légères et les expositions ensoleillées.

► **Culture :** semez en pépinière en été et repiquez en place en automne. La plante doit être installée en terrain bien drainé. On multiplie aussi par division des touffes au début du printemps. Récoltez feuille à feuille. À l'automne, coupez les tiges flétries et protégez la souche par un tapis de feuilles pendant l'hiver. Pour disposer d'estragon en hiver, plantez une touffe en pot, laissez-la quelque temps dehors, puis rentrez-la à l'intérieur aux premiers froids.

Marjolaine (voir origan)

Menthe

✔ *Mentha* ✔ Famille des Labiacées

Vivace, très odorante, la menthe est utilisée dans de nombreuses préparations cuites ou crues, salées ou sucrées, ainsi que dans le thé vert à l'orientale. Ses feuilles sont décoratives sur un plat. On peut la cultiver comme plante ornementale et odorante dans un jardin d'agrément.
La plante aime les terrains frais et bien drainés. Elle supporte la mi-ombre et redoute la sécheresse.

Menthe poivrée.

► **Culture :** semez en mars-avril, directement en place ou en pépinière. Multipliez ensuite par division des touffes en avril-mai. Arrosez régulièrement et éliminez les fleurs dès leur apparition, pour favoriser la croissance du feuillage. Récoltez les tiges une à une les utiliser fraîches. On peut faire sécher la plante après récolte lors de l'épanouissement des fleurs et mettre en bottes dans un local sec. La tisane est réputée excitante et aphrodisiaque.

Menthe verte.

Menthe coq.

Origan

✔ *Origanum* ✔ Famille des Labiacées

Vivace, indigène dans les régions tempérées d'Europe, l'origan est tonique et diurétique. Il est utilisé pour parfumer les salades les grillades, certains fromages, les pizzas…
*La marjolaine (*Origanum majorana*) est très proche sur le plan botanique et sert à préparer des infusions (elle est moins rustique).*
L'origan est une plante de sol plutôt calcaire qui préfère les situations ensoleillées.

▶ **Culture :** semez ou divisez les touffes. La récolte des jeunes pousses peut avoir lieu dès le mois de mai et se poursuivre jusqu'à l'automne. Divisez une touffe à l'automne, mettez-la en pot et rentrez à l'intérieur pour récolter en hiver.

Oseille

✔ *Rumex acetosa* ✔ Famille des Polygonacées

Vivace, peu exigeante, l'oseille est très cultivée en bordure dans les potagers. Les feuilles vertes, au goût plus ou moins acide selon les variétés, sont utilisées pour parfumer les potages, les omelettes, les épinards et la sauce de certains poissons. Il ne faut pas en abuser, car elles sont toxiques à haute dose. La plante redoute le calcaire et préfère les terres légères.

▶ **Culture :** semez directement en place, plombez et arrosez. Arrosez pendant l'été. Pincez les hampes florales lorsqu'elles apparaissent (mais la plante est dioïque). Récoltez les feuilles en les coupant à la base. L'oseille vierge peut être multipliée par division des touffes.

La récolte de l'oseille se fait feuille à feuille, au fur et à mesure des besoins.

Le « sel d'oseille », identifié chimiquement à la fin du XVIIIe siècle, est employé depuis toujours en teinturerie comme rongeant et pour la préparation des teintures. On fait briller de nombreux métaux en les frottant avec une poignée de feuilles d'oseille.

Persil

✔ *Petroselinum crispum* ✔ Famille des Ombellifères

Bisannuel, cultivé comme annuel, le persil est originaire du Midi, mais il réussit bien sous tous les climats tempérés. Très apprécié pour parfumer les salades, les potages et de nombreux plats, il a des vertus stimulantes et fébrifuges. Peu exigeant, il aime les terres bien travaillées.

► ***Culture :*** semez assez tôt (mars), car le démarrage de la plante est assez lent. Semez directement en place, en bordure, à la volée. On peut semer jusqu'à l'été. Faites tremper les graines pendant 12 heures avant de semer pour favoriser la germination, assez capricieuse (comptez 1 mois pour la levée). Il est souvent nécessaire d'éclaircir.
Éliminez les mauvaises herbes à la main ou à l'aide d'un désherbant sélectif. La récolte s'effectue feuille à feuille, au fur et à mesure des besoins. La plante donne encore au printemps suivant, mais elle monte rapidement en graine. Il faut donc ressemer rapidement.

Persil plat.

Romarin

✔ *Rosmarinus officinalis* ✔ Famille des Labiacées

Arbrisseau originaire des régions méditerranéennes, le romarin peut atteindre 1 m de haut sous un climat propice. Son feuillage odoriférant peut être utilisé au jardin d'agrément. Il aime les bonnes expositions, en terrain bien drainé. Ses feuilles vert brillant, coriaces, sont utilisées fraîches ou sèches, pour parfumer les plats cuisinés. La plante a des vertus diurétiques et digestives. On l'utilise également pour confectionner des vins aromatiques ou pour parfumer l'eau du bain.

► ***Culture :*** la multiplication se fait essentiellement par bouturage, mais aussi par semis. Le romarin n'apprécie pas les sols trop riches ni les arrosages répétés. Il préfère les sols secs ou bien drainés, légèrement caillouteux, voire très calcaires. Il a besoin d'une exposition bien ensoleillée. Coupez les rameaux au fur et à mesure des besoins. L'arbrisseau doit être protégé en hiver, car il craint les fortes gelées.

Sarriette

✔ *Satureja* ✔ Famille des Labiacées

Annuelle, originaire du Midi, la sarriette a un feuillage léger et odorant. Elle est utilisée pour parfumer les plats cuisinés. On cultive aussi la sarriette vivace, sous-arbrisseau de 20 cm ; cette variété rustique, dans le Midi, donne des fleurs rosées. Les terrains doivent être bien drainés, en exposition ensoleillée.

► **Culture :** multiplication par semis en avril-mai, en place ou en pépinière. Il faut éclaircir ou repiquer. Récoltez feuille à feuille (ou faites sécher les rameaux).

Thym

✔ *Thymus vulgaris* ✔ Famille des Labiacées

Sous-arbrisseau des régions méditerranéennes, le thym peut mesurer une vingtaine de centimètres. Il porte de petites feuilles grises très parfumées. Les fleurs sont blanches ou violettes. Les rameaux sont utilisés, frais ou secs, pour la préparation des plats cuisinés. La plante est tonique et digestive.

► **Culture :** semez en pépinière ou en place en mai-juin. Vous pouvez également diviser les touffes en octobre ou en avril. On récolte pendant toute la saison et on peut faire sécher les rameaux.

SEMIS ET RÉCOLTE DES PRINCIPAUX LÉGUMES

LÉGUMES	SEMIS, CULTURE	RÉCOLTE
Ail	Plantation des caïeux en place, de janvier à mars.	De mai à juillet
Aubergine	Semis sous châssis en février-mars ; repiquage et plantation en mai.	De juillet à septembre
Betterave	Semis en place d'avril à juillet.	En septembre-octobre
Brocoli	Semis en pépinière d'avril à juin ; repiquage de mai à juillet.	En mars-avril
Carotte	Semis en place d'avril à juillet ; semis sous châssis en octobre-novembre et en janvier-février.	D'octobre à mars
Céleri	Semis sous châssis en février-mars et repiquage en avril-mai ; semis en place d'avril à juin.	En septembre
Chicorées	Semis sous châssis en février-mars ; semis en pépinière d'avril à août ; repiquage d'avril à septembre.	Toute l'année
Chou	Semis sous châssis en février ; semis en pépinière de mars à juin et en septembre ; repiquage de mai à août et en octobre.	Toute l'année
Chou de Bruxelles	Semis en pépinière de mars à mai ; repiquage d'avril à juin.	En novembre
Chou-fleur	Semis sous châssis de janvier à avril ; en pépinière d'avril à juin ; repiquage de mars à juillet.	De mai à décembre
Concombre	Semis en place en avril-mai.	De juillet à octobre
Cornichon	Semis en place en mai-juin.	De juillet à septembre
Épinard	Semis en place d'avril à octobre.	Toute l'année
Haricot	Semis en place de mai à août.	De juillet à octobre
Laitue	Semis sous châssis en février ; semis en pépinière de mars à juillet ; repiquage de mars à août.	D'avril à octobre
Mâche	Semis en place d'août à novembre.	D'octobre à mars
Melon	Semis en serre en mars-avril ; sous châssis en avril-mai ; en place en mai-juin ; repiquage en mai-juin.	De juillet à septembre
Navet	Semis sous châssis en février ; semis en place de mars à septembre.	De décembre à juillet
Oignon de couleur	Semis en place en février-mars.	Récolte de mai à septembre
Poireau	Semis en pépinière de février à mai ; repiquage de mars à juillet.	De janvier à avril
Poirée	Semis en place de mars à juillet.	De juillet à novembre
Pois	Semis en place en octobre et de février à juin.	D'avril à octobre
Pomme de terre	Plantation des tubercules de mars à mai.	De mai à juillet
Radis	Semis sous châssis en octobre-novembre et en janvier-février ; semis en place de mars à septembre.	Au fur et à mesure, quelques semaines après les semis
Tomate	Semis sous châssis en mars-avril ; repiquage en mai-juin.	En août-septembre

Les ennemis des légumes

Maladies et parasites	Symptômes	Légumes atteints
Acariens	Feuillage devenant gris.	Concombre, melon, tomate
Altises	Feuillage perforé de nombreux petits trous.	Choux, radis…
Anthracnose	Taches brunes sur le feuillage.	Haricot, pois, pomme de terre, tomate
Cécydomie	Feuilles cloquées et boursouflées ; bourgeons déformés.	Choux, pois
Charençons	Larves parasites sur les tiges.	Choux
Charbon	Spores noires s'échappant de boursouflures situées sur les feuilles.	Oignon, poireau
Criocères	Feuilles, tiges, bourgeons et inflorescences rongés par de petits coléoptères.	Oignon
Doryphores	Larves adultes rongeant les feuilles.	Aubergine, pomme de terre
Mildiou	Moisissure blanchâtre sur les feuilles ; feuilles recroquevillées.	Presque tous les légumes
Mouches	Larves dans les bulbes et les nervures.	Légumes bulbes
Noctuelles	Chenilles rongeant feuilles et tiges pendant la nuit	Betterave, choux, cardon, laitue…
Oïdium	Efflorescences blanchâtres sur les parties aériennes.	Presque tous les légumes
Piérides	Feuilles rongées.	Choux
Psylles	Feuilles piquées par un petit insecte qui suce la sève.	Carotte
Pucerons	En colonies, surtout par temps chaud.	La plupart des légumes
Rouille	Pustules jaunes et brunes sur les feuilles provoquées par des champignons.	Ail, betterave, chicorée, choux, haricot, poireau, pois…
Sclérotinia	Pourriture du collet ou de la base des tiges.	Ail, endive, laitue, haricot, oignon, tomate
Septoriose	Feuilles desséchées.	Céleri, poivron, pomme de terre, tomate
Sitone	Encoches sur le bord des feuilles.	Pois
Teignes	Feuilles dévorées par une petite chenille verte.	Ail, poireau, oignon
Tenthrède	Tiges et feuilles rongées par une larve blanchâtre.	Choux, navet, radis
Thrips	Insectes gris et orangés envahissant les feuilles et les bulbes, qui se décolorent et dépérissent.	Melon, oignon, pois
Tordeuses	Petites chenilles dévorant les grains.	Pois

La conservation des légumes

Les jardiniers ont appris à utiliser le froid pour conserver les légumes. La congélation a l'avantage de permettre une consommation hivernale de produits ayant gardé leur aspect et leur saveur. Cette méthode se trouve toutefois limitée par le faible volume de stockage des appareils et par le coût (achat du congélateur, dépenses d'énergie). En conséquence, elle doit être complétée par les moyens de conservation plus classiques que sont l'ensilage et la stérilisation.

L'ensilage

Les légumes-racines sont conservés par ensilage. Ainsi les carottes, betteraves et navets peuvent-ils être gardés pendant une longue période.

► ***Création d'un silo***

Les légumes conservés doivent être sains et exempts de pourriture. Formez un tas en empilant les racines dans un endroit du jardin modérément humide. Recouvrez d'une bonne couche de paille saine, puis d'une couche de terre d'une vingtaine de centimètres. Si vous devez stocker une quantité importante de légumes, il est préférable de constituer plusieurs silos : cela vous permettra de vous approvisionner plus facilement.

► ***Jauge et fosse***

Voisine de l'ensilage, la conservation en fosse consiste à entasser les légumes dans un trou au fond duquel a été déposée une couche de paille. Recouvrez la fosse d'une planche, puis de terre.

La jauge convient à la conservation des choux pommés, ainsi que des chicorées scaroles. Les légumes sont transplantés avec leurs racines dans une tranchée (disposition à touche-touche). Recouvrez de paillassons lorsque surviennent les grands froids. Avant la mise en jauge, suspendez les choux la tête en bas, afin qu'ils s'égouttent de leur eau et soient ainsi moins sujets à la pourriture.

Ainsi conservés, les légumes restent disponibles pour la consommation hivernale.

Préparation de betteraves à l'ensilage : coupez les feuilles au collet et supprimez les racines.

Débarrassés de leurs feuilles et de leurs racines, les légumes sont placés en tas dans le silo, puis recouverts de sable.

La stérilisation

Les conserves en bocaux permettent de consommer en hiver des produits de bonne qualité. La stérilisation doit se faire selon des normes précises, afin d'éviter que les légumes ne se gâtent. On procède généralement à une double cuisson dans un autocuiseur. La stérilisation sans autoclave, en lessiveuse, doit être réservée aux légumes et fruits acides, comme les tomates ou la rhubarbe. Les conserves concernent surtout les pois, cœurs d'artichauts, haricots verts, choux de Bruxelles, salsifis.

Préparation des légumes

Choisissez soigneusement les légumes à conserver : frais, sains, sans trace de pourriture. Épluchez-les et lavez-les dans plusieurs eaux. Les haricots doivent être débarrassés de leurs fils. Pour que les légumes tiennent moins de place dans les bocaux, procédez à une première cuisson, à ébullition pendant quelques minutes. Un simple blanchiment pendant 5 minutes est suffisant pour les haricots verts ou les cœurs d'artichauts.

Préparation des bocaux

Utilisez des bocaux de verre spécialement conçus, munis d'un couvercle à ressort et en parfait état. Le joint de caoutchouc assurant l'étanchéité doit être intact. Les bocaux comme les joints doivent être soigneusement lavés.

Chauffage à l'autoclave

Remplissez les bocaux de légumes et ajoutez de l'eau salée (avec un peu de jus de citron). Placez les bocaux dans l'autocuiseur, remplissez d'eau et fermez le couvercle. La stérilisation doit durer 40 minutes. Au cours du chauffage, l'air contenu dans les bocaux se détend et s'échappe en soulevant le couvercle. Il se crée ainsi, au refroidissement, un vide dans les bocaux qui rend impossible le fait de soulever le couvercle sans tirer sur la languette du joint.

En plein hiver, vous apprécierez ces légumes conservés en bocaux, après cuisson.

La congélation

Cette méthode de conservation est applicable à la plupart des légumes (sauf les salades et les concombres). Elle permet de restituer en hiver des produits pratiquement dans l'état qui était le leur au moment de la récolte. On l'emploie en particulier pour les haricots verts, pois, épinards, poirées. Certains légumes sont congelés après préparation culinaire ; c'est le cas des tomates et des poivrons.

La déshydratation

Dernière venue dans les méthodes de conservation des fruits et des légumes, la déshydratation fait son apparition dans le grand public. Elle consiste à extraire l'eau contenue dans les aliments pour n'y laisser que 5 % d'humidité. Elle nécessite un appareil à plateaux tournants, à l'intérieur duquel les aliments sont soumis à un flux d'air chaud et sec. Les aliments traités de la sorte peuvent être conservés au moins 6 mois à l'abri de l'air. Ils gardent toute leur saveur, mais ne retrouvent évidemment pas l'aspect du frais après réhydratation. Cette méthode est appliquée depuis toujours à la tomate, séchée au soleil dans les pays méditerranéens.

8

Le fruitier

Les conceptions qui ont longtemps prévalu et qui faisaient du verger un domaine à part, distinct du reste du jardin, semblent aujourd'hui révolues, au moins en ce qui concerne les propriétaires (ou les locataires) des terrains de moyenne superficie, où l'espace est relativement compté.

Les arbres fruitiers

Les conceptions modernes intègrent de plus en plus les arbres fruitiers dans le jardin d'agrément et en font un tout où arbres d'ornement, fruitiers, fleurs et même légumes composent l'harmonie recherchée et donnent au jardin sa personnalité. Ainsi, n'est-il pas rare de trouver des arbres fruitiers cultivés en isolés sur une pelouse, où leur floraison participe au décor printanier créé par les bulbes, les bisannuelles et les vivaces. On rencontre des poiriers ou des pommiers palissés pour créer des haies séparatives, ou bien encore des touffes de cassis ou de groseilles en bordure d'allée qui satisfont la gourmandise du promeneur.

Cependant, une telle conception, aussi peu contraignante soit-elle, ne doit rien laisser au hasard. Charme et liberté ne sont pas synonymes de laisser-aller. Les fruits sont le précieux résultat de soins attentifs, de tailles successives et de traitements éventuels, même si certaines espèces et certaines formes (de plein vent) demandent moins d'entretien. Aussi, avant de planter et même avant de choisir, évaluez approximativement le temps qui vous sera nécessaire pour mener à bien de tels travaux. Rien de pire que ces arbres laissés à l'abandon après quelques années, négligés en raison du manque de disponibilité...

Par ailleurs, vous devez prendre quelques précautions. Au pied d'arbres palissés contre un mur, par exemple, vous pourrez établir un potager en prenant garde à ne pas blesser leurs racines lors des travaux de préparation du sol ou de plantation des légumes. Sachez aussi que l'ombre créée par le feuillage des arbres risque de nuire au développement des légumes.

Le verger

Le terme de « verger » désigne donc davantage une zone d'intérêt et d'activité, qui peut aller de la culture des groseilliers ou des fraisiers en pot sur le balcon jusqu'à la conduite de poiriers ou de pommiers en palmette, de pruniers ou de pêchers en fuseau, etc.

Les passionnés pourront organiser à leur gré un verger planté de formes libres, de contre-espaliers et d'espaliers, du moins à condition de disposer de l'espace suffisant. En effet, il faut une distance de 4 à 5 m entre deux pêchers hautes tiges, de 5 à 8 m entre deux cerisiers conduits de la même façon, d'environ 3 m entre deux pruniers basses tiges, ou de 2 à 3 m entre deux pommiers fuseaux.

Mais s'intéresser à la production fruitière suppose de pouvoir y consacrer du temps, tout au long de l'année, régulièrement. Car si les soins sont moins nombreux que dans un potager, les arbres doivent être suivis, surveillés et soignés si l'on ne veut pas voir la fructification avorter ou la production anéantie par quelque parasite dans les semaines qui précèdent la récolte.

Cerisiers en fleur.

L'ORGANISATION DU FRUITIER

Il ne s'agit pas tant d'agencer l'espace dont vous disposez pour la culture des fruits que de vous organiser vous-même au rythme des travaux que vous devrez effectuer.

Il ne suffit pas de planter pour ensuite récolter. La patience est ici récompensée, à condition qu'on la tienne constamment en éveil par les attentions prodiguées aux cultures.

Le travail ne vous manquera pas : taille de formation, de fructification, traitement contre les maladies et les parasites, protection des fruits, entretien du sol, tout cela pour la récolte tant attendue... de fruits que vous pouvez acquérir à très bon compte chez le premier marchand de primeurs venu. Il faut bien que le plaisir soit intense pour que des générations de jardiniers se soient acharnées à produire des fruits au prix d'une vigilance quasi permanente.

Au moment de vous lancer dans ce genre de projet, sachez évaluer le temps que vous pourrez y consacrer, en gardant à l'esprit que la productivité d'un fruitier demande des années avant d'atteindre son rythme de croisière, et qu'il vous faudra ensuite trouver les moyens de faire mûrir et de conserver les fruits... de vos efforts !

Le plaisir de la récolte est la récompense de soins attentifs et réguliers. Il faut ensuite savoir conserver les fruits pour en profiter pendant plusieurs semaines, voire plusieurs mois après les avoir cueillis.

Le fruitier de loisir

C'est le fruitier de ceux qui n'ont pas beaucoup de temps à y consacrer. Pour ce type de fruitier, on retiendra principalement les formes libres de plein vent pour les arbres à fruits à pépins ou à noyau (qui nécessitent un entretien limité), les arbustes à fruits (groseilliers, cassissiers, framboisiers) et, d'une façon générale, tous les arbres fruitiers pouvant être aisément intégrés dans le décor du jardin d'agrément et associés aux massifs, plates-bandes et même aux constructions.

• **Les associations.** Il y a mille associations possibles entre les arbres et arbustes fruitiers et les autres plantations du jardin. La beauté de leur floraison printanière, la densité de leur feuillage estival et leurs coloris d'automne font des arbres de plein vent de précieux alliés. Imaginez les pommiers, cerisiers ou pêchers en fleur sur fond de ciel bleu ou sur une pelouse. Imaginez l'ombre et la fraîcheur que procurera la vigne ou encore l'actinidia sous une tonnelle. Il serait impossible de dresser une liste complète de toutes les possibilités, car elle n'a pour limites que l'imagination et les goûts de chacun.

Relevons cependant quelques exemples, intéressants pour leur esthétique et leurs côtés pratique et productif.

Culture en contre-espalier, en clôture

• Elle concerne principalement les pommiers et les poiriers. Les formes retenues sont les U simples ou doubles, les palmettes, les fuseaux, ainsi que les formes en arcure (cordon Ferraguti, cordon Lepage). Une fois formées, ces haies fruitières doivent être régulièrement taillées pour rester harmonieuses et productives. Sinon, elles risquent de dégénérer, tant du point de vue de la production de fruits que de l'aspect.

• Le fait d'avoir son jardin clos de haies fruitières comporte cependant quelques inconvénients.

• L'ombre créée par le feuillage peut nuire au développement des légumes ou des fleurs cultivés au pied des arbres fruitiers. Le travail de la terre, pour la préparation des planches ou le dressage des plates-bandes et des massifs, risque fort d'endommager les racines des arbres (travaillez avec une fourche-bêche).

• Les produits de traitement pulvérisés sur le feuillage retomberont sur les légumes ou sur les fleurs ; en revanche, les produits répandus sur le sol (antilimace, engrais, désherbant, etc.) ne pourront guère nuire aux fruitiers. Enfin, les diverses opérations de surveillance de la végétation, de taille et d'entretien vous obligeront à marcher sur les plates-bandes, ce qui peut être gênant si un parterre de fleurs ou un carré de légumes est cultivé au pied des arbres fruitiers.

Formes libres

• C'est l'idéal, bien sûr, pour ceux qui disposent de peu de temps pour s'occuper du jardin. « Libre » signifie ici « naturel », ce qui exclut toute nécessité de taille de formation, mais aussi de fructification. Seule une taille d'élagage s'impose en hiver, mais ce travail n'est pas spécifique aux arbres fruitiers. Veillez toutefois à la santé de l'arbre et traitez éventuellement contre les parasites et les maladies. Inutile de rappeler que, bien souvent, il vaut mieux traiter préventivement.

• Bien que la plupart des espèces fruitières puissent être « conduites » librement, les arbres à fruits à pépins (pommiers, poiriers) ou à noyau (cerisiers, noyers, pruniers, etc.) s'y prêtent davantage, car ils supportent assez mal la taille (à l'exception du pêcher, toutefois) qu reste le plus souvent limitée à un élagage annuel.

• La hauteur atteinte par certains arbres fruitiers ainsi cultivés, si elle présente un intérêt esthétique certain, n'en constitue pas moins un inconvénient : la récolte des fruits est difficile, et ceux-ci font alors le délice des oiseaux. Aussi peut-on conseiller l'adoption des formes en demi-tige ou basse tige, sur lesquelles la récolte est nettement plus facile. Ajoutez à cela la possibilité de planter plusieurs demi-tiges ou basses tiges sur la superficie nécessaire à un seul arbre haute tige. Pour l'abricotier, il faut, par exemple, 2,50 à 3 m d'écartement entre deux basses tiges, alors qu'il faut 5 à 6 m entre deux hautes tiges. Pour le cerisier, il faut 2,50 m à 3 m entre deux basses tiges et 5 à 8 m ni entre deux hautes tiges.

Cordons horizontaux, le long des allées

• Les cordons (à un ou deux bras) conduits en bordure d'allée, sur un fil de fer tendu entre poteaux, présentent l'avantage d'être aisément accessibles, ce qui facilite les travaux d'entretien. En outre, ils constituent une barrière végétale qui protégera l'accès aux plates-bandes. Seuls les pommiers (parfois les poiriers) se prêtent à ce genre de forme, assez peu productive toutefois.

Les grimpants

• La vigne et l'actinidia (kiwi) trouveront sur les tonnelles et les pergolas les supports sur lesquels ils pourront se développer. Notez que l'actinidia ne demande pas de taille particulière, sinon celle des lianes mal placées ou dont le développement est trop important. À l'inverse, la vigne exige beaucoup d'attention (tailles, soins, traitements).

• La mûre pourra être cultivée en haie, contre le grillage d'une clôture. Attention cependant à limiter son développement, car elle devient vite envahissante.

• Enfin, retenez qu'il existe certaines variétés de fraisiers grimpants, pouvant atteindre près de 1 m de haut.

Belle récolte d'actinidias.

Les arbustes à fruits

• Le cassissier, le framboisier et le groseillier, conduits en touffes libres, demanderont un minimum d'entretien.

• Cultivés en massifs, en association avec des plantes vivaces, ils offriront de savoureux petits fruits qui feront la joie et le régal des enfants.

✓ *Des fruits sur le balcon, sur la terrasse*

Il n'est pas nécessaire de posséder un jardin pour obtenir des fruits. Si vous ne disposez que d'un balcon ou d'une terrasse, vous pourrez cultiver – en pot, bac ou jardinière – des fraisiers (de préférence non stolonifères, telle la variété *Bordurella*), des arbustes à petits fruits, mais aussi des agrumes, qui feront également de très belles plantes d'intérieur durant l'hiver. Selon les régions, ces derniers ne seront cependant employés que pour leurs qualités décoratives, car leurs fruits (oranges, citrons) ont besoin du soleil du Midi pour parvenir à maturité (le citron ne peut mûrir, en France, que dans la région de Menton).

Le fruitier de production

À la différence d'une activité de loisir, la production intensive de fruits (à la portée de l'amateur, malgré tout) demande une attention permanente, une surveillance minutieuse, ponctuée des opérations de taille, de traitement des arbres et d'entretien du sol, autant de travaux qui peuvent être spécifiques selon les espèces cultivées et qui demandent un matériel et un outillage plus importants que ceux nécessaires à quelques arbres fruitiers.

Les fleurs des arbres fruitiers, promesses de fruits, doivent être protégées des gelées printanières. C'est le cas, par exemple, pour l'amandier, particulièrement sensible.

✓ Le choix de l'emplacement

Même si la prétention de l'amateur n'est pas de rivaliser avec le professionnel, son but sera de parvenir à la meilleure organisation possible des travaux. Cela afin de limiter le temps et les efforts nécessités par l'entretien d'un verger. Pour cette raison, le verger doit être installé sur une parcelle de terrain qui lui sera entièrement consacrée.

• **L'exposition.** Le plus souvent rustiques dans la plupart de nos régions, les arbres fruitiers préfèrent néanmoins une bonne exposition. En fait, ils craignent surtout les gelées tardives qui peuvent anéantir toute promesse de récolte au début du printemps (en pleine floraison). Aussi devez-vous éviter les expositions nord (autant que possible), mais surtout les creux de vallon. De plus, s'il est enclos, l'emplacement du verger permettra de protéger les cultures du vent et de favoriser un microclimat favorable.

• **Le sol** doit être spécialement préparé en vue des cultures fruitières. Les terres lourdes et humides sont impropres : peut-être vous faudra-t-il en corriger la nature par des amendements appropriés.

✓ L'organisation des plantations

• **La superficie** du verger permet de déterminer si l'on peut élever des formes de plein vent ou, au contraire, des formes plates, qui seront conduites en espalier, en clôture, ou en contre-espalier, contre des supports grillagés tendus entre des poteaux. On parvient le plus souvent à trouver une combinaison des deux types de forme, l'emploi de formes naines ou la culture d'arbustes à fruits entre des arbres hautes tiges ou demi-tiges permettant d'augmenter le rendement du terrain.

• **Le temps** que l'on peut consacrer au jardin détermine aussi les formes que l'on y plante (une forme de plein vent est moins exigeante).

• **Le climat** doit bien sûr être également pris en compte : si la plupart des espèces peuvent être cultivées sous tous les climats de nos régions, il vous faudra parfois choisir les variétés les mieux adaptées et surtout ne pas rêver : si vous habitez le nord de la France, vous pourrez peut-être avoir un figuier, profiter de son feuillage, mais vous n'obtiendrez que rarement des figues.. De même, ne vous attendez pas à récolter un raisin très sucré (sauf à le cultiver sous serre).

• **Un plan** à l'échelle sera dressé, sur lequel vous symboliserez l'emplacement des plantations envisagées. L'écartement entre les sujets doit être suffisant pour permettre le passage, ainsi que le transport du matériel ; il est également fonction du développement de l'espèce, selon le mode de culture prévu.

Poirier conduit en espalier, contre un mur. Ce genre de situation permet de conduire des arbres fruitiers sur une faible surface.

La culture des fruitiers

La culture des arbres fruitiers consiste en un ensemble d'opérations dont le but est d'obtenir de beaux fruits. En effet, il ne suffit pas de planter un arbre fruitier pour pouvoir ensuite récolter. Depuis la préparation du terrain, le choix des plants, jusqu'aux traitements et aux tailles, votre souci sera de guider et d'entretenir la végétation par des soins attentifs qui amèneront à la production des fruits.

Ce travail passionnant permettra, par ailleurs, d'intégrer les arbres fruitiers au décor du jardin, dans lequel ils prendront toute leur place, tant par leur floraison que par leur feuillage.

En jardinerie, les plants sont généralement proposés en conteneur.

L'achat des plants

Ne vous laissez pas guider uniquement par vos goûts personnels ni influencer par ceux de votre entourage. Avant d'acheter un arbre fruitier, prenez le temps de réfléchir, en pesant un certain nombre de facteurs indépendants de votre volonté – et sur lesquels vous pourrez bien souvent peu de chose -, tels que la nature du sol et ses aptitudes à la culture d'une espèce, l'espace disponible, l'exposition, etc.

✓ Les conditions de culture

• **Le terrain.** Avant de rêver sur un catalogue et d'acheter un arbre fruitier, analysez le sol de votre jardin pour savoir s'il pourra répondre aux exigences de l'espèce, sans amendement démesuré.Vous pourrez certes apporter les correctifs et éléments nutritifs complémentaires au moment de la préparation du terrain – notamment lorsqu'il s'agira de déterminer l'emplacement où l'arbre sera planté –, mais ayez à l'esprit que les racines se développeront rapidement et risqueront alors de rencontrer une terre qui n'aura pas été suffisamment corrigée.

• **L'orientation et le climat.** Décidez aussi des fruitiers en fonction de l'orientation que vous pourrez leur offrir, du climat de la région que vous habitez et de la situation de votre jardin. Certaines espèces, telles que l'abricotier, l'amandier et le figuier, ne viendront bien que sous des climats chauds, et, ailleurs, dans des situations abritées et ensoleillées. D'autres, telles que le cerisier et le cognassier, prospèrent sous tous les climats des régions tempérées. D'autres encore, comme le framboisier, supportent une situation mi-ombragée.

• **L'espace.** Tenez compte enfin de l'envergure que l'arbre prendra à maturité, ne serait-ce que pour le choix de son emplacement. Par exemple, si vous avez un petit jardin, ne plantez pas de noyer, car cet arbre a un développement assez important.

✓ Le choix

• **Les catalogues** vous permettront de vous faire une idée des arbres que vous pourrez vous procurer soit par correspondance, soit chez les principaux pépiniéristes.

• **Les jardineries et les pépiniéristes** vous renseigneront sur les variétés qui se prêteront le mieux à la culture envisagée, dans les conditions particulières de votre jardin. Le mieux est encore de consulter un pépiniériste établi près de l'endroit où vous habitez : connaissant bien les caractéristiques de la région, il saura vraisemblablement mieux vous conseiller.

Les photos des étiquettes, comme celles des catalogues, sont toujours flatteuses ; ne vous attendez cependant pas à avoir d'aussi beaux fruits dès l'année qui suit la plantation.

✓ L'achat

• **L'achat chez un pépiniériste ou dans une jardinerie** a le mérite de la proximité et évite aux jeunes sujets un temps de transport trop long. Par ailleurs, vous avez de la sorte la possibilité de choisir « sur pièce », et vous aurez un interlocuteur direct en cas de mauvaise reprise des plants (pensez à demander une garantie de reprise d'un an). Choisissez des sujets à l'écorce lisse (sans crevasse ni cicatrice) et au chevelu (racines) bien ramifié.

• **L'achat sur catalogue** permet d'acquérir des variétés plus originales, voire insolites. Ne vous fiez pas systématiquement aux photos des catalogues ; elles présentent, et c'est bien compréhensible, les plus beaux sujets. Passez votre commande de préférence à l'époque de plantation, après vous être renseigné sur les délais de livraison, pendant lesquels vous pourrez éventuellement préparer les emplacements de plantation. Notez les conditions de vente, d'envoi et de livraison avant de passer votre commande.

Si les conditions climatiques ne se prêtent pas à la plantation des arbres, conservez vos sujets en jauge, en attendant des jours meilleurs.

• **Les prix diffèrent** en fonction du stade de formation que les arbres ont atteint : bien entendu, plus le temps nécessaire pour amener les arbres au stade présent de leur développement a été long, plus le prix est élevé. Le prix d'un scion (plant d'un an), par exemple, n'est pas le même que celui d'une palmette Verrier quatre branches (U double) obtenue au bout de six ans de culture, de taille et d'entretien, ou encore d'un fuseau. Évidemment, vous pourrez conduire vous-même le scion jusqu'à ce stade, par des tailles de formation successives. Il faudra simplement de la patience.

✓ La réception

À réception des plants, commencez par vérifier que la livraison correspond à votre commande. Si les sujets vous semblent particulièrement douteux, refusez la livraison (il vous sera plus difficile ensuite de les faire reprendre).

S'il gèle au moment où la livraison vous parvient, ne déballez pas les sujets. Entreposez-les tels qu'ils sont dans un local à l'abri du gel, en attendant que le temps soit plus clément et que vous puissiez les planter. Vous pouvez également les placer dans une jauge creusée en pleine terre (si le sol n'est pas trop dur).

Si le temps est très humide et le sol gorgé d'eau, vous ne pourrez entreprendre immédiatement la plantation des arbres.

La préparation du terrain

Le sol dans lequel seront plantés les arbres fruitiers doit être propre (exempt de mauvaises herbes), ameubli et éventuellement amendé et enrichi en éléments nutritifs nécessaires au développement de l'espèce cultivée.

✓ La préparation du sol

• **Le désherbage.** Environ un mois avant d'entreprendre les travaux culturaux de préparation du sol, répandez des désherbants totaux qui détruiront toute la végétation indésirable. Cela est particulièrement nécessaire pour éliminer les mauvaises herbes vivaces, telles que le liseron ou le chiendent, qui, sinon, se multiplieraient encore davantage, par fractionnement des racines au moment de la préparation du sol.

• **L'ameublissement.** On ne prépare pas le sol dans lequel sera placé un arbre fruitier en se contentant de creuser le trou de plantation. Si ce trou suffit à loger les racines du jeune sujet, le système radiculaire se développera rapidement, allant chercher des éléments nutritifs bien au-delà des limites du trou. Il est en effet établi que la surface occupée par le système radiculaire correspond au développement de la frondaison, l'extrémité des racines se retrouvant approximativement à l'aplomb de l'extrémité de la ramure (cela constitue également une indication pour le choix de l'emplacement de l'arbre). C'est pourquoi le sol doit être parfaitement ameubli et nettoyé, de façon à ne présenter aucun obstacle à l'extension des racines. Si le sol n'a pas été travaillé depuis longtemps, il faut procéder à son défoncement en profondeur, à la main (avec un louchet) ou avec un matériel de motoculture approprié. Un micro-tracteur pouvant tracter une charrue est souvent une bonne solution (vous pouvez aussi demander à une entreprise de le faire).

Attention !

Si des cultures ont été pratiquées à l'emplacement où vous voulez implanter vos arbres fruitiers et qu'elles ont été atteintes de maladies, il est indispensable de désinfecter la terre. Dans certains cas, mieux vaut faire appel à une entreprise spécialisée.

Le défoncement

• Procédez au défoncement du terrain en automne, sur une profondeur de 40 cm au moins (deux fers de bêche).

• Travaillez avec une bêche si l'espace est réduit ; pour une surface importante, un motoculteur ou même un microtracteur vous faciliteront la tâche.

• Si vous n'avez pas répandu de désherbant avant d'effectuer ce travail, éliminez systématiquement les racines des mauvaises herbes vivaces et les pierres les plus grosses.

• Séparez soigneusement la terre du sous-sol de la terre arable en deux tas.

Au moment de la préparation du sol, procédez aux amendements que l'analyse du sol vous aura dictés. Ici, apport de chaux.

■ *Si la terre est sableuse,* elle présente l'avantage d'être bien drainée et d'être facile à travailler, mais sa perméabilité est un inconvénient, les éléments fertilisants se trouvant trop vite entraînés vers le sous-sol, hors de portée des racines.

✓ Les trous de plantation

Le défoncement du sol étant effectué, il vous faut maintenant creuser le ou les trous de plantation. Vous effectuerez cette opération au moins un mois avant la plantation.

■ *Pour un arbre unique,* creusez un trou de 1,20 m de côté et de près de 80 cm de profondeur. Séparez la terre extraite en deux tas : terre du sous-sol et terre arable.

■ *Pour plusieurs arbres en ligne* (en espalier contre un mur, par exemple), ouvrez une tranchée de 1,50 m de large sur une profondeur de 80 cm environ. Là encore, séparez la terre en deux tas.

✓ L'apport d'engrais

Les éléments fertilisants doivent être incorporés au sol au moment de la préparation des trous de plantation. Outre le fumier (dont il faut user avec modération, car il est difficilement dosable et porteur parfois de germes), vous incorporerez au sol, à raison de 2 kg par mètre cube de terre, un engrais de type NPK 7.14.10. Placez cet engrais au fond du trou de plantation, une fois la terre du sous-sol remise en place, à une profondeur de 30 à 50 cm, c'est-à-dire au niveau des racines.

✓ L'amendement

• **L'analyse de la terre.** Avant toute chose, analysez ou faites analyser la terre de votre jardin. Les résultats de cet examen vous permettront de connaître les éléments correctifs que vous devrez apporter à la terre.

■ *Si la terre est argileuse* (lourde et compacte), elle aura tendance à retenir l'eau – et en conséquence les éléments nutritifs qui seront apportés en cours de culture – en surface : les racines n'en bénéficieront pas. Un apport de tourbe permettra d'alléger ce type de sol. Un apport de chaux aura pour effet de neutraliser un excès d'acidité (caractéristique des terres siliceuses) et allégera les sols trop compacts.

Ouvrez le trou de plantation plusieurs semaines à l'avance. Ne mélangez pas la terre du sol à celle du sous-sol.

La plantation

La période de plantation la plus propice est celle qui correspond au repos de la végétation, c'est-à-dire du mois de novembre au début du printemps. Il est donc possible de planter un arbre fruitier pendant l'hiver, à condition de ne pas le faire pendant la période de gel.

Si vous réceptionnez votre commande pendant des jours de gelée, ne déballez pas les sujets. Entreposez-les immédiatement dans un local à l'abri du gel (il n'est pas nécessaire qu'il soit chauffé), ou en plein air, les racines dans une jauge et la tête tournée vers le midi, ou encore au pied d'un mur orienté vers le midi.

✓ La taille de plantation

En déballant le sujet, prenez garde à ne pas endommager les racines. Avant de mettre l'arbre en place dans le trou de plantation précédemment ouvert, procédez à son habillage.

Cette opération a pour but de favoriser la reprise de la végétation : elle consiste à éliminer les racines endommagées et faibles, de façon à provoquer l'émission de nouvelles radicelles qui favoriseront l'enracinement et l'alimentation du sujet. L'habillage consiste aussi à raccourcir l'ensemble du système radiculaire, mais également le branchage, dans les mêmes proportions que les racines.

✓ La mise en place

Une fois les racines et les branchages habillés, vous pourrez mettre l'arbre en place. Néanmoins, il vous faudra auparavant praliner les racines et finir de préparer le trou en formant un monticule et en mettant en place un tuteur.

Pralinage des racines

- Trempez les racines dans un mélange d'eau et de terre (ou, mieux, de terreau) donnant une boue peu liquide, de façon que cette dernière adhère bien aux racines. Cette précaution a pour but d'éviter un dessèchement des racines, pouvant résulter d'une mauvaise adhérence de la terre à celles-ci.
- La bouillie de pralinage doit être préparée dans un récipient assez grand pour que tout le système radiculaire puisse y être plongé.

Avant de planter l'arbre, habillez les racines... ▶

▼ ...ainsi que le système aérien.

Préparation du trou

- Remettez la terre du sous-sol au fond du trou : elle est peu (ou pas du tout) fertile.
- Formez ensuite une sorte de monticule avec la terre arable. Les racines seront installées sur ce dôme, de façon à éviter au maximum la création de poches d'air. La hauteur de cette assise sera calculée de sorte que le bourrelet de greffe soit situé à 5 cm au-dessus de la surface du sol. Lors de vos calculs, n'oubliez pas que l'eau d'arrosage tassera la terre, entraînant le bourrelet de greffe plus que vous n'auriez pu l'escompter.
- La création d'une telle assise permettra aux racines d'être parfaitement à l'aise. En effet, rien ne serait plus néfaste à la reprise de la végétation que des racines entortillées et repliées, coincées dans un trou trop petit.

Tuteurage

- Avant la mise en place de l'arbre, enfoncez un tuteur près du centre du monticule formé au fond du trou. Enfoncez-le profondément, afin qu'il puisse maintenir solidement l'arbre qu'il soutiendra.
- Mettez toujours le tuteur en place avant l'arbre et surtout avant de reboucher le trou de plantation, de façon à ne pas prendre le risque de blesser les racines. Le tuteurage reste essentiel pour les formes libres de plein vent, qu'il est même parfois nécessaire de haubaner ; les formes en espalier sont, quant à elles, palissées contre un mur.

Plantation

- Mettez l'arbre en place, les racines pralinées sur leur assise, après avoir enfoncé le tuteur au fond du trou. Réglez la position de l'arbre selon celle du tuteur, puis comblez le trou.
- Commencez par répandre sur les racines de la terre finement tamisée, éventuellement mélangée à du terreau.
- Ne mettez surtout pas d'engrais ou de fumier frais au contact direct des racines : cela pourrait les brûler, donnant alors l'effet inverse de celui recherché.
- Les racines recouvertes, finissez de reboucher le trou. Formez en surface une petite cuvette tout autour du pied de l'arbre. Dans un premier temps, tassez en piétinant la terre tout autour de l'arbre.

Arrosage

- Même si le temps est pluvieux et la terre humide, arrosez immédiatement après la plantation, en déversant beaucoup d'eau dans la cuvette formée au pied de l'arbre. Cette opération a en effet pour objectif de tasser la terre en profondeur et, en particulier, d'éliminer les poches d'air qui auraient pu subsister près des racines. Après arrosage, il est le plus souvent nécessaire d'apporter un complément de terre en surface, pour rattraper le niveau.

✓ Les soins après la plantation

Les semaines qui vont suivre la plantation sont décisives. Il va falloir protéger l'arbre du froid de l'hiver et des gelées printanières (par paillage), du vent, de la sécheresse, des petits animaux, bref, de tout ce qui pourrait perturber ou entraver son développement. Ne négligez pas ces soins, sous peine de voir tous vos efforts antérieurs réduits à néant. Cependant, malgré toute l'attention que vous pourrez porter à vos plantations, vous ne constaterez des signes de reprise qu'au cours du printemps suivant la plantation (elle se manifeste par la poussée des bourgeons, ou débourrement).

Ne vous attendez pas à un développement important dans l'année qui suit la plantation ni, bien sûr, à une production de fruits notable. N'entreprenez pas de taille cette année-là : l'arbre est encore trop faible pour les supporter.

Arrosage

- Apportez beaucoup d'eau au pied de l'arbre, afin de maintenir la terre humide en profondeur.
- N'arrosez pas au jet, mais au goulot, pour ne pas déformer la cuvette.
- Si le printemps est chaud, vous limiterez l'évaporation par paillages et binages. Il est même parfois nécessaire de bassiner les branches et le tronc, ou encore d'enduire ce dernier au lait de chaux.

Protection du tronc

Solidarisez tronc et tuteur à l'aide d'attaches spéciales, conçues pour ne pas blesser le jeune tronc.

- Vérifiez les attaches qui lient le tronc au tuteur. Elles doivent être solides, afin d'éviter tout arrachement, mais elles ne doivent pas trop serrer le tronc, ce qui pourrait provoquer un étranglement.
- Pensez aussi à enlever l'étiquette du pépiniériste, pour les mêmes raisons.
- Le tronc des jeunes arbres est souvent la proie des petits animaux (lapins) qui en rongent l'écorce.
- Disposez une protection autour du tronc (clôture grillagée, branches épineuses, etc.) qui le mettra à l'abri des chocs pouvant entraîner des blessures de l'écorce.
- Enfin, en cas de fortes chaleurs, il peut être nécessaire d'entourer le tronc d'un fourreau de paille, qui limitera l'évaporation.

La plantation des formes palissées

Les formes plates sont palissées contre un mur (espalier) ou contre une armature tendue entre des piquets (contre-espalier). L'installation des treillages doit se faire avant l'ouverture de la tranchée dans laquelle les sujets vont être plantés.

La plantation en espalier est surtout intéressante si le mur est exposé plein sud (en particulier pour la vigne et le pêcher en région parisienne) ou sud-est et sud-ouest (pour le poirier et le pommier).

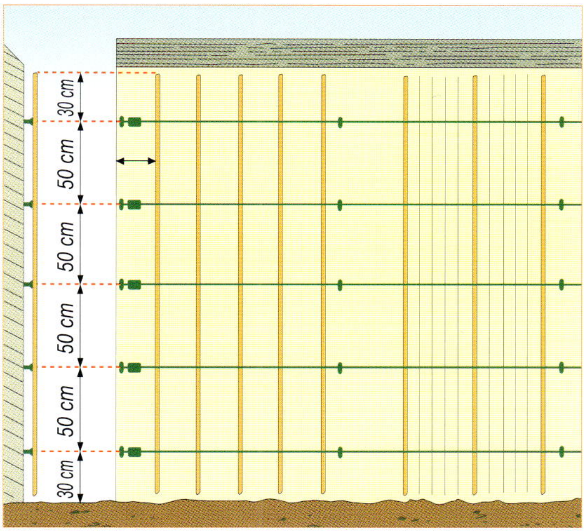

✓ Installation du support

Pour un espalier, le mur d'appui doit avoir une hauteur supérieure à 2,50 m. L'armature est constituée de fils de fer tendus horizontalement (à l'aide de raidisseurs) et fixés aux extrémités sur des crochets précédemment scellés dans le mur (ou chevillés).

Placez le premier fil de fer à 30 cm du sol, puis tous les 50 cm. Utilisez du fil de fer plastifié, résistant aux intempéries. Les fils installés, disposez des lattes (10 x 15 de section) verticalement, en les fixant aux fils tendus à l'aide de brins de fil de fer de section inférieure et donc plus souple que le précédent.

Pour l'installation d'un contre-espalier, le lattage doit prendre appui sur une armature tendue entre des poteaux ancrés dans le sol. Employez, de préférence, des poteaux en béton armé, qui dureront bien plus longtemps que ceux en bois.

✓ Plantation

- **Formes palissées.** La tranchée devant être ouverte le long du mur. Le plus souvent, vous rencontrerez de la terre de remblai ou de la caillasse contre les fondations de celui-ci. Il faudra bien entendu les évacuer pour les remplacer par de la bonne terre de jardin, ou, mieux, par du terreau.

▪ *Ouvrez cette tranchée plusieurs semaines avant la plantation*, pour que la terre soit bien tassée au moment de la mise en place de l'arbre.

▪ *Creusez la tranchée sur 2 m de large environ.* Donnez-lui une légère pente, de sorte que le fond soit incliné du côté opposé au mur. Ainsi, l'humidité ne stagnera pas au pied de ce dernier. Par exemple, creusez à 60 cm près du mur et à 80 cm de l'autre côté.

- **Formes libres**

▪ *Placez les racines sur un monticule* de bonne terre, tournées vers l'allée (vers l'extérieur du mur) pour les plantations en espalier. Bien évidemment, il n'est pas nécessaire d'enfoncer des tuteurs, les sujets étant par la suite fixés au treillage.

▪ *Distancez les formes* de 60 cm pour les poiriers et les pommiers, de 1 m pour les pêchers.

▪ *Rebouchez la tranchée* et arrosez abondamment pour tasser la terre.

▪ *Arrosez* tous les jours suivants (sauf s'il gèle) : une fois le sol bien tassé, palissez les rameaux (s'ils étaient liés au treillage avant tassement du sol, le sujet se retrouverait « suspendu », situation bien difficile pour une reprise).

Plantation en contre-espalier. Remarquez la disposition qu'il faut donner aux racines.

La greffe

Il s'agit d'un procédé de multiplication qui permet de reproduire très exactement les caractéristiques des variétés fruitières.

Greffer consiste à joindre une partie d'un végétal, ou « greffon », à un sujet, ou « porte-greffe ». Pour que la « soudure » tienne et permette au greffon de se développer, il faut que greffon et porte-greffe présentent un certain nombre de caractères communs, mais aussi que le cambium (zone génératrice de nouveaux tissus) de l'un et de l'autre soit en contact étroit. En outre, pour réussir, la greffe doit se faire au moment où greffon et porte-greffe sont sensiblement au même stade végétatif.

Quelles que soient les techniques employées (greffes en fente, en couronne, en écusson...), il vous faudra un matériel de base : scie arboricole, greffoir, serpette, raphia et mastic cicatrisant.

Matériel pour greffer.

LA GREFFE EN COURONNE

Coupez le porte-greffe à la scie arboricole de façon bien nette.

Pratiquez trois ou quatre entailles verticales n'entamant que l'écorce.

Soulevez légèrement l'écorce au niveau des entailles avec la spatule du greffoir.

Introduisez l'extrémité des greffons, taillée en biseau simple dans les entailles.

Ligaturez solidement les greffons avec du raphia.

Enduisez la greffe de mastic à greffer pour la protéger de l'air et de l'eau.

La greffe en fente

Sciez le porte-greffe bien perpendiculairement à l'axe du tronc avec une scie arboricole.

Rectifiez la coupe si nécessaire en la parant avec la lame de la serpette.

Fendez l'extrémité du porte-greffe avec la lame de la serpette (à défaut avec celle d'un greffoir) sur plusieurs centimètres.

Pour une greffe en fente, taillez l'extrémité des greffons en biseau double-face avec la lame du greffoir.

Ligaturez la greffe avec du raphia en partant toujours du bas.

Après ligature, le greffon est solidement bloqué dans sa fente.

Enduisez la greffe avec du mastic pour la protéger de l'air et de l'eau.

Les tailles fruitières

Si les arbres de plein vent ne demandent d'autre taille que l'élimination des branches mortes et la limitation de rameaux trop vigoureux, les formes palissées ont besoin d'une formation stricte et d'une taille de fructification régulière très précise.

Les tailles de formation

Les diverses opérations de taille ont pour but de structurer un arbre fruitier, en vue de la production de fruits, d'équilibrer la vigueur du sujet, de répartir les fruits en différents endroits de l'arbre et enfin de favoriser la naissance (ou le renouvellement) des rameaux fructifères. On distingue ainsi :

• **la taille de formation**, qui permet d'obtenir, sur deux ou trois ans, les formes plates (palmettes, U, etc.) et les formes rondes (fuseaux, gobelets, etc.) à partir des scions ;

• **la taille de fructification**, qui vise à équilibrer la végétation et la fertilité de l'arbre dans le but de produire des fruits. En ce sens, la taille de fructification s'applique aux sujets mis en forme ; pour les formes libres (haute tige, demi-tige, touffe, etc.), on se contentera d'un élagage annuel.

Il ne faut pas tailler les pommiers et les poiriers au cours de l'année de leur plantation.

Un scion est une jeune pousse à partir de laquelle peut être envisagée toute forme fruitière. Produit d'un greffage en écusson sur un porte-greffe, il se présente sous la forme d'une tige verticale, après plusieurs interventions de taille, qui pourra ensuite être dirigée vers la forme voulue.

✓ Les formes plates

Les formes plates sont palissées contre un mur (on parle alors d'espalier) ou contre un treillage tendu entre des piquets (contre-espalier). Mais la taille de formation n'a pas seulement pour but d'adapter le sujet à l'usage que l'on veut en faire et à l'endroit où il doit se développer. Elle a également pour objectif de contenir la vigueur des arbres, afin de favoriser leur fertilité, car, paradoxalement, l'une et l'autre sont inversement proportionnelles. Elle a en conséquence pour but de limiter l'expansion des rameaux, de façon que la sève soit dirigée vers les organes fructifères.

Cordon horizontal à un bras

- Cette forme n'est utilisée que pour le pommier. Le scion est coudé à 90°, à 40 ou 80 cm du sol, puis conduit le long d'un fil tendu entre deux piquets. Si vous voulez conduire plusieurs cordons sur une même ligne, renforcez les piquets d'extrémité à l'aide de jambes de force et placez les scions à chaque piquet intermédiaire (tous les 3 m environ).
- La formation horizontale à un bras est assez simple (il arrive cependant que le scion casse au moment où on le courbe). Plantez le scion en hiver, le bourrelet de greffe hors du sol. Au printemps de l'année suivante (mai-juin), courbez délicatement le scion sur le fil de fer. Attention, car si le scion rompt, il faudra tailler sous la cassure, au-dessus d'un œil, et attendre l'année suivante pour recommencer l'opération (schéma ci-contre).
- Le scion courbé et palissé, taillez la partie horizontale après un œil situé en dessous, à 30 cm environ de la courbure. Éborgnez ensuite tous les yeux situés sur la partie verticale et sur la courbe. Les années suivantes, taillez au-dessus d'un œil, de façon à favoriser l'allongement du cordon.

Si le scion casse au moment où vous le courbez en vue de former un cordon horizontal, taillez-le sous la cassure, au-dessus d'un œil placé dans la direction voulue (à gauche). Cet œil donnera par la suite une pousse, que vous pourrez palisser sur le fil de fer (à droite).

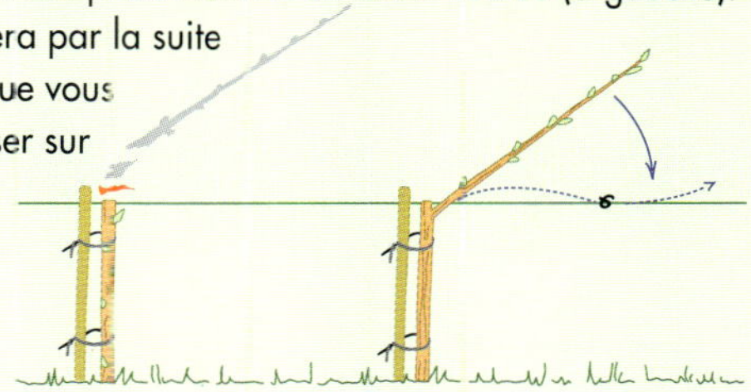

Cordon horizontal à deux bras

- Il s'agit du même type de forme que ci-dessus. Les deux bras sont opposés et palissés contre un fil de fer tendu horizontalement, à 40 ou 80 cm du sol. Cette différence de hauteur permet d'ailleurs de conduire, sur un même plan, des cordons à un bras et des cordons à deux bras.
- Pour obtenir un cordon à deux bras, vous pourrez procéder de deux manières.

▪ *La première* consiste à former tout d'abord un cordon à un bras, mais en conservant, lors de l'éborgnage, un œil (ou une pousse) bien formé et opposé au bras, sur la courbure. Cette pousse se développera rapidement compte tenu de sa situation, car elle profitera des montées de sève. Elle rejoindra alors la longueur de l'autre bras, qui, lui, poussera moins vite puisqu'il est courbé. Puis, taillez comme indiqué précédemment.

▪ *L'autre méthode* consiste à tailler le scion après plantation, juste en dessous du niveau du fil de fer, au-dessus de deux yeux opposés. Ces yeux donneront ensuite des pousses qui seront palissées, de part et d'autre, sur le fil de fer. Éliminez tous les autres yeux situés sur la partie verticale. Pincez, à trois feuilles, les pousses qui se développeront sur les cordons en formation : ainsi taillées, elles constitueront plus tard les coursonnes, c'est-à-dire les organes producteurs de fruits.

U simple

- Comme son nom l'indique, cette forme est constituée de deux branches charpentières formant un U. Elle est employée pour les pommiers, poiriers et pêchers. Prévoyez 60 cm d'écartement pour les pommiers et les poiriers, et 1 m pour les pêchers.
- Le U simple est conduit sur l'armature nécessaire pour les espaliers et les contre-espaliers comme décrit précédemment. Taillez le scion à 30 cm du sol environ, en mars de l'année suivant la plantation, au-dessus de deux yeux opposés (l'un situé à droite, l'autre à gauche). Éborgnez tous les autres yeux. Commencez par palisser obliquement les deux pousses qui se développent, cela afin de ne pas risquer de les casser en les courbant trop brutalement. Par la suite, amenez-les à l'horizontale, puis coudez-les et palissez les parties verticales contre les lattes de l'armature. Les deux charpentières seront distantes de 30 cm pour les poiriers et les pommiers, de 50 cm pour les pêchers. Les années suivantes, taillez chaque charpentière à 30 cm environ du point de taille précédent, au-dessus d'un œil de face (situé vers vous), ce qui permettra l'allongement du rameau.

Palissez les charpentières au fur et à mesure de leur développement, de façon à leur donner la forme voulue (ici, en U). Utilisez du raphia.

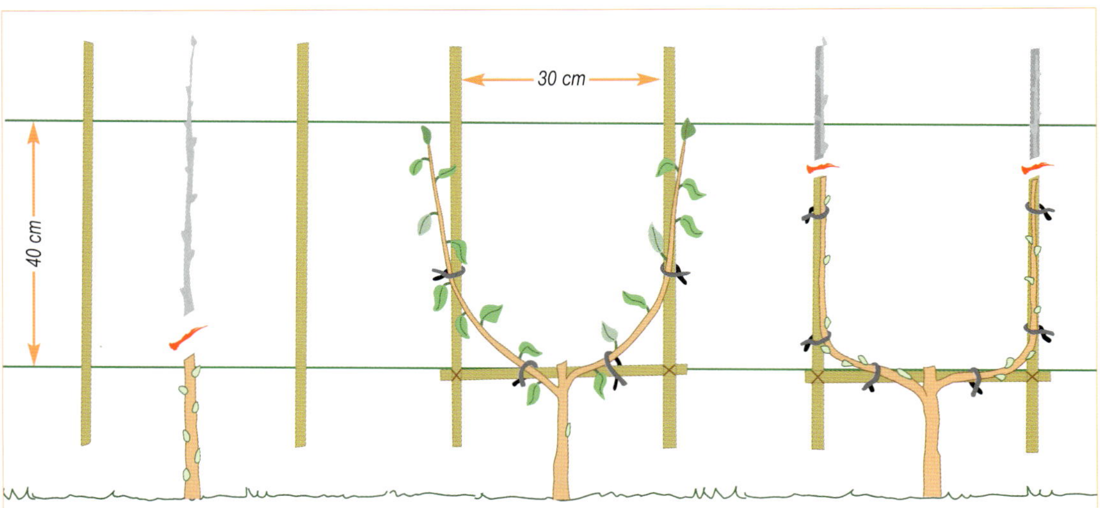

U double

- Il s'agit, en fait, de deux U simples portés par un même scion. Lors de la plantation, respectez 1,20 m d'écartement pour les poiriers et les pommiers, et 2 m pour les pêchers.
- Commencez par tailler le scion à 20 cm du sol, de façon à former tout d'abord un U simple.
- L'année suivante, taillez les deux bras du U, légèrement au-dessus des courbures et au-dessus de deux yeux latéraux ; ces yeux vont donner des pousses qu'il faudra alors courber et palisser, comme pour un U simple. N'oubliez pas de supprimer tous les yeux inutiles.
- Les années suivantes, taillez à chaque fois à 20 cm environ au-dessus de la taille précédente, en faisant en sorte que les quatre charpentières restent au même niveau.

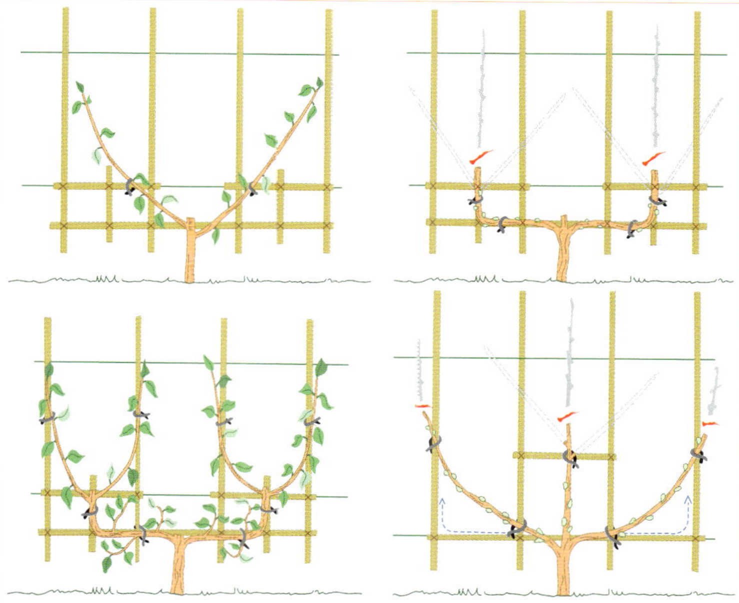

La formation d'un U double ou d'une palmette se fait sensiblement de la même façon. Dans le premier cas, il faut conserver deux yeux après la taille du scion ; dans le second cas, il faut en garder trois, en prévision des charpentières à former.

Palmette Verrier quatre branches

- C'est la forme de palmette Verrier la plus répandue (il en existe à trois, six, huit ou même dix branches). Elle est utilisée pour les mêmes essences fruitières que les formes en U, desquelles elle diffère assez peu. Respectez les mêmes distances de plantation que pour les U doubles.
- Plantez le scion pendant le repos de la végétation (en novembre, de préférence). Taillez-le en mars de l'année suivante, à 30 cm du sol environ, au-dessus de trois yeux (deux latéraux et un de face). Laissez la végétation se développer et supprimez toutes les pousses inférieures à celles issues des trois yeux conservés. Palissez alors la pousse centrale verticalement, les deux autres obliquement.
- En mars de l'année suivante, taillez les branches latérales à 80 cm environ de leur base. Taillez également la pousse verticale (centrale), à 30 cm environ de son point de naissance, au-dessus de deux yeux latéraux. Dans le mois qui suit, ramenez les branches latérales à l'horizontale, courbez-les et palissez les parties verticales. Cette opération ramène à peu près au même niveau les branches latérales et l'axe central.
- Les pousses qui vont alors se développer dans les mois qui suivent, à partir des deux yeux latéraux conservés sur l'axe central, seront dans un premier temps palissées obliquement, puis courbées et relevées. Les années suivantes, vous procéderez à des tailles successives de prolongement des charpentières, mais jamais plus de 20 cm dans l'année, de façon à favoriser un développement harmonieux des coursonnes. Bien entendu, vous serez amené à tailler les charpentières centrales plus court que les autres, pour qu'elles restent toutes au même niveau.

Cordon Ferraguti

- Cette forme demande une armature assez simple, en espalier ou en contre-espalier : il s'agit d'une série de fils de fer tendus horizontalement, placés à 30 cm environ les uns des autres, le premier à 70 cm du sol.
- On conduit en cordon Ferraguti le poirier et le pommier. Il s'agit d'une sorte de dérivé du cordon vertical dont on aurait laissé les ramifications latérales se développer pour ensuite les courber.
- Là encore, plantez le scion pendant le repos de la végétation (en novembre). Espacez les sujets de 50 cm à 1 m.
- Au printemps de l'année suivant la plantation, supprimez les rameaux latéraux au-dessous de 60 cm environ. Palissez les rameaux latéraux supérieurs à cette hauteur, sur les fils de fer : ils produiront les futures coursonnes.
- Taillez le scion à 80 cm de hauteur, au-dessus d'un œil de face.
- Chaque année, allongez l'axe central de 20 cm environ, en taillant toujours au-dessus d'un œil de face ; palissez les rameaux latéraux sur l'armature.
- Arquez légèrement les branches basses et plus sévèrement les branches hautes.

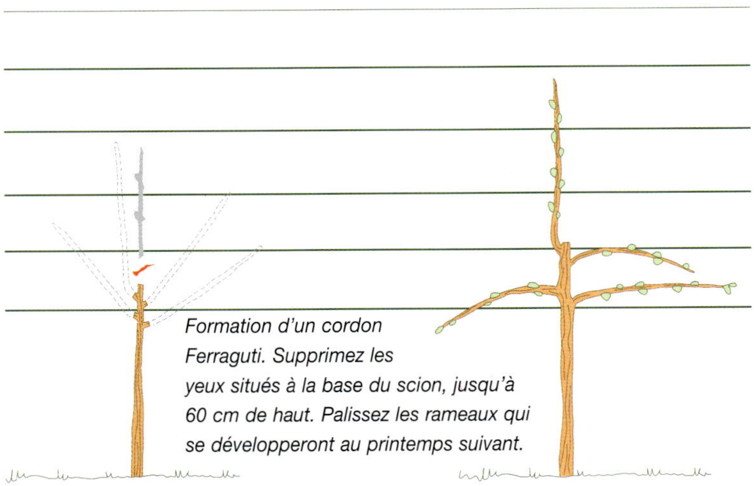

Formation d'un cordon Ferraguti. Supprimez les yeux situés à la base du scion, jusqu'à 60 cm de haut. Palissez les rameaux qui se développeront au printemps suivant.

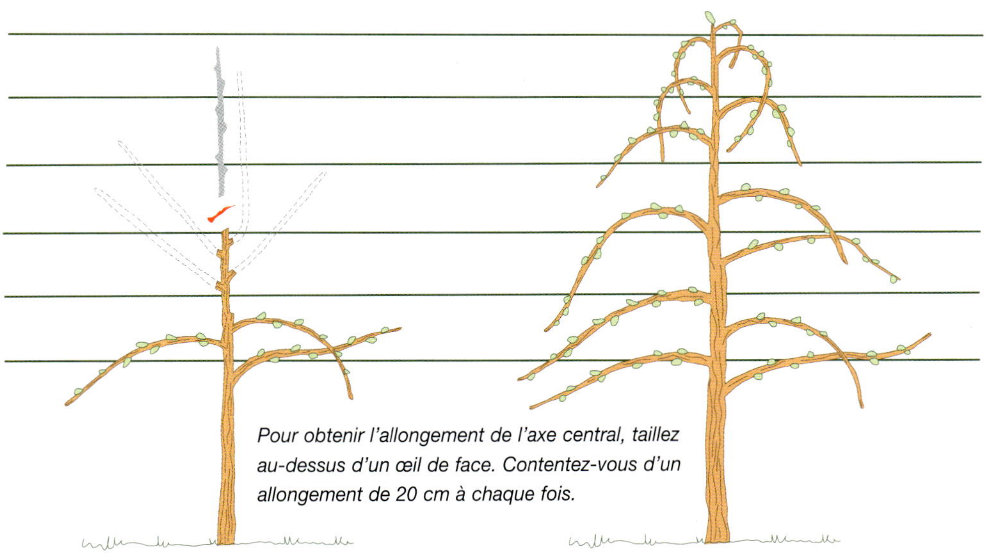

Pour obtenir l'allongement de l'axe central, taillez au-dessus d'un œil de face. Contentez-vous d'un allongement de 20 cm à chaque fois.

Losange

- Formation en V de deux branches charpentières issues d'un scion, cette disposition n'est à retenir que pour les pommiers.
- L'armature nécessaire, quelque peu différente des précédentes, consiste en une série de fils de fer tendus horizontalement, à 50 cm de distance, le premier étant disposé à 20 cm du sol. La hauteur totale varie de 1,40 m à 2 m. Sur ces fils de fer sont installées obliquement plusieurs lattes, sur lesquelles seront palissées les charpentières.
- Plantez les scions à 1 m de distance les uns des autres, au point de rencontre inférieur des lattes. Taillez en mars de l'année suivant la plantation, à 20-25 cm du sol, au-dessus de deux yeux latéraux qui donneront naissance à deux pousses. En dessous, éborgnez (supprimez tous les autres yeux). Palissez progressivement les pousses sur les lattes.
- Pour prolonger les charpentières, taillez-les, les années suivantes, au-dessus d'un œil se présentant de face ; limitez l'allongement annuel à 20-30 cm, selon le développement et la formation des coursonnes.

Arcure Lepage

- Si le cordon Ferraguti est un compromis entre la forme droite et l'arcure, la forme Lepage est une arcure totale, tant de la charpentière principale que des branches secondaires. On ne l'emploie que pour les poiriers et pour les pommiers, les sujets étant plantés en ligne, à 2 m d'écartement.
- L'armature nécessaire est composée de trois ou quatre fils de fer tendus horizontalement, à 50 cm les uns des autres.
- L'arcure consiste tout d'abord à courber le scion en mars de l'année suivant la plantation. Pour faciliter cette opération, qui reste délicate malgré le jeune âge de l'arbre et donc sa flexibilité, vous aurez planté le scion légèrement incliné dans le sens de la courbe.
- Pour arquer, pliez doucement la tige et attachez son extrémité au pied du sujet suivant, la dernière étant liée à un piquet spécialement mis en place. L'angle formé par la base du scion avec le sol est de 60° environ.
- La troisième année, arquez les branches secondaires en liant leur extrémité à la charpentière et courbez l'une d'entre elles, située à l'extrémité de la charpentière, pour commencer à former le deuxième niveau de la formation.
- Les années suivantes, arquez les branches secondaires comme précédemment et formez les autres niveaux (pas plus de quatre).

Formation d'une arcure Lepage. Plantez le scion légèrement incliné et courbez-le. Le deuxième étage de la formation pourra être entrepris à partir de la troisième année (en bas).

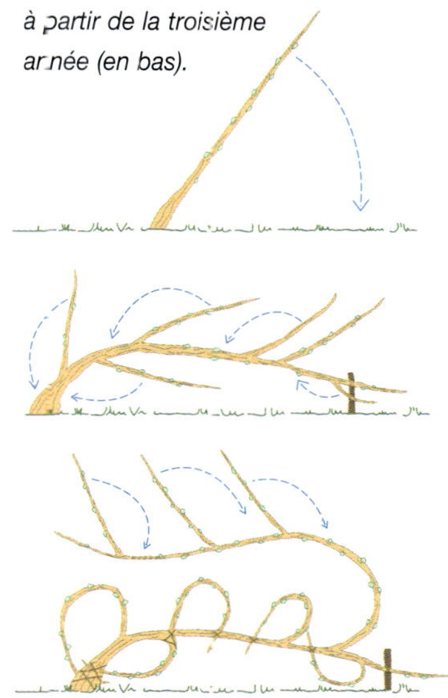

En dehors de ces formes, on trouve aussi, parfois, quelques « curiosités » comme la palmette en éventail, la palmette simple sur haute tige, la haie fruitière Bouché Thomas, etc.

✓ Les formes libres

En fait, aucune forme fruitière n'est vraiment « libre », c'est-à-dire spontanée, dans la mesure où la production de fruits dicte un certain nombre d'opérations de taille et donc une forme et un port spécifiques. Bien entendu, un arbre laissé libre produira néanmoins des fruits, mais certainement pas de façon aussi systématique qu'un fruitier spécialement entretenu.

Aux yeux de certains, amoureux du naturel et respectueux de l'environnement, les formes dites « libres » peuvent constituer un compromis acceptable. Mais ajoutons, au risque de relancer le débat, que celles-ci ont acquis cet adjectif en raison seulement… de l'absence de palissage pour les soutenir.

Formation d'un fuseau. La taille doit être exécutée avant le départ de la végétation.

Haute tige

● C'est l'une des formes les plus naturelles, propre à la plupart des arbres fruitiers. Une fois établie, elle ne demande que des tailles d'élagage annuelles. Parmi les hautes tiges, on distingue les formes évasées et les formes à axe central. Dans les deux cas, le tronc s'établit en quatre ans.

▪ *Haute tige évasée :* taillez le scion à 2 m du sol environ, au-dessus de trois yeux à partir desquels se développeront des pousses, qui seront à leur tour taillées, en mars de l'année suivante, au-dessus de deux yeux, à 25 cm environ de la taille précédente. L'année suivante, taillez les six pousses, à nouveau à 25 cm : vous obtiendrez douze branches qui formeront la structure du fruitier.

▪ *Haute tige à axe central :* conservez six yeux au sommet du scion et taillez au-dessus. Éborgnez tous ceux qui se trouvent en dessous. Le dernier œil fournira la pousse qui permettra l'allongement de l'axe ; les autres donneront les charpentières. Les années suivantes, raccourcissez les charpentières des deux tiers de leur longueur environ, au-dessus d'un œil situé en dessous, qui donnera une sous-charpentière porteuse de coursonnes.

● Ces deux formes présentent l'avantage d'une grosse production, mais ont un inconvénient majeur, qui réside dans la difficulté à effectuer, quelques années après la plantation, les opérations de taille et de traitement, en raison de l'envergure alors atteinte par l'arbre. Compte tenu de ce développement important, il faut, le plus souvent, respecter une distance de plantation de 4 à 8 m, jusqu'à 15 m pour le noyer.

Demi-tige

Cette forme, que l'on peut donner aux abricotiers, cerisiers, poiriers, pêchers, pommiers et pruniers, ne présente pas les inconvénients propres aux hautes tiges, dans la mesure où le tronc ne dépasse guère 1,50 m de haut. La formation d'une demi-tige se fait de la même façon que pour une haute tige à axe central.

Basse tige (ou buisson)

Cette forme assez peu répandue concerne principalement les arbres à fruits à noyau. Le scion est taillé à 80 cm du sol environ, en conservant trois ou quatre pousses latérales qui fournissent la structure du buisson.

Fuseau

- Il s'agit d'un axe vertical portant des ramifications, à partir de 30 cm du sol, inclinées à 30° et régulièrement espacées. Un fuseau formé atteint 3 m de haut. Cette forme convient aux poiriers (moins bien aux pommiers), pour lesquels il faut respecter 3 m d'espacement.
- L'année suivant sa plantation, taillez le scion à 10 cm au-dessus d'un œil situé, lui, à 60 cm du sol. Supprimez les yeux placés sur la partie supérieure à l'œil du haut ; de plus, éborgnez ceux situés sur les premiers 30 cm. L'œil supérieur va fournir le prolongement de l'axe vertical (ou flèche). Palissez-le sur l'onglet (les 10 cm précédemment conservés). Les autres pousses fourniront les charpentières.
- L'année suivante, taillez la flèche et les charpentières : taillez la flèche d'autant plus court que les charpentières sont peu développées. Taillez les charpentières sur un œil en dessous, pour que les sous-charpentières se développent vers l'extérieur de l'arbre. Enfin, supprimez l'onglet.

Taille de formation d'un fuseau et d'un gobelet. Pour ce dernier, il est nécessaire d'utiliser un cercle conducteur.

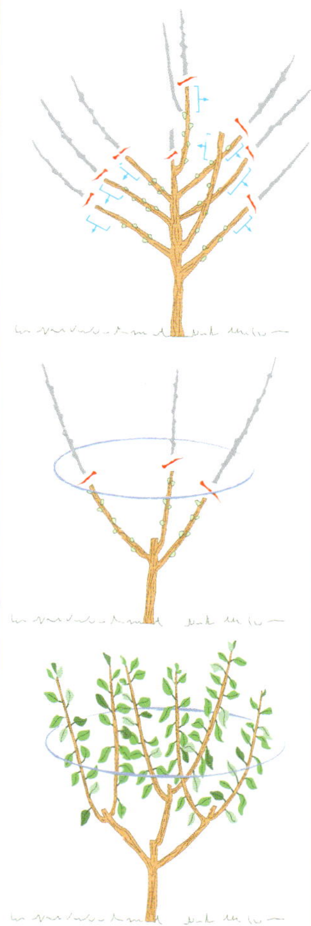

Gobelet

- Comme le fuseau, c'est une forme ronde, qui se prête à la plupart des essences fruitières. D'un axe court (30 cm) part une série de ramifications (charpentières) sur lesquelles la taille entretiendra un certain nombre de coursonnes.
- Plantez le scion pendant le repos de la végétation. L'année suivante, taillez-le à 30 cm du sol. En haut du scion ainsi taillé, conservez trois yeux ; éborgnez tous les autres. À la suite du développement des pousses issues des trois yeux, disposez un cercle directeur (voir schéma) ou des tuteurs, de façon à maintenir les pousses à l'oblique (45°environ).
- L'année d'après, avant le départ de la végétation, taillez les trois pousses à 20 cm environ de leur point de naissance, au-dessus de deux yeux ; supprimez les yeux situés en dessous. À partir de ces yeux conservés se développeront six pousses au total (deux par rameau). Disposez à nouveau l'armature pour former le gobelet.
- L'année suivante encore, vous pourrez tailler chacune des pousses comme indiqué précédemment si vous désirez obtenir un gobelet à douze branches ; cela n'est pas indispensable. Les six charpentières déjà formées suffisent.

Les tailles de fructification

Pour être plus précis, il faudrait parler de plusieurs tailles, car il s'agit d'un ensemble d'opérations distinctes, selon le moment de la végétation et selon l'espèce fruitière concernée. Les différentes opérations de la taille fruitière ont ainsi pour but de conduire l'arbre à la floraison, donc à la fructification (taille des coursonnes), et d'assurer le développement des fruits et le renouvellement des organes producteurs, par une bonne canalisation de la sève vers les points voulus.

✓ Pourquoi tailler

L'objectif n'est pas seulement de conserver un arbre dans la forme qu'on lui a donnée. La taille a également pour but de maintenir l'équilibre de l'arbre, de maintenir de façon régulière les fruits sur les charpentières, de limiter le développement des prolongements (qui se ferait au détriment de celui des fruits), la sève ayant tendance à se porter aux extrémités.

La taille fruitière tient compte de l'ensemble de ces facteurs pour aboutir à la « canalisation » de la sève vers la production ou le renouvellement des organes producteurs de fructification. Bien sûr, un arbre livré à lui-même, sans aucune taille sinon peut-être l'élimination, par élagage, des branches mortes ou mal placées, fructifie quand même. Mais de façon irrégulière et souvent une année sur deux.

Pour être menée à bien, la taille de fructification suppose de connaître les différents organes de l'arbre, leur développement possible et, en conséquence, les opérations à effectuer et le moment où elles doivent l'être. La plupart des espèces fruitières peuvent être classées en deux familles principales (fruits à noyau et fruits à pépins), pour lesquelles on reconnaît un certain nombre de caractères voisins impliquant des opérations de taille parfois similaires. Cependant, il ne faut pas négliger pour autant les traits spécifiques de certaines espèces, qui demandent des interventions bien particulières.

Une bonne taille de fructification (à gauche) vise toujours à rapprocher le plus près possible du tronc les bourgeons florifères, prometteur de fruits profitant au mieux du flux de sève dans le tronc ou dans les branches charpentières de l'arbre. Cette taille aboutit à la formation de coursonnes (ci-dessus) qui témoignent de soins attentifs et répétés.

✓ Les organes producteurs

Savoir distinguer les différents organes des arbres fruitiers, connaître leur développement et leur évolution vers d'autres productions est indispensable pour qui veut tailler correctement. Peut-être, au début, en raison de votre inexpérience, vous faudra-t-il du temps pour localiser et identifier sans vous tromper les différents organes. Effectuez alors votre travail patiemment. Au besoin, reportez sur une feuille de papier le schéma de l'organe avant la taille, afin de mieux comprendre, ensuite, par comparaison, son évolution.

Organes producteurs sur les arbres à fruits à noyau

On distingue les organes producteurs de fruits et ceux producteurs de bois
Ces derniers peuvent évoluer vers des rameaux « mixtes ».

Œil à bois (ou bourgeon)
Terminal ou axillaire (latéral), il est reconnaissable à sa forme pointue ; il est parfois encadré d'yeux stipulaires, plus petits, évoluant en feuilles. Les yeux à bois ne fleurissent pas.

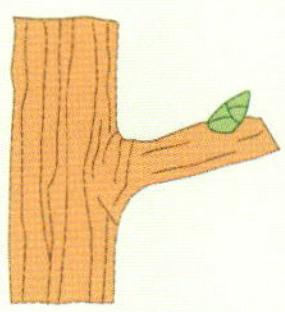

Rameau à bois
Il ne porte que des yeux à bois. Il peut servir à la constitution d'une coursonne (branche fruitière portée par la charpentière).

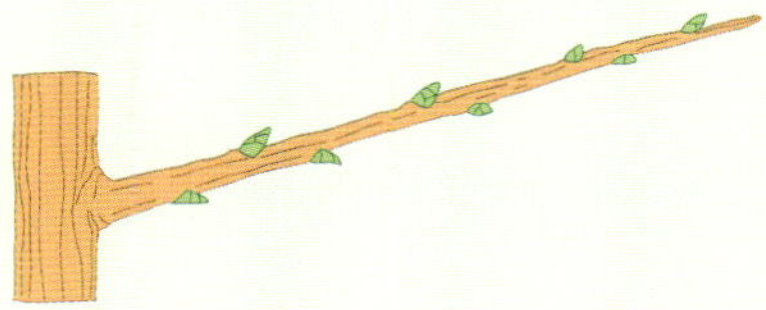

Bouton à fleur
Ce bouton de forme arrondie ne donne qu'une seule fleur ; sur certaines espèces, comme le pêcher, il peut être associé à un œil à bois ou à d'autres boutons à fleur (bouquet de mai).

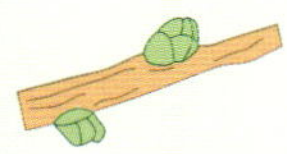

Branche chiffonne
Elle porte des boutons à fleur sur toute la longueur et soit un œil à bois à son extrémité, soit un œil à bois à sa base, soit deux bourgeons à bois, un à la base et un à l'extrémité.

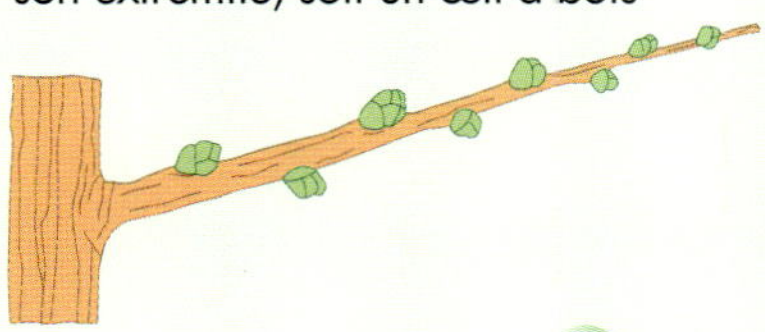

Rameau gourmand
Pousse vigoureuse qui se développe au détriment des autres et qui peut déséquilibrer une formation.

Rameau mixte
Pousse portant des bourgeons à bois et des boutons à fleur. Le plus souvent, deux bourgeons à bois sont situés à la base du rameau. Cette pousse est particulièrement intéressante pour son évolution et les productions qu'elle peut donner après la taille.

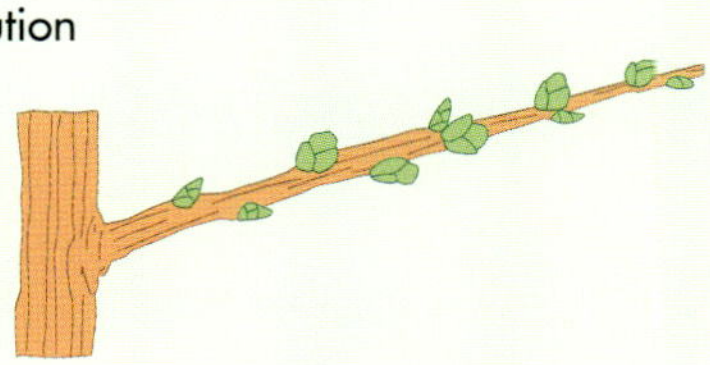

Bouquet de mai
Très court rameau (5 cm) portant de nombreux boutons à fleur avec un œil à bois terminal et central, qui évolue très rarement. Le bouquet de mai se rencontre sur le pêcher.

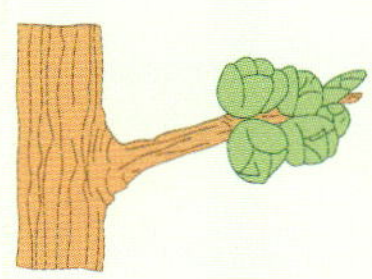

ORGANES PRODUCTEURS SUR LES ARBRES À FRUITS À PÉPINS

Il s'agit principalement du poirier et du pommier, sur lesquels on peut identifier plusieurs organes, d'apparence différente selon la saison.

Dard

Plus pointu que l'œil à bois, le dard peut évoluer vers un rameau à bois ou donner un bouton à fruit. On distingue le dard lisse, placé directement contre le rameau, et le dard ridé, situé à l'extrémité d'un rameau très court.

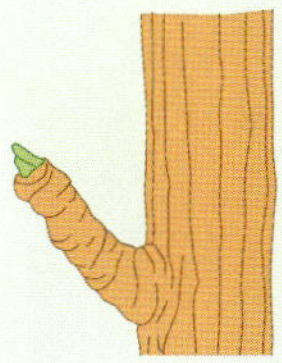

Œil à bois

On en distingue plusieurs sortes, selon leur position sur le rameau. On le dit « terminal » quand il est placé à l'extrémité de la pousse ; « axillaire » quand il est sur le côté ; « stipulaire » quand il se situe près du bourgeon principal ; « latent » quand il n'est pas encore développé, à peine visible sous l'écorce.

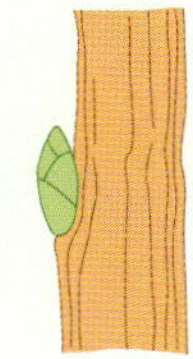

Rameau à bois

Produit du développement d'un œil à bois. Le gourmand est un rameau à bois qui, en captant la sève, se développe au détriment des autres organes. La brindille est aussi un rameau à bois, mais beaucoup plus faible que le précédent (30 cm de long au maximum). La brindille est dite « couronnée » quand elle porte, à son extrémité, un bouton à fruit.

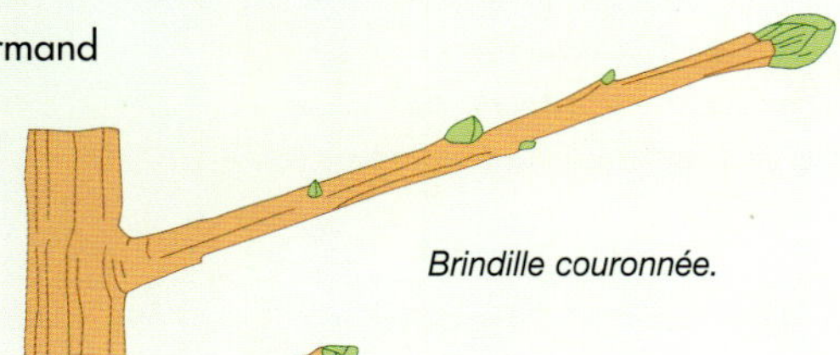

Brindille couronnée.

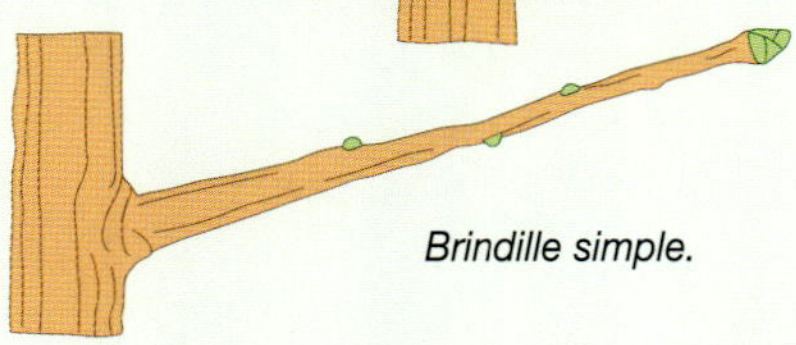

Brindille simple.

Bouton à fleur (ou bouton à fruit)

Gros bourgeon arrondi (contrairement à l'œil à bois, pointu). Il va évoluer vers la production de fruits.

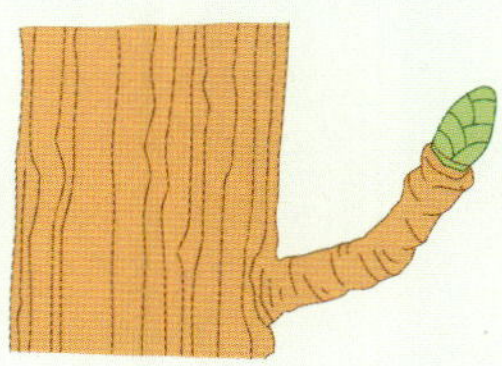

Lambourde

Rameau très court, portant un bouton à fruit à son extrémité. Il s'agit d'une évolution d'un dard ridé, entouré de feuilles pendant la végétation.

Bourse

Elle se forme à l'emplacement où le fruit était auparavant fixé. Il s'agit d'un organe renflé, qui peut porter un œil à bois, un dard, une brindille ou un bouton à fleur.

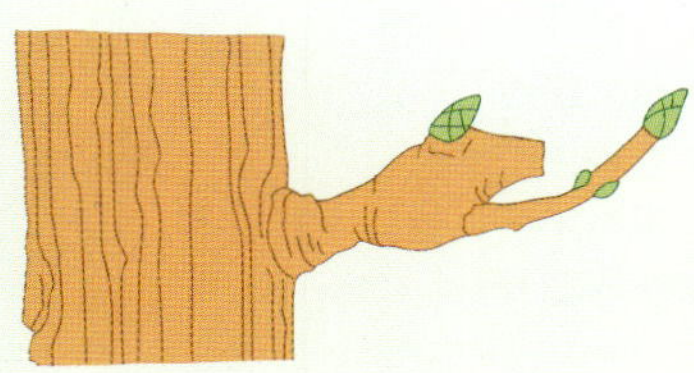

✓ Quand tailler

Le but de la taille de fructification est, nous l'avons vu, d'aboutir à la transformation des organes. Cette évolution est obtenue en « répartissant » la sève de façon à favoriser la naissance (ou le développement) des yeux à bois latents, des bourgeons, et leur transformation en dards puis en boutons à fleur. Cette répartition de la sève se fait naturellement, pour les formes dites « libres » (hautes tiges, demi-tiges, basses tiges), par la taille ou par l'arcure, cette dernière méthode orientant la sève vers les points voulus.

La taille en vert, que l'on exécute pendant la période végétative, a pour but de limiter le développement des jeunes pousses.

Effectuez la taille de fructification pendant le repos de la végétation, en hiver, mais quand il ne gèle pas. Profitez de l'occasion pour renforcer les attaches.

On distingue principalement deux époques de taille : pendant le repos de la végétation, de novembre à février-mars (quand il ne gèle pas) ; pendant la végétation, sur les organes en développement, de mars à octobre (il s'agit pour l'essentiel des ébourgeonnements, pincements et tailles en vert).

✓ Comment tailler

Bien que les opérations de taille soient parfois extrêmement précises et différentes selon l'essence fruitière, on a pu, en fonction de la similitude présentée par les organes sur les arbres à fruits à pépins, d'une part, et sur ceux des arbres à fruits à noyau, d'autre part, définir des types d'intervention communs à chacune de ces deux grandes catégories.

Taille sur les arbres à fruits à noyau

La taille est régulièrement appliquée sur le pêcher, les arbres à fruits à noyau pouvant se contenter d'un simple élagage. Le principe de taille est ici dicté par le fait qu'un rameau ayant fructifié ne portera plus de fruit. Il faut donc assurer le développement de nouveaux rameaux pour la fructification de l'année suivante.

Taille en crochet

● Cette taille permet d'assurer le renouvellement des rameaux et maintient les fruits près des charpentières. Elle doit être exécutée à la fin de l'hiver, pour éviter l'élimination accidentelle des boutons à fleur. Elle concerne le rameau à bois.

● Taillez à deux yeux, qui donneront deux pousses, le plus souvent un rameau à bois et un rameau mixte. L'année suivante, taillez le rameau à bois à deux yeux, et le rameau mixte au-dessus du troisième ou du quatrième groupe de fleurs. Conservez, au-dessus du dernier groupe de fleurs, un œil à bois, qui jouera alors le rôle de « tire-sève », cela afin de favoriser l'alimentation des organes inférieurs. L'année suivante encore, éliminez le rameau ayant fructifié et répétez les opérations décrites ci-dessus pour les autres.

● En ce qui concerne les autres organes de fructification (branche chiffonne et bouquet de mai), vous les conserverez ou les supprimerez selon leur emplacement et suivant leur importance.

■ *En cours de végétation :* supprimez tous les yeux inutiles. Pincez les rameaux au-dessus de huit feuilles. Ne pincez jamais les prolongements des charpentières.

■ *Après la végétation :* ébourgeonnez, c'est-à-dire supprimez tous les yeux ou les pousses inutiles (en fonction du plan de taille indiqué précédemment). Conservez toutefois le tire-sève de la branche fruitière (voir plus haut).

● Pincez les rameaux de façon à limiter leur développement, qui se ferait au détriment des fruits. Pincez, au-dessus de trois ou quatre feuilles, les pousses issues du tire-sève d'extrémité ; pincez chaque pousse accompagnant les fruits, au-dessus de trois feuilles ; pincez, un peu plus tard, l'extrémité des pousses issues des yeux de base.

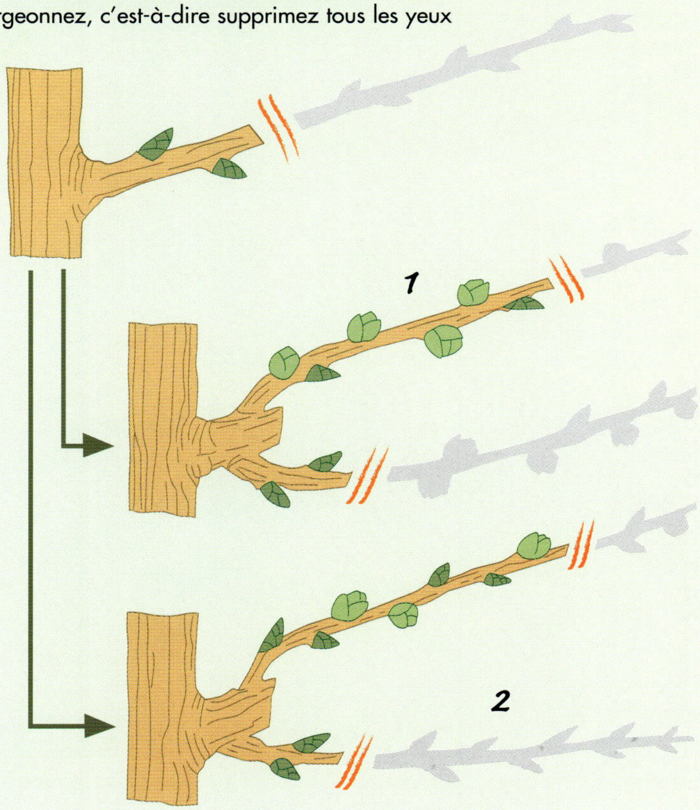

Les deux yeux conservés se transforment en deux rameaux mixtes (1) ou en un rameau mixte et un rameau à bois (2).

Ces trois schémas montrent l'application de la taille en crochet sur un pêcher.

La taille en vert

Elle a pour but de raccourcir les rameaux portant de trop nombreux fruits et de supprimer les branches fruitières (au-dessus des deux pousses de base) ayant dépéri ou ayant déjà fructifié. Cela a pour conséquence de limiter le nombre des fruits et des organes attirant la sève, qui n'alimente plus alors les fruits restants.

Intervention estivale.

En cas d'attaque de parasites, la taille en vert permet, de plus, d'éliminer les rameaux atteints.

L'éclaircissage

L'éclaircissage des fruits consiste à supprimer un certain nombre de fruits pour favoriser les autres.

Les bouquets de pommes et de poires doivent être éclaircis. Sur le poirier (à droite), éliminez les fruits du centre ; sur le pommier (à gauche), ôtez ceux de la périphérie.

Taille sur les arbres à fruits à pépins

La fructification a lieu, le plus souvent, au bout de trois à quatre ans.
On distingue les opérations d'hiver de celles d'été.

Taille trigemme

- Elle est également appelée « taille en sec », en regard de l'époque où on doit l'exécuter : en hiver, pendant le repos de la végétation, c'est-à-dire au moment où la sève ne circule pas.
- Cette taille est dite « trigemme », car elle est pratiquée au-dessus de trois yeux ou de trois dards. On dirige ainsi la sève vers ces trois organes dans le but de les faire rapidement évoluer en boutons à fleur.
- À la suite de la première taille, l'œil terminal, qui se développera le plus vite – la sève ayant toujours tendance à se porter aux extrémités –, va donner naissance à un rameau. L'œil intermédiaire (parfois l'œil de base également) va se transformer en dard. Après la deuxième taille, au-dessus de trois organes, le ou les dards évolueront en boutons à fleur.
- Ce principe de taille n'est pas immuable. Selon la vigueur de l'arbre et l'emplacement des coursonnes sur les charpentières, vous pourrez être amené à pratiquer une taille polygemme : les coursonnes supérieures (recevant plus de sève) pourront être taillées au-dessus de deux organes, tandis que celles situées à la base des charpentières seront taillées au-dessus de quatre ou cinq yeux. En outre, sur un arbre vigoureux, vous conserverez autant d'organes que la sève, abondante, pourra alimenter.
- Tout ce qui précède constitue des notions de base, des cas types. Bien souvent, dans la réalité, on se retrouve devant des situations qui ne ressemblent pas à l'exemple pris (trois yeux de base sur un rameau). Les possibilités sont multiples : reportez-vous aux schémas et notez les développements que vous obtiendrez.

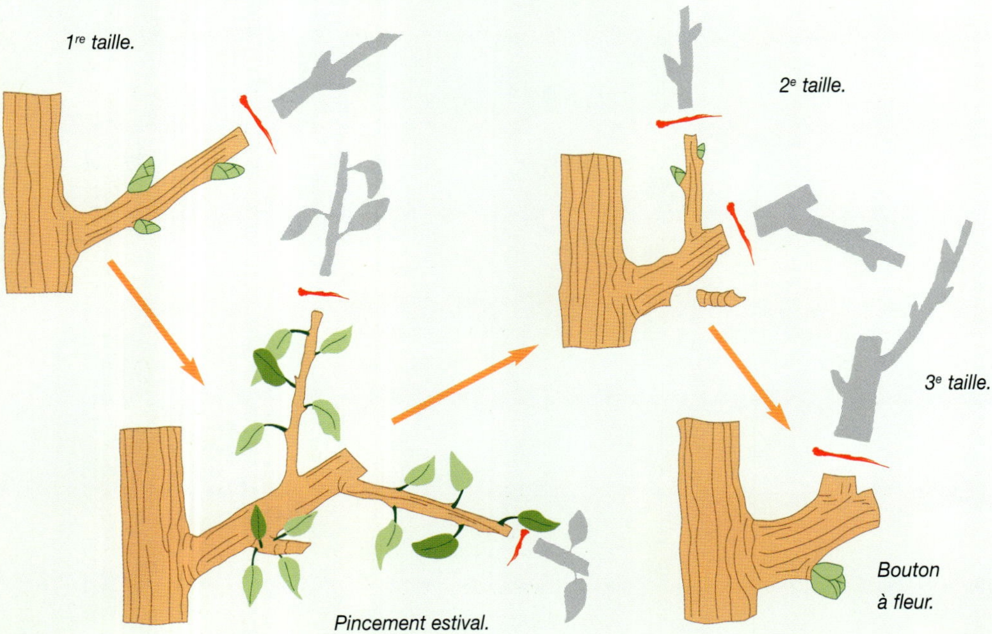

Taille trigemme (suite)

- En cours de végétation : la taille trigemme doit être complétée par une série d'opérations estivales, en cours de végétation. Il s'agit essentiellement de supprimer les jeunes pousses inutiles ou mal placées sur la coursonne. Cette opération est appelée à tort « ébourgeonnement » (on élimine les pousses et non les bourgeons). Effectuez-la manuellement, à l'aide du pouce et de l'index, et non avec le sécateur. Tailler avec cet instrument aurait pour conséquence de provoquer la naissance d'yeux stipulaires, qui risqueraient de se développer au détriment des fruits.
- Complétez l'ébourgeonnement par un pincement : en éliminant les extrémités des rameaux, là où la sève a tendance à se porter, vous favoriserez le développement des yeux ou des dards que vous avez conservés lors de la taille d'hiver. Pincez aussi bien les rameaux développés après la taille d'hiver que ceux dits « anticipés » (anticipation d'une année sur la végétation normale), dont la naissance peut être provoquée par des premiers pincements. Pincez au-dessus de la troisième ou de la quatrième feuille portant un œil à son point d'attache sur le rameau.
- Si ébourgeonnement et pincement sont les deux principales interventions que vous aurez à effectuer pendant la végétation, il peut parfois se révéler nécessaire de les compléter par une taille en vert, exécutée en fin de végétation (août-septembre). Cette opération a pour but de raccourcir les rameaux que l'on aurait oublié de pincer et de contenir le courant de sève (faible à cette époque) au profit des organes pouvant évoluer en boutons à fleur, à la saison suivante.

Taille de la vigne

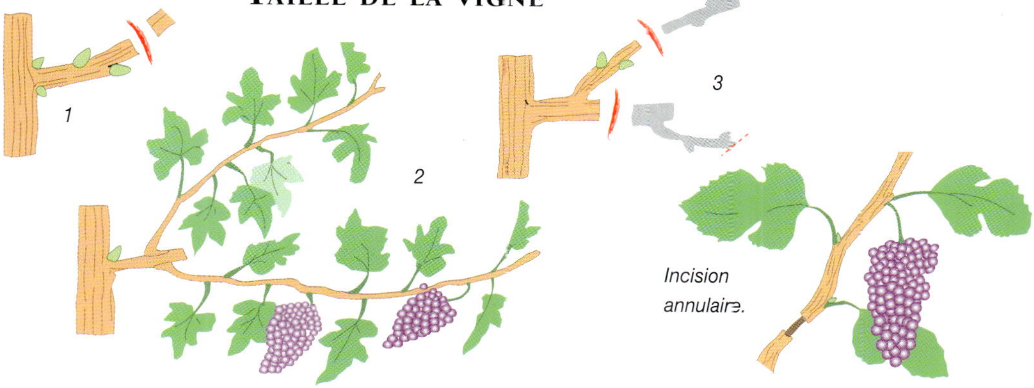

◄ *Réalisation d'une incision annulaire sur la vigne, afin de détourner la sève vers la grappe de raisin.*

Palissez les rameaux de la vigne au fur et à mesure de leur développement, pour qu'ils puissent résister au poids des grappes. ►

L'élagage

Les arbres de forme libre tendent à développer une ramure désordonnée, dont il faut couper un certain nombre de branches, soit pour restructurer l'arbre, soit parce qu'elles ne sont pas fructifères. C'est l'objet de l'élagage.

On fait parfois appel à des professionnels pour élaguer les arbres, mais vous pouvez fort bien vous en charger vous-même. C'est pourquoi vous trouverez ici quelques indications utiles : les raisons d'une taille, la façon de l'exécuter et l'époque où on doit l'effectuer.

✓ Quand et comment élaguer

• **Le bon moment.** Effectuez les élagages en hiver, période de repos de la végétation, mais surtout en dehors des périodes de gel et lorsqu'il ne pleut pas. Si ces opérations étaient entreprises après la reprise de la végétation, la sève s'écoulerait par les plaies ouvertes, compromettant alors sérieusement la cicatrisation.

• **Les arbres fruitiers à élaguer.** L'élagage concerne les arbres fruitiers de forme libre (haute tige, demi-tige, buisson, etc.), conduits de cette façon parce qu'ils ne supporteraient pas les formes artificielles et les tailles de fructification qui les accompagnent (c'est surtout le cas des arbres à fruits à noyau, à l'exception du pêcher), ou parce qu'on les a voulus ainsi.

Élaguer consiste à supprimer les branches mortes, gênantes ou mal placées, risquant de déséquilibrer la charpente. Ce travail doit être exécuté avec soin et à l'aide d'un matériel et de produits adaptés, pour que l'arbre ne souffre pas de séquelles de ces amputations. Il est en particulier essentiel de travailler avec des outils propres, désinfectés à la flamme entre chaque arbre, pour ne pas propager d'éventuelles maladies.

L'élagage de certaines branches noueuses nécessite l'utilisation d'une tronçonneuse. Profitez du repos de la végétation pour entreprendre les travaux d'élagage.

Commencez toujours par scier la branche par en dessous ; si vous commenciez par le dessus, la branche serait entraînée par son poids et casserait, arrachant le bois.

✓ La méthode

Pour les branches de faible diamètre, utilisez un sécateur. Pour les plus grosses, employez une scie arboricole ou une scie à bûche.

■ *Ouvrez un trait de scie* de quelques centimètres de profondeur sous le point de coupe, qui doit être le plus près du point d'attache de la branche.

■ *Sciez ensuite par le haut,* juste au-dessus du trait de scie précédemment ouvert. Au moment où les deux traits de coupe vont se rejoindre, soutenez la branche pour éviter qu'elle ne se rompe brusquement. De cette façon, vous obtiendrez une coupe nette, alors que si vous aviez scié directement à partir du dessus de la branche, celle-ci, entraînée par son propre poids, se serait arrachée en provoquant un éclatement du bois, où auraient pu ensuite se développer parasites et maladies.

Ce type d'outil, un sécateur-élagueur à deux mains, est bien pratique pour tailler les rameaux de forte section.

■ *Soutenez la branche* car, si elle est importante, elle risque de casser d'autres rameaux en tombant.

■ *La coupe terminée, rafraîchissez les bords* à l'aide de la serpette ou du couteau à greffer. Enfin, recouvrez la plaie d'un mastic cicatrisant, plus facile à appliquer quand il se présente en bombe aérosol. Cela protégera le bois des intempéries et des parasites qui pourraient s'y introduire, pour y trouver refuge pendant la mauvaise saison et y proliférer.

Travaillez toujours avec des outils bien affûtés et, une fois votre travail terminé, désinfectez-les avec de l'alcool à 90° (surtout si vous avez élagué des branches malades) ou en les passant sur une flamme.

Après la taille d'un rameau important, appliquez un produit cicatrisant.

Affûtez régulièrement la lame des outils (ici, une serpette).

Les ennemis des fruits

Maladies et parasites	Symptômes	Végétaux atteints
Acariens	Le feuillage devient gris.	Poirier, pommier
Anthonomes	Larves blanches dévorant les boutons à fruit, qui tombent.	Poirier, pommier, fraisier
Anthracnose	Maladie provoquant l'apparition de taches brunes ou noires sur les feuilles.	Groseillier, noyer, vigne
Black rot	Maladie due à des champignons qui entraîne des tâches rougeâtres sur les feuilles puis des taches noirâtres sur les rameaux ; enfin, les grains noircissent, se rident et se dessèchent.	Vigne
Carpocapses	Chenilles blanchâtres dévorant l'intérieur des fruits.	Châtaignier, noyer, poirier, pommier, prunier
Cécydomies	Petites mouches dont les œufs donnent naissance à des larves qui dévorent l'ovaire puis grossissent à l'intérieur du fruit (poire « calebassée »), qui finit par tomber.	Poirier
Chancre européen	Maladie cryptogamique qui se manifeste par l'apparition de taches sur les branches, qui les dessèche et les désagrège, risquant de faire périr l'arbre tout entier.	Pêcher, poirier
Cheimatobies	Les bourgeons et les boutons floraux sont dévorés par de petites chenilles vertes rayées de deux bandes blanches.	Cerisier
Cloques	Maladies cryptogamiques entraînant la déformation des feuilles, qui se cloquent et jaunissent.	Pêcher, poirier
Excoriose	Plaques noires sur les rameaux et la grappe, qui font éclater le sarment.	Vigne
Hoplocampes	Larves de mouche qui se logent et se développent dans les fruits, qui noircissent et tombent.	Poirier, pommier, prunier
Hyponomeutes	Les feuilles et les bourgeons sont rongés par des chenilles, qui tissent leur nid (sorte de gros cocon grisâtre).	Poirier, pommier
Maladie criblée	Taches rouges ; les feuilles se nécrosent.	Abricotier, cerisier, pêcher, prunier
Mildiou	Taches brunes sur la face supérieure des feuilles et moisissure blanchâtre sur leur face inférieure.	Vigne

LES ENNEMIS DES FRUITS

MALADIES ET PARASITES	SYMPTÔMES	VÉGÉTAUX ATTEINTS
Moniliose	Maladie provoquée par des champignons ; les fleurs et les branches se dessèchent, des chancres apparaissent à la base des rameaux desséchés, les fruits se momifient et se couvrent de pustules grisâtres regroupées en cercles concentriques.	Abricotier, cerisier, cognassier, poirier, pommier, etc.
Mouches	Leurs larves dévorent les fruits.	Cerisier, figuier, pêcher
Oïdium	Champignon recouvrant d'une poudre blanchâtre les feuilles, les tiges, les boutons floraux et les fruits, qui se dessèchent et tombent ; appelé aussi « blanc ».	Groseillier, noisetier, vigne
Pourriture grise	Moisissure grise.	Fraisier, framboisier, vigne
Psylles	Petits insectes ressemblant aux pucerons, qui se nourrissent de la sève des feuilles.	Poirier
Pucerons lanigères	Pucerons qui provoquent, par leurs piqûres, la naissance de chancres sur les branches, le tronc et même les racines ; ces insectes vivent en colonie, formant un amas laineux blanchâtre, d'où leur nom.	Pommier
Pyrales	Petites chenilles jaunâtres qui rassemblent feuilles et grains en tissant autour d'eux une sorte de cocon, à l'abri duquel elles dévorent ces derniers.	Vigne
Rouilles	Maladies cryptogamiques qui provoquent l'apparition de taches jaunâtres sur les feuilles.	Framboisier, poirier
Tavelures	Maladies provoquées par des champignons qui se développent sur les feuilles et les fruits ; elles forment de petites taches, et les fruits se craquellent.	Amandier, poirier, pommier
Teignes	Chenilles verdâtres qui dévorent les bourgeons et les fleurs.	Cerisier, cognassier
Tenthrèdes	Larves blanchâtres qui dévorent les feuilles et les jeunes pousses.	Cerisier, groseillier, pêcher, poirier
Tordeuses	Chenilles à l'intérieur des fruits.	Pêcher

Principales espèces fruitières

Espèce	Culture	Exigences particulières
Abricotier	Peut être conduit en haute tige, demi-tige ou basse tige, ou en espalier ; taille d'élagage sur les formes libres, taille de formation pour provoquer la naissance de nouveaux rameaux sur les formes en espalier.	Exposition ensoleillée ; plantation en sol calcaire, léger.
Actinidia	Liane dont les fruits sont aussi appelés « kiwis » ; se conduit comme une grimpante (palissage) ; aucune taille spéciale.	Lors de la plantation, associez un pied mâle à cinq pieds femelles ; plantation en terre peu calcaire, bien drainée ; à protéger des gelées printanières.
Amandier	Conduit le plus souvent en gobelet qui, une fois formé, ne demande pas d'autre taille qu'un élagage léger.	Très sensible aux gelées printanières, il ne se développe bien que dans le Midi ; demande, pour fructifier, la proximité d'une variété différente ; plantation en terre légère, calcaire.
Cerisier	Vient bien sous tous les climats des régions tempérées ; peu sensible aux gelées printanières ; conduit en formes libres (tiges), un élagage annuel suffit.	Plantation de préférence en sol peu compact (évitez, pour cette raison, les terres trop argileuses).
Figuier	L'un des rares fruitiers à ne pas être greffé (multiplication par marcottage) ; forme en cépée de douze branches.	Ne fructifie vraiment bien que dans le Midi ; et même dans cette région, attention aux hivers rigoureux. Plantation en terre légère se réchauffant rapidement et en exposition abritée (sud).
Framboisier	Bien adapté au climat des régions tempérées ; multiplication par éclat de touffes et drageonnage ; conduit en touffes ; élagage.	Plantation en terre argileuse, conservant bien l'humidité.
Groseillier à grappes	Multiplication par marcottage et, mieux, par bouturage ; conduit en buisson.	Peu exigent quant à la nature du sol, qu'il préfère cependant argileux et frais ; assez sensible aux grosses chaleurs.

Abricots.

Actinidias (ou kiwis).

Cerises.

Groseilles.

PRINCIPALES ESPÈCES FRUITIÈRES

ESPÈCE	CULTURE	EXIGENCES PARTICULIÈRES
Groseillier à maquereau	Se conduit de la même façon que le groseillier à grappes ; présence d'épines sur les rameaux fructifères.	Aucune.
Groseillier nain (cassissier)	Même culture que le groseillier à grappes ; particulièrement résistant aux maladies et aux parasites.	Contrairement aux deux autres types de groseilliers, le cassissier exige une taille de fructification (taille en crochet).
Myrtillier	Multiplication par division des touffes et drageonnage ; vient sous tous les climats, à exposition ombragée.	Exige une terre acide (terre de bruyère) ; plantation par couple, car les variétés sont autostériles.
Néflier	Assez rustique ; peu sensible aux gelées printanières ; conduit en gobelet ; peu sensible aux maladies et aux parasites.	Aucune.
Noisetier	Très rustique, il redoute cependant les gelées printanières (floraison précoce) ; multiplication par drageonnage.	Plantation en terre calcaire ; groupez les sujets (qui sont autofertiles) par deux ou trois.
Noyer	La taille respectueuse (près de 20 m) que l'arbre atteint à l'âge adulte limite le plus souvent, dans les jardins, sa culture à un seul sujet et exclut toute taille, sinon un élagage partiel ; se cultive bien dans les régions tempérées (peu froides).	Sensible aux gelées printanières attention à l'ombre portée par la ramure importante.
Pêcher	Conduit en haute tige, basse tige, demi-tige, ou encore en U ou en gobelet ; taille en crochet.	Plantation en terre humifère, à tendance calcaire, chaude et légère ; floraison précoce sensible aux gelées printanières ; à protéger des maladies et des parasites.

Nèfles.

Pêches.

Groseilles à maquereau.

Cassis.

Principales espèces fruitières

Espèce	Culture	Exigences particulières
Poirier	Très rustique ; le plus souvent conduit en U (simple ou double), palmette, cordon… ; tailles de formation et de fructification (taille trigemme).	Craignant la sécheresse, le poirier préfère les sols argileux, conservant bien l'humidité, mais perméables (attention à l'humidité stagnante).
Pommier	Se conduit et se taille de la même façon que le poirier ; se prête à toutes les formes.	Comme le poirier, le pommier redoute l'humidité stagnante ; plantez-le dans un sol argileux mais au sous-sol perméable.
Prunier	Parfaitement adapté au climat des régions tempérées le prunier n'est conduit qu'en formes libres (tiges) ; il est possible de le multiplier par drageonnage.	Pas d'exigence particulière quant à la nature du sol ; la précocité de la floraison la rend sensible aux gelées printanières.
Vigne	Plante grimpante, la vigne doit être palissée sur un support dont il est nécessaire de prévoir l'implantation avant la mise en place du végétal ; multiplication par marcottage et bouturage ; la taille de fructification a pour but de renouveler les rameaux, car c'est sur le bois de l'année qu'apparaissent les fruits.	La vigne est bien souvent le privilège des régions au climat chaud ; ailleurs, réservez-lui une exposition ensoleillée ; plantez-la dans une terre légère, peu calcaire.

Poires.

Prunes.

Quetsche.

Reine-Claude.

Vigne sur tuteur.

Vigne en espalier.

Les fraisiers

Souvent présentées avec les légumes au potager, les fraises ont pourtant leur vraie place au fruitier.

Rustiques, les fraisiers viennent bien sous tous les types de climat d'Europe occidentale. Les sélectionneurs ont créé des cultivars très productifs et résistants aux maladies. La plante se caractérise par ses stolons (ou filets) qui s'enracinent, formant de nouveaux pieds.

La culture des fraisiers

Le fraisier est exigeant, mais peut venir en tout type de terre (sauf trop calcaire). Installez les pieds dans un terrain bien exposé, ayant été fumé l'automne précédent et enrichi d'humus – ou de terre de bruyère s'il est calcaire.

✓ Plantation

On l'effectue en automne pour que la plante ait le temps de s'adapter au sol avant le démarrage de la végétation (ne cassez pas la motte en dépotant les godets). On peut cependant repiquer en mars-avril, mais la production n'est pas très abondante la première année. Plantez en lignes sur une planche plutôt qu'en bordure, où les plants sont plus difficiles à entretenir, sauf s'il s'agit d'une variété non stolonifère. Les lignes doivent être espacées de 40 cm.

✓ Conduite

Des binages réguliers permettent de diminuer l'évaporation et de se débarrasser des mauvaises herbes. Ne binez pas trop profondément pour ne pas endommager les racines.

Les arrosages ne doivent pas être excessifs, car ils prédisposent aux maladies cryptogamiques. Ils sont nécessaires pendant les grosses chaleurs.

Les apports d'engrais doivent être importants si l'on veut obtenir des fruits bien développés : il existe des engrais spéciaux pour fraisiers (en poudre ou en granulés) ; ils apportent, notamment, des oligo-éléments indispensables.

✓ Récolte

Pour bien se conserver, les fraises doivent être cueillies tôt le matin ou tard le soir. Les premières récoltes ont lieu en mai pour les cultures hâtées et les cultivars les plus précoces. En combinant différents cultivars, on obtient une récolte de mai jusqu'aux premières gelées. On peut prolonger la récolte en recouvrant les plantes de châssis. En cueillant les fraises, veillez à ne pas abîmer les pieds : le calice et un petit morceau de pédoncule doivent rester accrochés au fruit.

On produit facilement de nouveaux pieds de fraisier, les stolons émettant spontanément des racines. Repiquez les nouveaux sujets dans des godets individuels.

Séparez le stolon du plant. Trempez ses racines dans une poudre d'hormones spécifique, afin de stimuler le départ de la végétation – que vous repiquiez en pleine terre ou en godet.

Un film plastique opaque constitue un paillage efficace, limitant le développement des mauvaises herbes. Percez le film pour y passer les racines. La plantation terminée, maintenez le film plaqué au sol.

Les principaux cultivars

✓ Non-remontants

Cambridge (très hâtif, très productif, résiste aux maladies et aux gelées), *Madame Moutot* (hâtif, très gros fruits rouge foncé), *Gariguette* (productif, fruits à chair ferme et sucrée, allongés), *Gorella* (gros fruits coniques, productif), *Surprise des Halles* (très hâtif, fruits ronds), *Talisman* (gros fruits allongés rouge brillant), *Sengana* (résiste bien aux gelées et aux maladies), *Bogota* (tardif, très gros fruits orangés parfumés).

✓ Remontants

Rabunda (gros fruits rouge orangé, importante remontée), *Gento* (très gros fruits, très sucrés et parfumés), *Profusion* (très remontant), *Saint-Claude* (fruits à chair parfumée, émet peu de stolons, très vigoureux), *Ostara* (robuste, gros fruits rouges), *Sans rival* (production continue de juillet à octobre, fruits à chair rose et sucrée), *Red Gauntlet* (semi-remontant), *Revada* (hâtif, fruits rouge vif), *Trisca* (très remontant, fruits énormes et sucrés), *Délices* (sans stolon, petits fruits juteux).

✓ À petits fruits

Reine des vallées (fraisier des quatre saisons, à petits fruits très parfumés connus sous le nom de « fraises des bois »), *Bordurella* (sans stolon, petits fruits très parfumés, pour bordures et jardinières), *Tapirella* (très productif, émet des stolons qui fructifient dès la première année).

Afin de conserver les fruits propres si vous n'avez pas recouvert la terre d'un film plastique, faites-les reposer sur les feuilles de la plante. Attention : les fruits mûrs éveillent la convoitise des oiseaux.

La récolte et la conservation des fruits

Si l'on veut conserver les fruits dans de bonnes conditions, il est impératif de ne pas les cueillir trop mûrs. Il faut aussi le faire avec précaution.

Il ne suffit pas d'arracher le fruit de l'arbre pour le cueillir. La récolte doit en effet se faire selon certaines techniques et à des époques précises, qui varient selon l'essence et la variété. Ces précautions ont pour but de ne pas blesser le rameau en détachant le fruit trop brusquement, à un emplacement où pourra peut-être se reformer un nouvel organe producteur de fruit. De plus, la façon dont le fruit est cueilli ainsi que l'époque de la cueillette doivent permettre de préserver la qualité du produit et, en conséquence, la possibilité de le conserver.

L'ensachage des fruits (deux à trois semaines avant la récolte) permet de les protéger des insectes et des oiseaux, et accélère leur mûrissement.

Quand récolter

Certains fruits doivent être cueillis à maturité, d'autres un peu avant. Les premiers peuvent être immédiatement consommés, tandis que les seconds, principalement les pommes et les poires, qui se conservent longtemps, sont récoltés avant totale maturité et ne sont pas encore propres à la consommation.

✓ À maturité

On récolte à maturité les cerises, framboises, groseilles, mûres, pêches, raisins, etc. Deux signes de maturité ne trompent pas : les fruits commencent à tomber ; les oiseaux picorent ceux qui sont le mieux situés (en haut de l'arbre, le plus souvent) et qui, de ce fait, ont mûri un peu plus vite que les autres. Cueillez alors les fruits sans attendre.

✓ Avant maturité

Il s'agit principalement des pommes et des poires. Les fruits ne sont pas encore totalement mûrs, mais ils ont déjà pris leurs couleurs caractéristiques.

Protégés de l'appétit des insectes, les fruits viendront parfaitement à maturité.

Cueillez les variétés d'été environ huit jours avant de les consommer, et les variétés d'automne deux semaines avant de les manger. Respectez ces délais pour que les fruits finissent de mûrir ; cela vous permettra également d'étaler la récolte en fonction des besoins. Enfin, cueillez les variétés d'hiver avant la fin octobre.

Comment récolter

Les différentes techniques de récolte, parfois bien spécifiques à une essence, ont toutes pour but de préserver le fruit à ce moment capital où on le sépare de l'arbre. De la façon dont le fruit est cueilli dépendent non seulement son aspect et sa présentation, mais aussi ses chances de pouvoir être conservé pour une consommation ultérieure. De ce fait, certaines techniques faisant appel à un matériel adapté sont parfois mises en œuvre, particulièrement quand il n'est pas possible de cueillir directement à la main.

✓ Les techniques

On peut classer sommairement les techniques de récolte en trois catégories, qui correspondent à certains types de fruits. Cependant, reportez-vous également au tableau ci-dessous, dans lequel vous trouverez les précautions nécessaires à respecter dans certains cas.

Les fruits à pédoncule court, tenus délicatement en main, doivent être détachés par un léger mouvement de rotation ; les fruits à pédoncule long sont cueillis par un mouvement de va-et-vient, le rameau porteur étant tenu de l'autre main. Dans les deux cas, n'arrachez pas le fruit, vous blesseriez l'arbre.

Les fruits dits « secs » sont détachés de l'arbre par gaulage (à l'aide d'une longue perche avec laquelle on secoue les branches pour faire tomber les fruits).

Dans certains cas (pour les prunes, par exemple), on peut aussi secouer le tronc de l'arbre pour faire tomber les fruits. Si vous procédez de cette façon, prenez la précaution de disposer une grande bâche sur le sol : cela vous facilitera le ramassage.

Récolte des fruits

Fruits	Époque	Précautions particulières
Abricots	Une semaine avant complète maturité.	De préférence en fin de journée.
Cassis	À maturité.	Par temps sec.
Cerises	À maturité.	N'attendez pas que les fruits commencent à tomber ; n'arrachez pas les feuilles avec les fruits, mais cueillez-les avec leur pédoncule.
Framboises	À maturité.	De préférence en début de journée. Détachez le fruit délicatement.
Groseilles	À maturité.	Coupez les grappes à l'aide d'une paire de ciseaux, avec leur pédoncule.
Pêches	Au fur et à mesure de la maturité des fruits.	Prenez délicatement les fruits, car ils marquent vite ; cueillez-les de préférence le matin.
Poires, pommes	Un peu avant maturité, quand les fruits commencent à se colorer.	Soutenez le fruit au moment de le détacher.
Prunes	À maturité.	Cueillez le matin, avec le pédoncule.
Raisin	À maturité.	Coupez la grappe avec un morceau du sarment.

✓ Le matériel

Les instruments les plus adaptés à la cueillette des fruits sont les mains. C'est particulièrement évident pour les formes basses ou peu élevées (cordons, palmettes, etc.).

Cependant, dès qu'il s'agit de cueillir les cerises, les noix ou tout autre fruit venant sur un arbre de plein vent, l'opération doit être exécutée à l'aide d'un certain nombre d'accessoires : échelle, cueille-fruits, paniers, sacs à récolte. Ces accessoires permettent d'accéder sans risque aux branches les plus hautes et de récolter dans de bonnes conditions.

• **Utilisez une échelle** de préférence double, plus stable ; en l'installant, vérifiez que ses pieds ne reposent pas sur une partie de terrain meuble, qui pourrait s'enfoncer sous votre poids.

• **Les cueille-fruits** servent à aller chercher les fruits sans les abîmer et sans avoir besoin d'une échelle. Disposés au bout d'un long manche, parfois télescopique, et commandés par un mécanisme à tirette, ils permettent d'atteindre les pommes ou les poires les plus hautes. En vous inspirant de ce principe, utilisez un long manche de bois équipé d'un crochet à son extrémité pour ramener vers vous les branches fructifères du cerisier.

• **Le panier** doit être d'un volume limité, afin que vous ne soyez pas tenté de trop le charger, ce qui pourrait vous déséquilibrer. Dans tous, les cas, évitez les positions difficiles, incertaines, voire dangereuses.

• **Autres accessoires.** La liste qui précède serait incomplète si l'on ne mentionnait pas la paire de ciseaux (pour détacher les grappes de groseilles), le sécateur (pour le raisin, notamment) et le peigne à myrtilles.

Utilisation d'un cueille-fruit commandé par tirette : l'extrémité de l'instrument reçoit le fruit en douceur.

La conservation des fruits

Une fois les fruits cueillis, mettez de côté les moins mûrs pour une consommation ultérieure. Mangez les autres dans les jours qui suivent la récolte ; envisagez la préparation de confitures et de compotes avec les plus abîmés.

Les fruits qui seront conservés doivent être parfaitement sains et ne porter aucune trace de coup. Disposez-les sur des clayettes, mais sans les entasser (en une seule couche). Si vous désirez accélérer leur maturation, emballez-les dans du papier journal.

✓ Le fruitier

Quand on dispose de quantités de fruits relativement importantes et que l'on souhaite les conserver pour en consommer une bonne partie de l'année, le mieux est d'aménager un local qui sera spécialement réservé aux fruits.

Ce local de conservation, ou fruitier, sera une pièce sombre, à l'abri du gel, dans laquelle on aura, sans chauffer, une température constante de 5 à 10 °C. Une obscurité quasi totale est indispensable pour que le fruit interrompe son évolution. Pour la même raison, ce local doit être à l'abri de l'humidité. Par ailleurs, si l'atmosphère ne doit pas être confinée, il faudra éviter les brusques renouvellements d'air, qui pourraient entraîner des différences de température. Ces précautions retarderont l'évolution des fruits et leur éviteront de pourrir.

- *Avant d'y stocker les fruits*, passez les murs du fruitier à la chaux et désinfectez-les avec de l'eau de Javel. Cela vous permettra d'éliminer les germes de moisissure qui auraient pu se loger dans les anfractuosités. Installez contre les murs des rayons de 70 cm de large environ, séparés les uns des autres de 30 cm ; les fruits seront placés sur ces rayons sans se toucher. Prévoyez aussi un plan de travail au milieu de la pièce. Si vous ne pouvez envisager l'installation de rayons, utilisez des clayettes à fond à claire-voie, qui seront placées les unes sur les autres.
- *Une fois les fruits installés*, inspectez-les régulièrement, en évitant cependant de trop les manipuler. Prélevez ceux qui sont bons à consommer ; éliminez tous ceux atteints par la pourriture : ils pourraient rapidement contaminer les autres.

Pour prolonger la durée de conservation des pommes et des poires, trempez leur pédoncule dans de la cire chaude avant de les entreposer.
Suspendez les grappes de raisin de sorte qu'une partie du sarment conservé à la base de la grappe trempe dans un récipient d'eau dans laquelle vous aurez immergé un morceau de charbon de bois. Enduisez les autres extrémités du sarment de cire chaude.

Glossaire

Acclimater : méthode de culture visant à adapter une plante à un climat différent de celui de sa région d'origine.

Acidité du sol : teneur du sol en acide, mesurable en pH.

Ados : planche de culture de faible largeur, adossée à un mur ou à une planche, inclinée vers le sud pour qu'elle profite au mieux de l'ensoleillement. On l'utilise pour les cultures hâtées et les récoltes précoces.

Aération : opération consistant à perforer la pelouse d'une multitude de petits trous pour permettre à l'oxygène de pénétrer la terre et donc d'atteindre les racines.

Affiner : action de briser les mottes de terre pour les rendre moins compactes et les préparer aux semis ou aux repiquages.

Aisselle : angle aigu formé par une branche latérale avec une tige ou par une feuille avec une branche.

Akène : fruit sec à un seul logement, par opposition aux fruits diakènes (deux logements), triakènes (trois logements), etc.

Alcalinité : synonyme de basilité, c'est le contraire de l'acidité. Caractérise en particulier la soude, la chaux et l'ammoniaque.

Alterne : disposition des feuilles ou des branches en quinconce sur la tige.

Amélioration : modification favorable obtenue sur une plante par sélection et hybridation au niveau des semences.

Amendement : incorporation de certaines substances (tourbe, sable, etc.) dans une terre pour en modifier la composition physique.

Ameublissement : opération visant à rendre un sol moins compact pour faciliter le développement des racines d'une plante et pour rendre la terre plus perméable (labour, bêchage, hersage, etc.).

Annuelle : se dit d'une plante dont le cycle végétatif s'inscrit dans une période d'un an, généralement de la fin de l'hiver ou du début du printemps à l'automne ou au début de l'hiver.

Arable : désigne la partie superficielle du sol, apte à accueillir des cultures.

Arcure : courbure imposée aux branches de certains arbres fruitiers afin de limiter leur développement et d'augmenter leur capacité de fructification.

Argile : substance siliceuse colloïdale composant certains sols. L'argile est imperméable et donc peu propice aux cultures.

Arrosage : apport d'eau aux plantes sous forme de brumisation, d'aspersion, de pluie ou d'irrigation.

Arroseur : accessoire alimenté par un tuyau souple ou rigide assurant un arrosage par aspersion sur une surface plus ou moins importante. On l'utilise principalement pour la pelouse.

Assolement : méthode de rotation des cultures entre différentes planches pour éviter l'épuisement du sol.

Axillaire : bourgeon (ou œil latéral), rameau ou fleur partant de l'aisselle.

Basicité : *voir* alcalinité.

Bassinage : arrosage par brumisation des feuilles d'une plante ou encore trempage d'un pot ou d'une terrine pour en humidifier la terre par capillarité.

Batte : planche de bois dotée d'un manche ou d'une poignée servant à tasser le sol avant ou après le semis.

Bêchage : action de labourer la terre sur une profondeur correspondant à la hauteur de la lame de la bêche.

Bêche : outil formé d'un manche droit (parfois articulé) à pommeau ou à poignée et d'un fer métallique rectangulaire ou trapézoïdale, tranchant à son extrémité, portant parfois un repose-pied, et servant à labourer la terre.

Binage : action d'ameublir le sol sur une faible profondeur avec un outil à lame (binette, serfouette) pour rompre la croûte superficielle de terre déshydratée, permettre la pénétration de l'air, de l'eau, et éviter ainsi l'évaporation par capillarité (d'où l'adage, « un binage vaut deux arrosages »).

Binette : outil constitué d'un manche et d'une lame, servant à biner la terre.

Bisannuelle : se dit d'une plante dont le cycle végétatif s'étend sur deux années, le semis ayant généralement lieu en été ou en automne, la première année, et la floraison au printemps ou en été et jusqu'en automne pour certaines plantes, la seconde année. Beaucoup de vivaces sont cultivées en bisannuelles.

BLANC : terme désignant un certain nombre de maladies cryptogamiques (champignons microscopiques), dont l'oïdium est la plus connue et la plus répandue. On l'identifie facilement car il donne un aspect blanc poudreux à la plante.

BLANCHIMENT : action de blanchir le feuillage de certaines plantes afin de le rendre plus tendre et pour en adoucir le goût en les privant de lumière pour empêcher la formation de chlorophylle. On blanchit ainsi de nombreuses salades (scarole, barbe-de-capucin, endive, pissenlit, etc.).

BORDURE : limite entre la pelouse et les allées ou les massifs. Désigne aussi les accessoires servant à séparer la pelouse des allées.

BORNAGE : opération participant au repiquage d'un plant, consistant à faire un trou au plantoir juste à côté du premier pour compresser la terre sur les racines du plant et former un réceptacle d'arrosage.

BOUILLIE : suspension de substances phytosanitaires dans l'eau. La plus connue est la bouillie bordelaise (suspension de sulfate de cuivre dans l'eau).

BOURSE : renflement se formant sur les rameaux de pommiers et de poiriers, à l'endroit où se développera une fructification.

BOUTURAGE : méthode de multiplication consistant à prélever une partie d'une plante et à encourager son enracinement.

BULBE : organe souterrain de stockage d'une plante, constitué d'un plateau charnu, de peaux ou d'écailles concentriques et d'un bourgeon terminal.

BUTTAGE : action de ramener la terre au pied d'une plante, généralement avec un râteau, pour favoriser l'émission d'organes souterrains (pommes de terre, asperges, par exemple) ou pour consolider la croissance de tiges basales (haricots, pois, etc.).

CADUQUE : se dit d'une plante dont les feuilles, nées au printemps, se détachent à l'automne.

CAÏEU : partie d'un bulbe qui se détache de celui-ci après apparition d'un bourgeon terminal. Désigne presque exclusivement les gousses d'ail.

CALCIFUGE : caractérise une plante ne supportant pas les sols calcaires.

CHANCRE : plaie d'un végétal ayant tendance à s'élargir constamment et à produire des tissus nécrosés formant une boursouflure.

CHARPENTE : ensemble des branches durables d'un arbre (particulièrement d'un fruitier) formant sa structure permanente.

CHAULAGE : apport de chaux effectué pour réduire l'acidité d'un sol.

CHEVELU : ensemble des très fines racines (capillaires) de certaines plantes.

CHLOROSE : maladie rendant les feuilles et les fleurs jaunâtres du fait d'une entrave à la formation de chlorophylle.

CLAIES À OMBRER : système constitué de fines lamelles reliées parallèlement entre elles par des fils de fer ou des fils textiles, comparable à certains stores, pour ombrer les cultures

COLLET : limite entre la tige et les racines d'une plante.

COMPOST : mélange organique résultant de la décomposition de substances végétales formant à terme du terreau.

CÔTIÈRE : planche de culture inclinée vers le sud de façon à profiter au maximum du soleil, en recevant ses rayons perpendiculairement même en hiver. Souvent établie au pied d'un mur pour jouir de sa protection.

COTYLÉDON : partie d'une graine renfermant les réserves de départ permettant à la plante de développer ses racines avant que celles-ci soient opérationnelles. Les cotylédons se transforment en premières feuilles quand les racines entrent en fonction, initiant le phénomène de photosynthèse.

COUCHE : à l'origine, mélange de fumier et de feuilles qui, du fait de la fermentation, produit un dégagement de chaleur favorable à la germination et au développement des plantes. Désigne par extension les nappes et nattes électriques assurant une chaleur de fond sous une couche de terreau pour favoriser la levée et le démarrage de culture de plantes fragiles ou en culture hâtée.

COULANT : tige se développant au niveau du collet de certaines plantes, et prenant ensuite racine, par marcottage, pour donner naissance à une autre plante. Également appelé « filet ».

COURSONNE : branche d'un arbre fruitier, taillée court par rapport au tronc ou à une branche charpentière, structurée de façon à fructifier.

CRYPTOGAMES : terme générique regroupant les organismes microscopiques (champignons, algues, lichens, mousses) se développant au détriment des plantes cultivées.

CRYPTOGAMIQUE : se dit de toute maladie causée par des cryptogames et plus particulièrement par des champignons (mycoses), des algues, des lichens, des mousses.

CULTIVAR : dans la nomenclature, désigne une espèce cultivée aux caractéristiques distinctives.
CUPRIQUE : se dit d'un produit à base de cuivre.

DAMER : action de tasser la terre avec une batte avant ou après semis.
DÉCHAUSSEMENT : tendance à l'arrachement et au déracinement de certaines plantes. Les plants de gazon sont sujets au déchaussement du fait des tontes répétées.
DÉFONCEMENT : labour profond de la terre, nécessaire en particulier dans un sol qui n'est pas encore cultivé ou qui est resté longtemps en jachère.
DÉGÉNÉRESCENCE : modification progressive défavorable des caractéristiques d'une plante due à son vieillissement ou à une maladie virale.
DÉMARIAGE : action de séparer des plants qui se sont développés trop près les uns des autres du fait d'un semis trop dense. On démarie ainsi les légumes-racines et plus particulièrement les betteraves.
DÉSHERBANT SÉLECTIF : produit spécialement étudié pour lutter contre les mauvaises herbes, gênant la croissance et le développement de plantes cultivées, sans nuire à ces dernières. Il existe notamment des désherbants sélectifs pour pelouse, conçus pour éliminer les mauvaises herbes à feuilles larges sans préjudice pour les plants de gazon.
DÉSINFECTION : destruction des germes contenus dans le sol.
DRAGEON : tige souterraine se développant à partir des racines d'une plante et qui l'affaiblit ou qui, sur les plantes greffées, reproduit les caractéristiques du porte-greffe et non du greffon.
DRESSE-BORDURE : outil à main servant à trancher net le bord d'une pelouse.

ÉCLAIRCISSAGE : élimination de certains plants résultant d'un semis trop dense. En éclaircissant, on favorise le développement des plants restés en place.
ÉCLATER : diviser une touffe de plantes vivaces pour permettre sa multiplication.
ÉCUSSON : œil prélevé avec un morceau d'écorce et qui peut être greffé sur une autre plante.
ENGRAIS : matériaux destinés à apporter à la plante une nourriture favorisant son développement. On distingue les engrais chimiques et les engrais organiques, plus naturels.
ÉTIOLEMENT : flétrissement et déformation des feuilles dus en particulier au manque de lumière.

FILET : *voir* coulant.
FONGICIDE : produit de traitement permettant de lutter contre les maladies cryptogamiques et en particulier contre les mycoses.
FONTE : dépérissement des jeunes plants juste après levée, du fait de cryptogames.
FORÇAGE : méthode de culture destinée à hâter la croissance d'une plante en créant artificiellement les conditions nécessaires à son développement (froid, chaleur, lumière, etc.) et en particulier le phénomène de vernalisation.
FOURCHE-BÊCHE : outil constitué d'un manche et de dents légèrement recourbées, utilisé pour bêcher et labourer les sols pierreux et collants, ou pour travailler la terre au pied des arbres sans en sectionner les racines.

GAZON : désigne à la fois des plants d'herbe sélectionnés et la surface d'herbe, régulièrement tondue et entretenue, qu'ils composent.
GOUSSE : *voir* caïeu.
GREFFAGE : association de deux végétaux possédant une bonne affinité, afin de reproduire les qualités propres à l'un d'entre eux (le greffon) en profitant de la vitalité de l'autre (le porte-greffe). Ce fut longtemps le principal mode de production des rosiers et c'est encore celui le plus pratiqué pour les arbres fruitiers, en particulier pour la vigne.
GRIFFE : système de racines charnues propre à certaines espèces (asperges).

HIVERNAGE : action de rentrer certaines plantes sous abri à la fin de l'automne pour les soustraire au gel hivernal.
HUMIFÈRE : terrain riche en humus, élément organique favorable au développement des végétaux.
HYBRIDE : plant résultant du croisement de plantes génétiquement différentes donnant un sujet sain et puissant, incapable cependant de se reproduire de façon sexuée. L'appellation « hybride F 1 » désigne un hybride de première génération (F : fécondation).

INSECTICIDE : produit toxique pour les insectes et les acariens, utilisé sous différentes formes pour les détruire (contact, arrosage, etc.).

JAUGE : tranchée creusée dans la terre et dans laquelle sont placés les plants en attente de repiquage ou certains légumes que l'on veut conserver pendant l'hiver.

JETS : petites pommes produites par certains choux, le long de la tige (choux de Bruxelles), ou depuis le cœur (choux verts à jets, dits en Italie *broccoli*).

LICHEN : végétal résultant de la symbiose d'une algue microscopique et d'un champignon.

LOUCHET : bêche à fer droit sans repose-pied et souvent plus long que celui de la bêche ; il sert alors au défoncement.

MARCOTTAGE : enracinement d'une branche couchée sur le sol. Ce phénomène naturel occasionnel peut être provoqué pour produire une plante exactement conforme à celle du pied-mère.

MILDIOU : maladie se manifestant sur les feuilles sous forme de taches auréolées, de moisissure se desséchant par l'intérieur. Touche surtout la vigne et les pommes de terre.

MONTAISON : allongement de la tige d'une plante précédant la floraison. Défaut de culture de certains légumes, en particulier des salades, des choux, de l'ail, etc.

MOSAÏQUE : maladie virale prenant la forme de plaques claires alternant avec des zones vertes, nuisant fortement au développement et à la production de certaines plantes cultivées.

MOUSSE : végétal de petite taille se développant notamment au détriment de l'herbe dans un gazon. On l'élimine avec du sulfate de fer ou des produits spécialisés.

MYCOSE : terme désignant toute maladie due à un champignon.

NEUTRALITÉ : caractère d'une terre qui n'est ni acide ni basique et dont le pH est de 7.

OEIL : jeune bourgeon des arbres et arbustes en cours de formation, prenant souvent l'aspect d'un simple point rouge sur l'écorce du végétal concerné. Sert de repère pour la taille (pour les rosiers en particulier).

ŒILLETON : pousse se développant à la base de certains végétaux et pouvant en être détachée pour la reproduction (artichauts, notamment).

ŒILLETONNAGE : technique de multiplication par prélèvement et plantation des œilletons.

OPPOSÉES : se dit des feuilles ou des branches disposées face à face sur la tige.

PAILLAGE : technique consistant à couvrir le sol (à l'origine de la paille ou du paillis) et parfois les plants, soit pour les protéger du froid, soit pour limiter l'évaporation et le développement des mauvaises herbes. L'écorce de pin est actuellement très utilisée.

PAILLIS : fumier mêlé de paille, issu de la litière des bêtes, qui servait autrefois surtout au paillage des cultures.

PARASITE : insectes ou différents animaux prospérant au détriment d'une plante. Désigne aussi les plantes qui se développent sur d'autres et vivant à leurs dépens.

PELOUSE : surface de terrain couverte d'herbe, sauvage ou non, régulièrement tondue.

PÉPINIÈRE : espace réservé, au jardin, pour le semis et le repiquage des plants en prévision de leur mise en place définitive dans les planches de culture. Désigne aussi l'endroit où l'on repique les arbres et les arbustes en attente d'une affectation définitive.

PERSISTANT : désigne un végétal (en particulier les arbres et arbustes) dont la chute des feuilles n'est pas liée au cycle printemps-automne et dure souvent plusieurs années. La plupart des conifères, mais aussi de nombreux arbustes à feuilles larges (laurier, par exemple) sont des persistants.

PESTICIDE : produit servant à la destruction des organismes vivants considérés comme préjudiciables à la croissance d'une plante. Très utilisés autrefois, ils doivent être employés désormais avec prudence.

pH : symbole désignant l'acidité ou l'alcalinité d'un sol. Un sol neutre a un pH de 7 ; en dessous de 7 il est acide, au-dessus de 7 il est basique.

PHYTOSANITAIRE : se dit d'un produit visant à favoriser le développement, et surtout la bonne santé d'une plante, en la préservant en particulier des parasites et des maladies.

PINCEMENT : action de couper avec les ongles certains rameaux tendres et faibles pour favoriser le développement de la plante et en particulier la fructification. Désigne par extension le fait de couper les pousses terminales d'un végétal à la croissance estivale excessive (pincement ou taille « en vert »).

PLANCHE : mot désignant une bande de terre étroite, bordée de sentes, qui sert, au potager, à la culture d'un même légume.

Plantoir : outil à main, pointu ou creux, permettant de creuser les trous nécessaires aux plantations et aux repiquages. Les plantoirs cylindriques servent à la plantation des bulbes.

Plantule : stade premier du développement d'une plante, alors qu'elle ne possède encore que ses feuilles cotélydones.

Pleine terre : par opposition aux terrines, godets, pots et bacs, ce terme désigne un mode de culture consistant à planter un végétal directement dans la terre, en plein air, sans abri.

Plombage : action de tasser la terre avec une batte ou un rouleau.

Poquet : excavation peu profonde que l'on creuse dans le sol pour semer des graines de fort diamètre (pois, haricots, etc.) ou pour y planter des tubercules (pommes de terre).

Pourriture : résultat du dépérissement d'une plante et de la décomposition de la matière végétale.

Pralinage : action de tremper les racines d'une plante dans une suspension aqueuse de matière fertilisante (parfois hormonales) en vue de faciliter la reprise de la plante. On praline notamment les racines des arbres, arbustes et rosiers avant plantation.

Programmateur : appareil électronique permettant de programmer automatiquement les plages de temps d'un système d'arrosage.

Rabattre : action de tailler très court un arbre ou un arbuste pour favoriser la reprise des jeunes pousses et l'émission de rameaux plus nombreux.

Radiculaire (système) : ensemble des racines d'une plante.

Râteau : outil à manche et à dents alignées perpendiculairement à celui-ci, recourbées ou droites, destiné à affiner, à dépierrer et à niveler la terre.

Rayon : sillon de faible profondeur destiné au semis des graines.

Remontant : se dit d'une plante (en particulier des rosiers) qui fleurit et fructifie plusieurs fois dans l'année. Par opposition, une plante non-remontante (cas le plus général), ne le fait qu'une fois.

Repiquage : action de transplanter un végétal dans des conditions lui permettant un plein développement. On peut repiquer une plante plusieurs fois pour la fortifier.

Repos : période d'arrêt de végétation d'une plante par interruption du flux de sève. On le provoque parfois artificiellement pour hâter les cultures.

Ressuyer : laisser la terre ou un légume perdre son excès d'humidité.

Rhizome : tige souterraine et charnue, de même nature que le bulbe, située au point de liaison entre feuilles et racines et contenant des réserves nutritives que la plante utilisera au printemps pour se redévelopper.

Rotation : *voir* assolement.

Roulage : action de rouler le sol ou la pelouse avec un rouleau lesté d'eau ou de sable. Dans le premier cas, il s'agit de tasser la terre après un semis ; dans le second, d'éviter le déchaussement des plants de gazon.

Sarclage : arrachage ou suppression par tranchage des racines des mauvaises herbes dans les cultures.

Scarification : peignage de la pelouse à l'aide d'un râteau ou d'un appareil rotatif pourvu de lames, de façon à arracher les mousses et à diviser les plants de gazon.

Serfouette : petit outil emmanché doté d'un fer en forme de lance (ou langue) d'un côté, de panne ou de fourche de l'autre.

Silique : se dit d'un fruit formé de deux valves allongées, renfermant les graines et s'écartant à maturité pour les laisser s'échapper.

Tubercule : partie renflée, charnue et souterraine de certains rhizomes, où s'accumulent les réserves nutritives de la plante pour sa reprise de végétation au printemps, voire pour sa multiplication. Les pommes de terre sont les plus connues des tubercules.

Turion : jeune pousse souterraine issue d'une griffe (asperge) terminée par un bourgeon affleurant la surface du sol.

Vernalisation : processus de repos et de reprise de l'activité végétative d'une plante, provoqué par le refroidissement hivernal de la souche (bulbe, rhizome ou tubercule).

Virose : maladie due à un virus.

Vivace : plante capable de vivre plusieurs années, par opposition aux annuelles et bisannuelles. Certaines vivaces sont cultivées en bisannuelles pour une floraison ou une production plus abondante.

Index

L

M

N, O

P, Q